レイ・オルデンバーグ

サードプレイス

コミュニティの核になる「とびきり居心地よい場所」

忠平美幸訳

マイク・モラスキー解説

みすず書房

THE GREAT GOOD PLACE

Cafés, Coffee Shops, Bookstores, Bars, Hair Salons and
Other Hangouts at the Heart of a Community

by

Ray Oldenburg

First published by Da Capo Press,
a member of the Perseus Books Group, 1989

Japanese translation rights arranged with
Da Capo Press, a member of the Perseus Books Inc., Massachusetts
through Tuttle-Mori Agency, Inc., Tokyo

わたしたちの生活の喜び――そのためなら出産の痛みも死の苦しみも受け入れられる――は、他者や彼らとわたしたちとの交わりのなかにある。かならずしも彼らの健全な霊、健全な心、健全な精神にではなく、彼らの人間的な暮らしぶりの乱れを彼らがみずから日々修正するなかに。これらは美術や文学の主題にもなりえないだろうか？

――ヘンリー・フェアリー

しかし友人たちのほかに「場所」もあるに違いない。これこそ、誰もが心に抱く「とびきり居心地よい場所《グレート・グッド・プレイス》」なのだろう……

――ピート・ハミル

コミュニティ・ライフが存在するのは、人が毎日特定の時間に特定の場所へ行き、知り合いの多くと会えるときである。

――フィリップ・スレイター

ジョージ・デイン「どう呼ぶか、私は決めました……「いとよき所《グレート・グッド・プレイス》」とね」

兄弟「私なら、多分ちょっと別の呼び方をするでしょうけど……「充たされた渇望《グレート・ウォント・メット》」」

ジョージ・デイン「本当に――その通り！」

――ヘンリー・ジェイムズ『いとよき所』（別府恵子訳）より

目次

はしがき

地域社会《コミュニティ》のなかにあるかもしれない楽しい集いの場。関係のない人どうしが関わり合う「もう一つのわが家」。こうした場所にわたしが興味をもつようになってからの年月は、自分の人生の長さにほぼ重なる。おそらく子どもは本能的に、自分をとりまく人間関係の空気になじみ、内なる喜びと安らぎを経験して、身近な大人たちが一緒にくつろぎ笑っているときは何もかもうまく行っている、と感じるのだろう。少なくとも、わたしの場合はそうだった。あれはたぶん五歳のころ。冬の夕方、年上のいとこたちに連れられて町のスケートリンクに行き、暖をとる小屋で数人の朗らかな人びとの輪に投げ込まれたとき、わたしは生まれて初めて、最高に幸せな公共の集いの喜びを味わった。以来、それを追い求める気持ちが失せたことはない。

のちに社会学を学んだのも助けとなって、わたしは以下のことを理解するにいたった。コミュニティに暮らす善良な市民が、特別な、あるいは明確な目的もなしにみんなで楽しい時を過ごせるような場所を見出すとき、そのような交流には、じつは目的がある。さらに、インフォーマルな公共の集いの場が果たす最も重要な目的や機能は、社会のほかのどんな機関であれ提供できない。世界のすぐれた文化はみな、活き活きとしたインフォーマルな公共生活をいとなみ、必然的に、その舞台となる庶民の憩いの場を独自に発達させてきた。

わたしたちの社会におけるインフォーマルな公共生活の重要性が分かってくれば、いきおいその未来が心配になる。しばらく前から、アメリカにおける都市の成長と開発の路線は、インフォーマルな公共生活に背を向けてきた。インフォーマルな公共生活に必要な集いの場を、わたしたちは適切に、あるいは十分に提供できていない。それとともに、わたしたちの民主主義の草の根は昔より弱くなり、わたしたちの個人生活は昔ほど豊かではなくなった。だからわたしは、この問題を書いたり話したりするときはつねに切迫感をもっている。

専門家としてわたしがこの主題に積極的に関わりだしたのは十年ほど前のこと。一九七七年、地域社会学のある会議で、初めて自分の考えを述べた。一九八〇年には、同僚と共同で一般向けの記事を書き、それがのちに、他の少なくとも九種類の雑誌や本に転載された。一九八三年、わたしたちはそれをもっと長い学術論文にして専門誌に発表した。読者の反響は上々だったが、与えられた紙幅で論じることに物足りなさも感じた。そこで六年前から、わたしは本の執筆に取り組んできた。たしかに、この話題は本にするだけの価値がある。しかし出だしで何度かつまずいたのち、はっきり分かったことがある。すなわち、自分と同じような社会学者を相手に書いても満足できないだろうし、説明だけを提示する——すぐれた社会学は往々にしてそうだが——こともしたくない、ということだ。

わたしは、インフォーマルな公共生活とそれに不可欠な「とびきり居心地よい場所《グレート・グッド・プレイス》」の賛成論を唱えたいと思った。アメリカでこの種の場所が大規模に破壊されている現状には、言い知れぬ切迫感がある。それらの〈理念〉を擁護する装備さえ、わたしたちは十分にもっていない。インフォーマルな集いの場の重要性は、アメリカの若者文化に深く根づいていないし、市民にしても、そのための適切な理論武装ができていない。わたしの言いたいことを何もかも直観的に理解し、支持してくれる人びとでさえ（しかも、そういう人は大勢いる）、言葉による援護手段がないも同然なのだ。ますます合理化と管理が進みつつある世の中には、何であれ生き残るべきものの存続を促すための、効果的な語彙と一連の論理的根拠がなくてはならない。この試みが、活気あるインフォーマルな公共生活にたいする一般大衆の理解につながるよう願ってやまない。

わたしは科学報告然とした姿勢と言葉づかいを避けることにした。社会の「とびきり居心地よい場所」を分析するだけでなく、宣伝もするつもりだから。弁護士よろしく、わたしは、世間から忘れ去られようとしている非常に立派なクライアントを弁護しているのであり、陪審団が理解できる言葉でそれを実行しているのだ。その陪審団は、中流階級で教養があり、どこでどう暮らすかを自分で選ぶことができる。そしてここで提示された問題に判断をくだすことができ、それらの判断に基づいて行動することができる。悪賢い弁護士よろしく、わたしは自分の逸話と実例とを、この陪審員の琴線に触れるように仕立てようとした。

本当のことだけがクライアントのためになるだろうし、科学報告書をやめると決意したからといって、事実をおろそかにして許されるわけではない。審議中の事象に現実味をもたせようとするうえで、いくつかの策を講じた。インフォーマルな公共の集いの場の基本的な特徴や、それらが個人と社会におよぼす影響を明らかにするにあたって、それぞれの結論がわたし自身の少なからぬ実体験と一致していること、それぞれが他者によって観察され報告されてきたこと、そしてそれぞれが学問の場で批判にさらされてきたことを確認するようにした。また、「現実」の例を紹介する六つの章を加えることにした（第5章から第10章）。それらはすべて、それ以前の章の基本構成の裏づけとなる。最終的に、時間がわたしに味方してくれた。この主題に取り組みはじめた当時は、多くの事実が、サードプレイスに関するわたしの新たな所見と相容れないようだった。不都合な事実を切り捨てたり、疑ってかかったり、あるいはたんに忘れたりしたくなるのは人情の常。けれども不都合な事実は、敵を装った味方なのである。それらは研究者につきつけられる問題をより深く理解するための手がかりになるわけだが、パズルの難しいピースをぴたりとはめるには時間がかかる。学術的成果の現在の標準からすると、わたしはこの研究課題に時間をかけすぎた。しかし主題の性質が性質だけに、余分にかけた時間は、結果としてわたしにとって最良の方法論的技法だった。

　あえて本書を利用しようという社会科学者がいるとしたら、この平易な英語と手前勝手な議論の裏に、おなじみの構成を見てとるだろう。本書の第Ⅰ部は、インフォーマルな公共生活の理想的かつ典型的な中核的環境の創出について論じ、それを具体例と比較できるようにした。第Ⅱ部では、わたしたちが利用できる最良の、そしてときには唯一の根拠に基づいて、さまざまな文化や歴史上の（実）例を提供する。これらは、理想型にたいする何がしかの――わたしが思うに意義深い――実証と検証になる。最後の第Ⅲ部では、インフォーマルな公共生活にまつわる諸問題を検討する。同僚たちはわたしの見解に、あるいはわたしが見解を表明した事実に反対しそうだが、わたしが提示した問題の妥当性には異議を唱えないだろう。

比較分析に関連する手法や、グランデッド・セオリー〔社会学で用いられる質的調査の手法のひとつ〕を生み出すのに使われる手法のあとに、この試みにともなうかなりの量の実地調査をした。この研究方法に沿って、補足データが見つかれば適宜それを利用した。

別の著者によるサードプレイス論を読みたい向きには、「デダラス」誌の一九九七年春号に掲載された、フィリップ・アリエス〔フランスの歴史家〕による「The Family and the City（家族と都市）」という題の論考をお薦めする。そのさい、フランス人アリエスの言う「カフェ」を包括的な意味にとらえてくださればいい。わたしがアリエスの小論に出合ったのは執筆作業の終盤であり、このタイミングについて思いめぐらした。もっと早い時期に彼の論文を読んでいたら、もっと急速に視野が開けていただろうが、逆に遅かったおかげで、彼の分析に特有の悲観主義にとらわれずに済んだ。

「インフォーマルな公共の集いの場」の分野における社会科学の著作は、ほとんどが民俗学的記述で構成されているので、こういう「社会のインフォーマルな公共生活の中心」の場所と機能に注意を向けた、より抽象的で分析的な試みとの統合が待たれるところだ。社会学者は、半世紀以上前にゲオルク・ジンメルが社交について著した小論以来、なぜこの分野の成果がこんなに少ないのかを自問するといい。

最後に、同僚たちに提言したい。インフォーマルな公共生活の比較文化的研究には、わくわくするような可能性がある、と。最も有益で適切なデータは、つねに公的領域のなかにあり、おのずと海外旅行の機会にもめぐまれる。目下の努力が、そのような取り組みへの指針になろうと、たんにそれらを後押しするだけだろうと関係ない。大切なのは、これを研究することだ。すべての民主主義に欠かせない人づきあいを、わが国が再開させるのを助けるためにも。

第二版へのはしがき

初版のはしがきが通例の前口上の目的を果たしているので、第二版では著者に選択の余地が残されている。種々雑多な経験や、手紙でのさかんなやりとり、あるいは六年前に本書『*The Great Good Place*』が出版されたからこそ出会えた同志について詳述したい気持ちはやまやまだが、与えられた機会をもっと有効に使ってもいいだろう。

この第二のはしがきは、本書で取り上げる問題にひとかたならぬ関心をおもちの読者諸君に捧げることにしよう。おもにコミュニティと、公共の場での会話、そして市民意識についてよりよく学び、もっとそのためになることをしたい人のために。公共生活の価値を認め、その回復を求める人のために。

ここでは二種類の簡単な補足をするつもりだが、どちらも本書の実用性を高めることになるだろう。まずは追加の読書案内。次に、どの近隣住区や自治体の長所短所をも手早く再検討し評価することができそうな、「とびきり居心地よい場所」のさまざまなコミュニティ構築機能のチェックリストを提供しよう。それらのあるものは本文で詳しく論じているし、またあるものはここで初めて紹介する。

本書が出版されてからいくらも経たないうちに、同じような主題の本が数多く世に出た。アメリカは大規模な見直しを迫られているらしい。結局、わたしたちは望むところに行き着いたものの、今の居場所に満足していないわけだ。アメリカは郊外の国になった——世界でたった一つの。わたしたちが都心部と田舎の両方から移住したのは、かつてルイス・マンフォードが述べたように「私生活を送るための集団的努力」だった。わたしたちが目指したのは、快適で十分に蓄えのある家と、不愉快な交流や市民としての義務からの解放だった。そしてわたしたちは成功した。

わたしたちの運命を決するかのように、国内のあちこちで同じような土地利用規制条例が強制され、居住区域にはコミュニティの実質が入りこまないようにされた。第二次世界大戦後のアメリカには、歩いて行くところがなく、人の集まる場がない。その物理的状況は、事実上コミュニティからの免除を保証している。

好ましいとされ、いたるところで実行された都市開発の様式は、「歩くこと」と「話すこと」を嫌う。人は、歩くことによって自分の住む地域の一部になり、他者と出会い、自分たちの近隣住区の管理人になるのに。話すことによって互いを理解し、共通の関心事を見出したり作り出したりして、コミュニティと民主主義に不可欠な集団の能力を自覚するのに。

この観点、すなわちわたしたちが成し遂げた郊外開発の恐ろしい代償というこの感覚から、わたしが読み書きするものの大半は方向性を得ている。本書の刊行以前にも、わたしと同じような考えをもつ人びとの著作が見つかっているうえ、喜ばしいことに、本書の主題に関連する本は、この十年間に増えてきている。

ここでお勧めする参考文献は、主観的だし不完全だ。わたしが強く影響を受けた人びとが著し、刊行年が古くても新しくても現代と深いつながりがあると、わたしには思える本である。

真っ先に挙げるのは、ほかでもないジェイン・ジェイコブズの『アメリカ大都市の死と生』だ。彼女は、建築や都市開発の関係者を狼狽させたにもかかわらず、アメリカ人全員に計り知れない貢献をした。彼女の洞察の深さと広さには驚嘆を禁じえない。ジェイコブズの伝統を踏襲し、拙著と同年に出版されたのが、ロバータ・B・グラッツの『都市再生』である。グラッツの本は、近隣住区再建における草の根の成功を、「都市再開発」がもたらした災厄と引き比べて論じている。

ヴィクター・グルーエンの『都市の生と死——商業機能の復活』は、今なお所有する価値があるばかりか、都市と近隣住区の開発のあらゆる面の参考文献として利用価値がある。グルーエンは、アメリカ初の屋根つきショッピングモールを発案し、設計した男だ。その彼が「ショッピングモールの父」の称号を拒むようになったのは、自分の計画が、身も蓋もない商業主義一辺倒へと変容されてしまったからである。彼が思い描いていたのは、本当の意味でのコミュニティ・センターだった。

もう一冊、擦り切れるほど読んだのは、ヴォルフ・フォン・エッカルトの『*Back to the Drawing Board*（白紙に戻して練り直す）』。簡潔でとても読みやすい小さな本である。グルーエンと同じくフォン・エッカルトも都市計画への市民参加を提唱しており、近隣レベルでしかそれが起こりえないことをよく理解している。

旧世界からわたしたちアメリカ人が学べることについての好著は、バーナード・ルドフスキーの『人間のための街路』。図版が豊富なうえ、活発な公共生活に必要な建築の諸条件が詳述されている。いかにもこの本にふさわしく「無名の歩行者」への献辞があり、数多い図版のどれ一つとして、アメリカの分譲地には似ていない。

一つの新たなジャンルになりつつあるのは、一九八〇年代に登場した「都市番付」物にたいして出てきている本だ。初期の番付物は、健康、犯罪、教育などを比較する数値データにしたがって都市をランク付けしていた。そのような基準を厳守すれば「アメリカのどこにでも」住むことになりかねないと気づいて、最近の著者は、的を射たこんな問いかけを入れ込んだ――でも、そこは住んで楽しい場所だろうか?

マーク・クレイマーの『*Funkytowns USA*(ファンキータウンズUSA)』とテリー・ピンデルの『*A Good Place to Live*(住みやすい場所)』は、統計調査に基づくスコアシート分析と好対照をなしている。ピンデルは、自身がかなり詳しく聞き知っているアメリカ国内の最高の場所を十数カ所論じる。文章がうまいので、読んでいるうちに彼と一緒に旅しているような気分になる。いっぽうクレイマーの『ファンキータウンズ』は、さらに多くの町や都市を取り上げていて、ある評者が言うように、すべてのレンタカーのグローブボックスに備えつけておくべき本だろう。

フィリップ・ラングドンの『*A Better Place to Live*(もっと住みやすい場所)』は、いかにしてアメリカ郊外を「改造」するかの綿密な調査であり、わたしたちが建物や市街化調整区域法の見直しをせまられたとき、入門書になりそうな一冊である。ピーター・カッツの『*The New Urbanism*(ニューアーバニズム)』は、二十数件の開発と再開発を詳述し図解する。アメリカの建築家たちによる、コミュニティ再創造への最良の試みが示される。ヴィンス・スカリーによる結びのエッセイは必読。

最近出たばかりで早くも増刷されたリチャード・セクストンの『*Parallel Utopias*(パラレル・ユートピアズ)』では、今日のコミュニティ創造に関する二つの有名な試みを取り上げ、背後にある考え方とその実践について掘り下げる。フロリダ州シーサイド(その立地にもかかわらず都市モデルに基づく)とカリフォルニア州シーランチ(農村コミュニティのモデルに基づく)の詳細な調査である。セクストンは一流の写真家で、この本では図版と解説の両方を手がけている。

わたしが旅行中に見せてまわると誰からも注目される一冊は、デイビッド・スーチャーの『小さなことから始める街のリフォーム――快適な都市のエッセンス』。この本には、公共の領域での生活をより魅力的に、より心地良く、より快適にするための「小手術」と若干の追加物の組み合わせについて、数多くの提言が含まれ、それぞれに写真図版がついている。

この分野の専門家は、もちろんウィリアム・H・ホワイトだが、彼の大著『都市という劇場――アメリカン・シティ・ライフの再発見』がやや取っつきにくいようであれば、分量が少なくて図版が豊富な『*The Social Life of Small Urban Spaces*（狭い都市空間の社会生活）』のほうをお勧めする。慎重の上にも慎重を期したホワイトの調査に、読む者はきっと引き込まれるだろう。ホワイトの報告の趣旨を忠実に守り、多くの都心部は活性化した。

「とびきり居心地よい場所」の政治面での重要性は、サラ・M・エヴァンズとハリー・C・ボイトの『*Free Spaces*（自由な空間）』でみごとに立証されている。産業化によって職住が分離されてから、そのような場所がますます重要になったこと、そしてそれらの場所が、政府と企業の管理から国民の民主主義を守るのに役立つことを、二人の著者は説得力たっぷりに論じている。

クリストファー・ラッシュの『エリートの反逆――現代民主主義の病い』は、その主要テーマ――アメリカのエリート専門職とエリート経営者は、アメリカ社会の幅広い中流階級にほとんど関心がなく、国家や場所との結びつきが弱いということ――に加えて「都市美」や議論の技術にも触れている。グローバル経済へのエリートたちの関心と、場所にたいする彼らの「観光客的態度」は、わたしたちに後悔の念を抱かせるとともに、管理者である彼らとの闘いをも引き起こす。

よそ者《ストレンジャー》がかつてないほど公共生活に入り込み、かつてないほどわたしたちを脅かし、にもかかわらず、コミュニティの存亡は彼らを取り込んで一体化できるか否かにかかっているので、その種の本も挙げておく。リン・ロフランド〔アメリカの社会学者〕の『*A World of Strangers*（よそ者たちの世界）』は現代の古典的名著。マイケル・イグナティエフの『ニーズ・オブ・ストレンジャーズ』は示唆に富み、パーカー・パルマーの『*The Company of Strangers*（よそ者の集まり）』は楽しく読める。

　このはしがきの後半に移る前に、もう一種類の、今まさに盛り上がってきている読みものがある。公共生活にたずさわっている人びとにとってはとりわけ興味深いと思われるが、「シビック・ジャーナリズム」「コミュニティ・ジャーナリズム」「市民《シチズン》ジャーナリズム」などさまざまに呼ばれているものだ。その明確な目的とやり方《モーダス・オペランディ》についてはまだ議論が続いているけれども、市民の大々的な関わりがぜひとも必要《デシデラータム》であることは、おおむね合意をみている。

　読者諸君は、新聞が地域開発のほとんどの側面への市民参加を促すこと、より「冷静な」人間たちが招聘されてより合理的で穏健な意見が提示されること、報道がたんなる出来事の範囲を越えて傾向やパターンを背景にした新事実を伝えるようになることを期待するかもしれない。新事実や提言は、ますます状況に応じて発表されるようになるだろう。新聞は昔にくらべて政治家や実業界との結びつきが弱まり、「よい都市でよい生活を送」ろうとする市民と結託するはずだ。

　新聞ジャーナリズムのこのような変化には、さまざまな理由がある。しかしここでは、アメリカの機関のひとつが、民主主義国家の市民に役立たないエリート主義専門職から離れてきている、という事実に喜ぶべき理由があると指摘すれば十分だろう。新聞は、これまで以上に一般市民に向かって語りはじめると同時に、これまで以上に頻繁に一般市民の声に耳を傾けるようになるだろう。

　先に述べたとおり、本稿の残りの部分は、「とびきり居心地よい場所」の本領であるコミュニティ構築機能に充てることにする。たいていの場合、わたしはそのような場所を（第一の家、第二の職場に続く）

「第三の場所《サードプレイス》」と称するが、それらはインフォーマルな公共の集いの場だ。こうした場所は、あらゆる人を受け入れて地元密着であるかぎりにおいて、最もコミュニティのためになる。

サードプレイスの一番大切な機能は、近隣住民を団結させる機能だ。多くのコミュニティで、郵便局がこの機能をよく果たしていたのは、誰もがそこに郵便受けをもっていた時代であり、誰もが徒歩か車でそこまで行かなければならなかった時代だったし、当時は法律によって二四時間営業だった。椅子こそ置いていなかったが、郵便局は人びとが会って——少なくとも挨拶ていどは——言葉を交わす場所だった。

ドラッグストアも、ほとんどの人が日々の暮らしを続けるなかで、ほかのみんなと触れ合うようになる場所だった。というのもドラッグストアは、薬にかぎらず人びとに必要なものをじつにたくさん提供したからだ。しかも、それはたいてい、町や近隣住区のなかでも恵まれた立地（中心部）にあった。

このような場所は、事実上あらゆる人が利用するので、じきに、誰もがみんな知り合いであるような雰囲気が生まれる。ほとんどの場合、全員が——とは言わないまでも、おおかたの人は——自分以外の全員を好きなことなどありえない。けれども重要なのは、あらゆる人を知っていることであり、そのみんなが福祉全般にどれほど多様なものを足し引きしているかを知ることであり、さまざまな問題や危機に直面したとき彼らがどんな貢献をできるかを知ることであり、彼らにどんな感情をいだいているかに関わらず、近隣に住む誰とでも仲良くやってゆくすべを身につけることである。サードプレイスはいわば「ミキサー」なのだ。

融合は、サードプレイスによく適した機能の一つである。サードプレイスは、来訪者の「通関手続き地」の役割を担い、新入りが古株の多くに引き合わせてもらえる場所として役に立つ。アンドレス・デュアニー〔アメリカの建築家、都市計画家。「ニューアーバニズムの生みの親」と呼ばれる〕は、「ある分譲地の住民を二日がかりで見つけようとした男」にまつわるジョークを披露する。その逸話が浮き彫りにするのは、戦後のアメリカの住宅地が、見知らぬ者や部外者やその地域に新しく入ってきた住民をひどく敵視している事実だ。街路は総じてがらんとしているし、立ち寄って道を教えてもらえそうな地元の商業施設がひとつもない。

　ずいぶん皮肉なものである。ひとたびアメリカが今のように流動性の高い社会となり、国民のおよそ二〇パーセントが毎年転居している状況になったからには、人びとがすぐさま容易に溶け込めるような近隣住区の設計がなされているはず、と思っても無理はない。ところが現実に起こったことは、その正反対だった。住まいを転々とすればするほど、あるいは会社の都合であちこちに転居させられればさせられるほど、国内の住宅地に入り込むのは難しくなる。

　それにともなう——しかも、ちょっとやそっとではない——苦難を強いられるのは、新参者にかぎらない。その都市や近隣住区もまた、新参者を仲間に入れそこねてコミュニティ・ライフの向上に一役買ってもらえないと、苦労することになる。

　一度きりの新人歓迎車《ウェルカム・ワゴン》〔新しく越してきた人を歓迎して地元の情報や贈り物や産物を届ける車〕では、いつでも歓迎してくれる友好的な居酒屋やコーヒーカウンターの代わりにならない。サードプレイスという「中立の領域」（接待者の役割も客の役割も引き受けずにすむ空間）は、コミュニティ・ライフにきわめて重要な、とびきりのつきあいやすさを提供する。誰でも好きなときに来て好きなときに帰ればいいし、誰の世話にもならない。そしてしまいには近所に住む人全員を、じかに会うか噂に聞くかして、知ることになる。

　この点で、サードプレイスは「仕分け場」の役目も果たす。サードプレイスで幅広い交流が可能になることは、最終的に「ソシオメトリー」の問題につながる。すなわち人は、自分がある特定の人びとをものすごく気に入っていて、他の人びとを嫌っているということに気づく。自分と興味が似ている人を見つけたり、自分とは興味の在り処が違うけれど気になる人を見つけたりする。サードプレイスは、最初に人を呼び集めるうえで役立つことが多く、こうして集まった人びとのなかから、のちに別のかたちのつきあいが生まれるのだろう。

本当のコミュニティには、集団で成し遂げる事柄がある。個人の力だけではできないことをするために、人は協働し協力する。この種の努力はほとんどが非公式なものだが、にもかかわらずそれには、誰に何ができるかをめぐり、近隣住民の技能と能力と態度に関する全般的な理解が必要である。サードプレイスは、共同作業で役立ちそうな能力にもとづいて人びとを仕分けするうえで役に立つ。

これと関連するのが、中間準備地としてのサードプレイスの機能だ。地元が危機におちいると、概して人びとは、自治体の諸機関に支援をあおぐのと同等もしくはそれ以上に、自分たちでどうにか切り抜けることが必要だと気づく。暴風雨などの危機のときには、助け合うために地元の市民を動員しなければならないことがままある。だが、どこに？ 先ごろフロリダ州南部を襲ったハリケーン「アンドリュー」の直後、多くの人びとは、被害の深刻さと広がりに関する情報や、どんな対策がとられているかの情報を得るため、あるいはどうしたら協力したり援助を求めたりできるかを知るために、他の人びとと集まる必要があると感じながら破壊現場から出てきたのだった——が、ほとんどの場合、集まる場所がどこにもなかった。念入りな用途別区画《ゾーニング》のせいで、こうした人びとは自前の「サードプレイス」を設けることが認められていなかったのだ。

サードプレイスは、ジェイン・ジェイコブズが「顔役《パブリック・キャラクター》」と呼ぶ人びとをも供給する。すなわち、近所のあらゆる人を知っていて、近所のことを気にかけている人物のことだ。たいていは、その界隈の出来事に「目を光らせ」ている商店主か経営者。彼らは、子どもたちがときおりどんな悪事に「足を踏み入れ」ているかを親に警告し、警察の厄介にならないようにする。また、新参者にその地域で初めて歓迎の挨拶をするのも彼らだろう。

郊外の用途別区画によって「顔役」に取って代わったのが、ショッピングモールや歓楽街の小売業者とその従業員だ。こういう人びとが働くチェーン店は、地元の商業施設を全滅させることで繁盛し、チェーン店の経営者たちは、「顔役」とちがってコミュニティのためになることを何もしない。

後ろ向きな用途別区画をされた分譲地には、「顔役」がほとんど出てこない。というのも、あらゆる人と知り合いになれそうな手段がないからだ。かりに家屋《ハウス》を「住まい《ホーム》」と呼ぶ開発業者の習慣がちょっとした拡大解釈だとしても、それは分譲地を「コミュニティ」と呼ぶことの比ではない。分譲地はそもそもコミュニティではないのだから。

サードプレイスの機能のなかで最も崇高でありながら、もはやどこでもほとんど実現されなくなったのは、若者と大人を一緒にくつろがせ、楽しませる機能だ。世代間の激しい敵意と誤解、若者と疎遠になって彼らを恐れる大人、若者のあいだに増えつつある暴力——これらをはじめ、若者がらみの問題にはすべて共通の根がある。それは、アメリカ社会において、若者がますます大人から隔離されるようになっているということだ。

かつて子育てが今より容易だったのは、子どもたちを知っていて、見守るだけでなく、嫌な顔ひとつせず周囲で遊ばせてくれた近所の人びとに、親が大いに助けられていたからだ。古い世代と若い世代がどんなふうにお互いをからかい、おだて、たしなめ、楽しませたかは、相手からどんな教訓が得られ、どんな手本が示され、どんな地元の人物が称賛されたかと同じように、今やほとんど忘却の彼方にある。

今は家を留守にする母親が多いだけに、家族が近所の他人と（かりにつながっているとしても）ひどく弱い結びつきしかないことがいっそう悔やまれる。住宅地のなかに、みんなから必要とされ続けているサードプレイスがまだ残っているとしたら、それらは新旧世代が昔と変わらず相互交流を楽しんでいる稀有な場所だ。

サードプレイスは年配者のためにもなる。残念ながら、多くの高齢退職者は、どこかの「高齢者向けコミュニティ」を終の棲家にするのを望ましいと思っている。彼らが働いたり子育てをしたりしたその地域が、彼らに提供するものも、彼らを近隣住民やコミュニティと結びつけておく手段も、ほとんどもっていないとは嘆かわしい。

本書には高齢者や退職者についての章がない。紙幅に限りがあるので、子どもに関する章を選ぶことにしたのだ。それには、子どもはまだ自己主張する力が十分にそなわっておらず弱い立場にいる、というわたしなりの論拠がある。

もちろん、古い世代を取り上げた章があるにこしたことはなかったたし、それはただ当人たちのためだけではない。サードプレイスは一般に商売の場であり、客の少ない時間帯には退職者から利益を得ている。ほかの人びとが職場や学校にいるときに、彼らがボックス席や椅子を埋めてくれるのだから。それに、退職者のほうが総じて社交的で世慣れている。もはや生活のためにあくせく働くこともない彼らは、楽しい会話や、人びととの交際そのものの愉しみに、より大きな価値を置くようになっている。

子どもと老人のニーズを満たす都市計画は万人にとって良いものだ、と最初に書いた人物が誰だったかは度忘れしてしまったが、これ以上真実をついた言葉はないと言えるだろう。数年前にわたしは、ミネソタ州の人口わずか七〇〇〇人のある町で、退職者向けプログラムの「評価研究」に参加した。プログラムのほとんどは、町の大きな二つの教会の地下室で行われていた。

このプログラムへの参加者はさほど多くなく、たいした熱意も感じられなかった。そこに丸三日いても、何のためにやっているのかさっぱり理解できなかった。しかし、わたしが声をかけた相手は口々に、「老人のため」の何やら大切なことをやっているのだと主張する。四日目は、町で一番大きい銀行の会議室での会議から始まった。休憩時間に入ると、わたしは逸《はや》る気持ちを抑え、部屋から出る寸前の主宰者の前に歩み出た。そして二人きりになったところで彼に食ってかかった。「これって、いったい何なんです?」うろたえた彼は、うっかり口をすべらせた。「ええと、彼らを街頭から排除しなくてはならなかったので」。老人の「ため」にやっている大切なこととは、アトランタがオリンピックの主催地になったときホームレスにおこなったのと同じ、彼らを退《ど》かすことだったのだ。

こうした老人たちは、もちろん、天気の良い日に歩道沿いの椅子に腰かけることを、そして昼食の店や喫茶店や居酒屋で長居することを、心から楽しみにしていた。コミュニティを楽しむことにたいそう熱心なのが、この人たちだった。それが今や、みんなとのつきあいを楽しむ時間がない。「推進者たち」はしかし、彼らにこのような報いを与えまいと躍起になっている。自分たちが居場所を与えてもらっているコミュニティに最も古い世代が貢献していることへの、感謝の気持ちがないのだ。

サードプレイスは、退職した人びとが現役の人びとと接触を保つ手段や、うまくすれば、いちばん古い世代がいちばん若い世代と交流する手段を提供する。

高齢者と年金生活者全般の悲惨な状況は、サードプレイスのもう一つの機能を浮き彫りにするが、それはあらゆる「互助会」で実践されていることだ。サードプレイスの友好的な雰囲気のなか、人びとは知り合い、互いに好感を抱き、やがて互いの世話をするようになる。互いの世話をするとき、人びとは自分たちの福祉というものに関心をもつ。そしてこれは、政府のプログラムで得られる福祉よりはるかに優れたかたちといえる。互いの合意と、心からの共感、人びととの状況にたいする本当の理解にもとづいているのだ。「対象者《ケース》」など一人もいない。

サードプレイスの常連は、血縁者や旧友にそうするように、「お互いのためになることをする」。もう要らなくなったものをあげる。まだ必要なものは貸す。「仲間の一人」が苦難に見舞われたら、それを和らげるために自分のできることをする。誰かが二日ばかり「姿を見せ」なければ、誰かが様子を見に行く。

このような行為がもたらす金銭的な利益は、ばかにならない。グループ内の誰かが芝刈り機を修理する。別の誰かは、配管工事や電化製品の扱いができるか、それらを格安でやってくれる人を知っている。お金の節約にかんしては、以前に同じような問題に直面したことのある誰かが助言をしてくれそうだ。たまに、悲しいかな、グループの共有資産が不足すると、各自にこんな忠告がくる。「お金を出してくれ」。しかし、たいていその必要はない。

映画『クロコダイル・ダンディー』の一シーンだと思うが、精神分析家にお金を払って自分の悩みを聞いてもらう人がいると知って、われらが主人公は驚いた。「そのために友だちってもんがいるんだろ！」が、たしか彼の見せた反応だった。サードプレイスの仲間意識につきものの集団支援《グループサポート》は、多くの人びとにとっても、「プロの介護士」にかかる費用の節約になるにちがいない。

この友だちどうしの団結は、サードプレイスのもう一つの機能を示唆している。一個人が大勢の友人をもち、その友人たちをたびたび誘うことができるのは、毎日のように通うことができ、会合の主催地になるような場所がある場合にかぎられるのだ。

友だちが大勢で集まると、ちょっとしたお祭り気分が生まれる。交流はわりあい簡単だ。なにしろ、各自が「応分の」時間を差し出しさえすればいいのだから。友人がたくさん集まっているところには、たびたび笑いが沸き起こる。みんなといるときには、競争に勝つことや、日常世界の気力を奪うストレスは「棚上げ」にされる。

　サードプレイスの機能についてこうして長々と羅列するなかで、指摘したほうがいいと思われるのは、この種の帰属意識を求める根本的な動機が、個人の利益にあるわけでも、市民としての義務にあるわけでもないということだ。人がサードプレイスに何度でも戻ってきたくなる基本的な動機は楽しさである。「世界の諸問題の解決」に夢中になって取り組んでいるその「一団」を見て、無益に時を過ごしているにすぎないと多くのアメリカ人が思うのは嘆かわしい事実である。

　サードプレイスの「楽しい」機能は、おそらく、娯楽の機能として理解したほうがいい。ひどく残念なことにアメリカでは、娯楽がことごとく産業に堕してしまった。わたしたちは与えられるがままにそれを受け取る。一人ぼっちで。そしてしばしば、それをつまらないと思う。

　サードプレイスでは、そこにいる人びと自身が娯楽の提供者だ。その娯楽を支える活動は会話であり、情熱的だったり呑気だったり、深刻だったり機知に富んでいたり、有益だったりくだらなかったりと、さまざまだ。そんなやりとりをしているうちに、顔見知りが人格をもち、人格が真の個性になる——世界じゅうでただ一つの、そしてそれぞれが、わたしたちの生活に豊かさを増す個性になる。

　参加型娯楽に代わるおもな娯楽といえばテレビだが、実際はその重責を一手に引き受けるほど面白くもない。批評家がたいてい見落としているのは、このメディアに代替がないことだ。すべてのチャンネルを「漫然と見てまわり《サーフ》」、もういい加減飽き飽きしているのに、さっとジャケットを羽織ってそこの角まで出かけ、近所の人たちと冷たいビールを一杯飲《や》ろうと思わないアメリカ人がどれだけいることか？　ああ、でも、すぐそこの角には何もなくて、もう一軒民家があるだけに決まっている……まったく、歩いて楽に行ける範囲には何ひとつない。

わたしたちは、いわゆるジョワ・ド・ヴィーヴル（「生きる喜び」）文化の真髄を思い出してもいいのではないか。すなわち、ふんだんにある公共の場で、日々お金をかけずに気持ちよく楽しむということだ。わたしたちは、彼らの単純なやりかたを鼻先で笑うかもしれない。彼らに科学技術の利器がないことや、彼らの住居がわたしたちの住居より粗末なことを嘲笑するかもしれない。しかし、何だかんだ言っても、彼らは人生を楽しんでいたし、金儲けよりも人間関係を優先させていた。

アメリカで深刻化している自動車の混雑の問題は、それに関連するサードプレイス——地元にある——の機能を示唆している。歩いて行けるサードプレイスがあれば、車に乗って交通渋滞に加担することもなく「家から出」られる。あいにく、アメリカの国勢調査員は、通勤での道路利用状況しか記録をとらない。地元の運転事情に少しでも目を向ければ、アメリカの道路が最も混雑しているのは日中であり、「ラッシュ」時にかぎらないことがわかるだろう。

わたしたちは、財力が許すかぎり大きくて蓄えの十分な家に住んでいるが、そこからたびたび逃げ出したくなる。おおかたの人にとって唯一の実際の手段は車であり、おおかたの人にとって唯一の現実的な逃げ場はショッピングモールと歓楽街だ。そこでは買い物をしてお金を使うことが期待される。アメリカ人はヨーロッパ人の三倍から四倍の時間を買い物に費やすが、その違いのほとんどではないにしても多くは、ほかに選択肢がないことと関係がある。わたしたちアメリカ人は、自宅の近所でお金をかけずに親しくつきあう手段をみずから禁じてしまった。どの総分析でも、ウォルマート〔アメリカの大手スーパーマーケットチェーン〕とマクドナルドは、わたしたちが思っているよりはるかに高くついている。

神秘主義かと思われるのを覚悟で主張するが、サードプレイスの「一員である」ことほど、コミュニティへの帰属意識をもたらすものはない。十あまりの公式組織の会員になるより効く。理由は少しも神秘的ではない。それは「公平《フェア》なゲーム」での生き残りと、じつは成功に関係がある。

公式組織が一般に、同じ考えや似たような興味の持ち主を呼び集めるのにたいして、サードプレイスはあらゆる人間を受け入れる。「公平なゲーム」というのは、そのような場所で個人があらゆる人から声をかけられ、会話で礼儀正しくしかもユーモアたっぷりに意見交換するものと思われていることを意味する。多くの人はこれに怖気《おじけ》づき、インターネット愛好者の多くは、回線を介したコミュニケーションのほうがはるかに「安全」だと思っている。

どうにか「みんなと仲良くやっていく」ことができる人びとは、それを自分自身と集団自体の両方のプライドの問題と見なす。彼らは、一緒に楽しい場所を見つけた仲間たちの「風変わりな顔ぶれ」に驚くこともしばしばだ。この帰属意識はおそらく、昔より今、サードプレイスをもっている人びとのほうが強く感じているだろう。戦後の住宅は、以前より私秘化《プライヴァタイゼーション》〔社会学用語。公的事象にたいして私生活の事象を優先させ、そこに引き籠ろうとする傾向〕が進んでいるだけでなく、いっそう隔離されている。近ごろは、ほとんどの人が「縦型コミュニティ」のなかではなく、所得や人口統計学的特性〔性別、年齢、学歴、人種など〕で狭く分別されたコミュニティのなかで成長する。彼らの居住経験は、社会を横に薄切りしたものを土台にしているのだ。サードプレイスは、今どき自分のそれがある人びとには、まさにすばらしく多彩な人間がいるように思えるにちがいない。

ここで紹介すべきと思われるサードプレイスの機能があと三つあるのだが、それらは後回しにされたからといって決して重要性に劣るわけではない。サードプレイスは、政治討議の場として非常に重要である。多くの国で、労働者が団結するようになったのは、ひとえに、数多《あまた》のカフェのおかげだった。カフェのなかで、労働者たちは共通の問題を語り合い、自分たちの集団の力に気づき、ストライキなどの戦略を練ったのだった。一九六〇年代の人種差別法反対の動きを、おおかたの人は「見識ある」議会の功績と認めているが、それに先立つ南部全域の黒人教会での集会がなかったら、何も起こっていなかっただろう。イギリスで、北欧で、そしてサウジアラビアで、なぜ歴史上たびたびコーヒーハウスが為政者から攻撃されたかは理解に難くない。人びとが集まり、そして、議論の途中でしばしば国の統治者のあらさがしをした場所は、ほかならぬコーヒーハウスだったのである。

相次ぐ調査から、アメリカにおける政治リテラシーの低さが見えてくる。国民は誰が内閣で閣僚を務めているかを知らない。自分の州の代議員が誰かを知らない。請願書として自分たちの人権規定が提示されても署名しようとしない、などなど。クリストファー・ラッシュ〔アメリカの歴史学者〕が最近述べているとおりだ。なぜ彼らはこれらのことを知っていなければならないのか？　なぜ誰もが、まったく使わない情報を集めなければならないのか？　より基本的に、これらの調査が示しているのは議論への参加の欠如であり、そのことからも、わたしたちがサードプレイス——一般市民の政治討議の場——の、大部分とは言わないまでも多くを失ってしまったことが窺われる。

サードプレイスは、知的討論の場としての役割も担っている。サードプレイスで議論される重要な主題は、政治だけではない。哲学、地理学、都市開発、心理学、歴史などさまざまな話題が俎上に載せられる。誰もがそこそこの知識人であり、サードプレイスの常連がおおかたの人より知的なのは、批判者たちの前で自分の考えを披露するからだ。

残念ながら、わたしたちは何かにつけて知性を学究的な見地から、あるいは有資格者にそなわっているものとして考えたがる。しかし、たいてい誰でも生活や社会の諸問題について深く考えているものだ。エリートを自称する人びとは「クラッカー樽の哲学」〔三〇〇頁の一段落目を参照〕を馬鹿にするかもしれないが、こういう言葉があること自体、「市井の」人びとが思索すること、そして彼らが仲間と一緒に思索することを示唆している。

部外者はしばしば、サードプレイスの常連たちを「みな同じような考えかたをする」というふうに見たがるが、それは違う。サードプレイスの集団の「一員」になれるか否かは、ある特定の主題に「何の関心もない」人びと――つまり自分と反りが合わない人びと――と折り合いをつけられるかどうかにかかっている。また、その集団の一員であれば、ときに自分の持論が仲間うちに受けないこともある。彼らは同意しない。イデオロギーや「政治的公正《ポリティカル・コレクトネス》」や弱い者いじめの上に成り立つ例の連合とちがって、サードプレイスの集まりでは、誰かの考えに「無理やりつきあわされる」ことはない。その輪に入れてもらえるかどうかは、本人の性格と、座を盛り上げる力しだいだ――ただし、特定の考えにこだわらない。ある人がある考えに茶々を入れると、ほかの人たちはうなずくかもしれないし、不満の声をあげるかもしれないし、眉をひそめるかもしれないし、笑うかもしれないが、それでも何も失われない。まさに素晴らしい教室のようなものだ。

最後に、サードプレイスは執務室《オフィス》の代わりになりうる。ある種の取引は、当事者のどちらか一方の「本拠地《ホームグラウンド》」ではなく、どこかの中立的な場でおこなうほうがいい。しかもなるべくなら居心地がよくて、堅苦しくない場所だ。数年前に面白いことがあった。ある学校の校長がほぼ毎日、勤務時間の一部を地元のレストランで費やしていることに何人かの教師が腹を立てたという。彼らの目には、校長が自分の地位をいいように利用していると映ったのである。しかし実のところ校長は、そのレストランで多くの保護者と面談していたのだった。親たちがよそ行きの服を着て校長室の次の間で待たなくてもいいようにと。彼が面会した親たちは、そこでなければ素顔を見せなかったかもしれない。

一部の人びとは、行きつけのサードプレイスにいるときが最も「居場所を特定しやすい」。そこは彼らが毎日確実に訪れる唯一の場所であり、その結果「つかまえる」には最適な場所なのである。わたしは大学の世界で気づいたのだが、わたしたちの多くが、引退した教官たちと接触を保っている場は、キャンパスではなく、双方が訪れるこうしたサードプレイスである。

「執務室」としてのサードプレイスは、官僚気質がはびこるアメリカよりも、ほかの多くの文化で人気が高い。中近東や極東の場合、多くの企業家は貧しくて自分の執務室がもてないため、公衆の飲食施設を利用し、名刺にその場所を明記しさえする。アイルランドでは、良識があるとされている人は誰もが足しげくパブに通い、おのずとパブが非公式な執務室としてよく使われる。当事者間の平等を実現するためというただそれだけの理由だとしても、この慣行は推奨すべきだ。

以上で、サードプレイスの機能にかんする説明を終えることにする。この説明は、コミュニティ構築の可能性にたいする読者諸君の理解を深めるために提供したのであり、これらの機能のうちのどれが自分の近隣住区にとって重要に思えるか、そして上述の機能がどこで果たされるかを考えるうえで、さまざまな集団に活用していただければと思う。

わたしが宣伝しているように見える――実際、宣伝している――事柄に同意できない人びとにたいしてうなずきつつ、本稿をしめくくりたい。そう、「自分のプライバシーが好き」な人びとや、住人どうしが顔見知りのご近所を過去の遺物と見なす人びとはいる。

そういう種族はなにも新しいわけではない。買い物が一つの生活様式になる前、そしてテレビをはじめとする家庭向けの娯楽様式が普及するはるか以前にも、同じように思っている人びとがいた。わたしの生まれ育った故郷でも、一九四〇年代と五〇年代、すなわちメインストリートが活気に満ち、一日じゅう人でにぎわっていた時代であり、仲間たちと楽しむ場所が屋内にも屋外にも十分あった時代に、そういうことを一切しない人びとがいた。そして、人口およそ七〇〇〇人という小さなわが町が、お祭りで一日に一万人もの来客を迎えたとき、その同じ人びとは決して参加しなかった――準備にも、お楽しみにも。

これでいいのだと、わたしたちは受け入れなければならない。良いコミュニティの第一要件は、その成員である必要がないことだ。公共生活、市民意識、生き生きとしたコミュニティ――これらの概念を多くの人は理解していないのだから、より多くのアメリカ人が理解しているのは驚くべきことである。冒頭で述べたとおり、コミュニティからのこの逃避は、数十年来わたしたちの集団的目標になっている。

そのような人びとへの対応は丁重に、しかし毅然とすべきだ。彼らには、コミュニティ・ライフの責務を引き受けない権利がある。公共生活の回復に必要な時間とエネルギーを費やさないという選択肢がある。しかし彼らは、「進歩」の名を借りて、あるいは何であれ自分たちの好きな生活様式を守るために受け入れる論拠にかこつけて、ほかのみんなを苛立たせてはならない。参加しないことを選ぶ人びとは、つねにその選択肢をもっているけれども、公共生活を切望し、近所の路上での生活を切望するわたしたちは与えられずにいる。そしてわたしたちには、もっと立派な言い分があると思う。

一九九六年十月

レイ・オルデンバーグ
フロリダ州ペンサコーラ

二人の心理学者が、さまざまな研究に広く目を通して、どんなことが人間に喜びや満足感をもたらすのかを見出した。そのリストの筆頭にあがったのは「友だちなど親密な関係にある人たちとの社会的接触」だった。驚くほどのことでもない。わたしたち人間は、所詮、社会的動物なのだ。たびたびみんなで集まりたがるし、もちろん、個人のプライバシーも要求する。望まれるのは、人間を取り巻く物理的環境によって、楽しい社会的接触とプライバシーとのバランスが、良好に保たれることだ。

わが国アメリカの場合、都市開発の路線は、その目標を達成できずにいる。ここ数十年間、アメリカの都市開発は、単一用途のゾーニングに従ってきた。国民の半数以上は、住むことの他は何も許されない区域に自宅がある。使用価値（すなわち、人が歩いて出向くような施設）はゼロ。どこへ行くにも車に乗らなければならない。しかも、自宅での暮らしは室内にこもりっきり。屋外で子どもたちを見かけるのは、彼らがスクールバスを待つ街角だけだ。どこもかしこも駐車中の車だらけで、その数の多さが景観を台無しにしている。これらの開発区域には歩行者がめったにいないから、もっと最近になって造られた区域の内部では、歩道が取り払われてしまっている。

そんな状況に触発されて、筆者は「サードプレイス」という用語を作り出した。それは、わたしたちの多くが必死に探し求めている場所だ。家は第一の場所《ファーストプレイス》、職場は第二の場所《セカンドプレイス》で、どちらも、都市生活が提供すべき多様な人間関係のなかでくつろいだり楽しんだりする場所ではない。「サードプレイス」——その代表格はバーやコーヒーハウス——こそ、わたしたちがほぼ毎日、一時間かそこら、気の置けない仲間たちに囲まれてくつろぎ楽しむ場所なのだ。

　アメリカの郊外は、プライバシーを必要以上に与えてくれる反面、コミュニティ・ライフの決め手となるサードプレイスに近づくことを認めない。果たせるかな、郊外のライフスタイルに内在する欠点ゆえに、人びとはそれを否定するようになった。郊外から都市部への移住を望む人の数は、日ごとに増えているのだ。都市部をより住みやすい場所にする方策を見出すための争奪戦のようなものが、いま繰り広げられているさなかで、現時点では、コミュニティにたいする商業の勝利が、その主要な特徴である高層ビルと冷ややかな街路で見てとれる。

　アメリカ文化は現在、日本文化に影響をおよぼしているので、わたしは日本の善良なみなさんに心からこう願っている。古い友だちと定期的に会ったり新しい友だちを作ったりするためのこれらの場所が、人気を保ち、守られてゆくように、たえず目配りを。こういう場所の大切さは、いくら高く評価してもしすぎることはないのだから。

レイ・オルデンバーグ

序論

すぐれた文明は、すぐれた都市と同様、一つの共通した特徴をそなえている。その内部で生成し、その成長と洗練に欠かせないのが、人のよく集まる気楽な公共の場だ。こうした公共の場は、市民の日常生活に組み込まれるばかりか、都市景観の一部にもなり、決まって都市のイメージを特徴づけるようになる。たとえば、古代ローマと聞いてまず思い浮かべるのが公共広場《フォルム》であるように、おびただしい数のカフェテラスを見れば、これぞパリだと思う。ロンドンの魂はたくさんのパブに宿り、フィレンツェの魂は山盛りのピッツァに宿る。ウィーンにいることを何より実感できる場所は、環状道路《リングシュトラーセ》の内側に建ち並ぶあの永遠不滅のカフェハウスのなかだ。アイルランドの家族がもてなす元雑貨屋のパブ、ドイツの各種の公式組織を生み出してきたビアガルテン、また、その場での礼儀作法が生活全般の規範になっている日本の茶室……いずれも、個人とより大きな社会との間をとりもつ基本的な施設といえる。

こうした独自の形態の「とびきり居心地よい場所《グレイト・グッド・プレイス》」に恵まれた都市では、よそから来た者もくつろいだ気分になる——いや、実際にくつろぐのだ——が、それらがない都市では、住人でさえくつろいだ気分になれない。都市の成長が、その過程で増殖する固有の——人びとの生活に不可欠な——集いの場をもたずに進んでゆくとしたら、その都市の先行きは危うい。そういう場所をもたない市街地では、都市の本質をなすもろもろの人間関係や、人と人との多様な触れ合いを育むことができない。そんな環境を与えられずにいる人びとは、群衆のただなかにいても孤独なままだ。科学技術の進歩が社会にもたらす結果として予測できるのはせいぜい、個人と個人の隔たりがますます大きくなることぐらいである。

アメリカは、インフォーマルな公共生活の面で他国に後れをとっている。しかも昔より今のほうが状況は悪くなっている。これまで以上にアメリカの市民は、自分の息抜きや娯楽や交友を、はては安全までも、ほとんど自宅にこもって一人ぼっちで見出すように仕向けられているのだ。そしてその自宅が、社会とのつながりというよりは、社会からの避難所になっている。

自宅から楽に通えるほど近くにあって、活気あふれるインフォーマルな公共生活に欠かせない常連がいる集いの場は、種類も数も激減してしまった。アメリカの都市開発の方向性は、個人を〈誇り高き独立〉と〈哀れな孤立〉の境い目へと押しやりつつある。それというのも、自発的に他者と触れ合うための機会や働きかけが十分に与えられないからだ。新たな都市スプロール現象のただなかで営む日常生活は、休み時間がない小学校みたいなものであり、ソフトボールの試合後に集ってビールを飲む愉しみもなく身体のあちこちの痛みに堪えるようなものだ。みんなと一緒に息抜きをする喜びも、そこから生まれる社会的連帯も、それを実現できる場所がないために消滅しつつある。

本書が、その様式と同様に構成でも目ざしているのは、上述のインフォーマルな公共生活の核となる環境——良い町や、すぐれた都市の本質——にたいする賛成論を唱えることだ。冒頭の章では、インフォーマルな公共生活の欠如という問題を詳述し、その解決策としてサードプレイスの醸成を主張する。そこから先の考察は大きく三つに分かれ、サードプレイスの「本質」、次いでその「実例」、そして最後にこの衰退し忘れられた施設をとりまく「諸問題」について論じる。

第Ⅰ部では、ある興味深くて実り多い課題に取り組む。わたしは単純にこんな問いを立てた。文化も歴史も異なり、人気が高くて数も多い、さまざまな公共の集いの場の「共通点」は何か。この舞台から、そこで繰り広げられる活動へと論を進め、地域社会のインフォーマルな公共生活に定期的にかかわることによる社会的、心理的、政治的な影響について述べる。ここでもわたしは、時間と文化を超えて生きつづける類似性に心打たれるとともに、インフォーマルな公共生活の核となる場が、見た目はさまざまでも本質は同じだと確信して意を強くする。

第Ⅱ部では、アメリカおよび他国の文化のなかで進化したサードプレイスの実例を紹介しよう。まず目を向けるのは、十九世紀のドイツ系アメリカ人のラガービール園。アメリカが必要としながらも結局は拒絶した、平和的共存と幸福な友好関係の雛形だ。「メイン・ストリート」が描いて見せるのは、戦前の田舎町《スモールタウン》のアメリカにあった活気あふれるインフォーマルな公共生活。国内で最も成功した事例だ。この第Ⅱ部では、イギリスのパブやフランスのビストロ、アメリカの居酒屋、さらにはイギリスとウィーンのコーヒーハウスについても詳述する。それぞれの具体例は、サードプレイスの雛形の裏づけとして、それなりの教訓を授けてくれる。

第Ⅲ部では、現代社会におけるインフォーマルな公共生活の特徴と、その運命に影響をおよぼす諸問題を取り上げる。第11章は、インフォーマルな公共生活が根づく都市環境、あるいは枯れる都市環境について論じる。ここで、わたしたちを苛立たせる逆説的状況――今の都市開発は都市に甚大な損害を与えている――の要因が明らかになる。第12章は、サードプレイスが今も昔も性差別的な伝統にしたがっている事実を認識するところから出発し、男女の関係にからめてインフォーマルな公共生活を考察する。第13章では、子どもたちに的をしぼる。安全で、豊かで、変化に富み、面白い、インフォーマルな公共生活にともなう経験や快適さがない世界で、最終的にいちばん大きな影響を被るのは子どもたちなのかもしれない。

最終章は、楽観の根拠として、都会のアメリカ人が、快適な暮らしにも隣り近所との良好な関係にもはなはだ不向きな環境に順応しようとするときに学ぶ、いくつかの教訓を挙げる。希望は、専門家や役人にあるのではなく、自分たちのために構築された環境を利用し、その不足に気づく庶民にこそある。

レイ・オルデンバーグ
フロリダ州ペンサコラ

謝辞

この企画を進めるあいだ、たくさんの寛大で親切な人びとのお世話になった。ここにお名前を記したほかにも、初期の原稿の一部を読んで励ましてくださった多くの人びと、そして一般的な主題の諸側面についてわたしと語り合ったさらに多くの人びとに助けられた。

以下は、本書に直接の貢献をしてくださった、あるいは内容に形を与えてくださった人びとだ。みなさんのお力添えに心より感謝申し上げる。ジャニス・オーテンリース、オードリー・クレランド、フランク・デモス、キティ・エリオット、マイケル・グアリー、ダニエル・マローン、ジョージ・ニールは、説明に役立つ一次資料を提供してくださった。ドン・マクガイア夫妻は、わたしが一九四〇年の創建当時のリヴァー・パークのメインストリートを再現するさいに力を貸してくださった。トム・リッチーとジョン・ジャーヴィスは、その幅広い読書のなかから役に立つ文献を教えてくださった。

ジョン・C・ペイス図書館の職員のみなさんは、わたしが館内施設を頻繁に、さまざまなかたちで利用しているあいだじゅう、期待以上の協力と、気持ちよい対応をしてくださった。わたしの親友で同僚でもあり、この試みの初期にわたしと共同研究をしたデニス・ブリセットは、第2章と第3章の構成について、ためになる助言をくれた。バーナデット・グラント博士は、インフォーマルな公共生活の諸相にたいする女性の反応を取り上げた部分の原稿に、有益なコメントを寄せてくださった。

とくに、本文を形にするうえで骨を折ってくださった人びとにお礼を申し上げる。ジム・サーヴィスは、ジョン・C・ペイス図書館長としての最後の数カ月間、時間を見つけては――おもに飛行機内と待合室で――本書のほとんどの章の文章に手を入れてくださった。おかげで無駄がそぎ落とされ、言葉の流れがよくなった。シーモア・カーツは、出版社の原稿閲読係として全体を通じて有益な提言をくださり、そのほとんどが最終稿に活かされた。

原稿の仕上げがおおいに楽になったのは、ワープロの達人である素晴らしい女性、コニー・ワークスの尽力による。出版社とのつきあいが専門的であるだけでなく楽しかったのは、この企画の担当編集者ローラ・グリーニーのおかげだ。

最後に、もうこの世にいない人に感謝を表明しなければならない。ドン・マーティンデイルは、この企画が進んでいるあいだに亡くなった。彼はよき師であり友人であり、高名にして多作な学者であり、学問の世界には珍しく紳士的な人だった。ほかの誰よりも彼の励ましが、主流からはずれた研究に取り組むわたしを支えてくれたのだ。

第Ⅰ部

第1章　アメリカにおける場所の問題

近年のアメリカの著作物の多くが示しているのは、スモールタウン〔小さな田舎町〕への郷愁を、かならずしもその町自体に向けられているものと理解する必要はない、ということだ。むしろそれは（ロバート・ニスベットの言葉を借りれば）「コミュニティへの希求」——実現可能で一体感がある生活集団への郷愁である。重要なのは、そのスモールタウンがかつての力強さや成長の姿そのままに再建されうるか否かではなく——どだい無理な話なのだから——それに代わる何か別の統合されたコミュニティをアメリカ社会が発達させられるか否かの問題である。わたしはそれを「アメリカにおける場所の問題」と呼ぶ。どうにかしてこれを解決しないかぎり、アメリカの生活はますます殺伐とし、分裂をきたすだろうし、アメリカ人は相変わらず落ち着きがなく不満を抱えた国民のままだろう。

マックス・ラーナー『*America as a Civilization*（文明としてのアメリカ）』（一九五七年）

その後の長い年月で、ラーナーの見立ては裏づけられた。アメリカにおける場所の問題は解決されていないし、生活はますます殺伐として分裂が進んでいる。新たな形の統合されたコミュニティは何ら見つかっていない。スモールタウンは、いまだそれに代わるものを迎え入れていない。そしてわたしたちアメリカ人は、満ち足りた国民ではない。

新たな形のコミュニティに思えたかもしれないもの——自動車依存型の郊外——が急増したのは、第二次世界大戦後のことだった。一三〇〇万人あまりの帰還兵が、頭金なしで新興住宅地の一戸建て住宅を買う資格を得た。こうした無数の新たな私有地に家を建て、設備を据えつけることによって、アメリカの産業界は、軍需品の製造に取って代わる主要な産業を見つけ、友愛結婚〔男女が相互の友愛にもとづき、避妊と離婚を合意したうえで試験的におこなう結婚〕の夫婦は、理想的な営巣地を見つけたかのようだった。けれどもわたしたちは「それからずっと幸せに暮らしましたとさ」という結末を迎えなかった。

分譲地での生活は、安全で秩序正しく静かな安らぎの場所に思いこがれる退役軍人の夢をかなえたかもしれないが、彼の親や祖父母が抱いていたような郷土愛や帰属意識をほとんど与えてくれない。住宅だけあってもコミュニティは成り立たないし、典型的な分譲地は、その特徴である統一された家並みや街路にそぐわない建物や空間利用が出てくるのをひどく嫌うのだった。

都市部の住居専用地区と同じように——と、アメリカ事情の研究家の一人は言った——郊外は「たんなる基地にすぎず、そこから個々の人間が出かけて行き、ほうぼうに散らばっている社会的存在の各構成要素と接するのだ」[1]。田舎暮らしと都会暮らしのいいとこどりと喧伝されたにもかかわらず、自動車依存型の郊外は、個人の生活を細分化する結果をもたらした。ある観察者が書いているとおり、「人はある場所で働き、別の場所で眠り、ほかのどこかで買い物をし、楽しみや仲間たちを見つかるところで見つけ、これらのどの場所にも関心を払わない」。

典型的な郊外住宅は、居住者がよそに転居する際も出て行きやすい。自分のいちばん大切なものは、引越しのときにたずさえて行けばいい。地元の居酒屋や街角の売店で別れを惜しむこともない。だいいち、地元の居酒屋や街角の売店なんて存在しないのだから。実のところ分譲地には、居住者を引き留める力よりも、出て行く気にさせる力のほうが強く働いていることが多い。なぜなら、家族や個人を生涯ずっと見守る態勢が、住宅にも地域住民にもそなわっていないからだ。どこも特定の規模、収入、年齢の家族向けに設計されている。居住者が根を下ろす場所はおろか、その機会さえほとんど意識されていないのだ。

ヨーロッパからの移住者は、アメリカの住宅地に地域生活《コミュニティ・ライフ》がないことを実感している。わたしは最近、ある社交的な婦人と話をした。多くの国で暮らした経験があり、その土地ごとの流儀になじむのが得意な人だ。アメリカにおける場所の問題は、そんな彼女の問題にもなっていた。

ここに来て四年経ってもまだ、やっぱり自分は外国人なんだっていう感じが、世界のどこにいたときよりもするんです。この国の人たちは「良い」地域に住んでいることを自慢するけれど、わたしたちにしてみれば、そういう望ましい地域とやらは監獄みたいなものですよ。いろんな家庭との触れ合いはなく、ご近所の人を見かけることがめったにないし、彼らのことなんてぜんぜん知らない。けれどもルクセンブルクでは、わたしたちは夜な夜な、散歩がてら地元のカフェに出かけては地元の消防士や歯医者、銀行員、あるいは誰だろうとたまたまその時そこに居合わせた人と一緒にたいそう心地よい数時間を過ごしたものです。車を飛ばして行った先のすすけた暗いバーで、かたくなに自分の殻に閉じこもり、誰だか知らない酔っ払いが近寄ってきたら怖がるなんて、少しも楽しくありません。

同じような調子で、ケネス・ハリス〔イギリスの「オブザーヴァー」紙の元記者〕は、イギリス人がアメリカに来て最も恋しがるものの一つについて論評した。すなわち、身近にヴィレッジ・イン〔田舎の旅籠を兼ねたパブ〕や行きつけのパブがある環境だ。アメリカでは、近所にそれがない。ハリスはこう述べている。「週に二、三回、妻か息子と一緒にぶらりと近場に出かけて、ビール片手に隣人たちとおしゃべりをしてから歩いて帰宅、ということをアメリカ人はしない。毎晩寝る前に犬を散歩に連れ出し、途中でパブのザ・クラウンに寄ってちょいと一杯ひっかける、なんてことはしない」[2]。

文化間の際立った差異を身にしみて感じるのは、ヨーロッパとアメリカで二重居住を享受している人びとだ。ヴィクター・グルーエン〔オーストリア出身の建築家、都市計画家。ショッピングセンターの父と言われる〕とその妻は、ロサンゼルスに広大な住居を、そしてウィーンに小さな住居をもっている。彼はこんなことに気づいた。「ロサンゼルスでは、安全なわが家から出て友人宅を訪ねたり、文化行事や娯楽の催しに参加したりする気になれない。そのような外出はひどく時間を食い、長距離の運転で神経をすり減らすことになるからだ」[3]。しかし、と彼は言う。ヨーロッパでの経験はずいぶん違う。「ウィーンでは、背中を押されるようにして外出することもしばしばだ。なにしろ歩いてすぐのところにコンサートホールが二つあり、歌劇場、いくつもの劇場、そして種類も数も豊富なレストランやカフェやお店があるのだから。ロサンゼルスにいるときとは違って、旧友たちと会うにも事前の段取りは不要で、たいてい路上かどこかのカフェでばったり出くわす」。グルーエン夫妻は、アメリカに一〇〇倍以上の住空間をもっているのに、ウィーンのささやかな住まいの半分も楽しんでいない感がある。

だが、わざわざ外国からの訪問者に、郊外での実験生活の欠点を力説してもらうまでもない。結婚と家庭生活の一つの環境として、郊外はこれらの社会制度の名を汚してきたのだ。一九六〇年代には、郊外で暮らす主婦の「退屈し、孤立し、物欲で頭がいっぱい」[4]というイメージができあがっていた。家から抜け出すための車をもたない郊外暮らしの主婦たちは、アメリカの孤独な人間の典型だった。[5]車を買える程度にお金のゆとりがある主婦たちは、孤独や孤立やコミュニティの欠如を埋め合わせるべく「狂ったように予定を詰め込む行動」に走った。アメリカ北東部のあるカウンセラーが述べているように、

職業柄わたしが最もよく知っている孤独は、郊外に捨て置かれ、勤め人の夫がいて、幼い子を抱えている妻の孤独だ……。俗に言う孤独はたくさん目にするが、わたしが思うに、富裕層のコミュニティでは、猛烈に忙しく活動することで孤独を紛らしている。だからテニスがこんなに流行っているのだ。彼女たちはこぞってテニスをしに出かける。[6]

かつての在宅主婦の大多数は、いまや労働力となっている。父親と母親がともに日々分譲地から抜け出し、うわべだけの地域生活《コミュニティ・ライフ》を送っているせいで、子どもはなおさら大人とのつながりを断たれてしまう。典型的な郊外暮らしの若者が家庭から得るものは少なく、地域住民から得るものは何もない。リチャード・セネット〔アメリカの社会学者〕が一九七〇年に述べた以下のような状況は、今も悪化の一途をたどっている。

この十年間、中流階級の子どもの多くは、親が人生の大半をかけて作り上げた、学校や家庭などのコミュニティから脱け出そうとしてきた。若者の活動はさまざまな集団や生活様式をとるが、それらに一貫した感情があるとすれば、それは親のこうした中流階級のコミュニティは檻みたいなもの、若者が生き生きと自由に行動するのを阻む鳥かごみたいなもの、という感情だ。この感情の源をたどると、中流階級の環境が安全で秩序正しい体制である反面、生活に新味や意外性や多様性がなくて息が詰まりそう、との認識に行きつく。[7]

若者の泊まり客は、地域の活力を測る最良にして最も手っ取り早いバロメーターではなかろうか。分譲地を訪れた十代の若者は、じきに、檻に入れられた動物のような行動をとる。あたりをうろつき回り、浮かない顔でいかにも居心地が悪そうだ。二日目には、はやく帰ろうと親をせっついている。同年代の仲間に加われるような逃げ場がない。かといって自分ひとりですることは何もない。周辺には見知らぬ人の家しかなく、路上には人っ子ひとりいない。そんな状況に大人のほうがうまく対処できるのは、若者より求めるものが少ないからだ。しかし年齢にかかわらず、その種の住宅地に活気を感じる人はほとんどいない。長老格の社会学者デイヴィッド・リースマンはかつて、郊外が住民の多くにとって何を意味するかを表現しようとした。「そこにありそうなのは」と彼は書いている。「目的の喪失、抑圧された不快感の蔓延である」[8]。彼が使うのを嫌ったと思われる言葉は〈退屈〉。十代の若者だったら、適切な言い回しを探して苦労する必要もなかったろうが。

アメリカにおける場所の問題の解決と、住民たちへのコミュニティ・ライフの提供に失敗しても、戦後の郊外の増殖には歯止めがかからなかった。それどころか新世代の郊外住宅地が登場し、家の外での生活はますます少なくなっている。なぜ失敗は続くのか？　ドロレス・ハイデン〔アメリカの都市史学者、建築家〕が答えのヒントを与えてくれる。彼女いわく、アメリカ人は理想都市の代わりに「夢の住宅」という幻想を抱いたのだ[9]。これまで以上に活気が失せた地域の、これまで以上に広い敷地の、これまで以上に大きな家を購入することは、コミュニティへの参加ではなくむしろコミュニティからの逃避を意味する。公共の環境から礼節や快適さが失われれば失われるほど、人びとは自分の私有地を頼りにするようになる。さらには自分の住宅が十分に広く、十分に楽しく、十分に居心地よく、十分に立派でありさえすれば——しかも政治家がいまだにわれらが「同胞のアメリカ人」と呼ぶ、あの烏合の衆からうまい具合に隔絶されていさえすれば——それがコミュニティの代わりになると思っているふしがある。

アメリカ社会で家庭と都市の離反が進んでいる理由については、見解が分かれるところだ[10]。数世代にわたる調査をしたリチャード・セネットはこう主張する。アメリカの家庭は、中流階級になって外の世界の恐怖や混乱に何らかの対処をする余裕ができると、たちまち周囲に塀を立てて閉じこもるので、「フランスやドイツの場合とちがって、アメリカでは、都会の中流階級はカフェや宴会場といった公共の社会生活を避けた」[11]。これにたいして、歴史学にも造詣が深いフィリップ・アリエスは、現代の都市開発が、かつて都市を成り立たせていた本質的な関係を崩壊してしまい、結果として「家庭の役割が肥大細胞のように過剰に膨らんだ」[12]という論を唱える。

一部の国々では、国民がこれまで家の外で続けてきた人づきあいの習慣をやめないようにと、週に一度、夜間のテレビ放送を中止している。この方策をアメリカで実施したとしても、おそらく効果はあがらないだろう。セネットならば、中流階級の家庭は世間に中流と認められたら何が何でも家にこもるものだ、と主張するはずだ。アリエスならば、おおかたの人は友人や隣人と集まる場所がないから家にいるのだ、と主張する。リチャード・N・グッドウィン〔アメリカの作家〕が断言したように「隣人たちが思いがけない出会いを期待できる場所は、事実上どこにもない――パブもなければ、街角の売店も、公園もない」[13]。この議論の明るい材料は、同じ一連の療法を使って、家庭と都市の両方の深刻な病を治せることだ。

そうこうする間にも、新世代の人びとは、地域生活を捨てて私秘化の進んだ生活を選び、公共の利益より個人の成功を優先させるように仕向けられる。この態度は親から学ぶのかもしれないが、各世代の経験のなかでも身につくものだ。ごく普通の住宅地――中流階級の人びとが、年齢を重ねて裕福になると出て行ってしまう、あの排他的でない郊外――の住民たちは、未来の豊かな暮らしへの期待が、自分の家と庭にほぼ限定されることを思い知らされる。トラクトハウジング〔似たような家が立ち並ぶ郊外の住宅地〕のなかでの地域生活に失望させられる。宅地内の空間は、人づきあいのない家庭生活向きにしつらえられているも同然だ。特色も施設も限定されている現代の郊外では、親しくなれそうな人と知り合う過程や、家の外で思いがけない友情が育つかもしれない流れが、いちじるしく妨げられる。

住宅地に気軽な社交場や公共の気楽な集いの場がないせいで、住民たちは、ごく身近な隣人たちにやたらと振り回される羽目になる。昔のスモールタウンから得た教訓といえば、親友や気の合う仲間はめったに隣りどうしに住んでいないということだった。自動車依存型の郊外だって、それとたいして違わない。楽に歩いて行ける距離に住宅が百軒あるとして、隣家の住人と仲良くやって行けそうな確率は？　低い！　にもかかわらず、その最も身近なお隣りさんとの友だちづきあいを試みる可能性は高い。なにしろ一ブロック半先にいる誰かさんのことなどろくに知らず、お近づきになりようがないのだから。

狩猟、魚釣り、あるいは飛行機の操縦を共通の趣味にもつ二人の男性は、もし相手の家族と反りが合わなかったら、どんな機会に会っておしゃべりをしたらいいのか？　理由はどうあれ、もし相手の家の居心地が良くなかったら、どこで互いをもてなしたり楽しんだりできるのか？　家族ぐるみのつきあいをするかどうかを決める前にそれとなく、差し障りのない範囲で相手のことを知る機会をどこで設けたらいいのか？　トラクトハウジングには、そんな場所がどこにもない。

この種の住宅地のなかで近隣住民が集うとしたら、運営上かなりの努力が必要で、その成否は、世帯およびその構成員どうしの良好な関係が続くかどうかにかかっている。世の常として、こういう関係は、すぐにぎくしゃくしたり決裂したりする。できたばかりで根が浅いから、容易に修復できない。

悪くすると、数少ない良き友の何人かは引っ越してしまうだろうし、その代わりになる人はなかなか見つからない。やがて、友だちづきあいや近所づきあい、擬似コミュニティへの参加の呼びかけは、努力するだけの価値があるとは思えなくなる。

インフォーマルな公共生活がないために

先に触れたセネットの見解によれば、中流階級のアメリカ人は、フランスやドイツの同等の人びとと違うとのことだった。わたしたちアメリカ人は、日常的にオープンカフェや宴会場に足を運ぶことがない。他国の人びとにとって豊かな生活には不可欠な、家庭でも仕事でもないあの充足と社会的つながりの第三領域を、アメリカ人はもっていない。わたしたちの活動はむしろ自宅と職場に限定され、この二つの世界が優先されるようになった。庶民は「胎内」と「競争社会」のあいだを判で押したように往復し、そんな毎日からは、例の「何もかも忘れてのんびりしたい」願望が生まれやすい。

都市環境が公共のくつろぎの機会を提供しなくなるにつれて、二地点滞在型の日常生活が、わたしたちの習慣として定着しつつある。どこよりもまったりできる集いの場が、急速に姿を消しつつある。街なかで消費される飲み物全体のうち、ビールや蒸留酒が占める割合は、一九四〇年代の約九〇パーセントから現在は約三〇パーセントにまで落ちこんだ。[14] これらの飲み物を販売している近所の居酒屋の軒数も、同じように減った。酒を飲まず、道を隔てた向かいのドラッグストアのソーダ水売り場のほうが良いという人びとの場合、状況はさらにひどい。一九六〇年代、「経営の安定したドラッグストア」[15]にソーダ水売り場と軽食コーナーの居場所がもはやないのは明らかだった。「労働組合化の力が強く、未熟練従業員の最低賃金が上昇している昨今、昔ながらのソーダ水売り場はお払い箱にすべきだ」と、ドラッグストア経営の専門家は助言した。で、そうなった。新たな売り場が重視するのは迅速なサービスであり、のんびりゆったりのくつろぎではない。

インフォーマルな公共生活がないために、国民が仕事と家庭生活に寄せる期待は、職場や自宅で対応できる限度を超えて増大した。家庭内と仕事の人間関係によって、足りないものをすべて補充し、コミュニティをもたない人びとの抑制された生活様式に欠落しているものの大半を供給せざるをえない。結果として職場と家庭にかかる重圧は、火を見るより明らかだ。現代の中流家庭は、その崩壊と頽廃の度合いの点で、一九六〇年代の低所得の家庭に似ている。[16]アメリカ合衆国はいま、人口に占める離婚件数の割合が世界一高い。幼児人口のなかで、父親のいない子どもたちの増加は最も顕著である。伝統的な家族形態を徐々に壊していった重圧が、代替となる生活様式を生み出した。それらの出現によって選択の幅が広がったようにも思えるが、支援コミュニティのなかに組み込まれてみると、伝統的な家族と同程度に満足のゆくものはひとつもない。

アメリカの産業界では、常習的欠勤、会社負担の医療費、生産性の低下によって被る損失が年間五〇〇億から七五〇億ドルにのぼると見積もられている。[17]こうした企業損失のおもな原因は、労働者の生活上のストレスだ。アメリカで家庭医の診察を受ける症例の三分の二は、ストレスがらみの問題によって引き起こされる。[18]「わたしたちの生活様式が」と、ある開業医は言う。「今日の病気の主要な原因として浮上してきています」[19]。クローディア・ウォリス〔「タイム」誌の記者〕は次のように書いている。「アメリカで売れ筋の薬品の上位三種が、潰瘍薬（タガメット）と高血圧薬（インデラル）と精神安定剤（バリウム）だというのは、嘆かわしい時代の趨勢である」[20]。

インフォーマルな公共生活がないために、アメリカ人は、他の文化で大きな効果を上げているあのストレス解消手段を得ることができない。その手段は、ストレスを生み出す諸々の特徴と同じくらいたやすく都市環境に組み込めるのに、わたしたちはその事実に気づいていないようだ。わたしたちアメリカ人にとってかなり不幸なことに、都会の楽しみは、ほとんど大量消費と化している。わたしたちが都会をあまり楽しんでいないのは、都会があまり楽しめないからだ。わたしたちの病気の要因となった都市生活の流儀は、なくてはならない安全弁がついていない圧力鍋のようなものだ。わたしたちの都市環境は、冷却装置をつけずに設計されたせいで熱くなるエンジンのようなものだ。

あいにく世論は「ストレスの原因は社会にあるが、その治療は個人で対処するもの」という見解に傾いている。強いストレスは現代生活における不可抗力の一つであり、社会体制に組み込まれているのだから、それを緩和するには本人が体制の外に出るしかない、と一般には見なされている。楽しませよう、楽しもうとする努力さえ、他者との競り合いになってストレスを引き起こしがちだ。人は家の外の世界で「病気になり」、家に引きこもることで「治る」という見解に、わたしたちは危険なまでに近づいている。だから、ドイツ人がビアガルテンの熱烈な仲間たちに混じってくつろいだり、フランス人がにぎやかな小さいビストロで元気を取り戻している一方で、アメリカ人はマッサージや瞑想、ジョギング、入浴に頼るか、小説の世界に逃げこむ。よその国の人びとは人づきあいの自由をフル活用しているのに、わたしたちアメリカ人は、人とつきあわない自由を賛美する。

インフォーマルな公共生活がないために、暮らしはますます割高になる。息抜きと娯楽の手段や施設が公的に共用されない場合、それらは私的な所有と消費の対象になる。アメリカでは、国民総生産の三分の二を個人消費支出が占めている。その範疇には「人類の疎外された実体」が含まれる、とリチャード・N・グッドウィン〔アメリカの著述家。ケネディ大統領とジョンソン大統領のスピーチライター〕は考える。[21] 個人の地位強化に費やされるおよそ四兆ドルは、実際、分裂を生む強い力を意味する。この分野のある専門家によれば、わたしたちの社会では、余暇が消費へと歪曲されているという。[22] この歪曲を陰で強引に推し進める力は広告であり、広告が「わたしたちの意欲を消費へ、企業が製造したものを何でも所有したいという気持ちへと」[23] 向かわせる。

独善の権化である広告主たちは、「自分たちが頑張らなければ、社会は無気力状態に陥って衰退してしまう」という考えをばらまく。「誰かが何かを売らないかぎり、何も起こらない」と彼らはしきりに言う。商売一点張りの世界のなかでは、そのとおりかもしれない（それに、彼らにとって他に何があろう?）けれども、インフォーマルな公共生活の発展を左右するのは、金銭的なつながりの外で仲間を見出し、楽しんでいる人びとだ。広告は、そのイデオロギーと影響力において、インフォーマルな公共生活の敵である。広告は疎外を引き起こす。豊かな暮らしは個人が金で買えるもの、という確信を人びとに抱かせる。自分たちを平等とみなす共通の仲間意識があるところでは、広告のイデオロギーが、競争的獲得に置き換わる。それは、人をその人柄ゆえに愛することと、相手が持っているモノゆえに羨むこととの違いだ。インフォーマルな公共生活がよく発達している文化で広告が蔑視されるのは、決して偶然の一致ではない。[24]

インフォーマルな公共生活がよく発達している社会の大きな利点は、その内部で貧困がほとんど重い負担にならないことだ。もちろん、かなり質素な生活は強いられる。しかし恥辱を感じることはないし、生活の幅が狭くなることもほとんどない。そこには、家庭と職場での日々の営みを補完するための、魅力的で持続的な公共生活がある。家計が逼迫し、ある程度の耐乏生活を送っている人びとにたいして、公共生活は個人の所有物の足りない部分を補う。裕福な人びとにたいしては、お金で買えないものの多くを提供する。

アメリカの中流階級の生活様式は、非常にお金がかかる――とりわけ、それがもたらす満足感に比べると。みんなで行う儀式や気ままな親睦会が少なければ、社会的孤立を避けるために個々人が莫大な負担を被ることになる。コミュニティとのつながりをもたない家々があるところ、心地よい集会場のない地域に家々が建っているところには、退屈という名の敵が迫りくる。周囲の環境の索漠を埋めるには、大金を費やさなければならない。生活に趣きを添えるには、壁紙や家具の配置を新しくすればいいと考えるから、家の飾りつけと改装が果てしなく続くようになる。退屈で怠惰な金持ち同様、彼らはその同じ目的のために、最新流行の服装に目を向け、手持ちの服がまだ十分着られるうちに新品を買う。夕食後の楽しい会話は、街角のパブに歩いて行くことほどたやすくない――その夕食には客人を招かなければならないのだから。

アメリカの中流階級にインフォーマルな公共生活が乏しいおかげで、家庭向け娯楽産業は繁盛する。自分がじかに関わらなくても見聞を代行してくれるさまざまな電子機器への需要は高い。音響・映像システムやビデオデッキ、ケーブルテレビ、あるいは社会から追放された者のためのあの現代版地上の楽園――つまり衛星放送受信アンテナ――の設置にはほとんど費用を惜しまない。電子メディアの娯楽の需要が大きすぎて、良質な番組制作が追いつかない。この底なしの需要を生み出す人びとは、お定まりの手法と模倣に依存せざるをえない。

車を運転できる年齢の人なら誰でも知っているのは、何百軒という他人の私邸に囲まれた自分の私邸からたびたび逃げ出す必要があるということ。そうするには各自に車が必要であり、その車は、その地域住民たち自身に劣らず私秘化された、社交性に欠ける輸送手段だ。フォードや「シェビー」〔シボレーの愛称〕の値段は、今や一万から一万五千ドル、そこに維持費と保険の掛け金とガソリン代が加わった金額は、ほとんどの家庭にとって大きな出費だ。さらに悪いことに、各自が自分専用の車に乗っている。郊外居住者が楽に歩いて満たせる欲求はせいぜい、彼らをトイレに駆り立てる欲求ぐらいしかない。

インフォーマルな公共生活がないために、産業界は、社交での息抜きの機会の欠如も補わなければならない。ちょっとした社交場が近所にないとき、人は職場でその埋め合わせをする。お茶の時間《コーヒーブレイク》は、たんなる休憩時間にとどまらない。身体を休めるよりも、他人とのなごやかな触れ合いに利用されるのだ。このような「小休止《タイムアウト》」の範囲が拡大される。昼食の時間にお楽しみを満喫しすぎて、午後ずっと仕事にならないことも多い。仕事上のコミュニケーションと「雑談」の区別が曖昧になってくる。かつては明確だった仕事と遊びの境目が分からなくなる。そして当人は、仕事にも遊びにも本来の満足感が得られない。

アメリカにおける場所の問題は、インフォーマルな公共生活の枯渇に表れている。家庭や仕事や受動的な大量消費による経験を超えた共有体験の組織は小さいし、数も減ってきている。必要不可欠な集団体験は、個人の自意識過剰に取って代わられる。アメリカ人の生活様式は、物欲が満たされ、快適さや楽しみを追い求めているにもかかわらず、退屈、孤独、疎外感、値段の高さに悩まされている。アメリカはさまざまな面で進歩を遂げたが、インフォーマルな公共生活の領域では地歩を失い、そして今も失い続けている。

多くの未開拓分野とちがって、インフォーマルな公共生活の未開拓分野は、おとなしく開発を待ってはいやしない。テクノロジーが発達し、官庁の部局や諸機関が増え、人口が増加したところで、それは手なずけやすくならない。たんなる時間の経過や、都市生活の別の領域で開発が進むときの無鉄砲な政策にも屈服しない。それどころか、インフォーマルな公共生活をおろそかにすると、かつての庭園がジャングルと化す恐れがあるばかりか、そこを耕す人びとの能力が低下する恐れもある。

健全で生き生きとしたインフォーマルな公共生活が長らく欠如しているうちに、市民はまさに文字どおり、その創りかたを忘れてしまうかもしれない。知らない人に出会い、挨拶をし、楽しい時をすごすのに必要な礼儀作法からなる、潤滑油のような公共のエチケットは、アメリカではあまり目につかない。それに取って代わったのが、公の場で人との接触を避けるために考案された一連の戦略であり、個人の私生活の領域をいかなる他者の侵害からも守ろうとする方策だ。都会的な洗練は損なわれ、誰の「縄張り」内で誰が安全かを知ることや、なるべく人前で表情を見せたり身体を接触させたりしないすべを学ぶことなど、快適さ《アメニティ》のない世界で生き延びるのに必要な技術へと堕しつつある。リン・ロフランドの指摘によれば、エイミー・ヴァンダービルトの一九六二年版『*New Complete Book of*

Etiquette（新エチケット大全）』には「見知らぬ人びとの世界での適切な振る舞いにかんする言及がひとこともない」[25]。アメリカ諸都市が世界主義的《コスモポリタン》になる見込みは薄い。わたしたちがますます私生活へと逃げ込むにつれて、その普遍的精神は消えてゆく。

解決に向けて——サードプレイス

アメリカにおける場所の問題には、誰も完璧な解決策を打ち出すことができないが、すべての解決策に欠かせない、いくつかの大切な要素を挙げることならできる。インフォーマルな公共生活に必要な、ある種の基本条件は変わらないし、それらの先にある健全な社会の進歩についても同様。活気あふれるインフォーマルな公共生活が社会の過去に属すならば、その黄金時代も過去のものであり、将来の見通しはかなりの不安材料であるはずだ。

住民たちに魅力的な公共生活を提供している町や都市は、一見してそれと分かる。都市社会学者のいう隙間空間《インタースティシャルスペース》が人であふれかえっているのだ。街路や歩道、公園や広場、公園道路《パークウェイ》や大通りに、人びとが立ち、あるいは腰をおろし、あるいは歩いている。おもだった公共の場は、今日のショッピングモールで歓迎されるような、お洒落に着飾ったあの中流層の専用空間ではない。身なりが良くて健康なその種の人びとに混じって、老いた人や貧しい人、ぼろ服をまとった人や身体の弱い人が散在する。地元のあらゆる種類の人間が見てとれる。ほとんどの街路は、マイカー運転者と同じほど、歩行者の領分でもある。典型的な街路は、いまも大型の乳母車がゆったり通れるし、いまも新米ママを赤ちゃん連れで外出したい気にさせる。腰をおろす場所がたくさんある。子どもたちは路上で遊ぶ。映画の美術監督が、健全で繁栄している町や都市での暮らしを表現するときに並べてみせるのは、だいたいこのようなおなじみの光景だ。

しかし、ヒューマンスケール〔人間の身体を設計基準にして決めた空間〕は建築物に保たれてきたとか、街路をめぐる闘いで自動車はまだ歩行者を打ち負かしていないとか、その生活のペースは今より穏やかで今ほど複雑ではなかった時代を思わせる、とかいう印象はさておき、この光景からは、魅力あるインフォーマルな公共生活の創出に必要な〈原動力〉が見えてこない。安らぎのある地域社会の秘訣は、その全景を眺めればわかるのではなく、平均的な市民の状況を調査するなかで明らかになってくるものだ。

場所の問題を解決した地域社会が示す手本、そして昔のアメリカのスモールタウンや活気に満ちた地域住民が示す手本から推察できるように、くつろいだ充実の日常生活を送るには、以下にあげる三つの経験の領域のバランスがとれていなければならない。第一に家庭、第二に報酬をともなうか生産的な場、そして第三に広く社交的な、コミュニティの基盤を提供するとともにそのコミュニティを謳歌する場。こうした人間の経験の各領域は、それ相応の交流やつながりの上に成り立っている。各領域が、物理的に隔たった独特な場所をもっている。そして各領域が、他から独立した自律性をもっていなければならない。

元気な都市の全景を眺めても明らかにならないのは、経験の第三番目の領域が、家庭や職場と同じく一つの独特な場所であるということだ。インフォーマルな公共生活が一定の形をもたず散在しているのは、見かけ上にすぎない。じつは、きわめて集中しているのだ。それは〈中核的環境《コア・セッティング》〉に生まれ、維持される。場所の問題が解決されているところでは、インフォーマルな公共生活の中核的環境が豊かに増えて広がり、人びとの要求を十分に満たしている。

ピエール・サリンジャー〔もとジョン・F・ケネディ大統領報道官、ABCの欧州、中東特派員〕は、フランスの生活のどこが好きか、アメリカの生活とどのように違うかと問われ、フランスで好きなのは誰もがくつろいでいるところだ、と答えた。アメリカではひどく強い重圧を感じる、と。フランス人は、もちろん場所の問題を解決している。フランス人の日常生活は、家庭、仕事場、それにもう一つ、真昼や夕暮れの食前酒《アペリティフ》の時間に——それより早い時間や遅い時間ではないにせよ——友人たちが積極的に関わる環境という、三脚台の上にしっかり載っている。アメリカでは、わけても中流階級は、家庭と仕事という二脚の台の上で釣り合いをとろうと努力している。疎外感、退屈、ストレスがわたしたちアメリカ人に特有の病であるのも驚くにはあたらない。アメリカ人の大半は、人生の三分の一が不十分または皆無であり、残りの三分の二では全体としてうまくまとめ上げることができないのだ。

インフォーマルな公共生活の中核的環境が、都市景観のなかに取り戻されて日常生活に再構築できるようになる以前に、それらの本質と恩恵を明確に述べておく必要があるだろう。すでに納得している人びとが聞いて喜びそうな、謎めかした、あるいはロマンチックな言葉でそれらを語るのでは事足りない。むしろ、インフォーマルな公共生活の中核的環境は、アメリカ人の思想で優位を占めるあの合理的かつ個人主義的な態度でも理解できるような言葉で分析され、議論されなければならない。噛み砕き、具体的な見返りという観点から語り、特別な経験をごく普通の名札《ラベル》へと変えなければならない。わたしたちが一刻も早く取りかからなければならないのは、これらの「とびきり居心地よい場所《グレイト・グッド・プレイス》」

を、疑いの目で見る人びとや敵視する人びとから擁護すること、しかもそれを誰にでもよくわかる言葉で実行することだ。

本書の主眼――インフォーマルな公共生活の中核的環境――には、もっとシンプルな名札が必要だ。俗っぽい言い回しには、使えそうな候補がほとんどないし、客観性をともなう簡潔さと、良識に訴える力とを兼ね備えたものは一つもない。「たまり場《ハングアウト》」という言葉があるけれど、どこか否定的な含みがあり、いかがわしい場所や怪しげな店を想起させる。本書では、たまり場のような低俗な会合場所にも触れるが、ヨットクラブや、オーク材の壁に囲まれたバーのような、「立派な人たち」の「たまり場」にはそんな言葉をめったに使わない。わたしたちアメリカ人は、公共の集いの場や、友人たちが家庭と職場のしがらみを離れて集まる環境を指すのに、フランス語の「ランデヴー」と同程度のまっとうな言葉をもっていない。アメリカ人の言葉にはアメリカの現実が反映されている――事実と同じく語彙においても、インフォーマルな公共生活の中核的環境は未発達ということだ。

気のきいた出来合いの用語がないので、本書では独自の言葉を採用するとしよう。今後は「サードプレイス（第三の場所）」を、「インフォーマルな公共生活の中核的環境」の意味で使うことにする。サードプレイスというのは、家庭と仕事の領域を超えた個々人の、定期的で自発的でインフォーマルな、お楽しみの集いのために場を提供する、さまざまな公共の場所の総称である。この用語は使えるだろう。偏りがないし、簡潔で軽やかだ。三脚台の意義と、その三本の脚の相対的な重要性が前面に打ち出されている。たとえば、第一の場所は家庭――三つのうちで最も重要な場所だ。家庭は、育ちざかりの子どもにとって初めての、定まった、予測のきく環境であり、その子の発達に多大な影響をおよぼすだろう。家庭は、職場が個々の人間に関心をもつはるか前から、また仕事の世界が彼らを見捨てたあともずっと、彼らを保護するだろう。第二の場所は労働環境であり、個人を単一の生産的な役割へと変える場だ。労働環境は競争意識を高め、出世の意欲をかきたてる。しかしまた、生計の手段を提供したり、物質的な生活の質を向上させたり、果てしなく続く時間を自力で組織化できない大多数の人びとに代わって組織化したりもする。

産業化以前、第一の場所と第二の場所は一つだった。産業化は、居住地から仕事場を切り離し、家庭から生産性の高い仕事を奪い去り、それを距離的にも倫理的にも精神的にも家庭生活から遠ざけた。わたしたちがいまサードプレイスと呼ぶものは、この職住分離よりずっと前からあったのだから、本書の用語は、産業革命およびそれが生活を公と私の領域に分けたことのすさまじい影響力をしぶしぶ認めたものといえる。

三つの場所の序列は、それぞれにたいする個人の依存度と一致する。わたしたちは、たとえ働かなくても家庭が必要だし、わたしたちの多くは、友人や隣人と集まることより働くことを必要としている。その序列は、その人の時間にたいする要求度にも当てはまる。概して、人は家で過ごす時間のほうが職場で過ごす時間より長く、職場で過ごす時間のほうがサードプレイスで過ごす時間より長い。重要性について、時間と忠誠を要求する度合いについて、割り当てられた空間について、また社会的認知について、この序列が合致する。

国によっては、サードプレイスの位置づけが、他の二つにより近いこともある。アイルランドやフランス、ギリシアでは、インフォーマルな公共生活の中核的環境が、人びとの生活のなかで強い三番目に位置づけられている。アメリカでは、サードプレイスが弱い三番目に位置づけられているが、おそらくそれは大多数の人びとがサードプレイスをもたず、真の重要性があることを否定しているからだろう。

サードプレイスの目立ちかたは、文化的背景や時代によって異なる。文字使用以前の社会では、サードプレイスが実は最重視され、村一番の壮大な建造物で、中心地を占めていた。それらは男の館だった。その末裔が、ロンドンのペルメル街に建ち並ぶあの立派で優雅で気取ったクラブである。古代ギリシアでも古代ローマでも、社会に広く行き渡っていた価値観によれば、「アゴラ」や「フォルム」〔どちらも、公共の広場の意〕は大きくて中心的な施設とし、住宅は簡素かつ地味にすべきで、都市の建造物は私的な家庭の価値よりも公的な都市の価値を強く主張すべきものとされていた。

サードプレイスは、以後それほどの存在感を誇ったことがない。優雅さや壮大さを求める試みは続いたものの、影響力ははるかに小さかった。多くの文化で大型の公衆浴場が発達した。ヴィクトリア朝のジン・パレス〔ジンを出す酒場。華美な装飾がほどこされていた〕は優雅だった（とりわけ周囲のみすぼらしさと引き比べると）。十九世紀、アメリカ北部のいくつかの都市に建てられた冬園《ウィンターガーデン》や椰子園《パームガーデン》には大きくて人目を引く建物もたくさんあった。だが今の時代、サードプレイスは、たいした存在感も優雅さもなく生き残っている。

サードプレイスが現代人の生活のなかで活力を保っているとしたら、それは存在感よりも増殖力があるからだ。都市の地理的拡張と地域の多様化、あるいは独特な近隣住区が、そのような変化を余儀なくさせた。小規模な施設が増えたため、サードプレイスは等身大に抑えられ、都市化の進むなかで誰もが利用できるようになっている。

ところがアメリカのもっと新しいコミュニティでは、サードプレイスに存在感も増殖力もない。それらはほとんど禁じられているのだ。都市景観が気軽な集いの場を嫌い、それらを欠くようになってくると、仲間どうしでくつろいで楽しむ場所を痛ましいほど必死に探そうとする人びとが目につくかもしれない。

ときおり、コンビニの近くの日陰に小型トラックが三、四台止まっていて、車の持ち主がビールを飲んでいることがある。そのビールを彼らはコンビニで買うかもしれないが、店内では飲まない。もしこの習慣が本当に定着しても、それを阻止する法律が作られるだろう。街道沿いでは、ときどき若者たちが、ハンバーガー・チェーン店の駐車場に止めた車の中かその近くに集まっている。店内にたむろすることが許されないから、せいぜいそうするしかないのだ。コインランドリーでは、女性の集団が洗濯しながらおしゃべりに花を咲かせている光景を目にするかもしれない。近場に遊び場も何もない区域内に子どもたちが友だちと過ごすまともな場所を設けるため、身銭をきって自宅に一部屋を増築したり、車庫を娯楽室に改造したりする親がいる。またときには、容赦なく広がる郊外住宅地のなかのまだ整地されずにいる森に、若者が特別な愛着をもつようになることもあるだろう。そのような場所で彼らは、自分たちのトラクトハウスや単調な街路の息苦しい過干渉から解放されてせいせいする。

アメリカの都市計画家と住宅開発業者は、家庭と仕事から離れた生活があった昔の社会のたたずまいをひどく軽蔑してきた。近所の居酒屋を非難し、その郊外版を許さなかった。かつて親しまれていた集いの場の現代版を、彼らは提供できていない。製粉所や穀物倉庫、ソーダ水売り場、モルトショップ〔麦芽乳、ミルクセーキ、ソーダ水などを出す簡便なカフェ〕、お菓子屋、煙草屋——人間をたんなる顧客に還元しなかった場所——に代わるものが用意されていない。その間も都市計画家と住宅開発業者は、地域社会のなかでの厳しく管理された孤独を増幅させつづける。その不毛ぶりは、住民たちが互いの存在に気づくかもしれない中央郵便物集配所や小さなコーヒースタンドほどの、ささやかなものを切実に必要とするほどである。

アメリカ人は今、昔の筋金入りの保守主義者エドマンド・バーク〔イギリスの哲学者・政治家〕が、コミュニティの絆はおいそれと代替がきかないのだから断ち切るのはきわめて危険だ、と国民に警告したときと同じ状況に直面している。実際、わたしたちは「混沌の都会アメリカ」を社交好きな社会的動物の要求にうまく適合させるという、とてつもない課題に直面しているのだ。[26] しかし、その課題に立ち向かう動機や知恵を満たす以前に、わたしたちは、インフォーマルな公共生活が国家と個人生活の双方にどう役立つかを、きちんと理解する必要があるだろう。そこに本書の目的がある。

首尾よく説明するには、問題の解決策を議論する前に、問題の申し立てをする必要がある。だからわたしは苦言を呈するところから始めたわけで、この先重ねて唱える必要を感じることもあるだろう。そうでなければよかったのにと思う。解決策こそが興味をそそり、喜びを与えてくれるのだから。わたしが望むのは、サードプレイスの生活をめぐる議論が、読者にも似たような影響を与えると同時に、ときどきサードプレイスを「とびきり居心地よい場所」と言い換えたくなるわたしの贔屓目を、読者が許してくださることだ。ご自分のサードプレイスをお持ちの読者なら、きっと異論はないだろう。

第2章　サードプレイスの特徴

世界各地のサードプレイスには、共通する本質的な特徴がある。時間と文化の枠を越えて実施されたある調査のように、アラビアのコーヒーハウス、ドイツの居酒屋《ビアシュトゥーベ》、イタリアの食堂《タベルナ》、アメリカ西部の昔ながらの雑貨屋、スラム街のバーには類縁性が見てとれる。それ自体の特徴を描くつもりで個々の事例に向き合っているうちに、繰り返し登場する一つのパターンが浮かび上がってくるのだ。サードプレイスの永遠の同一性は、見た目の多様性より目立つうえ、「インフォーマルな公共生活の典型的な社交場にたいする姿勢は、文化ごとに大きく異なる」という事実にも影響を受けないようだ。中流階級のアメリカ人がちっとも誇りに思わないビール酒場《ジョイント》は、ウィーンの誇り高きコーヒーハウスに引けをとらないサードプレイスでありうる。幸いにも、サードプレイスが人間のコミュニケーション欲を満たす能力は、その真価を理解する国民の能力にほとんど左右されない。

どういうわけか、サードプレイスの恩恵はこれまでほとんど注目されたことがない。サードプレイスが切実に必要とされる昨今、それより劣る代替物についてはうんざりするほど詳しく語られているのに、サードプレイスの特徴と内部構造というテーマがほぼ手つかずのまま残されているというのは、何とも妙な話だ。感受性と出会い集団《エンカウンターグループ》〔集団心理療法のためのグループ〕にかんする本や、弛緩と悟りの境地に達するための瞑想や風変わりな儀式にかんする本や、ジョギングとマッサージにかんする本は数多く書かれている。けれどもサードプレイスという、ストレスや孤独や疎外感に効く「庶民の治療薬」は、どうも無視されやすいらしい。

　ごく少数の例外はあるものの、今までずっとこんな調子だった。コミュニティがその真価を発揮し、人びとがほかのどこよりも自然体でいられるこうした集いの場を、きちんと評価して記録した人はほとんどいないのだ。それどころかサードプレイスは過小評価され、見過ごされてきた。イギリスの偉大なエッセイスト、ジョゼフ・アディソンは、同時代のサードプレイスにひどく気のない褒め言葉を送った。その姿勢が後世のお手本になったようだ。十八世紀ロンドンのコーヒーハウスは、アディソンの試みの舞台となって公開討論の場を提供し、イギリスにおける過去最大の文筆時代に火をつけた。しかもコーヒーハウスのもつ意義は、アディソンの以下のような発言が示唆するものにとどまらなかった。「男たちが、党派心からではなく社交を愛する気持ちからこうして団結し、欠席者を非難したり困らせたりするためではなく互いに楽しむために集まるとき、また彼らが自身の向上のため、あるいは他者のため、あるいは少なくとも一日の仕事の緊張を解くためにこうして集うとき、他愛のない快活な談話によって、これらの小さな組織や機関にはたいそう有益な何かがもたらされるかもしれない」[1]。

その「有益な何か」に目をとめた人びとが唯一報告できそうなのは、サードプレイスが提供するとされる、人生の義務や苦役からの逃避と束の間の休息だ。たとえばジョゼフ・ウェクスバーグ〔チェコ出身でアメリカに移住した著述家、ジャーナリスト、ヴァイオリニスト、美食家〕は、ウィーンのコーヒーハウスが一般市民に「天国と静穏の島、読書室と賭博場、宣伝手段と不平をこぼす場」を提供し、「少なくとも、口うるさい女房とやんちゃ坊主ども、一本調子のラジオと吠える犬、手ごわい上司とせっかちな債権者から身を守れる」[2]と提言している。H・L・メンケンは大西洋のこちら側から、同じように限られた見方で、当時のボルティモアのまともな居酒屋を「静かな隠れ家」「人生とその苦労からの逃げ場」[3]と称した。

しかしサードプレイスに足しげく通うことには、ストレス源からの逃避や息抜きをはるかに超えた意味がある。人生の退屈しのぎ以上のもの、競争社会の土俵をおりたひと休み以上のものを、サードプレイスの仲間たちから得られる。その真価は、生活に追われたりストレスに悩まされたりしていることや、お金稼ぎの合間の休息の必要性で決まるわけではない。逃避という論点は、その内容自体が間違っているのではなく、重きの置きかたが間違っているのだ。サードプレイスの外の環境に注目しすぎて、サードプレイスならではの経験や人間関係をないがしろにしている。

サードプレイスをたんに「家庭と仕事から逃れられる安らぎの場」と見なすだけでは不十分だが、そう特徴づけるのにもたしかに一理ある——〈対比〉のきっかけになるからだ。逃避という論点は、街角の居酒屋とその一ブロック先にある家庭との違い、バンガローで飲む朝のコーヒーと地元のパン屋で仲間と一緒に飲むそれとの違いを想起させる。本書でもいずれ明らかにするつもりだが、この違いは大きい。サードプレイスの存在理由は、日常生活における他の環境との違いにあり、それらとの対比をつうじて最もよく理解できる。こうした違いを検討するときに、公共の集いの場を際立たせようとするあまり、家庭や店や会社の実情を曲げて伝えてしまってはうまくないだろう。だが、ときにわたしが客観性を失うとしても、これまでアメリカの世論や、迷信と偏見を重視するアメリカ人の姿勢が、わたしたちの自由と充足に必要不可欠なサードプレイスやそのたぐいの交遊を正当に評価してこなかった事実を思うと、それも許されるような気がする。

中立《ニュートラル》の領域《グラウンド》で

人は、多種多様な大勢の友人たちに恵まれて、そういう人びとの多くを仲間に引き込む機会を得るかもしれない。ただしそれは、うんざりするほど互いの生活に深入りしさえしなければ、である。友だちが数かぎりなくいて頻繁に会えるのは、互いの仲間に加わることやそこから抜けることがしやすい場合にかぎられる。この明らかな社交生活の事実を隠してしまいがちな唯一の問題は、それを取り巻く一見矛盾している真実——すなわち、わたしたちは自分の一番好きな仲間から逃れることが大いに必要だということだ。あるいは、社会学者リチャード・セネットの言葉を借りれば、「人は、互いに相手から身を守る何らかの手段をもっているときにしか社交的になれない」[4]。

アメリカの都市再生への道筋を示した著書のなかで、ジェイン・ジェイコブズ〔アメリカの作家・都市計画評論家〕は、おおかたの友情につきものの矛盾と、結果として生じる、そのための場を提供する必要性について力説している。彼女によれば、意義のある有益で楽しいつきあいができる相手だけれども「自分の身辺には立ち入って欲しくないし、先方も自分にたいしてそう思っている」[5]ような人が、都市にはごまんといるという。もし友だちづきあいなどの気楽な交際が、自分の私生活に入ってきてもかまわない人だけに限られたら、その都市は本来の役目を果たさなくなる。個人の社交生活も然り、と言い添えてもいいだろう。

都市とその近隣住区が、わたしたちにその可能性を約束しているとおりに豊かで多様な交流を提供するには、人の集まってくる〈中立の領域〉がなければならない。個人が自由に出入りでき、誰も接待役を引き受けずに済み、全員がくつろいで居心地よいと感じる、そんな場所がなければならない。住宅地域に中立の領域がなかったら、家庭外での交際は乏しいだろう。近隣住民の多く、いやおそらく大半が、人づきあいはおろか顔を合わせることすらないだろう、そうする場所がないのだから。中立の領域を利用できるところでは、家庭内よりはるかに気楽な、もっと言えば親密な、人間関係が構築できる。

社会改革者は原則として、また都市計画家は一般に、中立の領域とそこでの人間関係、交流、活動の重要性をないがしろにしている。社会改革者は、人びとが街角や店先、玄関前の階段、バー、お菓子屋などの公共の場でたむろしている光景を好まない。たむろすることを嘆かわしく思い、もっと好ましい私有の場所があったら、なにも公共の場で時間の無駄づかいをすることはないはずだと思いこんでいる。ジェイン・ジェイコブズが指摘したように、料理を作ってくれる妻が家にいたら誰も謝恩会の宴会場になど顔を出さない、と主張するのと同じようなものだ。[6]宴席やコーヒーカウンターは、人と人とを内輪の親密なつきあいのなかで引き合わせる――こうでもしなければ出会えそうにない人どうしを。どちらの環境も（街角も宴会場も）公共的で中立だし、どちらも近隣住区、都市、社会の結束にとって大切なのだ。

もしアメリカ人が、独立と同じほど友愛を尊重し、自由企業と同じほど民主主義を尊重するなら、アメリカの市街化調整区域が現代の隣人たちを社会的孤立に追いやって苦しめることもなかろうが、そのためには一―二ブロックごとに何らかの公共的な集いの場が必要だろう。そしていつの日かわたしたちは、ジェイムズ・オグルソープ〔イギリスの軍人・都市計画家〕の知恵を再発見するのかもしれない。オグルソープは、サヴァナ〔ジョージア州南東部の港湾都市〕の都市計画を手がけたとき、公共の集いの場の近くに市民の住まいを配した。実際、その効果は絶大で、ウィリアム・シャーマン〔南北戦争時の北軍の将軍〕が破壊的な「海への進軍」をしたときも、サヴァナだけは手をつけなかったほどだ。

サードプレイスは人を平等にする《レヴェラー》もの

「レヴェラー（水平派）」とは、チャールズ一世の治世に出現し、ほどなくクロムウェル政権下で消滅した極左政党につけられた名称である。この政党が目指したのは、人びとの間にあった階級や身分の差を撤廃することだった。十七世紀なかばごろ、イギリスではこの言葉がもっと広い意味で使われるようになり、何であれ「人を平等にする」[7]ものを指すようになった。たとえば、イギリスでかつてないほど民主主義が隆盛したあの時代に新しく興ったコーヒーハウスは、一般にレヴェラーと呼ばれていたが、そこに足しげく通う人びとや、古い封建秩序が崩壊したおかげで可能になった新たな親交を享受する人びとも、同じくレヴェラーと呼ばれていた。

イギリスの名門社交クラブの前身であるそういった初期のコーヒーハウスは、常連客の振る舞いも顔ぶれも、すこぶる民主的だった。比較的雄弁な常連の一人が記しているとおり、「そこで飲むものが各種あるように、仲間たちもごたまぜだ。なにしろ、どの男もレヴェラーみたいに見えるし、地位や身分に関係なく好き勝手な席についている。だから、よくこんな輩を目にするかもしれない。愚かな洒落者と名誉ある判事、人の心をわしづかみにするペテン師と真面目な市民、立派な弁護士と不心得なスリ、尊敬すべき非国教徒と言葉巧みな香具師。すべてが混じり合い、遠慮なしのごった煮ができあがる」[8]。突如として、誰もがイギリスの新たな結束の当事者になっていた。彼らの縄張りはコーヒーハウスであり、そこに用意された中立の領域で、男たちはかつて自分たちを隔てていた階級や身分を離れ、互いを発見しあったのだった。

レヴェラーである場所は、その性質からして、誰でも受け入れる場所だ。一般大衆にも敷居が低く、正式な会員資格や入場拒否の基準がない。人間は、自分の社会階級に最も近い人びとのなかから仲間や友人や親友を選びがちだ。しかし堅苦しいつきあいが可能性を狭め、制約を加えがちなのにたいして、サードプレイスは可能性を広げる働きをする。誰にでも門戸を開き、社会的身分差とは無縁な資質を重視することによって、サードプレイスは、他者の受け入れに制約を加えようとする傾向を阻止する。サードプレイスのなかでは、地位や身分にかかわらず、当人の人柄の魅力や雰囲気こそがものを言う。サードプレイスで人は、たいして好きでもないのに職場や家庭で身近に接しなければならない面々のほかに、自分が心から楽しいと感じ、敬服している人びとを加えることによって、つきあう相手の顔ぶれを満足の行くように入れ替えるのかもしれない。

さらに、レヴェラーである場所では、職場にいるときには気づかない、仕事仲間の別の一面をたっぷり見ることもできる。人づきあいはたいてい、何らかの客観的な目的によって関係者どうしを結びつけるものだ。社会学者が言うように、このとき個々の人間には、相応の役が割り振られる。その役を演じることによって、人づきあいがいっそう長続きする土台ができるものの、外側の目的に隠されて、本人の個性や、他者と共にいること固有の喜びは見えなくなりがちだ。対照的に、ゲオルク・ジンメルが「純粋な社交」と称したものはまさに、人びとが、目的や義務や役割という背景を超えて個性と関わり合う「楽しみ、快活さ、気晴らし」以外に何の――それより崇高であれ低劣であれ――目的もなく集まる機会である。[9] ジンメルが主張したように、このユニークな機会によって、人びとは最高に民主的な経験ができ、より豊かな人間になれる。というのも、そのような状況では、全員が社会で着けている制服を脱いで記章をはずし、その下あるいは向こうにあるものをさらけ出すのが有益なことだからだ。

サードプレイスの門をくぐるときには、きっとある変化が起こるはずだ。なかにいる全員が平等でいられるように、世俗の地位をひけらかすのはやめてほしい、と入口で念を押されるにちがいない。外の身分の放棄、あるいは配達用トラックの持ち主とその運転手とを対等な者として扱う平等化《レヴェリング》の見返りとして、より人情味があり、より長続きする場に受け入れてもらえる。平等化は、日常の世界での地位が高い人にとっても低い人にとっても、喜びであり安らぎである。外では自分の職位をふりかざして服従と注目を要求する人びとも、サードプレイスのなかではいつの間にか、求められ、受け入れられ、認められ、そして従来の地位がほとんど意味をなさない場所を楽しんでいる。彼らはありのままの自分として認められ、政治人生や経済生活の浮き沈みに左右されない条件のもとで受け入れられる。

同様に、業績や人気が高くない人びとは、出世や売り込みに「失敗」したにもかかわらず、求められ、受け入れられ、認められ、楽しむ。人間は肩書きがすべてではない。家庭という狭い圏域を越えて誰にでも当てはまるその事実に思いいたることは、たしかに喜びであり安らぎである。物的欠乏の苦痛を和らげてくれる一番の鎮痛剤といえる。コミュニティが、恵まれない人びとを対等な人間として受け入れる環境と機会を提供できるときには、貧しさの苦痛さえ、おおかた消えてなくなる。純粋な社交は、勝ち組も負け組も肯定し、間違いなく双方にとって慰めになる。家の格式を保つことや、会社経営者の独裁的な精神構造とはちがって、サードプレイスは、気分を盛り上げる形での「下向き」なつきあいの価値を認め、その実現手段を与えてくれるのだ。

サードプレイスでのつきあいに持ち込んではならない個人の側面は、世俗の地位だけではない。個人的な問題や機嫌の悪さも、いっとき棚上げにしなければならない。そんな場にいる他人たちが、私的な心配事や個人的な恐怖には関わりたくないと主張するように、当事者も、とりあえずはそれらを場違いなものとして、目の前から追いやる好機に恵まれる。サードプレイスに流れる空気は楽天的なのだ。快活である。その目的は、仲間とのつきあいを楽しむことであり、彼らの性格の新奇さに喜びを感じることだ——不運を思って憐憫の情にひたるのではなく。

日常の気苦労の世界を脱してサードプレイスの魔力のなかに入ってゆくとき、個々の人間に起こる変化は傍目にもはっきりわかることが多い。数時間前に重い足を引きずって——顔をしかめ、疲労困憊し、背を丸めて——自宅に帰って来た人も、数時間後には満面に笑みをたたえ、背筋をしゃんと伸ばし、行きつけのクラブや居酒屋めざして大股で歩きだしたりする。リチャード・ウェスト〔「ニューヨーク」誌の寄稿編集者〕は、ニューヨークの「お洒落な人びと」の一人がリムジンから路上に降り立ち、階段をのぼって「21クラブ」に入って行くさまを追い、次のような観察記録をつづっている。「その開かれた扉を通ってロビーに立つころには、マーヴィンの顔つきは柔和になっていた。眉間の皺は消え、重役然とした居丈高な話しぶりは歩道の縁石に置き去りにされていた。彼は昔ながらの魔力が湧き上がってくるのを感じた[10]」。

父親殺しで起訴された若者、ピーター・マクパートランド〔「申し分のない」家柄の「申し分のない」子息〕に関するマイケル・デイリーの痛ましい記事のなかに、マクパートランドが自分の人生の特徴である絶え間ない苦闘と競争からの解放を見出した、ある——おそらく唯一の——場所の記述がある。毎週月曜日の夕方、ある友人は彼と連れだって〈ルディーズ〉という労働者階級の酒場に「マンデーナイトフットボール」〔プロ・アメリカンフットボールリーグの中継番組〕を観に出かけたものだった。「労働階級のバーに侵入したイエール大生でした」とその友人は語っている。「それが彼の生まれて初めての自由だったんです。彼はそこを世界で一番いかした場所だと思っていました[11]」。たんなる逃避なら、さまざまな形があるし、これらのような外見上の変化を引き起こさない。

会話がおもな活動

中立の領域が場所を提供し、平等化があらゆるサードプレイスの基本的かつ持続的な活動の土台を作る。その活動とは、会話にほかならない。そこでのおしゃべりが素敵であること、そしてそれが活発で、機知に富み、華やかで、魅力的であることこそ、サードプレイスというものを何より明確に表している。サードプレイスでの交流の喜びは、初めは笑顔やきらめく瞳で、あるいは握手や軽く背中をたたく仕草で示されるかもしれないが、その喜びはさらに続き、愉快で面白い会話のなかに保たれる。

それぞれの文化を比較してみればすぐに分かるように、社会における会話の人気は、サードプレイスの人気と密接な関係がある。一九七〇年代、経済学者のティボール・シトフスキーは統計データを取り入れて、他の人びとが何となく気づいていたことを裏付けた。[12] イギリスの国民がパブを訪れる率とフランスの国民がカフェを訪れる率は高く、それはなごやかな会話にたいする明らかな嗜好と一致する。シトフスキーはこう書いている。アメリカ人旅行者が「たいてい仰天し、しばしば倫理面で衝撃を受けるのは、人生にたいするほとんどの外国人の向き合いかたが、アメリカ人のそれよりはるかにのんびりしていて、軽いことだ。そのさまは、散歩道や公園のベンチで、カフェで、軽食堂で、ロビーで、戸口で、どこであれ人の集まるところで彼らが没頭している膨大な無駄話に見てとれる」。そしてパブやカフェでは、とシトフスキーは報告を続ける。「飲酒よりむしろ交流が、明らかにおおかたの人びとのおもな活動なのだ」。

アメリカの著述家は、会話にとても高い価値を置くこれらの社会にたいして、しばしば羨望を吐露する。ラルフ・ウォルド・エマソンは「食卓の談話」にまつわるエッセイで、国家の力と特質を示すうえでの大都市の重要性を論じた[13]。彼が注目したのは、長らくヨーロッパ全土に君臨して絶大な影響を及ぼしてきた都市、パリだ。「世界の社交の中心」となったこの都市のさまざまな地区を列挙したあと、彼はパリの「至高の価値は、会話とカフェの都市であることだ」と結論づけた。

「アメリカの状態」に関する一般向けのエッセイのなかで、リチャード・N・グッドウィンは、主要都市のラッシュアワーと対照させて、ルネサンス期イタリアの一日の終業時へと読者をいざなった。「さてフィレンツェでは、夏の夕日で空が赤く染まり、鐘楼が晩鐘を鳴らしはじめ、一日の労働が終わるこのとき、誰もが広場に集まる。サンタ・マリア・デル・フィオーレ大聖堂の石段は、あらゆる身分、あらゆる階級の人たちでごったがえしている。職人、商人、教師、芸術家、医者、技術者、詩人、学者。千の頭脳、千の議論。盛んに飛び交う質問、疑問、最新の出来事のニュース、ジョーク。尽きせぬ言葉や思考の遊び、旺盛な好奇心。あらゆる議論の的を無限の意味や意義に細分化してしまう変わりやすい千の心――これらのすべてが生まれ、やがて使い尽くされる。これぞフィレンツェ市民の快楽なのである[14]」。

アメリカ社会での会話にたいする評価は、ふつう二つの面がある。すなわち、わたしたちアメリカ人は会話に価値を置かないこと、そして会話が不得手なことだ。「もしそれに価値がないなら」とワーズワースはこぼした。「楽しくて陽気なおしゃべりは、多くの場合、おしゃべりのためのおしゃべりとして一笑に付されてしまう」[15]。技量のほうはというと、ティボール・シトフスキーがこんな指摘をしている。アメリカ人の雑談のきっかけづくりは「おざなりだし、……わたしたちは無駄話をする場所と設備を作りそこなった。会話を成り立たせる要素が、わたしたちには欠けているのだ」[16]。無駄話を低く評価するなかで、わたしたちアメリカ人は、自分が耳にするほとんどのものの価値を正しく判断してきた。愚かで、陳腐で、自己中心的で、無分別だ、と。

会話がサードプレイスのたんなる最大のお楽しみではなく、必要不可欠なものであるなら、それはもっと良いものにちがいないし、実際そうである。仲間うちでは会話の技術が、もっと広い領域では衰退しているにもかかわらず維持されているし、その証拠は枚挙にいとまがない。

まず、会話のルールが――ほかのどこでもたいてい誤用されているのに比べて――驚くほどきっちり守られていることを指摘できるだろう。会話の達人の多くが、簡単なルールを挙げている。ヘンリー・ドワイト・セジウィック〔アメリカの法律家・叙述家〕はずばり要点をついた[17]。つまるところ彼のルールは、(1)自分に割り振られた時間は黙ったままでいる（なるべく長く）。(2)ほかの人たちが話しているあいだは、その話に真摯に耳を傾ける。(3)自分の考えを言うが、他人の感情を害さないように気をつける。(4)誰もが関心をもつ話題でないものは避ける。(5)自分の個人的なことは極力話さず、そこに集った人たちについて語る。(6)説教をしない。(7)ほかの人に聴き取れる範囲のなるべく低い声で話す。

これらのルールは、サードプレイスに行き渡っている民主的な秩序、あるいは平等化に合っているように思えるだろう。誰もが過不足なく話すようだし、全員が貢献を期待される。人づきあいの例にもれず、純粋な社交にもしかるべき礼儀が必要で、この会話のスタイルは、その礼儀正しさを体現している。会社のように、誰が話すことを許され、誰がいつどれくらい、誰に向かって不まじめな言動を許されるかが身分によって決まる場所とはまったく違って、サードプレイスでは、そこに集った誰からも同じように話が引き出される。鋭い機知に富む人でさえ、会話の中心を占めるのは慎まなければならない。みんながそこに居るのは、話を聞くためだけでなく弁舌を振るうためでもあるのだから。

語彙よりも表現方法を強調することによって、サードプレイスでの会話は、平等化を進める力の一つにもなる。ブライアン・ジャクソン〔イギリスの教育社会学者〕が、イギリスの労働者階級のナイトクラブ生活を調査しているさなかに感銘を受けたのは、おなじみの居心地よい環境で話をしているときの一般労働者たちの雄弁さだった。[18] 労働者がシェイクスピア俳優ばりの「気迫と威風」で話すのを聞いて、彼は驚いた。それと同じような芸術的手腕を、わたしはアメリカ中西部のコミュニティの農民やその他の労働者に見出した。彼らは詩の一節を次から次へとドラマチックにそらんじたり、地元に伝わるほら話を自分のことのように語ったり、学校の統廃合にたいして感動的かつ雄弁に反論をぶったりすることができた。

カリフォルニア州サンタバーバラに、〈ジ・イングリッシュ・デパートメント〉という名の居酒屋がある。その経営者は、地元大学の英語学科《イングリッシュ・デパートメント》を、お偉い先生がたが言いしぶるような理由で追い出された男だ。彼は成人してからの人生の大半を、人の話を聞いて過ごしてきた。あちこちの英語学科のゼミで、教室で、研究室で、廊下で、話を聞いた。ところが、居酒屋のほうが上等だと気づく。居酒屋は生きていた。「こういう人たちの言うことに耳を傾けてごらんよ」と、彼は自分の店の客について語る。「こんなに人でいっぱいの場所、聞いたことがあるかい？……それにみんな自分たちが語っていることに興味津々だ。ここには正真正銘の探求がある」[19]。社会科学の一分野の某学会の前会長は、つい本音をもらして聴衆にこう言った。自分の経験からすると、大学のほとんどの学科は事実上「学生たちの生来の知恵を奪い去ってしまう」。ジ・イングリッシュ・デパートメントの店主もまた同じ発見をしていた。それにたいしてサードプレイスは、生来の知恵を磨く本物の練成所《ギュムナシオン》だ。

サードプレイスにおける会話の優位性は、ボア〔退屈な話を延々として聞き手をうんざりさせる輩〕がその場に与える危害にもはっきり見てとれる。ボアの烙印を押された人びとは、ほぼ例外なしに、家庭や本来の労働環境ではなく、社交好きに与えられた場所や場面でその評価を下される。より多くの会話が期待される場所では、したがって、不適切な発言で話題を台無しにするなり、自分に割り当てられた時間を超過して話すなりして会話を乱す人が毛嫌いされる。元来、ボアは人一倍大きな声で話し、機知も内容もない代わりに声の大きさと饒舌の両方で自己主張する。そして望んだ成果が得られないと、彼らは集団の忍耐力をますます要求する。会話は活発なゲームだが、ボアは球を独り占めし、点が取れないくせに他者にパスを回そうとしないのだ。

ボアは、社交好きな人びととの悩みの種であり、「社交クラブの適格者たち」にとっての疫病神である。そんなボアについて、イギリスのクラブ生活の記録を数多く残したジョン・ティムズ〔イギリスの古美術研究家〕はかつて、知識も経験も豊富なクラブ会員の次のような助言を引用した。「何はさておき、クラブは大所帯でなければならない。どんなクラブにもボアはつきものだが、大きなクラブなら、彼らを避けて通ることができる」[20]。一人あるいは複数のボアを「公認の兄弟分」にしてしまうと、恐ろしいことが待ち受けている。堅苦しくて排他的なクラブより、誰でも受け入れる気軽な場所が優っていることを示唆する一例である。逃げるが勝ちだ。

サードプレイス内で交わされる会話の質の高さは、その気質からもうかがい知ることができる。ほかのどこよりも元気があって、束縛がなく、熱っぽい会話が繰り広げられるのだ。よそでの話しぶりに比べて、よりドラマチックで、笑いや機知をともなうことが多い。その談話の特性には、現実を超越する効果があり、それをかつてエマソンは、パリに向かう二台の駅馬車の乗客たちにかんする逸話で説明した。一方の集団は、会話がまったく進まなかったが、もう一方の集団は、たちまちおしゃべりに夢中になった。「前者は、目的地に着いたとき、そこに居合わせた面々に悲惨な出来事を語って聞かせた。道中の激しい雷雨と危険、それに恐怖と憂鬱の話を。後者の乗客たちは、その一つひとつを聞いて驚いた——嵐、ぬかるみ、危険。何も知らなかった。俗世を忘れていたのだ。彼らは上の空になっていたのである」[21]。サードプレイスでの会話は、たいてい人の心を奪う。ぺちゃくちゃと喋っているうちに、状況や時間の意識がどこかに飛んで行ってしまうことも少なくない。

快活な会話の流れを邪魔するものは、それこそボアだろうと、野蛮な大学生の群れだろうと、機械や電子機器だろうと、何であれサードプレイスをぶち壊しにする。なかでも最もありがちなのが、音楽の名でまかり通っている騒音だ。ただし、会話に興じているときには、いくらモーツァルトの曲でも、音が大きすぎれば騒音になることを承知しておくべきだ。とくにアメリカでは、多くの公共の建物に音楽がうるさすぎるほど響き渡っているので、楽しく会話ができない。なぜ経営者がふつうの会話より二〇デシベル（一〇倍）も高い音量を選ぶのかは、必ずしも明らかなわけではない。人は大きな騒音にさらされると飲酒の量も速さも増す傾向にあるということを経営者が学んだからか、それともたんに担当者がそうしたいからか、無関心で分裂した集まりのなかの生活という錯覚を与えて、ある特定の常連を引き付けようというのか。いずれにせよサードプレイスの可能性は、スイッチの切り替えひとつで消されかねない。何であれ会話を抑制するものがあれば、会話好きな人びとは別の環境を探そうとするだろうから。

　会話を邪魔する力や活動があるかと思えば、会話を助けて促進させる力や活動もある。サードプレイスは、よくこうした活動を取り込むし、それらの周囲に出現することさえありそうだ。もっと言えば、会話とはひとつのゲームであり、他のたくさんのゲームの流儀に従ってそれらとうまく混じり合うものなのである。たとえば、わたしがジンラミー〔トランプゲームの一種〕を観戦するナイトクラブでは、無言のままトランプゲームをすることは珍しく、親《ディーラー》が罵詈雑言を浴びせられずに手札を配ることはもっと珍しい。おしゃべりがゲームを盛り上げ、ゲームがおしゃべりにどこまでも刺激を与え、ゲームと会話は快活に進む。イギリスの労働者階級のクラブでジャクソンが観察した結果は、これを裏づけている。「多くの時間が」と彼は記録した。「ゲームに投じられる。クリベッジ〔二人でするトランプゲームの一種〕やドミノといえば、果てしなく続く会話と、ついでながらの人物評がつきものだ。傍で見ている人びとは黙っておらず、ゲームのどの段階でもつい口出しをしてしまう――おおかたはゲーム自体よりむしろ競技者の人格にかんする批評だ。彼らのずるさ、鈍《どん》くささ、俊敏さ、卑劣さ、クラブの語り草になっている事件へのさりげない言及[22]」。

　すべてのゲームが会話や差し出口を誘発するとはかぎらない。したがって、ゲームなら何でもサードプレイスの交友を補完できるというわけでもない。ビデオゲームに熱中している人でいっぱいの部屋はサードプレイスではないし、カップルが黙ってバックギャモン盤を見つめている落ち着いたラウンジもサードプレイスではない。素人のビリヤードは、おおむねサードプレイスの活動によくなじむ。ただし、技術や勝敗の行方ばかり取り沙汰されて人格がないがしろにされる、ということがなければの話だ。何よりも、あらゆる場面で人格に与えられる許容度で違いが出てくる。

ゲームの潜在的な社交能力は、フランスの小さな村ペラヌ〔フランス南東部のヴォークリューズ県にあるコミューンの偽名〕の生活にまつわるローレンス・ワイリー〔アメリカの社会学者。フランス文明の研究で知られる〕の報告にうまく説明されている。ワイリーが目をとめたのは、地元のカフェの店先で行われていたブール〔ペタンク〕という人気競技の多様性だった。「機知、ユーモア、嫌み、侮辱、罵り、理詰めの思考、実験証明、そして状況をドラマチックに盛り上げる能力が、ゲームに本質的な面白さを与える」[23]。そのような試合運びの特徴が出ているとき、ブールという――わりあい単純な――ゲームは、スポーツ競技であるばかりか、本格的で生き生きとした親睦会にもなる。一方、「見物人は、技があってもドラマチックに戦えない男たちのゲームには目もくれず、さほど巧くなくても機知に富み、ドラマチックで、抜け目なく、相手の裏をかくことができる男たちのゲームの周囲に群がるだろう。人気の高い選手は、もちろん、技と機知とを併せもっている者たちだ」。

サードプレイスの本質を理解するということは、たとえビリヤードの撞き《キュー》棒が立てかけられようと、トランプが箱に戻されようと、それでもゲームは続くと認めることだ。セジウィックが述べたように、それは「二人の人間が不可欠で、もし四人か五人以上いれば豊かさと多様性が増し……、知性と心を使い、記憶力と想像力を働かせ、不確実性と意外性から生じる面白さをすべてそなえていて、自制や克己、努力、敏捷さ――つまり、ゲームをわくわくさせる資質のすべて――を必要とする」[24]ゲーム。そのゲームこそ会話であり、サードプレイスがホームコートである。

利用しやすさと便宜

最良のサービスを最大限に提供するサードプレイスは、人が昼夜を問わずほとんどいつでも、きっと知り合いがそこに居ると確信して一人で出かけて行けるところだ。そんな場所が用意されているのは、孤独や退屈に見舞われたときや、その日に受けた重圧や不満を解消するために良い仲間たちに囲まれてくつろぐ必要があるときの強い味方だ。そういう場所があるところでは、人と人とのつながりが証明される。「コミュニティ・ライフが存在するのは」と社会学者フィリップ・スレイターは言う。「人が毎日特定の場所に行き、知り合いの多くと会えるときである」[25]。

その一見単純そうなコミュニティの要件が、わかりにくくなってしまった。職場（スレイターはおそらくそれを含めるつもりはなかっただろうが）のほかにそのような場所があると主張できるのは、中流階級のアメリカ人のごく一部にすぎない。アメリカの発展途上の住環境は、しだいにそういう場所と敵対するようになった。アメリカ国内でその数がだんだん減ってきている事実を、ほかの多くの国々での豊富さに照らし合わせると、サードプレイスへの行きやすさの重要性が浮き彫りになる。サードプレイスが生き残って役目を果たすには、それらの利用が容易でなければならず、サードプレイスを訪れるのが容易かどうかは、時間と場所の両方の問題である。

伝統的に、サードプレイスは長時間開いている。イギリスの初期のコーヒーハウスは一日に十六時間営業していたし、アメリカのコーヒー&ドーナツ店は大半が二四時間営業だ。居酒屋は、法律で禁止されていないかぎり、たいがい朝の九時から翌日の明け方までやっている。多くの小売店のなかでもコーヒースタンドは、開店時刻がほかの店よりずいぶん早い。サードプレイスとして機能している施設のほとんどが、一日のどんな時間帯にも利用できる。

それもそのはず、サードプレイスが人びとを受け入れるのは、彼らがほかの場所での義務から解放されたときだけなのだから。基本的な組織――家庭、仕事、学校――からの要求は、無視できない優先課題だ。サードプレイスは、人がよそで義務をこなす前であれ、合間であれ、後であれ、社交や気晴らしをしたいときにいつでもその要求に応える用意ができていなければならない。

サードプレイスをもっている人びとは、定期的にそこを訪れる。とはいえそれは、仕事や家族にたいする配慮で見せるような時間厳守や一定不変のたぐいではない。いつ行くかが決まっているわけではないし、何日もごぶさたしたり、ときにはちょっと立ち寄るだけだったりする。店の立場から見ると、客の来る時刻も帰る時刻もまちまちだし、そのときどきで顔ぶれが違う。そういうわけだから、サードプレイスでの活動は、たいてい無計画で、予定外で、組織のまとまりがなく、型にはまらない。しかし、ここにこそ魅力がある。中流階級の組織志向からのこうした逸脱が、サードプレイスに大きな特徴と魅力を与え、家庭や職場のルーティンからの完全な離脱を可能にするのだ。

時機の選択と同じほど重要で、それと密接なかかわりがあるのは、サードプレイスの立地だ。気軽な集いの場が自宅から遠く離れていれば、魅力は失せる。理由は二つ。そこまで行くのが面倒くさいから、そして、ひいきの客たちと親しくなれそうにないからだ。

近場にあることの大切さは、イギリスの典型的なパブを見ればよくわかる。ある事例では、法律によって通常の営業時間が半分に短縮されたせいで利用しやすさが大幅に減ったにもかかわらず、物理的に利用しやすいから繁盛している。手がかりはその名称にある。パブは「ローカル〔近所の酒場〕」と呼ばれ、そのどれもが誰かの行きつけの店なのだ。たくさんのパブが、それらを利用する人びとの住まいのすぐそばにあるので、行きやすいし、いつもの心なごむ顔ぶれにきっと会えるとの理由から、人びとはそこに入り浸っている。イギリス海峡の向こう〔フランス〕でも、公共領域はよく社交に使われていて、人の集まる場所の利用可能性もやはり高い。どの地区にも――街区ごとにとはいわないまでも――カフェがあり、イギリスと同じように、それらが住民どうしの頻繁で親しい触れ合いの場となっている。

サードプレイスが都市の全域に多くあるところでは、人は思い思いに社交本能を満たすのかもしれない。そういう場所には絶対に行かないという人もいれば、たまにしか行かない人もいるだろう。仲間と一緒でなければ行かないという人もいるだろう。しかし多くの人は、単独で出入りするだろう。

常連

サードプレイスの魅力は、座席の数や、出される飲み物の種類の多さ、駐車場が使えるかどうか、値段といった特徴にあまり左右されない。固定客をサードプレイスに引き寄せるものは、店側が提供するのではなく、客仲間が提供する。サードプレイスは、しかるべき人びとがそこにいて活気づけてこその空間であり、その「しかるべき人びと」とは常連である。常連は、その場所に特色を与え、いつ訪れても誰かしら仲間がいることを確約してくれる。

サードプレイスは常連に支配されているが、かならずしも数の上でというわけではない。常連は、いついかなるときも人数に関係なく、その場所を熟知していて、にぎやかな雰囲気を作ってくれる。常連の気風と物腰が、人から人へと伝わり広がる交流のスタイルを提供するから、常連が新顔を受け入れることはとても重要だ。店主が歓迎することは、重要とはいえ大した問題ではない。バーカウンターのこちら側での歓迎と受容こそが、新参者をサードプレイスの交友の世界へといざなうのである。

常連集団の大切さは、アメリカじゅうの、ひいき客がいない、酒販免許をもつ飲み屋で日々実証されている。客は隣りと間隔をあけて座る。彼らの多くは前かがみになり、悲惨という見えない鉛の玉を膝の上で抱きかかえているかのようだ。彼らはビール瓶のラベルをはがす。マッチ箱に記された宣伝文句を熟読する。午後のテレビ番組を興味津々といった面持ちで見る。その光景は、アメリカの「酒場」を描いた陰鬱な文章のなかでヘンリー・ミラーが称した「この世の終わりといった雰囲気」を思わせる。[26] 本当の絶望ではないにせよ、そこには沈滞した空気がただよっている。不幸な客の大半は、知ってのとおり、一杯やるためだけではなく、酒につきものであるはずの活気を求めてやって来る。孤独や退屈からいっとき逃れようとしながら、彼らは互いに一歩も動きだせないがために、結局は余計に孤独や退屈をつのらせてしまう。ほとんど絶望的だ。なにしろ沈黙は、他人がすぐに破ってくれなければ、まず破られることがないのだから。この陰鬱な光景は、サードプレイスでは、あるいはサードプレイスをもっている人びとのあいだでは、見られない。常連になる人びととは、そんなものに向き合う必要がまったくない。

常連といえども昔はみな新参者だったのであり、新参者の受け入れは、サードプレイスの活力を維持するうえで欠かせない。仲間に入るのは難しくないが、それは自動的になされるわけでもない。実情はおおむね、サードプレイスでの歓迎の序列を観察すれば分かるだろう。いちばん熱烈に迎え入れられるのは「帰ってきた放蕩息子」、すなわち以前はまめに通いみんなに認められた常連だったが、その後もろもろの事情によってしばらく足が遠のいていた人。この人はおそらくその場で唯一、応分以上の注目を集めそうだ。なんといっても、それまで離れていたのだから、この人に聞きたいことや言いたいことはたくさんある。次に歓迎されるのは、期待どおりに姿を現す常連。仲間たちはその人が来るのを当てにしていたので、それ相応に迎えるわけだ。これに続くのは、別の常連集団と一緒に入ってくるよそ者か新顔。そのあとが二人組のよそ者。そして序列の最後は、連れのいないよそ者で、この人が受け入れられるには最も長い時間がかかるだろう。

ところが、常連になる可能性が一番高いのもまた、連れのいないよそ者なのである。彼がしなければならないのは、信頼関係を築くことだ。ほかの何にも増して、信頼の要素が歓迎の度合いに影響をおよぼす。常連に付き添われたよそ者は、身元が保証されている。二人組のよそ者は、少なくとも本人どうしは問題がなさそうだし、たいていは、受け入れても大丈夫だと確信させるような話をする。単独のよそ者にはしかし、ほとんど後ろ盾がない。会話というゲームに新たなプレイヤーを快く迎え入れるのは、包括的な集団の本性だが、話し相手の素性を知って信頼したがるのも、その本性である。アメリカの公共生活には、他の文化でよそ者を確実に紹介するのに役立っているこうした人繋ぎの儀礼が相対的に欠けているので、歓迎の序列は二重の意味で重要だ。

ならば、単独のよそ者はどうしたら集団の仲間入りを果たせるのか？　難しくはないが、築かなければならない信頼の種類が種類だけに、時間がかかる。それは、銀行が信用格付けの根拠にするたぐいの信用や、互いに命を委ね合う戦場の兵士たちの信頼とは違う。どちらかというと、監督なしで草野球をしている子どもどうしの信頼関係に似ている。定期的に姿を見せてそこそこ活躍する子が、レギュラーになる。同様に、サードプレイスの仲間が知りたいのは、その新参者がまともな人間で、自分たちが守っている礼節や相互尊重の精神にのっとって話のやりとりができるということだけ。だからその集団には、新顔がなじみの顔になる何らかの保証が必要である。この種の信頼関係は、回を重ねるごとに育って行く。たいていの場合、新顔は再訪しつづけ、みんなに不快感を与えないようにするだけだ。仲間に入れてもらうためのこれら二つの要件のうちでは、定期的に顔を出すことのほうが明らかに重要である。

新参者の立場から見ると、サードプレイスの集団は、実際より同質で、部外者にたいして閉鎖的に感じられることが多い。まだそこに仲間入りしていない人はたいてい、その集団には多様性を認める度量が十二分にあるとは思っていない。イライジャ・アンダーソン〔アメリカの都市社会学者〕が、黒人たちのサードプレイスを鋭く分析して本を書けたのは、この中流階級の大学生が、下層階級のスラム街のバーのあまり教養がない常連たちに受け入れてもらえたからだ。[27]イギリスでは、部屋数の多いパブのなかでも一般席《パブリックバー》は労働階級の客のものであって、身なりの良い、もっと高級な部屋に入れるだけのお金があある人びとは立ち入りが禁止されている。しかし、ある観察者が報告しているように「何度か通えば、もうどこにでも行きたいところに行ける」[28]。これが、誰にでも開かれた場所の特徴だ。内輪の人間たちが意外なメンバーを受け入れたときの喜びは、排他的な場所で新参者を厳格な審査に合格させたときの喜びにも劣らない。

目立たない存在

物理的構造としてのサードプレイスは、総じて地味だ。ただし、やや地味と言いがたい例も、ときにはあるが。一部の人びとにサードプレイスの重要性を納得させるのが難しい理由の一つは、およそ重要とは思えない外観をしているものがとても多いからである。サードプレイスは、大半があまりぱっとしない。ほぼ例外なく、宣伝などされないし、格調高くもない。マスメディア広告が行き渡っていて、中身より外見を重視する文化ならなおのこと、サードプレイスは初めてそこを訪れる人に好印象を与えないだろう。

サードプレイスを特徴づける飾り気のなさには、いくつかの要因がある。第一に、そしてエマソンの観察記録を思い返せば、友情のために建てられる神殿はない。つまり、サードプレイスはそのようなものとして造られていないのだ。むしろ、ほかの用途で造られた場所が、楽しい仲間たちとゆっくり過ごす場所を探している人びとに占拠される。普通、この種の占拠を招くのは、わりあい古くからある場所だ。新しい場所は、建造目的との結びつきがより強い。最大限の利益が期待され、しかもそれをもたらすのは、うだうだ長居をする集団ではない。それに、新しい建物は、大勢の通りすがりの客を取り込めそうな一等地に出現する傾向がある。しかも、たまり場にさせない方針とそれを実行する従業員をそなえたチェーン店であることが多い。酒場でさえ、新しい店がサードプレイスになる見込みは、古い店に遠く及ばない。ということは、そういう場所に建てる目的以上の何かが絡んでいるようだ。

地味さ、というか飾り気のなさは、多くのサードプレイスの「保護色」にもなっている。フランチャイズ店のような派手で明るい外観ではないので、サードプレイスは、大勢のよそ者や通りすがりの客の目を引かない。中流階級好みの清潔さや現代性に欠ける。ちょっとみすぼらしい感じがする店は、遠方から来た通りすがりの中流階級の客を寄せつけず、一見《いちげん》客のたび重なる侵入から店内の人びとを守る。そして、もしそこが男のサードプレイスで女性を歓迎しないなら、見るからにしょぼい外観は、女性客を追い払うのにおおいに役立つ。ただし、見た目が古ぼけているだけの建物の多くは、客に居心地よく楽しんでもらいたいオーナーの努力で、隅から隅まで清潔に保たれている。ここで問題になるのは、その場の第一印象だ。

地味さ、とりわけサードプレイスの内部の地味さは、そこに集う人びとの虚飾を取り除く役目も果たす。衒いのない内装は、人を平等に扱うことや見栄を捨てることに通じ、それらを後押しする。衒いのない内装の布素材《ファブリック》をより広義にとらえれば、服装もそこに含まれる。サードプレイスの常連は、自宅に戻ってめかし込んで来たりしない。むしろ、普段の格好で来る。もし誰かが着飾って現われたら、その人は称賛や羨望の的にならず、かなり冷やかされることだろう。サードプレイスでは、人びとの周りにある「視覚に訴えるもの」が前面にしゃしゃり出ることはない。

サードプレイスを取り巻く地味で控えめな雰囲気は、いかにもその場にふさわしく、おそらくそれ以外はありえない。ごくわずかでも仰々しさがあるところだと、人は自意識過剰になる。ある者は、気恥ずかしさで自由に振る舞えなくなるだろう。またある者は、虚飾に屈するだろう。みんながその店を「いま流行《はや》り」と見なせば、商業主義が横行するだろう。もしそうなったら、ある店は生き残るかもしれない。繁盛しさえするかもしれない、けれどもそこはサードプレイスではなくなってしまうだろう。

最後に、サードプレイスに特有の慎ましい外観は、そこによく出入りする人びとの慎ましい考えかたと似ている。常連にしてみれば、そこから恩恵をたっぷり受けているとはいえ、サードプレイスは日常生活のごく普通の一齣なのだ。サードプレイスにたいする最も良い姿勢は、あって当たり前な生活の一部にすぎない、というものだ。サードプレイスが人の生活にどれだけ貢献するかは、それが毎日の生活にどれだけ取り入られるかによって決まる。

その雰囲気には遊び心がある

サードプレイスに絶えず漂う雰囲気は、遊び心に満ちている。真面目な会話を続けようとしても、一分と経たないうちに、ほぼ間違いなく失敗に終わる。あらゆる話題と話者が、ウィットを練習して発揮するための、目に見えない空中ブランコなのだ。ときには、たとえば集団で笑い声をあげて馬鹿騒ぎをしているときのように、遊び心が丸出しになることもある。またときには、そこはかとなく遊び心を感じさせることもある。しかし目だっていようといまいと、遊びの精神は何よりも重要だ。ここでは喜びや受容が、不安や疎外を制する。これこそが内輪の人びとを元気づけ、部外者に――たとえそこからほんの数メートルしか離れていない席にいても――その人が仲間うちではないことを自覚させる不思議な要素である。常連たちが遊んでいるとき、彼らがどんな役割とルールで互いをおちゃらかしているのかを、部外者はきちんと知らないかもしれない。サードプレイスの常連の仲間に受け入れられている紛れもないしるしは、真剣に受け止められているのではなく、彼らのつきあいの遊びの形に取り込まれているのだ。

遊び研究の第一人者ヨハン・ホイジンガなら、サードプレイスの遊び場としての役割を認めただろう。遊びは区別された場所で起こる、ということが彼には明らかだったからだ。遊びには遊びの場がある――「隔離され、垣根で囲われ、神聖で、その内部では特別なルールが確立されている、禁断の場所。すべては日常世界のなかの一時的な世界であり、固有の活動をするために設けられている」[29]。

遊び場の魔力は誘惑的だ。遊びに加わったことのある人は、その遊びが行われるところに引き寄せられる。ビー玉遊びをするたびに同好会《クラブ》ができるわけでもないけれど、たしかにそんな傾向はある、とホイジンガは認める。なぜか？　その理由は「普通と違う状況へと「共に離れて」いるような感覚、何か大切なものを分かち合っているような、というか、互いに外の世界から離脱し、日常の規範を拒絶しているような感覚は、個々のゲームの継続時間を超えて魔力をもちつづける。頭に帽子がつきものであるように、遊びには同好会がつきものだ」からである。[30] 多くの夫婦はきっと、ホイジンガが示唆した感覚を知っている。彼らがそれを経験するのは、予想以上に退屈な数多くの社交行事の途中で、魔法のような時が生まれたときだ。それは定まった活動がない即席の集まりかもしれないが、楽しくて帰りたくないからと、誰もが思いのほか長居をしてしまう。その経験に戻り、それを再現し、取り戻したい衝動がわく。そしてかならずこんな言葉が出るのだ。「またやりましょう！」この衝動があるから、サードプレイスは存在する。

もう一つのわが家

たとえ近所の酒場のような場所が、何世代も前から妻たちが申し立ててきたとおりに劣悪だったとしても、心配する理由を女性たちがあれこれと見つける必要はほとんどなかっただろう。邪悪な館なら、その不快で救いがたい性質ゆえに自滅していただろうから。ところが実のところ、サードプレイスは多くの点で家庭と張り合って、しばしば勝ちを収めているのだ。ある人は、サードプレイスと居心地よい家とを引き比べて、そこにあるのは類似性であり、さらなる脅威をもたらす相違点ではないと見る。そう、そこが難しいところだ——サードプレイスは、往々にして、家より家らしい。

家（home）という言葉の一番目と二番目の定義を用いると（わたしのウェブスターの辞書によれば）、サードプレイスは、(1)「家族の住み処」にも(2)「同居している家族によって形成される社会単位」にも当たらない。しかし、家の三番目の定義である「快適な環境」は、平均的な住宅よりも、平均的なサードプレイスのほうが当てはまりそうだ。家庭の輪は快適さがなくても持ちこたえられるが、サードプレイスはそれができない。実際、多くの住宅は、礼節のかけらもなしに親密さが存在する野蛮な場所だ。

言うまでもなく、家とサードプレイスには大きな違いがある。家は私《プライベート》的な環境だが、サードプレイスは公《パブリック》的である。家はたいてい男女共存の関係を特徴とするが、サードプレイスはほとんど同性の人びとを客とする。家は幅広い活動を提供するが、サードプレイスはそれがはるかに少ない。概して、サードプレイスは家ではない、にもかかわらず明らかに比べてみたくなるほど類似点がある。「家らしさ」の特徴を探っているうちに、わたしは心理学者デイヴィッド・シーモンの著書に出合った。彼が説明する五つの基準に照らして「もう一つのわが家〔家ではないのにまるで自分の家のように居心地よい場所〕」を評価することができる。具体例を用いたシーモンの説明は、民家に限定されている。明らかに、彼はこのような比較がなされることを予測しなかった。だから彼の基準は非常に有益であり、公共の場に偏っていないのだ。[31]

家はわたしたちを根づかせる、とシーモンは初めに言う。家は物理的な中心であり、その周囲にわたしたちは自分たちの活動の場を設ける。自分のサードプレイスがある人は、この基準が当てはまることに気づくだろう。かつてある自営業者は行きつけの喫茶店の話をしてくれた。「家を別としたら、ここは唯一わたしが毎日決まってほぼ同じ時刻に来る場所です」。人がサードプレイスを自分のものにするなら、その場所もまた「彼をそこのものにする」。アメリカのサードプレイスは、たとえばフランスの場合ほどしっかりと人びとを繋ぎとめはしないが、それでも彼らを根づかせる。サードプレイスを定期的に訪れる人びとは、なじみの顔に会うことを期待する。誰が不在かはすぐに分かり、来ている人たちは、不在者のことを互いに尋ね合う。

サードプレイスは、家や職場とちがって、定期的に顔を出すことを個々の人に強要できない。アリゾナのある女性は、シカゴで働いていた独身時代の自分のサードプレイスについて語ってくれた。その話から分かるのは、サードプレイスの常連たちのあいだに生じる期待だ。彼女とその他数人が親しくなったのは、互いの住まいから近い街角の一軒のドラッグストアが、共通の行きつけの店になっていて、そこの即席料理が魅力的だったからだ。「あの店は、わたしたちみんなの住まいより、よほど家らしかったわ」と彼女は言う。「住まいってのは、居住用ホテルとかアパートとかYMCAだけれど。グループの一人が一日顔を見せなくたって、それは問題にならなかった。でも誰かに二日間会わなかったら、誰かがその人の無事を確認しに行ったの[32]」。

ほとんどのアメリカ人にとって、サードプレイスは、彼女の事例ほどには家の代わりにならない。しかし時として、家以上に人びとを根づかせることもある。東海岸の精神科医マシュー・デュモントは、あるとき「地下」にもぐり、その都市の荒廃地区にあるスター酒場なる所を調査した。そして、その酒場とバーテンダーが地元の保健福祉機関よりはるかによくホームレスの要求に応じていることに気づいた。ホームレスにしてみれば、スター酒場は家の代わりではなかった。家そのものだったのである[33]。

シーモンの「家らしさ」の二つ目の基準は、私物化、つまり必ずしも実際の所有権があるわけではない環境を所有、支配しているという気持ちだ。自分のサードプレイスがあると主張する人びとは、それを指すのにたいてい一人称の所有格を使い（「ルディーズは俺たちのたまり場だ」）、そこではまるで実際にその場を所有しているかのように振る舞う。

他人の家を訪問すると、いくら温かくもてなされても、いささか侵入者めいた気分になるものだが、サードプレイスはそれとは違う気分を抱かせる。サードプレイスの環境は公共の場であり、常連は部外者ではない。そのうえ、ちょうど母親が家族にたいする貢献を自覚しているように、常連はその社交集団にたいする貢献を自覚している。彼らはれっきとしたメンバーであり、その場を作っている集団の一員なのだ。

多くの場合、常連は、通りいっぺんの客には与えられない特権や所有権を認めてもらえる。「うちの友人たち」用の特別な場所が、公式にであれ非公式にであれ用意されるかもしれない。一般客が通常使えない出入り口を使わせてもらえるかもしれない。店の電話を自由に使わせてもらえるかもしれない。だが、これといった特典や特権があろうとなかろうと、私物化は慣れとともに進む。人びとがある場所を訪れ、そこを利用して、彼ら自身がその一部になればなるほど、その場所は彼らのものになるのだ。

第三に、シーモンの主張によれば、家は、個々人が再生されたり元気を取り戻したりする場所である。ここであっさり認めなければならないが、サードプレイスは、病気や疲労困憊のときは避けたほうがいい。家は、病院ではないにしても、そういう場合に必要だ。しかし気力を取り戻す、緊張をほぐす、「髪をほどいて垂らす（＝くつろぐ）」ということなら――社交の再生という点から見れば――サードプレイスは打ってつけである。多くの従順な妻や母親は、こんな本音をもらすだろう。いちばん心が休まるのは、家や家族から離れたどこか居心地の良い場所で親友たちと一緒にいるときだわ、と。

「家らしさ」の第四の主題は、気楽な感じ、あるいは「存在の自由」だ。これに関係するのが、積極的に個性を表現すること、環境内での自己主張である。シーモンの見たところ、家ではこの自由が、家具などの装飾品の選択と配置に表れる。サードプレイスでは、それが会話、ジョーク、からかい、ばか騒ぎなどの表現行動で示される。どちらの場合も、それは自分の足跡を残すということ、自分がいないときにもその場所とかかわりをもつということだ。

最後に、ぬくもりがある。これはシーモンが「家らしさ」と結びつけた五つの本質のなかで最もとらえにくいし、すべての家に見出されるとはかぎらない。ぬくもりは、友情や支援や相互の気づかいから出るものだ。快活さと交友の組み合わせから発散され、生命感を高めてくれる。そんな理由から、サードプレイスのほうが圧倒的に有利である。というのも、家はぬくもりがなくても存在するが、サードプレイスは存在しえないからだ。家がぬくもりと友情以外の必要なものをたくさん提供する一方で、ぬくもりと友情はサードプレイスでのつきあいの中心であり、それらがなければサードプレイスはたちまち消滅してしまうだろう。

シーモンは、部屋や空間の利用と暖かさの関係を重視した。使っていない場所は寒く感じるし、ほかの人と共用しない場所にはぬくもりがない。シーモンは、アメリカで「第一の」つまり一人暮らしの世帯が急増していることにも気づき、ぬくもりの喪失がそれらの個人や社会にどんな影響をおよぼすかと思いめぐらせる。わたしも、アメリカ諸都市のぬくもりあるサードプレイスの減少について似たような懸念を覚え、この喪失による影響を推測してみた。人びとは今以上に冷たくなる！

まとめ

サードプレイスは中立の領域に存在し、訪れる客たちの差別をなくして社会的平等の状態にする役目を果たす。こうした場所のなかでは、会話がおもな活動であるとともに、人柄や個性を披露し理解するための重要な手段となる。サードプレイスはあって当たり前のものと思われていて、その大半は目立たない。人はそれぞれ社会の公式な機関で多大な時間を費やさなければならないので、サードプレイスは通常、就業時間外にも営業している。サードプレイスの個性は、とりわけ常連客によって決まり、遊び心に満ちた雰囲気を特徴とする。他の領域で人びとが大真面目に関わっているのとは対照的だ。家とは根本的に違うたぐいの環境とはいえ、サードプレイスは、精神的な心地よさと支えを与える点が、良い家庭に酷似している。

以上が、万国共通の、活気あるインフォーマルな公共生活に不可欠と思われるサードプレイスの特徴だ。ここでは、それらを一つずつ順に取り上げたのであって、いくつかの特徴が合わさって生まれるかもしれない最終的な効果については説明を試みなかった。次章では、それらの効果に目を向けよう。

第3章　個人が受ける恩恵

サードプレイスに定期的に通う人や、そこでの社交を大切にする人には、かけがえのない恩恵が与えられる。誰もが平等に扱われ、何よりも会話が尊重され、確実に友だちと会えて、まとまりがゆるやかで、いつも遊び心に満ちている——そのすべてが合わさって、サードプレイスならではの経験ができるわけだ。これらの恩恵は、サードプレイス内で社交や会話の技量が培われ、発揮されることに由来するとも言える。

その場にいることで得られる恩恵から、当人が喜びも元気ももらえるので、サードプレイスの価値はほとんど個人的なものと見なされている。しかし、こうした利益は、いくら個人的に思えても、完全にそうとは言い切れない。なぜなら、人間という社会的動物を向上させるものは何であれ、本人と他者との関係をより良くするからだ。一個人にたいするサードプレイスの貢献は、全員にたいする恵みと見なされることもある。

サードプレイスに関わることの利益を細かく論じる際、わたしは金銭面については詳しく触れないつもりだ。とはいえ、それらは往々にして重要なのかもしれない。人と人とが意気投合して定期的に会うようになれば、きっと物をやりとりしたり、道具や本などを貸し借りしたり、ときには時間や労力を差し出したり、物やサービスについての有益な情報を交換したりするようになるだろう。サードプレイスが、いわゆる地下経済活動〔公の統計に現われてこない経済活動〕と大いに関わりがあるのは間違いないと思う。だが、いくらその種の集団が互助会になるとはいえ、金銭上の利益は二次的なものだ。手助け、忠告、節約は付随的なものであって、サードプレイスの人の輪の形成や、それらを支える魅力の要因にはならない。

サードプレイスに関わることで得られる本質的な、そして波及的な見返りには、目新しさ（産業化され、都市化され、官僚化された社会に目立って不足しているもの）、人生観（または健全な心の持ちよう）、心の強壮剤（またはサードプレイスを訪れることによる日常的な元気回復）、そして友だち集団（または一人ずつではなく大勢と定期的に友だちづきあいすることの利点）などがある。個人が受ける恩恵はもっとあるだろうし、多くの人はその点を主張するに違いないが、ここに挙げた三点は万国共通であり、あらゆるサードプレイスの内部にはっきりと見てとれる。

目新しさ

生きて行くために狩りや魚釣りをした遠い祖先は、それらの営みに目新しさをたくさん見出した。

困難にも直面したが、けっして退屈することはなかった。現代人の労働環境は、狩猟採集民のそれとは対照的だから、わたしたちは辛気くささや退屈と無縁ではない。たいていの仕事はひどく機械的だし、領域が狭く限定されすぎているせいで、個々の人間の才能がほとんど活かせないし、野外活動のような高揚感もない。

だが、仕事は退屈で機械的なことが多いものの、研究によれば、仕事から得られる目新しさや刺激は、アメリカ人がふだん職場の外で享受する目新しさや刺激より多いという。[1] とくにアメリカでは、個人の余暇を占める日常活動は、重視されないし、これといった技能がなくてもできるため、しだいにわたしたちを退屈させずにおくことができなくなってきた。テクノロジーの進歩によって余剰時間が増え、高度な技能の要らない穴埋め——気晴らしのドライブや買い物、テレビ鑑賞など——は、わたしたちの要求に見合う新鮮さを提供できなくなりつつある。ガレージセールが人気なのは、ショッピングモールでは満足できない新味を補おうとするからだ。ビデオデッキや衛星放送用パラボラアンテナの需要があるのは、テレビからこれまでにない新味を搾り出そうとするからだ。

アメリカ人の「喜びのない経済」にかんする本で、著者ティボール・シトフスキーはこんな考えを述べている。清教徒《ピューリタン》の伝統があるせいでアメリカ人は、人間にとてつもなく目新しさが必要であることを認めない。[2] その結果、わたしたちは目新しさの追求におおいに役立つ興味と技量を培っていないのだ。シトフスキーの報告によれば、ヨーロッパ人に比べてアメリカ人は、安らぎを求めることへの関心が高く、外の世界に出て刺激を求めることへの関心が低い。

シトフスキーの分析は、なぜアメリカ人の大部分が日常生活の領域を家庭と職場に限ってきたかの説明になる。あいにく、第一の場所《ファーストプレイス》も第二の場所《セカンドプレイス》もかなり自制のきいた世界になってしまい、そのなかでは規則性と型《ルーティン》どおりの行動がそれぞれの機能の成功と密接に結びついている。どちらの場所も人数が一定なので、生活がそれらの内部に限られると、一部の人にはしょっちゅう出くわす反面、ほかの人にはめったにお目にかからなくなる。交友関係は多様性を失い、驚きや冒険、危険、興奮とは相容れない二重の環境のなかで、人びとはごく少数の人間にあまりにも多くのことを期待するようになる。

　こういう判で押したような味気ない行動からは、味気ない人柄が生まれやすい。ピート・ハミル〔アメリカのジャーナリスト・コラムニスト・小説家〕はその関連性を見てとり、知人たちの明らかな差異について論評した。「わたしの知るかぎり最も鬱屈していて頭の回転がのろくて不幸な人間は、一日じゅう働いたあとまっすぐ帰宅し、食事をしてテレビを見て寝てしまう人たちだ。一日のうちに他者と交流するための特別なひとときがないし、仕事と結婚生活のほかに個人的な経験を何もしていない。彼らには仕事があり、家庭があるけれども、行きつけのたまり場がないのだ[3]」。

　つまらない同僚というのは、日常生活の新鮮味のなさがもたらす結果としては、まだ最悪の部類ではないかもしれない。アメリカにおける薬物《ドラッグ》の使用は、世界の他の国々すべてのそれを合わせた量より多いが、それはある程度、社会的物理的環境に由来する刺激の不足を、それに代わる体内の化学的刺激で補うという問題だ。また犯罪学者は、犯罪の新味と興奮が、品行方正の対極にあって、犯罪の魅力の大部分を占めているらしいことに気づいている。

　サードプレイスには、そのなかでの目新しさや刺激を高める三つの際立った特徴がある。第一に、多種多様な人びとの隠れがであること。家庭や職場での人づきあいは、同類だけで閉鎖的になりがちだ。それに比べて誰でも受け入れるサードプレイスは、仲間たちとの親密で、個人的な、生き生きとした触れ合いの場となる。しかもその相手は、たまたま学校教師のこともあれば、製薬会社の営業マンだったり、ペンキ屋、オフィス機器の販売業者、あるいは地元の新聞記者のこともある。したがって、典型的なサードプレイスの常連が人との豊かな触れ合いを満喫する一方で、多様な人間を受け入れようとしない臆病者や頑固者や見栄っ張りなどは、そこからはじき出される。

サードプレイスの常連は、交友関係の幅広さを自覚している。彼らが感じる心地良さの一つは、職業も立場もさまざまな多くの人に受け入れられ、好かれているという実感から生まれる。人はいくつかの公式組織に所属しているかもしれないが、自分のサードプレイスがあれば、ほかの組織以上にそのコミュニティへの帰属意識を抱く傾向がある。

先に指摘したとおり、目新しさはまた、計画や組織の欠如、まとまりのゆるやかさ、サードプレイスに来る顔ぶれの流動性のなかにも潜んでいる。その結果としての不確定性が、訪れるたびにつきまとう。今日は常連のうちの誰が来るかな？　新しい人は来るかな？　長らくご無沙汰している誰かが顔を見せるか？　仲間の一人が友人か親戚を連れてくるだろうか？

その種のわくわく感は、総じて、常連がサードプレイスに近づくときの様子にはっきり表れる。車を降りて入口へと向かうときの足取りの軽さ。店内に集った人びとを値踏みする、熱意と期待にみちた目。サードプレイスに近づくときの様子は、家や職場に近づくときのそれとは違う。家や職場の場合、誰がそこにいるかがわかっている。気のない挨拶をするかしないかのうちに、そそくさと日常業務に入るに決まっている。サードプレイスに近づく姿が、家や職場のそれと違うのは、配偶者が心配するような浮気うんぬんの問題ではない。むしろ、日常の決まりきった課業をこなすなかで、何か心おどる目新しいものに抱く期待感こそが、サードプレイスに向かう足取りを軽くさせるのだ。

サードプレイスでは、客層ばかりか話の種も変化に富んでいる。家庭や職場内の会話は、話題にほとんど新鮮味がないし、視点に多様性がない。家でじっくり話し合うといえば、たいていは真面目な議論であって、楽しい会話ではない。モノやお金の問題を解決するための話し合いだ。実際、家庭で会話を楽しもうと思ったら、普通は家族以外の人間を加える必要がある。楽しい会話は、もてなす側が飲食に努力と費用を払ったことにたいする報酬というわけだ。

サードプレイスでの会話は、住まいの手入れや子どもの歯列矯正、誰が子どもの一人をこっちに連れて行ってもう一人をそっちに連れて行くか、などという日常の話題でもちきりになることがないし、職場の話で繰り返し事務所や店を思い出させられるという、あの束縛を受けることもない。サードプレイスの会話に添えられる新味のもとは、予測できる変化なのに予測できないその行方《ゆくえ》にある。過去からどんな知られざる情報が掘り起こされ、未来にかんするどんな突拍子もない推測がなされるか？　誰がとっておきの噂話を持ち出し、それはどれほど信頼でき、どれほど痛快か？　この「万民控訴裁判所」は毎日毎日どんな事件を審理し、判事たちはどんな判決を言い渡すのだろう？　その論調は議論を呼ぶのか、それとも合意できるのか？　みんなは賛同してうなずくだろうか、それとも馬鹿げた判決の起草者を信じられない思いでにらみつけるだろうか？　みんなは面白がるだろうか、食ってかかるか、それとも自分の偏見が助長されるだけか？　そのすべてだ、もちろん。

最後に、いちばん重要なことだが、サードプレイスの目新しさは、そこに集って新味を生み出す人びとの集団としての能力に由来する。じつは、サードプレイスで互いに刺激し合う強さそのものが目新しいのだ。イギリスの世論調査チームは、第二次世界大戦の直前、同国のパブの研究の初期段階でこの結論を出した。[4] 彼らが気づいたように、パブは「大勢の普通の人びとに使われる公共建物のなかで唯一、利用者に何かしらの思想や行動が用意されていない場所である。その他の種類の公共建物では、利用者は観衆であり、政治、宗教、演劇、映画、教育、運動競技のショーを見物する人びとである。しかしパブのなかでは、ビールを一杯買うかおごられるかしたとたんに、その人は自分が観衆よりむしろ参加者となる環境に入る」。アメリカ中西部でマーシャル・B・クリナード〔アメリカの社会学者〕も同じような発見をした。良識ある市民の多くが、自分の最も高く評価する集いや関わりの具体例として、教会より居酒屋を好んでいたのだ。[5]

何よりも満足できて有益な気晴らしは、社交的であると同時に能動的でもある参加のしかたをうながすものだ。この二つの要素が相まって、経験の質を高める。たとえば野球の場合、より多くを注ぎ込んでより多くを得たいなら、自分でプレーをするほうが、観覧席に座って観戦するよりは良い。しかし、テレビが提供する限られた遠くの試合映像を見るよりは、球場で観たほうが良い。また、孤高の選手としてよりも、チームの一員として試合に出るほうが良いし、観覧席に一人で座って観戦するよりも、誰かと一緒のほうが良く、テレビで放送される試合にしても、一人よりは誰かと一緒に見るほうが良い。わたしたちが経験を充実させるには、たいてい以下の二とおりの方法をとる――活動になるべくじかに関わることと、社会との関わりを増やすことだ。嘆かわしいことに、今は仕事にさえほとんど自発性が必要ないというのに、多くの人が選ぶ気晴らしは、仕事以上に自発性を必要としない。

会話の役割は計り知れないほど大きい。目新しさを生み出すうえで役立つのは、典型的なサードプレイスを訪れる人びとの多彩な社会的背景だ。その場の人びとに合わせて演目を調整し、同じ演技は二度としない、そんな顧客たちにお楽しみを任せる状況こそが、新味を大いに後押しする。しかし、互いに刺激し合わなければ、新しさが生まれる可能性は失われ、すべてが水の泡だ。アメリカの多くのバーの気詰まりな静けさは、会話の技術がいかに大切であるかを無言で証明している。

シトフスキーがわたしたちに思い出させてくれるように、会話は、人が真っ先に身につけてその恩恵を知るべき技術だ。[6] それを身につけ、その恩恵を知った人びとは、サードプレイスの和《わ》気《き》藹々《あいあい》とした雰囲気を求めたくなる。わたしたちが求める刺激は、つねに新しさとなじみ深さの綯《な》い交ぜの上に成り立っている。したがってサードプレイスでの目新しさは、常連の個性と彼らに期待される反応という、なじみ深さを背景にして浮かび上がってくるのだ。一人ひとりが他の人びとのことを熟知していて、確実にこの人を怒らせる言葉や、あの人の癇に障る言葉などの一覧表が頭のなかに入っている。

サードプレイスは、おおむねそこだけで成り立つ世界であり、おしゃべりによって構築され、もっと大きな社会の、制度化された秩序からは完全に独立している。サードプレイスの世界が、もっと大きな世界よりはるかに論理的一貫性に乏しいとしても、常連たちは、サードプレイスのほうがまっとうであり、人間そのもののゆえに人間をより好きになり、いつでも、ものすごく愉快だという事実で、その欠けは十分に埋め合わせがつくと思っている。

人生観

心の健康は、生身の人間とそれを取り巻く環境との調和の度合いに左右される。おおかたの人にとって、これは、周りの人との友好関係ということだ。隔絶された砂漠で採掘している人や、森の奥深くで隠遁している人なら、ろくに人づきあいをしなくても快適にやって行けるだろうが、彼らは団体生活の緊張にさらされない。人は社会のしがらみのなかで生活するかぎり、自らの環境を他者に占領され支配される。そして他者との人間関係の質には、個人と社会の健全さが反映されている。

都会の産業化社会の構造からは、良好な人間関係が生まれない。高度に専門化されているせいで、人びとの相互関係がずたずたに引き裂かれてしまう。その結果としての蛸壺《たこつぼ》化によって、個々の人は——セルデン・D・ベーコン〔アメリカの社会学者・アルコール乱用の研究者〕の表現を借りれば——自分の所属集団以外の人びとの「興味、考え、習慣、問題、好き嫌い」を知らずにいる。そして「複雑で、専門化が進み、階層に分かれた社会にいるわたしたちは、たえず他者に依存していながら、その他者に十分気づかってもらえているとは思えない状況にある」[7]。そんな状況では、攻撃を誘発する事態の発生率が高まると同時に、攻撃がよりいっそう危険になる。

今の世の中、人生観は容易に歪められてしまう。他者との——直接的な、またメディアを通じての——接触を重ねて行くと、不信感を抱くことになりかねない。手に余るほどの、不安を煽るニュース番組、「ゴミ箱漁り」の探偵番組、冷淡な近隣住民、悪意に満ちた近所の子ども、上昇する犯罪発生率、司法制度の失敗、交通混雑、インフレ、市場での貪欲な利益追求、そして旧友や親類からの孤立。こうしたものに囲まれて、好ましい人生観を保つことはなかなかできない。

人づきあいを止めだてする要因はたくさんあり、だからなおのこと、人づきあいは重要なのである。実際、人との親密な触れ合いを避ける人びとは、危険人物になりかねない。極端な例をあげれば、大量殺人犯は一般に、孤独を好む性状を示す。このての人間は集団への帰属を避け、道理をわきまえたまっとうな人びとの監視や異議申し立てや支援を離れて病的な考えを抱くのだ。彼らは往々にして、精神病質者を思わせる一種独特の魅力を見せるかもしれないが、サードプレイスが提供するたぐいの人間関係をもたない。

年配者は、それほど劇的ではなくごく普通に、触れ合いの必要性を示す好例だ。彼らの多くは人づきあいに飢えている。一人ぼっちで放置されすぎると、老人は、えてして理不尽な恐怖をつのらせる。無言電話がかかってくれば、番号を間違えたたんなる無礼者どころではなく、家に誰かがいるかどうか探りを入れている——襲撃の頃合をうかがっている——泥棒予備軍と思い込んでしまう。あるいは、他者との接触があまりにもないと、頭のなかで、何十年も昔に受けた傷をほじくり返しはじめるかもしれない。そして、そのことをあれこれと考え、増幅させ、ついにはほとんど眠れなくなってしまう。通常こういう場合、年配者は、親類や友人または誰でも相手になってくれる人と四方山話をすることによって、人づきあいが再開したとたん、「正常に戻る」。

もっと若くて活動的な人びとは、バスの運転手や郵便配達員、新聞配達員、あるいはコンビニ店員とおしゃべりをして知り合いになることなど考えてみもしないだろうが、年配者は、選り好みをしていられないので、そういう人間関係を必死で求めることが多い。高齢になって車を運転できない人びとは、中流階級のアメリカ人が享受しているような、隣近所と関わらずに済む生活を送れなくなっている。昔のように動き回ることができず、遠方との接触を保つことができないので、彼らは近所の住人や近所で働く人びとに新たな興味を抱く。人づきあいが期待できず、努力しなければそれを維持できないので、年配者は人づきあいやコミュニケーションの大切さを、ほかの年代の人びとより明確に、ひしひしと実感する。彼らがいやというほど分かっているように、人との接触を保つことによって、比較的静穏な状態と、孤独の悪魔に立ち向かうことのあいだに大きな違いが生まれる。

しかし、心の健康や前向きな人生観には、最小限の触れ合いやコミュニケーション以上のものが必要だ。身体にはバランスのとれた食事が必要だが、心も同じである。現代生活で感じる苛立ちには、それを相殺するたぐいの経験が——他人がいるからこそ楽しくもあり嬉しくもある人づきあいが——必要となる。人間は人生のおおかたの不満と不安の種であるばかりか喜びと楽しみの源泉でもある、ということは経験から学ぶ教訓だ。わたしたちの楽しい時は、主として長続きする社交関係のなかにあり、そのような関係によって可能になる。ふだんの社交環境の外での自助努力を勧められても、効果のほどは疑わしいし、あらゆる社交関係をストレス源や脅迫的と見なす心理療法は、結局のところ害になるかもしれない。困難を自力で切り抜けるには、適切な社交上のつきあいを深め、それらを正当に評価するに越したことはない。平均的な中流階級のアメリカ人はこの意見に賛成しないようだが、社交の範囲を狭く限定しすぎたせいで判断を誤っているのだ。

サードプレイスは、幅広い層の人びとがいる状況で気晴らしと交流とを組み合わせ、成員の集合知を提供することによって、健全な人生観をもたらすうえで役立っている。ジョン・モーティマーの小説の主人公ランポール〔弁護士〕が置かれた状況は、たしかに現実世界にも同じような境遇の人間が大勢いるので、良い例になるだろう。ある場面でランポールは、目前に迫った友人の結婚を何としても思いとどまらせようとする。そこで彼は、その友人がいま何を危機にさらしているかを説く。「一日のうちの、あの平和なひとときだ。五時半からポムロイズ・ワインバーで、シャトー・フリートストリートのボトルとともにわれらが過ごす、あの時間。中央刑事裁判所《ザ・ベイリー》での闘争と家庭生活の恐怖との合間にある、あの素敵な安らぎのオアシス」[8]。

　ポムロイズは彼のサードプレイスであり、それがあるおかげでランポールは、敵対する判事たちと別れてから「絶対服従のお方」である妻のもとに行くまでの間、至福の時を過ごすことができる。彼の家庭生活が恐ろしいとは思えないけれど、読者は、にもかかわらず「絶対服従のお方」の気質や態度を察して、だからポムロイズが与えてくれるあの毒消しが必要なのだと納得できる。自分の家庭生活を奪われたら、ランポールはそれを——今のままのそれを——恋しがるだろう、安らぎのオアシスを切望する気持ちにも劣らぬほど。必要以上に寛大にならなくても、ランポールは伴侶選びをしくじらなかったとさえ言えるかもしれない。彼は素晴らしい女性と結婚したのであり、かりにもう一度結婚するとしても、十中八九、同じ女性を選ぶだろう。しかしランポールが痛感しているのは、その取り決め、その人間関係——結婚制度——の限界だ。結婚制度は、彼の連れ合いであるあの素晴らしい人の性格をはるかに超えたものであり、自分のすべてをそのために費やすわけには行かない。それだけでは感情的、知的、社交的な生活には不十分だからである。

アメリカ社会における近所の居酒屋で、男性は自分の妻のことをよく「かみさん」とか「ワイフ」と称し、ほかの男性たちの結婚生活の辛さに同情をよせる傾向がある（女性が他の女性に同情するように）けれども、ほとんどの場合、妻や結婚制度をそしることはない。むしろ、そういう場での言葉や態度は基本的に警告に近く、結婚生活を美化しすぎるな、結婚に期待しすぎるな、と釘をさしている。重要なのは、自分の関わりを冷静な目で見ることなのだ。

それと似たような、偽りを暴く態度が、サードプレイスの会話では総じて仕事に向けられる。ケネス・レクスロス〔アメリカの詩人・翻訳家・批評家〕は、南部アパラチア地方の男たちが「シザービル」という言葉を使い、それにひどい軽蔑を込めているのに気づいた。[9] 彼らにとって、シザービルは、うぶな田舎者だ。上司が心底自分のためを思っていると信じているほどの、愚直な労働者を意味する。この言葉を使う人の多くは、労働組合のオルグではないし、仕事にたいして斜に構えていたり無関心だったりするわけでもない。彼らは仲間の労働者に向かって、妻の件と同様に、「威厳を保て。人生に非現実的な要求を課すな」と言っているのだ。

サードプレイスでの冷やかし、ばかばかしさ、決着のつかない言い合い、ジョーク、からかいにもかかわらず、そこにはひとつの人生観が主張されていて、その人生観は、家や職場では不可能な利害関係のなさから生まれるがゆえにとりわけ重要だ。エマソンはそれをうまいこと言い表した。人生は批評的でも知的でもなく不撓不屈なものである、と。[10] 人はそれぞれ不満を言ったり、称賛したり、哲学的思索にふけったりするかもしれないが、それより何より、人生を耐え忍んでいるのだ。人は、自分の人生と自身に現実離れした利己的な願望を抱かないとき、最もよく辛抱できる。これはサードプレイスの住人の集合知だ。そんな仲間うちでは、経験に裏打ちされた知恵が、それに反するすべての考え方を制する。

サードプレイスではぐくまれる健康的な人生観は、サードプレイス内で生まれるユーモアや笑いに負うところが大きい。専門家によれば、笑いには癒しの効果があるという。そうであれば、サードプレイスは、この理由だけでもたしかに癒しの場《セラピーセンター》と言えるだろう。笑いの頻度と、笑いを誘う内容のどちらについても、癒しの影響力は明らかである。

家庭と職場、それに当然ながら、わたしたちが仏頂面で歩く公道では、ふつう笑い声など聞こえない。サードプレイスには笑い声がする。ある忘れられたおどけ者が、かつて精神病院に「笑う《ラフィング・》学校《アカデミー》」というあだ名をつけたが、その呼び名は不正確で不適切なだけではない。彼は本物の「笑う学校」を見落としていた――この国のサードプレイスを。サードプレイスの住人は、まっとうな楽しみをもたらす他のほとんどの環境にいるときより、いつでもよく笑う。平均的なアメリカ人は一日におよそ十五回笑うと言われている。[11] サードプレイスの住人は、かなり控えめに見積もっても一時間に十五回だろう。近年、中西部のある小さな都市のすべての居酒屋を調べてみたところ、居酒屋がサードプレイスに関するその他の基準を多く満たせば満たすほど、笑いも増えるということが分かったが、わたしはべつに驚かなかった。[12]

何がこの笑いを引き起こすのか？　ジョークはときどき交わされるが、それにたいする依存度はきわめて低い。ジョークやギャグは、むしろ部外者が会話のきっかけに使う手であり、戸別販売員や訪問販売員の道具である。彼らは、歴史的に見て、笑いの力を知っていたが、笑いを局所的に引き起こす知恵がなかった。ジョークは使い古しのユーモアなので、笑いを愛する多くの人びとはジョークにまったく関心がない。ジョークがわざとらしい状況に依存するのにたいし、ユーモアは、心や感情へのちょっとしたいたずらに基づいている。そのうえ、ほとんどの人はジョークが不得手だから、サードプレイスのなかで、普通の人はジョークを言っているときが最も「ボア」になりやすい。

常連たちがそれよりずっと楽しんでいるのは、血の通ったユーモアというか、実在の人物と現実の状況がからむユーモアだ。迫真性——現実に近ければ近いほど良い——は話の大鉱脈で、そこからユーモアと笑いが果てしなく引き出される。オチを言っておしまいになるジョークとは違って、現実の状況や人間たちに基づくユーモアは延々と続く。あるユーモラスな発言が火付け役となり、その場が盛り上がるにつれて、また別の発言が飛び出し、多くの場合、そのばかげた内容は、笑っている当人たちに痛ましいほどぴったり当てはまる。

自分自身や人生の重苦しさを笑い飛ばせることの大切さなど、いまさら言うまでもないだろうが、多くの人はその能力に欠けている。ユーモアを通して、わたしたちは、日常生活の悩みの種である欲求不満や、喪失や虚飾をはねのける。最近ジェイコブ・レヴァイン〔アメリカの心理学者〕が表現したように、「ユーモラスな態度は……心のありさまだ。ユーモラスな心の状態で、人は自分の強靭さをあらためて示し、脅迫や恐怖に屈することを拒否する。これまたフロイトに名言がある。「ユーモアは諦めではない。反抗である。ユーモアは自我の勝利だけでなく快感原則の勝利をも意味する。そして、この快感原則には、現実の厳しさに対抗して自らを貫徹する能力があるのだ」[13]」。

サードプレイスに多く見られるユーモアは、特有の無礼を装いつつ、じつは親愛の情を伝えている。

ユーモアに託して伝えるからこそ、見せかけの礼儀だらけのこの世の中で、信頼性の強みが効く。たとえば、客がサードプレイスにやってきてすぐ仲間を見つけたとき、よくやる挨拶のひとつは「なんだ、きみが来ていると知っていたら、立ち寄らなかったのに」。これに続けて、かなり辛らつな質問を浴びせる。「いま、何も仕事をしてないの？」「また彼女に追い出されたのかい？」「ほかに邪魔する場所が見つからないもんかね？」そして店主に向かって「なんでいつも奴を入れちゃうのさ？」「ここはいったいどんな店なんだ？」「ほかの人たちのことは頭にないの？」もちろん、「ほかの人たち」が周りで聞いていなければ、こんな軽口をたたいたりしないだろう。

こうした、特定の個人を茶化すようなユーモア攻撃は、多くのことを伝えている。被害者と加害者は旧知の間柄である。二人の関係は、ちょっとやそっとでは壊れない。機知の舌戦に誘い込もうというのだ。友愛がここにある。我を愛するならば、わが友までも。さあ元気を出せよ、楽しむためにここに来たんじゃないか。一緒にやろう！

一般的な無礼は被害者の気分を害する。サードプレイスでは、おしゃべりの多くが無礼な印象を与え、そうすることで効果を得るのだが、それは楽しませようという魂胆であって、友愛の絆の強さを伝えているのだ。もうひとつ例をあげよう。他人の発言に同意できないとき、人はどんな反応を見せるだろう？　日常生活のなかでももっと管理が厳しくて抑制された環境だったら、賛同しない人は聞かなかったふりをするかもしれない。あるいは、冷静に理路整然と反論するかもしれない。おそらく、その人はしだいに不機嫌になり、話者にたいする不満の意思表示をするだろう。ところがサードプレイスでは、反論者が猛然と食ってかかる――「あんた、頭がおかしいよ！　現実を見る目を鍛え直してやる」。

愚弄するつもりは毛頭ないし、言われた側も少しも侮辱と思わない。そうと知って、部外者は衝撃を受けるかもしれない。この種のやりとり《ギブ・アンド・テイク》は、道徳的考察や身に染み付いた偏見より仲間意識のほうがはるかに重要だと分かっている者どうしでなければ成立しないのだ。そんな愛のこもった応酬は、議論に妙味を添えるだけであり、当事者の価値や許容力にまつわる悪意にみちた問題提起をしない。サードプレイスの常連がときおり「ものすごく狂気じみている」かのように話すのは、親愛の情を感じさせる特性であり、不気味で脅迫的な特性ではない。

しかしわたしは、サードプレイスのユーモアに現実的なトゲがひとつもないような印象を与えたくはない。自分を笑い飛ばす訓練が必要な人にとって、サードプレイスはパリスアイランド〔アメリカ海兵隊の新兵訓練所〕のようなものだ。仲間たちは、見かけ上の愚弄の対象者のほとんどを、心底好きだ。たんに笑いの対象にするだけではなく、笑い合う。だが一個人を、しかも本人の目の前で笑いものにしているときでさえ、その集団は彼にたいして好意を表している。この点を理解して楽しむようになった人びとは、さらに一段高いレベルの社交生活へと進む。彼らは、ほかのみんなが恐れるものから力を引き出す。

ユーモアに人を結束させたり心を解放したりする力があることは、科学界で認められているけれども、それが十分に理解されているとはかぎらない。サードプレイスにおけるユーモアの価値を知るには、さほど「古き楽しき」でもないイギリスで開催された「心理療法の一形態としてのユーモア」なるシンポジウムで提案された仮想の場と引き比べてみるのが一番かもしれない。そのシンポジウムの発表者の一人によれば、「もし適切な部屋が作られれば、笑いは近隣住民を一つにまとめる人間的経験になりうる。……その考えうる設計を議論したのだが、新しい建物は、笑いを刺激してアノミー――国家や地域の意識低下の影響による感覚――を大幅に減らすことができるだろう。ある種のコミュニティ・センターが社会に求められているようだ。ジョークの受容を最適化するために特別に設計された、お笑いのセンターが……」[14]。

こんな展望にはぞっとさせられる。筋書きを思い描いてみてほしい――建築家、心理学者、ギャグ作家で構成された委員会が、そのような環境の骨子を策定する。それを受けて、この種の「笑い部屋」のクローンが、ファストフード店舗よろしく、イギリスのあちこちにいくつも生み出される。すると魔法にでもかかったかのように、失われたコミュニティが復活し、お決まりのネタで一斉にクスクス笑う人びと全員に、国民の目的意識が取り戻されるというのだ。

この提案の欠陥は、言うまでもなく、ユーモアを外から提供しなければならないという思い込みにある。人びとはもはや自分の生活のなかにユーモアを見出せないとされている。そして提示された解決策は、それが改善するという触れ込みの、まさに人間疎外という問題の一部――というか延長線上にある。この解決策が人びとに求めているのは、たんに並んで立つか座るかして笑うことだけだ。ユーモアの内容を無視している。笑いよりもそれに先立つユーモアの中身のほうが重要、という事実を無視している。互いに笑い合うだけでなく、互いを笑い合うことによって、人は帰属感を得たり、新たな力を蓄えたりするのだが、それらは舞台上でのパフォーマンスや、決まりきったユーモアと接することからは得られない。こういうとんちんかんな提案がパブの国で生まれるとは、なんとも皮肉なものである。

心の強壮剤

サードプレイスがもたらす効果は、そこに集う人びとを元気にすることだ。そしてこの効果は、決して完全には消えうせない。サードプレイスでの交流は、誰もが得をする状況で自分自身が幸せな気分になり、同時に「ほかの人びとを幸せな気分にする」。その経験とはすなわち、ヘンリー・ドワイト・セジウィックが好ましい会話について言ったとおり、利己主義と利他主義の完璧な融合である。人はサードプレイスという「幕間」を楽しみ、そこならではの温かな受容をしたりされたりしたのち、前より自信をつけて外の世界に出て行く。気心の知れたコーヒー仲間に囲まれて一日を始める人は、四六時中いやな気分で過ごすことにはならないだろうし、第二の場所《セカンドプレイス》に居がちな意地悪で不機嫌な人びとにたいする免疫を、すでにある程度はつけている。

サードプレイスに漂う雰囲気はさまざまに変化する。したがって、喧騒の度合いは活力を示す確実な目安にならない。しかし、騒々しさはどうあれ、サードプレイスに集う面々に共通する感情的傾向がある。人間の社交性を研究した、あの優れた学者ゲオルク・ジンメルは、三つの言葉を提示し、これらを総合するとその本質が伝わるかもしれないと述べている。彼が選んだのは、喜び、快活さ、気晴らしだ。[15] 喜びは、幸福が呼び起こす感情である。快活さは、速さが軽快なことを示す。そして気晴らしは、義務からの解放や単調さの打破を意味する。

ジンメルの言い方が、元気いっぱいの解放感を強調しすぎているとしたら――もっと静かな社交的くつろぎのひとときもサードプレイスでの交流の特徴なのに、それが捕らえられていないように思えるなら――もう一つ、適切な用語がある。サードプレイスは「ゲミュートリッヒ《居心地がよい》」でもあるのだ。このドイツ語以上に、ある環境の心地よさを伝えたり、親しみやすさを広めたりするのに効果的な単語を含む言葉はほかにない。「ゲミュートリッヒカイト《居心地のよさ》」という言葉は、溌剌さに欠けるきらいがあるけれども、代わりに隣人の強い責務をとらえている。何でも受け入れるおおらかな心的態度、あらゆる年齢や性別や国籍を歓迎したいという気持ちがうかがえる。自分はもとより他者をもくつろいだ気分にさせるべく力を貸す義務、というようなものが伝わってくる。「ゲミュートリッヒ」な環境は、人間を――すべての人を――魅了する。

しかし、わたしたちの関心事は、サードプレイスの精神の溌剌さの度合いよりむしろ、いかなる要因が合体して、サードプレイスをつねに愉快な場所にするかである。個々の人にとってサードプレイスは、たとえ散々な一日を過ごしたあとでも、陽気で楽しい。かつてジョージ・マルコは、ニューヨーク市の〈ビルトモア・バー〉の記事を書いたとき、経営者に質問した。バーのお客の言動から、その人がどんな一日を過ごしたかの見当はつくものでしょうか？「まあ無理だな」とその経営者は答えた。「仕事の調子が悪いとき、度量のあるビジネスマンは、忘れるためにバーに来る。そして調子が良いときには、楽しむために来る」[16]。先に触れたように、個人的な問題には、入口で歯止めがかけられるのだ。

サードプレイスがいつでも陽気なのは、参加者どうしの関わりかたが限られているからでもある。

サードプレイスの常連のほとんどは、その場でしか通用しない特別な身分をもっている。それが特別なのは、よそ者のつれなさとも、そのほかの興趣のなさとも無縁だからだ。いくら相性の良い人どうしでも、一緒に過ごす時間が長すぎたり、相手のことを知りすぎたり、共通の問題を多く抱えすぎたり、当たり前だと思うことが多すぎたりすると、面白味がなくなって人間関係の情熱がさめてしまうものだ。ところが、サードプレイスの常連の多くは、エマソンの言う「立派な客人」に似ている。すなわち、人間味をあらためて意識させ、わたしたち自身の姿を映す新たな鏡となり、したがってわたしたちの会話に新風を吹き込む存在なのだ。立派な客人の前では、とエマソンは書いている。「普段より会話がはずむ。わたしたちは非常に明敏な想像力と、豊かな記憶力に恵まれ、沈黙の悪魔はしばし姿を消す。長時間にわたってわたしたちは、一連の誠実で優雅で豊かなやりとりを続けることができる。その会話はとても古い秘めた経験から引き出されるので、同席した親戚や知り合いは、わたしたちの尋常ならざる力に強烈な驚きを覚えるだろう[17]」。

立派な客人たちの魔力は、当人の本当の姿が露呈されるにつれて薄れてゆく。彼らだって、よく間違える。ほかのみんなと同じように問題や弱点を抱えている。そして彼らの輝きが失せるとともに、わたしたちの機知や記憶や想像力を引き出す彼らの力も衰える。しかしサードプレイスは、その減衰の進行を遅らせる——日常のしがらみから解き放たれた、おおかたの常連の活力を保つことによって。ある人は、行き着けの場所で仲間たちと何年も楽しんでいるのに、彼らの妻を一度も見たことがないかもしれない。彼らの家や仕事場を一度も訪れたことがないかもしれない。「外の世界」での、彼らの冴えない暮らしぶりを一度も目にしたことがないかもしれない。サードプレイスの常連の多くは、情婦が性的交渉で体現するものを会話や社交で体現する。情婦が魅惑的でありその性的魅力を持ちつづけるのは、享楽にしか関わり合わないからだ。ベッドから起きるや、夫婦で共有すべき無数の問題に直面し、自分たちの人生が汚され、互いにたいする敬意が損なわれる、などということはない。サードプレイスには、たしかにこうした「会話の情婦」が大勢いる。彼らはお互い、楽しい時間ときらめきに満ちた活動を共にするためだけに会い、それゆえ楽しい時間やきらめきと結びつけられるようになる。あまり多くを共有しない、という暗黙の了解があるからこそ、サードプレイスの常連のあいだには、立派な客人にともなう高揚感が保たれるのだ。人生そのものの本質や、現代の世相について、あるいはゆうべの野球試合の敗因を作った捕球ミスについて議論をたたかわせているとき、家庭や家族や仕事のような副次的な事柄に、つまるところ何の意味があるか？

サードプレイスが陽気でありつづけるのは、その場を楽しむ人びとが、そこに費やす時間を制限するからでもある。魔力が消えはじめるとき、あるいはその前に、彼らは立ち去る。家庭や職場をそれほど恋しく感じない理由の一つは、よそに行きたいときでも、そこにとどまっていなければならないことが多いからだ。サードプレイスには、めったにそれがない。ビールかコーヒーを一、二杯飲むと、たいていの人は出て行く。満足したあとも居つづける義務はまったくない。サードプレイスに長居しすぎる人びとは、たいていひどくつまらない人間で、まわりから煙たがられる。たとえば酒場でよく見かけるのは、カウンターの隅っこの席にいて、誰からも話しかけてもらえない、影が薄い人――イギリス人の言う「モルトのうじ虫《モルトワーム》」。足しげく通っているわりに、ちっとも喜ばれない連中の一種だ。そういう人間は、出席率から言えば常連《レギュラー》だが、「いいやつ《レギュラー・ガイ》」ではない。面白い人間になる力、外の生活との対決によって磨かれる力を、彼はとうの昔に失っている。

サードプレイスでのつきあいが陽気なのは、表現の自由が促されるからだ。それは社会的役割からの自由であり、その役割を演じるのに必要な流儀や態度からの自由である。ほかの場面なら自分のなかに抑え込んでおかなければならないものを、ここで解き放つのかもしれない。養う家族がいる人びとは、職場で臆病にならざるをえないが、そんな圧力もサードプレイスには及んでこない。ここでは、辻説法師のようにがなりたてたり、夫を亡くしたばかりの女性のごとく悲嘆にくれたり、これみよがしに自慢したり、高裁判事を気取って権威を誇示したりできる。

大人らしい態度さえ、かなぐり捨てるかもしれない。いい年をした男女が、悪童よろしく人をあざけり、からかい、意地悪そうな目つきでにらみ、くすくす笑いをすることもあるだろう。男性も女性も、気の置けない仲間の前では、配偶者や子どもたち――はるかに控えめで真面目な彼らしか知らない――が見たこともないような振る舞いをするかもしれない。責任感とそれに付随する真面目な気分からの解放は、辛い立場を分かり合える仲間の存在と相まって、強烈に効く元気回復剤になる。数かぎりない「配偶者とのもめごと」や、いやになるほど多い「子どもたちを幻滅させる出来事や癖」を、ユーモアというレンズを通して、一歩引いた冷静な目で批評できる。そんなとき、人は日常生活の鬱憤や喪失感を一気に晴らし、またそうすることを楽しむ。

サードプレイスでは素人芸が奨励され、これも、そこでの交流の喜びに一役買っている。平均的な個人が外の生活で演じるさまざまな社会的役割は、元気な人間の表現欲を満たすには不十分だ。日常のありふれた世界はわたしたちを抑圧するが、とりわけ現代都市のそれは特異性を嫌い、「個性」を許そうとしない。そしてわたしたちを、イメージを重視したり人目を気にしたりするように仕向ける。その世界が好むのは「かっこいい《クール》」人であり、「かっこいい《クール》」人は浮かれ騒ぎなどしない。スーパーマーケットで、口にバラの花をくわえてフラメンコを踊ってはいけない。上司の部屋の外で、あるいはレストランの席に案内されるあいだに、タップダンスをしてはいけない。映画館で、一列に並んで待っているあいだにお気に入りのバラードを口ずさんではいけない。職場の雑談の場である冷水器のそばで、上司の「太鼓持ち」の典型をまねて見せるのは危険だ。それならどこで、そういうことをしたらいいのか？

世間一般の見解によれば、実行の余地はないらしい。現代社会は、活発な表現にたいする許容度が低い。そのせいで、みんな神経質になっている。若者が歩きながら耳元でラジオを鳴り響かせていても一般大衆は気にかけないが、彼が歌おうものなら——独自の曲を作ろうものなら——彼に渋面を向けがちだ。わたしたちは、ものごとに興奮してもいけないとされ、たとえ興奮してもそれを表に出さないことになっている。「外の世界」は、わたしたちがろくでなしをそれ相応の名前で呼ぶのを望まない。男たちが一緒になって踊ることも、地元の公園に集まってビア樽のまわりで歌声を合わせることも望まない。制約は比較的緩いが秩序正しい社会において、平和と善意を象徴するものは、わたしたち自身の平和を乱すと見なされやすい。演説は、政治家志望者に任せればいい。声高に叫ぶことは、キリスト教原理主義の牧師に任せればいい。ごく平均的な人間は、世間一般の意見にしたがえば、シャワーを浴びながらちょっと歌ったり、朝食の食卓ごしに配偶者を小声でけなしたりすることで満足すべきなのだ。けれども元気いっぱいな人（または元気が欲しい人）にしてみれば、これではあまりに息が詰まるし、退屈だ。日常生活では歌手やダンサーでもなければ詩人、演説家、心理学者、コメディアン、賢者、ものまね芸人、ビリヤードのハスラー、演技過剰な役者、英雄でもない人びとが、サードプレイスでは、そういう人びとになれる。そこには舞台が用意されている。しかも素晴らしい舞台だ。なにしろ、役者がどれほどへたに演じても、観客は面白がってくれる。素人芸には、これ以上ない激励ではないか。

わたしの経験から言うと、自分のサードプレイスをもっている人はたいてい、アメリカの幅広い中流階級のなかでも上層の人びとが開催するような招待者限定の内輪のカクテルパーティーを軽蔑する。あれはサードプレイスでの交流の代わりにしては度が過ぎる、と。カクテルパーティーや「ハッピーアワー〔勤務時間後の憩いの時〕」がそういう目で見られるのは、ほかでもない、それらが表向きの目的を果たしていないからだ。その種の集まりはふつう、けっして熱狂的ではないし、のんびり気分でもない。カクテルパーティーにまつわる問題の一端に、その物理的環境がある。そもそも家は、静かな安らぎの場所として設計され、建設され、備品が設置される。家族の壊れやすい所有物が大量に収納されている。そこには遠慮のないお祭り騒ぎよりも、上品ぶった厳粛さが要求される。家族も客もそれぞれが、絨毯や壁紙、電気器具、家具、作りつけの備品を丁寧に扱うべきだとわきまえている。早い話が、家は羽目をはずす場所ではないのだ。しかし問題はそれだけではない。

普通のカクテルパーティーでは、来客全員が座れるほどたくさんの快適な椅子がない。だから誰も座らないことになっている。立ち飲み禁止のエチケットは無視して、お決まりの段取りでことが進む。まずは一人か二人、あるいは少人数のグループと立ち話をし、そのあと体よく次の人びとへと移る。

すべての順列と組み合わせを尽くしたら——全員が各自の義務を果たしたら——客は自由にその場を離れていい。機知に富んだ会話が重んじられ、主催者が切に望むのは、すばらしい顔ぶれの客人が集まるよう画策し、その機会を提供することだ。しかし会話が高じて熱のこもった演説や騒々しい議論になってはいけない。カクテルパーティーは強制的な慣例であり、それ自体の落ち度を隠蔽すべく発達してきた。こうして、楽しい時を過ごす望みはすっかり排除される。

より充実した表現行為（くつろぎは言うまでもなく）のためには、サードプレイスが必要である。注目に値するのは、充実した表現行為の自由を与えられても、大多数の人びとが下品にならないことだ。サードプレイスにおいて、社交の形態とその表現を律する規則は、人数が増えてお祭り騒ぎになっても維持されるようだ。そこに集った人びとが最大限に気分を盛り上げると同時に厄介な騒動を起こさずにいられるのは評価に値する。サードプレイスの住人たちは、活発な社交の欲求を定期的に満たしている。しかもその頻度が高いので、見境なく放埒に走ったりせず、節度をまもる。そして自ら災難を招くこともなく、外の生活から得る以上の活力レベルへと気持ちよく到達する。

ひとまとまりの友人たち

友人の数と種類と出欠は、どこで彼らと交わるかによって決まるのが社会生活の現実だ。この点でわたしたちが場所に依存していることが、かならずしも理解されているとはかぎらないとしたら、それはわたしたちの最も親しい友人たちが、わたしたちの家や生活に勝手に入り込む特権を与えられているかもしれないからだ。しかし、プライバシーは守られるべきであり、個々人は自分の生活と人間関係にたいする支配権を維持すべきだとするならば、そのような特権を認めてもらえる人はほとんどいない。ここに絡んでくるのが「社交性のパラドックス」である。端的に言うと、人は社交上の関係を結ぶ相手から自身を護らなくてはならない。[18] 相手を自宅や職場に乱入させるわけには行かないし、周りに居てほしくないときに居させることさえできない。ごく普通の人が定期的に多くの友人たちと交わるのは、必要なときや自分が望むときにいつでも彼らから自由になれる場合に限られるのかもしれない。もちろん、活発な友好関係をいくつも維持するには、友と交わる自由もなければならない。

この社交性のパラドックスが、どこであれ人の住むところに、サードプレイスという近くて便利なたまり場の急増をうながす。ただし、都市計画やゾーニング〔用途による土地区分〕で禁じられている区域にかぎっては、気ままに出入りできる手近な集いの場が欲しいという住人たちの要求の発露としてのサードプレイスが見られない。サードプレイスのないところでは、活発な友好関係が大幅に減るし、友人と連絡をとることもままならない。そんな状況は、比較的新しい自動車依存型郊外にもおおむね当てはまり、よそでたまり場として使われているこの種の施設が、ゾーニングの規制によって禁止されている。民家しかない近隣区域のなかで、住民たちは、ありがたくない二者択一をせまられる。すなわち、自宅を開放して友人たちの頻繁で迷惑な侵入を許すか、それともインフォーマルな社交を極力控えるか。通常、そしてもっともなことだが、彼らはプライバシーのほうを選ぶ。つまるところ家は、プライバシーと休息と回復の「誰にも邪魔されない静かな場所《サンクトゥム・サンクトルム》」でありつづけなければならず、そのようなものとして家族全員に残しておかれなければならないのだから。

多くの都市生活者や郊外居住者が思い知らされたように、友だちの輪を広げても、孤独にならない保証はない。各種の任意団体、つまり現代の自動車社会の「即席コミュニティ」に加入したところで、社会的孤立とそれにともなう退屈や疎外感から逃れられるとは限らない。友だちの輪にはまとまりがなく、本拠地がない。多くの友人に恵まれても、散発的な、頼りないつきあいしかできないかもしれない。任意団体は、まさしく集団への帰属になるし、本拠地もあるが、その種の団体が提供してくれるものは、決まった時間にしか得られない。しかも多くの場合、人びとの関心は、連れ合いのいない親だの、教会の仕事だの、ブリッジゲームの遊びと分析だのといった、互いに共通する問題や懸案事項に限定されがちだ。都市生活からしだいに失われつつあり、ないとたいそう不自由なものは、便利で制約のない交流――個人が目的もなくふらりと行けて、短い休憩の楽しみかたを心得ている知り合いが迎えてくれる場だ。

しかし、サードプレイスで交わる友にはどれほどの価値があるのか？　彼らはひょっとして、「一緒に遊ぶ」ことで満足するけれども人生において個々人が潜在能力を発揮する助けにはほとんどならない、と精神科医で心理学者のイグナス・レップが評した「行きずりの仲間《カジュアル・コンパニオン》」にすぎないのだろうか？　彼らは、ハリー・カーマイケルが、自作のあるミステリー小説のなかでたんなる「パブ友」と称したような、劣った存在なのだろうか？　「その種の交友関係が」と、カーマイケルの小説の主人公は言う。「花開くのは、酒場の雰囲気のなかだけだ。現実の世界に持ち出すと、それはしぼんでしまうのさ」[19]。息抜きや社交のための環境とそこで出会う人びとを、何となく現実よりも劣っていると見なすのは、素人と専門家のどちらの考え方にもよくある。なぜ一部の人びとは、実生活のつまらぬ骨折り仕事とその関係者たちを高く評価する一方で、それより素晴らしい、自由に楽しめるときの交友関係を軽視しがちなのか、それが気になるところだ。問うべきは、どの友が最高かではなく、さまざまな友人とのつきあいからどんな恩恵を得るかである。

パブや喫茶店でつきあう友を「もっと親しい」友人と切り離して評価する前に、その両方が当てはまる人もいることを頭に置いておいたほうがいい。サードプレイスで目にする友人たちの一部は、その場を越えた広いつきあいをしているし、あるサードプレイスは、彼らにしてみれば、ほかのどこかで知り合い、あちこちで会っている人たちとの交流の場の一つにたまたまなっただけかもしれない。わたしたちはかつて、サードプレイスの始まりはちょうどそんな状況のもとだったのではないかと想像した。先史時代、生き延びるために一緒に狩りをした男どうしが、やがて互いの素晴らしいところをいくつも見出し、つきあいを深めたくなったのではないか、と。その直感は、今でも職場で行われていることに照らし合わせると、当たっているように思える。わたしたちは、職場で敬服して「善良な人」だと思う人びとを、仕事帰りにビールでも飲もうと誘い、よりよく知るようになる。

交友の型を比較検討する前に、もう一つの限定子を加味すべきだ。「パブ友」を下劣な、あるいは「本物ではない」友人として蔑む人びとは、交友の楽しみの幅を広げさせまいとする強制力をしばしば無視している。サードプレイスでしか会わない友人どうしは多いが、それはかならずしも個人の好みの問題とはかぎらない。そのような交友関係の多くは、ほかの家族――とくに配偶者――がいなければ自宅に持ち込まれるだろう。ジグスはマギーの外出中、ためらうことなくディンティー・ムーアの店から仲間を家に連れ帰った〔ジグスとマギーは、漫画『Bringing Up Father（親爺教育ジグスとマギー）』の主人公の成金夫婦。ディンティー・ムーアの店は、ジグスの行きつけの酒場〕。問題は、マギーがいつもどこにでも居ることだった。彼女は、ジグスの交友関係を酒場のなかに封じ込める強大な力だった。友だちづきあいの大きな長所の一つは、それが社会構造の外側にあることだ。家族や仕事や教会など、あらゆる「正当化する」組織のつながりを越えた人間関係なのである。しかし、友だちづきあいがそれらの背景と無関係なのと同じくらい確実に、それを育むには何らかの〈場所《プレイス》〉がなくてはならない。

さて、サードプレイスの友人たちに的をしぼろう。彼らは、お互い暗黙の合意によって、その場所でしか会わない。さまざまな人的交流があるなかで、彼らにはどんな価値があるのか？　もっと個人的な交友――友情とは何かという一般的見解により近く、わたしたちの要求をより満たしてくれそうなつきあい――とくらべて、彼らはどうなのか？

サードプレイスでの交友関係は、まず第一に、より親密な関係を補完する。人間の孤独にかんする研究者の一致した見解によると、人には親密な関係が必要であり、どこかに帰属することもまた必要である。帰属するというのは、クラブや集団あるいは組織の一員になることだ。集団とのつながりは、個々の構成員とのつながりよりも強い。親密さと帰属には大きな違いがあり、一方を他方の代用にすることはできない。わたしたちには両方が必要なのだ。親密さがないと、どこかに帰属することは生活上の空しさを紛らす手段にすぎなくなる。どこかに帰属していなければ、親密さは重すぎる負担になり、へたをすると人との触れ合いが制限されて退屈になりかねない。

サードプレイスは帰属の形態であり、そこでは友人が「ひとまとまり《セット》」の形で提供される。サードプレイスに傾倒している人びとのなかで、常連はふつう、たまたま友人になる。例外はほとんどない。

というのも、一緒にいることは、社交という名目で集まった人全員の融和を促進するからだ。さらに、人の不和のもとは「外に置いておか」れる。誰もがみんなと友だちであり、仲間に入るための条件はとても緩い。ということはつまり、自分のサードプレイスがある人は、個人の偏狭な好みにとらわれない大勢の友をもっているのだ。サードプレイスを手に入れた人の多くは、当初、そこにいる人びとの多くと仲良くなれるとは思っていなかっただろう。なにしろ、自分では一度も選んだことがない人たちであり、もし「ひとまとまりの形で提供された」のでなかったら、絶対に友だちになどならなかっただろうから。サードプレイスでの交友は、したがって、ほかの交友形態には見られないほど幅が広く、多様性に富んでいる。個人の経験の総和の上に、みずから選んだからではなく自分の好みをさて置いたからこそ生じる豊かさが加わる。こうしてサードプレイスは、家庭と職場で促されるたぐいの、社会階層や職業にしたがった社交性に対抗するのである。

　サードプレイスでの形式ばらない集団帰属は、特定の友人に依存しない。誰か一人の力でサードプレイスができるわけではないのだ。必要なのは、個々の人びとが出入りするとき、この帰属の場にいくつかの見慣れた顔があることだけである。これに基づいて参加する友人たちは、個人間の交友にありがちな負担や幻滅を感じることがない。ここに集う友人たちは、互いに相手を待つ必要もなければ、会う約束をする必要もない。個人間の交友とはちがって、計画を中止したり複雑にしたりしない。早い話が、互いの予定を調整しなければならない二人の人間が維持する友情よりも信頼できる交友形態なのだ。中国には、「遠水は近火を救い難く、遠親は近隣に如《し》かず」という諺がある。この警句は、友情の最も重要な特徴の一つを称えている――会いたいときに会えることだ。個人的な友人は、どんなに親しくても、会いたいときに会えないことが多い。サードプレイスでの非公式な集団帰属の大きな利点の一つは、お決まりの日常的な交友関係が確約されることだ。

　集団への帰属がなされる場では、友人が大人数で会ったり交流したりできるが、その人数の多さは、ある種の不思議な力をもっている。集団で会う友人は、仲間が集わず個別に会うときには生じないような影響を、互いに及ぼす。精神衛生の見地から人数に注目している専門家が、いくつかの妥当な所見を述べている。[20] まず、「集団が大きければ大きいほど「つきあいが社交的」になり、口論や不和を招きそうな話題をいっさい避けなければならないという圧力が強くなる」。それに大集団は、人数が多いことで相手を受け入れているという感覚は高まるのに、個々の参集者についての感情的要求は少なくなる、ということも判明している。その結果、「個人が感情の表出を要求されないこの立場と「帰属意識」とがあいまって、おそらく大集団の活動は、心の健康を大いに促進するのだろう」[21]。友人が寄り集まると、その仲間たちと個別に会うときには味わえない「高揚感」が一人ひとりの心に生じる。そのような集会に熱烈に歓迎されること、さまざまな職業や階層の人びとに認められ迎えられることは、人の自尊心にかなり良い効果をもたらす。

　友人に囲まれた暮らしにかんする近年の著書で、クロード・S・フィッシャー〔アメリカの社会学者〕は、まず、友情と社会的支援ネットワーク全般にたいする熱意を抑制することを説いている。[22] それらは痛し痒しなのだ。助けになる隣人は、害毒にもなりうる。あなたが必要とするときに手を握ってくれる友だちは、財政面でも支援の手を差しのべ、そうすることで関係をぎくしゃくさせてしまうかもしれない。その種の交友関係は今やだいぶ限られているが、維持するにはそれなりに費用がかかる。子どもの誕生、離婚、転居、価値観の変化など数かぎりない要因によって、友情の価値は失われる恐れがある。現代社会は、交友の妨げになるものを増加させ、人びとに無用の出費を強いる。

現代社会がサードプレイスを増やしそこねたせいで失いつつあるものは、形式ばらない気軽な帰属によって生じるお手軽版の友情や意気投合だ。肩の凝る友だちづきあいを補完するものとして、他の交友関係には不可欠な出費や義務を免れ、人びとがただ楽しむために集う場を設けるべきである。必要なのは、サードプレイスが提供し、そこに集った人びとが最高に楽しんでいるあいだでさえ交友の代価が最低になることを保証するような、あの最適な自己と社交の舞台設定だ。この種の帰属やこの「軽い」友情を見くびって、もっと要求の厳しい人間関係を良しとする人びとは、わたしたちには何の役にも立たない。生きていることの喜びと幸せのいくつかは、ぶらぶら歩いて街角の店《プレイス》まで行くのと同じほどたやすく実現されるべきだ――が、街角にはその場所《プレイス》がなくてはならない！

第4章　もっと良いこと

朝食のテーブルの向こうから、元同僚の一人が、わたしのサードプレイス論に初めての反応を見せた。たっぷり時間をかけて、彼はその草稿を興味深げに、いかにも賛同している様子で熟読した。すると、いきなり彼は怒りを爆発させ、こう言ってわたしを責めた。きみが推奨しているのは、大衆が喫茶店や居酒屋でうだうだ過ごしているうちに、より良い世界への希望がすっかり消えてなくなってしまうような生き方じゃないか。そんなふうにして時間を無駄づかいするよりは、政治活動の団体に加わったほうがよほどましだよ、と彼は言い張る。何が彼の気に障ったのか、わたしには分からなかった。彼はサードプレイスを誤解していたのだ。もっとも、それは彼一人に限ったことではないし、彼の異論には、受けて立つだけの価値がある。

政治上の役割

アメリカ人が総じて、サードプレイスの政治面での価値を評価しにくいと感じているとしたら、それは一つに、彼らが結社の自由をおおいに享受しているからだ。全体主義社会では、指導者が、非公式な集いの場の政治的潜在力を鋭く見抜いて積極的に阻止する。そういえばわたしがまだ幼かったころ、ドイツ系移民の老人たちが、ヒトラーの集会禁止令について議論していた。ドイツの町や都市の街角に人が三人以上集まることを禁じたという。最近ソヴィエト連邦を旅してまわった同僚は、ロシア人が自己表現を怖れることについて発言した。彼女が述べた最も率直な意見は、広く開けた平野で観光バスが停車し、何人もの男女がトイレに行く代わりに道の反対側の茂みに入っていったとき何が起こったかである。

マニュエラ・ヘルターホフ〔ピューリツァー賞受賞の批評家・ジャーナリスト・コラムニスト〕は、一九八三年に東ドイツのドレスデンを訪れ、のちにこう書いている。「料理のひどさと飲食店の数の少なさは、あらかた意図的なものであって、ドイツ人の味覚の問題や良質な食料の欠乏は、その原因の一端にすぎない。人びとが一時間以上も長居をし、現下の恐怖について語り合うかもしれないカフェは、反対意見の温床になる可能性がある。そういう場所はできるかぎり減らしておくにこしたことはない。ドレスデンでは、共産主義社会の反社会的基盤がきわめて明白になる」[1]。

ハンガリーでは、一九五四年の直前に、政府が伝統的な農民読書サークルの復活を促し、農民たちに互いの問題を話し合うことを奨励した。当初、人びとはこのような集会への参加に尻込みしていたが、やがて出席するようになった。その後に起こった議論は政権に批判的で、ほどなく共産党系の新聞が、そのような集団を地方の抵抗運動の中核だと宣言した。集会は打ち切られた。今にして思えば、討議集団の復活は、仕組まれた選挙へと農民たちを誘い出し、その後彼らの行動に合法的な目的をいっさいもたせないようにした、手の込んだ策略だったのだ。[2]

十八世紀、スウェーデン国王はコーヒーの飲用を禁じた。役人たちはコーヒーハウスを「不満分子たちが反乱の計画を練る政権転覆のアジト」だと確信した。一部の医療従事者は、コーヒーが人体に有害である旨の「科学的な」医学的証明を強要された。[3] 自由な集会は、最も自発的かつ日常的なレベルで起こるものとして——あまりにも基本的な権利に思えるため、アメリカ合衆国憲法には明文化されていない——独裁支配が忌み嫌うものである。

サードプレイスは、全体主義社会で実行されるたぐいの政治支配に抗うだけでなく、民主主義の政治プロセスにとって必要不可欠でもある。その最たる例が、われらの国家アメリカだ。というのも、いささか乱暴な言い方かもしれないが、この国の民主主義の起源は、変革期の地方の酒場にあるからだ。植民地時代のアメリカでは、ほかのどこよりも酒場が、民主主義の公開討論の場になっていた。こうした場での異議申し立ては具体的な行動の形をとり、アメリカ独立革命とそれに続く社会の組織が賛同された。ともに歴史学者のカール・ブライデンボーと妻ジェシカが記しているように、それらの酒場の内部には「健全な社会秩序の必要条件と思われる、自発的で責任ある集団的交流の、自由で充実したやりとりがあった」。[4] 酒場はずいぶん酷な扱いを受け、その特質から過小評価されているものの、じつは新たな社会と政治の秩序に「不可欠なしくみ」を提供したのである。

サム・バス・ウォーナー・ジュニア〔アメリカの都市学者〕は、その重要な時期のフィラデルフィアの酒場について研究し、こう結論づけた。「当時は、今と同じく、どの酒場も結構な数の常連客を擁しており、したがってそれぞれの酒場がその都市のコミュニティの非公式な下部組織となっていた。近所の酒場で定期的に開催される会合から、コミュニティのごく一般的な進歩の多くが生じ、ひいてはアメリカ独立革命が起こり、のちに酒場は都市の行政や行政区の運営にとって不可欠であることが判明した。友人たち――普通の職業に就いている男たち――が定期的に顔を合わせているうちに、ビリヤードの定例会から消防団や政治秘密結社にいたるまで、気楽なものも堅苦しいものも、あらゆる種類のクラブが生まれた。ベンジャミン・フランクリンと彼の結社《ジャントー》によるコミュニティ革新の数々は、これらの非公式な酒場グループの底力を見せつけた。それらのおかげで町の基本的な社会構造ができ、独立革命が始まったときには、民兵隊をすぐさま招集し、通信や視察の効果的な委員会を結成し、大規模な町会を組織し運営することができたのだ」[5]。

アメリカの歴史の大半をつうじて、酒場は、選挙民と選出議員や地元のビジネスリーダーとの触れ合いの場にもなっていた。十八世紀のパブについて、ウォーナーは次のように記している。それらは「通りを行き交う人びとすべてに開かれており……町の指導者たちを周囲の世間と接触させずにはおかなかった」[6]。フレッド・ホームズ〔アメリカの歴史学者〕は、十九世紀のウィスコンシン州マディソンにおける同様の役割に言及している。マディソンでは「当時隔年の報酬が五〇〇ドルだった議員の多くも、酒場の無料ランチを利用した。食事どきになると、彼らは〈ウィルカズ〉や〈ジェンスクズ〉にかけつけ、調理済みのコールドミートと魚と付け合せからなる無料ランチを一杯五セントのビールとともに食べた。能天気な議員をパンケーキの朝食かステーキディナーに誘う機会をうかがいながら議事堂の廊下をうろついているロビイストなど、当時はいなかった」[7]。

グローヴァー・クリーヴランド〔第二二代および二四代アメリカ合衆国大統領〕の初期の政治生活は、政治責任におけるサードプレイスの役割を示す好例だ。それは一般市民が、今の政治を牛耳っている特殊利益団体と同じほどたやすく政府当局者と接触できた時代のこと。アラン・ネヴィンズ〔アメリカの歴史学者、ジャーナリスト〕が明らかにしているように、酒場は、選ばれた議員と選んだ人民の出会いの場だった。「十七世紀のバッファローは民主的な地域社会であり、そのような都市では、多種多様な人びとを知らなければシェリフ〔行政区の司法権と警察権を持つ官吏〕になれなかった。〈ルイス・ゲッツ〉や〈ギリックス〉のような酒場で、クリーヴランドは誰とでもおしゃべりをし、ピノクルやポーカー、それに「シックスティ・シックス」というトランプゲームに興じた。彼の姿があったかもしれないもう一軒の酒場は、彼の執務室に近いメイン通りとスワン通りの交差点の〈ザ・シェイズ〉だ。この店にはカウンターがないので、壁ぎわにずらりと見事に並べられた酒樽から客がめいめい自分で酒を注ぎ、テーブルの上の一ペック升《ます》に入っているばら銭から自分で釣り銭を取るのだった。さらにもう一軒が、〈バスズ〉。概して、クリーヴランドを酒場に呼び寄せたものは、酒ではなくて食べ物であり、ほかの専門家やビジネスマンにしても同様だった」[8]。

つまるところ、政治家を有権者の大半から切り離したのは、成長と進歩だったのか、それとも特殊な利害関係者だったのか？　ウォーナーは、フィラデルフィア市における変化のパターンを追った。フィラデルフィアは小都市だったので、商人たちの活動拠点に制約が課せられたことはなく、それらがのちに取引所や商工会議所や紳士クラブになった。「こうした後の集会は」とウォーナーは書いている。「専門家の会合の場所すなわち、仲買人や繁華街の商人の都市観しか助長しなかったか、さもなければ成員の注意を内側へ、集団の社交性へと向ける閉鎖的な組織だったかのどちらかだった」[9]。大きな財力と特殊な利害関係をもった人びとによって一般市民の気楽な集いの場から連れ去られ、アメリカの政治家たちは有権者から隔離されるようになった。アメリカの政治の中心の空間的配置が、その問題を際立たせた。建築家のヴィクター・グルーエンが述べているように、アメリカ人が建てる「合同庁舎は役人の強制収容所だ。だから彼らは庶民と交流することができない」。そのせいで、とグルーエンは提言する「彼らは庶民の問題に耳を傾けず、理解しないのかもしれない」[10]。

当世の政治家は、メディアをつうじて選挙民との接触を保っている。大きな選挙や政治一般の多くは、おもにテレビ上の事象になった。テレビが積極的参加に取って代わり、地元の草の根組織を弱体化させる。政治的影響力は、しだいに遠く離れた権力と操作の源へと移行する[11]。ピュリツァー賞受賞の歴史家で大統領顧問のジェイムズ・M・バーンズは、テレビの限界とその悪用——民主的プロセスをめちゃめちゃにする恐れがある——に警鐘を鳴らした。今や個人の人格が前に躍り出て、論点はその陰にかくれている。候補者はもはや党幹部である必要がないばかりか、党幹部に協力できる必要すらない。重要な論点を無視しがちなメディアによって、選挙はまるで競馬のように扱われる。何より悪いことに、党幹部の人格主義が幅をきかせつつあり、これでは効果的なリーダーシップが生まれそうにない。救済策？　バーンズはそれを端的に提示してみせた。「この憂慮すべき傾向にたいする基本的な解決法は、地元のリーダーシップ、家族参加、市民組織を再活性化させることだろう」[12]。

政治プロセスへの直接的な草の根型参加の必要性は、民主主義においてきわめて重要だ。テレビはその必要性を見えにくくしたが、不要なものにはしていない。たとえメディアを飯の種にしている人びとが好んで主張するとおり専門的で倫理的で客観的で絶対に誤りがないとしても、メディアは民主主義の政治生活のなかでは限られた役割しか果たせない。その迅速性、その効率、その視聴者や読者の幅広さは、民主主義にとって貴重であるのと同じほど、独裁制にとっても貴重な特性だ。テレビや新聞よりずっと前に酒場が提供したものは、情報源だけでなく、地元で集団で質問し、抗議し、考えを探り、補足して意見をまとめる機会だった。そして、これらの活発な個人参加のかたちは、人民の統治に不可欠である。それにひきかえ、効率が良い宅配のメディアシステムは、それさえなければ健康な個人を、家のなかに閉じ込めがちだ。人びとは、周囲から隔絶された状況で情報を受け取れば受け取るほど、メディアの支配者たちに操作されやすくなる。

特定の団体および個人に支配力をもっているにもかかわらず、テレビは彼らに注意を払わない。マスメディアは、わたしたちの大半が暮らすこの世界の狭い片隅にまで及ばないし、そうすることができない。テレビとともに成長した世代についてウィンストン・カービーが言ったように、「テレビ時代に育った人間は、わが街とも、どの街とも、一体感をもたない。彼はこのわが惑星、あるいはマクルーハンが言うように、地球村で育った人間なのだ」[13]。地球規模の問題はもちろん重要だが、地元の問題も重要であり、メディアは適切な地元の報道に取り組むことができない。わたしたちは「情報ドーナツ」の「穴」のなかで暮らしているわけだ[14]。わたしたちは、地元市議会の動きよりも、南米のどこかの国の通学バスの事故について多くの情報を得る。前者のほうが、わたしたちの生活にはるかに大きな影響をおよぼすだろうに。連帯感ある地元のコミュニティが消失したことを嘆くアメリカ人は多い。消失の原因の一つは、そのようなコミュニティがメディアのなかで何の現実味ももたないという事実だ――何が現実かを、メディアがますます明確にしているにもかかわらず。人はそれぞれ自分の地区や団地や分譲地に長年住んでいるが、それらの地域はめったにテレビで取り上げられない。まるで、わたしたちはどこにも住んでいない、あるいは少なくとも重要な場所にはどこにも住んでいないかのようだ。

草の根の政治参加を再活性化させたり回復させたりすることは不可欠であり、それに必要な集いの場も不可欠である。しかし、ことは口で言うほどたやすくはないだろう。テレビの隆盛と同時期に、わたしたちがせっせと造っていたのは、草の根が定着できる場をもたないコミュニティだった。すなわち郊外であり、ロバート・ゴールドストン〔アメリカの作家〕によれば、それはまさにその性質上、市民意識を否定している。「郊外には、思いがけない出会いの場も、集会のための施設もほとんどない。家族や友人という狭い枠を越えた社会参加は、隔絶された非人間的な所からやって来るモノと情報と娯楽を受動的に取り入れることに限られる[15]」。

というわけで、民主主義のプロセスに欠かせない友人や隣人の気軽な集まりを阻止する手段は、なにも独裁者の公式な命令や政策にかぎらないのだ。アメリカ合衆国でわたしたちは、大量建築技術と、土地利用規制条例と、想像力に欠ける都市計画を組み合わせることによって、そうとは知らずに同じ結果を招いている。もし住宅開発業者が、地元の集いの場がなく、各家庭からそういう場所へとつうじる快適な歩道もないコミュニティを意図的に、しかもその地域社会の政治プロセスを抑止する目的で造るなら、それを反逆罪と呼んでいいだろう。意図的でなくても、結果が同じなら同罪ではないか？

最近デイヴィッド・マシューズ〔アメリカの歴史学者。フォード政権の保健教育福祉担当顧問〕は、アメリカの学校における「市民知」の普及促進を求める文章のなかで、[16]〈馬　鹿《イディオット》〉という言葉が、プライバシーと愚かさを同じものと見なした古代ギリシア人に由来することを読者に説いている。馬鹿とは、自分の私的世界しか理解せず、包括的な社会秩序と自分とのつながりを考えられない類の人間だ。ならば、どうしたら馬鹿にならずに済む、あるいは馬鹿な状態から脱することができるのか？　まずは、あらゆる政治活動のうちの基本中の基本――〈談話〉――にいそしむことだ。サードプレイスでの主要な活動が、馬鹿な言動の封じ込めに欠かせないのは明らかである。マシューズによれば、

> 優れた政治対話は「幅広いものの見方」を生み出し、示してみせる。そういう場で、わたしたちは物事のつながりを――そしてわたしたち自身のつながりを――認識する。そういう場で、わたしたちは社会全体の構造と機能にたいする理解力を培う。そしてそれは、わたしたち自身を民主的に統治する能力である。……すぐれた政治対話は、わたしたちの相違のなかにある共通点を見出す場でもある。

会合の習慣

サードプレイスは、コミュニティの政治プロセスに関する役割より幅広い役割を果たしている。そして、コミュニティの他の形の所属やつながりを生み出し、それらと最終的に共存してきた。自由な集会の権利は、トクヴィルによれば「人間の最も自然な特権である」[17]。しかしその権利がどのように行使され実行されるかについては、広く一般の理解や評価が得られていない。自由な集会は、それについて論じている非常に多くの著者の考えとはどうやら違って、正式に組織された団体から始まるわけではない。それはレイバー・テンプル〔労働者の集会場〕で始まるのではない。友愛会や読書サークル、PTA、公会堂で始まるのではない。そのような組織体は、先にサードプレイスで培われた会合の習慣から派生したものなのだ。

十八世紀のアメリカでは会合の習慣が、町の酒場宿と居酒屋や、隣り町へと続く街道沿いで生まれた。この習慣をはぐくんだのが、製粉所や銃器店であり、印刷屋や鍛冶屋だった。田舎の古い店は、多くの入植二世にたまり場を提供した。非公式な集いの場となった商店と飲食店に、アイスクリーム店やビリヤード場、それに大きな居酒屋が加わった。学校と郵便局は、しばしば公の集会場となった。新興の町や都市は、そういう非公式な村の活動拠点がたくさんあるところと乏しいところと、さまざまだった。それらをもたない人びとは、結果的に社交生活がないも同然だった。

アメリカの田舎にかんする著作のなかで、ニューエル・シムズ〔アメリカの社会学者〕は、コミュニティ形成の中核をなすものとして、あらゆる人を受け入れる開かれた会合の重要性を指摘した。問題なのは、いつでも、農民の生活様式から生じる極端な個人主義や人づきあいの乏しさを克服することだった。民家が散在しているうえ、独立した経済追求がおこなわれているせいで社交性が育たず、相互の共感や会話術が養われる気軽な会合がなかなか発達しなかったのである。誰でも受け入れる、懐の深いサードプレイスがないところには、「社交生活の最も重要な面」が欠けていた。「その欠落は……なくてはならないコミュニティそれ自体がないことだ[18]」。

組織体は、シムズが見出したところによると、コミュニティの発達における進歩的段階であり、「その結成と維持が可能になる前に、コミュニティの実質が存在しなければならない[19]」。人びとが公職を認め、公的組織の規約に従う前に、会合の習慣が確立されなければならない。それがうまく行かないのは、多くの場合、農民たちは似通った考えをもち、それ以上に似た現実問題に直面しているにもかかわらず、互いに没交渉で暮らしがちだったからだ。「相互信頼、共感、熱意、目的、理解」がほとんど確立されずにいたから、「人の心と心の相互作用による真の集団精神」は発達するはずもなかった[20]。あらゆるところで必要とされたのは、ごくシンプルな会合――「交友関係を広げ、深めるための、ざっくばらんで、何気なくて、形式ばらない、当座の集まりでの交流」なのだった[21]。

田舎暮らしは社交化への流れの妨げになった。だからと言って、アメリカの農民に社交本能が欠けていたわけでも、その点で他の誰より劣っていたわけでもない。田舎暮らしの状況と、往々にして地元の牧師の状況が、人びとの社会習慣のなかでの社交の実現に水を差したのである。たとえば、一九一四年にオハイオ州のクレアモントで実施されたある調査は、以下にあげる社会活動にたいする牧師の見解を示している。日曜日の野球（一〇〇パーセント反対）、映画（六五パーセント反対）、ダンス（九〇パーセント反対）、トランプゲーム（九七パーセント反対）、ビリヤード（八五パーセント反対）、そして年に一度のサーカス（四八パーセント反対）。テニスとクロケットと農産物品評会だけが、おおかたの賛同を得た[22]。

一九一一年に、インディアナ州のマーシャル郡とブーン郡でも、長老派教会の後援のもと、同様の調査がおこなわれた。この調査で、コミュニティより幅広い社交生活の一機能としての教会が、低迷していることもあれば繁栄していることもある事実が判明した。八〇パーセントの教会が、社交活動に――教会自体が主催するものにさえ――断固反対だった。かろうじて存在する社交生活は、村内に集中していた。大多数の村には、社交がほとんどあるいはまったくなかった。まさに非公式な集会場のない村では、教会の会員数と熱意が非常に低く、また、健全な遊びや娯楽や軽いつきあいがないのに乗じて、いかがわしい酒場が利益をあげているところもあった。牧師たちに浸透していたのは、社交生活では誰ひとり救われないという考えかただ。ある人は典型的な見解を表明し、「教会に必要なのは社交生活ではなく、霊的生活だ[23]」と断言した。

この報告書の執筆者は、いささかの皮肉をこめてこう結論づけている。教会の力が最も強いのは、フリーメイソンの支部《ロッジ》の力が最も強いところであり、「どちらも友愛と社交性という同じ精神の表れである」。二つの明快な結論が導き出された。「⑴コミュニティの社交生活は健全な信仰生活にとって必要であり、⑵教会が成功するには、コミュニティの社交の必要を認識し、社交活動においてそれなりのリーダーシップを担わなければならない[24]」。発展途上のアメリカのピューリタニズムとプロテスタンティズムに不利益をもたらしかねない強烈な批判はおそらく、牧師たちは地域生活《コミュニティ・ライフ》を犠牲にして教会生活を確保しようとした、というものだろう。

農村社会学者は、コミュニティの本質と、それを可能にする基本的な仕組みや過程が理解できる稀有な立場にいた。彼らの洞察は、そこにないものに目をこらすことから生まれた。何が欠けていたかは、チャールズ・ジョサイア・ギャルピンが記した一節にはっきり示されている。「まず明らかに必要なのは、すべての農家が、個人的な面識と人間関係を、自宅の玄関先の庭から隣近所のあらゆる家へ、次いでコミュニティ内のあらゆる家へと広げることだ。これが各家庭、近隣、コミュニティにおける社交維持の確たる方針、神聖な決意、ある種のなかば宗教的な原理でなければならない。村や町では、日常の重圧によって接触がもたらされる。田舎では、重圧の代わりに合理的な手段を使わなければならない。これによって田舎での大がかりな知人作りは、あからさまな経済的強制がないとき人びとを動かす偉大な理想主義と同じほど高い道徳水準に置かれる[25]」。

会合の習慣は、都会のほうがたやすくできるけれども、それは自動的にできてしまう。家族の一員であったり、仕事に雇われたりすることで生じる帰属関係だけでは、コミュニティにも草の根民主主義にも足りない。人びとが社会的な違いの壁を乗り越えて、互いに発見し合い、まとまれる場がなければならないのだ。アレクサンダー・ハミルトン〔アメリカ合衆国建国の父の一人〕が訪れたという、植民地時代の酒場に似た場所がなくてはならない。ハミルトンはのちにこう記している。その酒場が提供したのは「さまざまな国や宗教が入り交じった仲間がいる正真正銘の社会的溶媒だった[26]。スコットランド系、イギリス系、オランダ系、ドイツ系、アイルランド系がいた。ローマカトリック教徒、セブンスデー派、モラヴィア兄弟団、再洗礼派、そして一人のユダヤ教徒がいて」、彼らは「蝿だらけの大広間に」集まっていた。このパブは、結束のゆるい種々雑多な常連客を引きつけ、「そういう人びとのあいだから、より入念に組織された社交クラブが、驚くほどたくさん発達した[27]」。

一世紀後、ミルウォーキーに、ドイツ系移民がほぼ同じようなやりかたで共同体生活を形成した。彼らのラガービール園は、そこに足しげく通うことを望む人みんなを引き寄せて歓迎し、その当初の非公式な交流から、読書サークルや射撃クラブ、合唱団、楽団、友愛会、地方義勇隊、篤志消防隊など、コミュニティの生活とその構成員の生活に実質と骨組みを与える組織が誕生した。これは、どのようにして個々の家庭のあいだにコミュニティが出現するかのとりわけ明快な成功例だ。まずは、できるだけ誰でも受け入れるかたちでの会合の習慣が奨励されなければならない、ということがよくわかる。

世の中には、漫然とテレビを見ることに膨大な時間を使い、「LOP〔リースト・オブジェクショナル・プログラム、最も反発を受けにくい番組の意〕」を次から次へと見て満足し、にもかかわらず酒場やコーヒー店で時を過ごすなんて無駄だと主張する人びとが大勢いる。テレビ番組を提供する人びとのほうが、たしかにもっと分別がある。幾度となく、労働者のストライキや高い失業率に直面するたびに、テレビの取材班はピッツバーグやデトロイトの酒場に入りこみ、労働者の気分や態度を報道する。マスコミ人は、そんな場所でこそ労働者が経営陣や政府の役割を、そして自分たちの労働組合の姿勢をも理解するようになるということを、重々承知している。他のどこよりも、そういう場所で、民主主義のプロセスが存続するのだ。地元の食堂や酒場やコーヒー店のなかで、共通の問題を抱える人びとが見解の一致点を見出し、集団の感情に実質を与えて明瞭に表現し、互いに社会的支援を提供しあうのだ。

取締り機関であり、世のため人のためになる力である

サードプレイス、とりわけ酒類を供するサードプレイスは、アメリカの地域生活《コミュニティ・ライフ》における取締り機関や、世のため人のためになる力として認められたためしが無いに等しい。なるほど、社会が禁欲的であればあるほど、あるいはその労働力の生産性を最大限に高めようとする力が強ければ強いほど、たむろすることやそれを助長する場所への態度が消極的になる。しかしながら、親密なコミュニティ・ライフが失われ、それと並行して本当に社会をむしばむ力が現われることによって、サードプレイスの役割はよりよく理解されるのかもしれない。

一九三〇年代後半、すなわち「大衆社会」や「マスメディア」という言葉が人口に膾炙するようになる前のこと、イギリスの研究者チームは、これら二つの力がコミュニティ・ライフに及ぼす影響を、不安と懸念を抱きながら観察した。[28] イギリス北部の人口十八万都市、ワークタウンにかんする彼らの徹底的な研究は、戦争が始まる直前に完了した。それまでに明らかになっていたのは、個人の生活にたいする地元の影響源が衰退しつつあることだった。「人生は生きるに値するだろうか？」と、この研究論文の執筆者たちは大仰な問いかけをしたが、彼らが関心を寄せたのは、その答えよりも、誰が答えを出すかだった。「百年前のおもな答えは、男の心、その妻の身体、教区教会、あるいは地元のパブのなかにあった」。けれどもそれは百年前の話である。一九四〇年には、「デイリーミラー」紙、

サッカー賭博、ラジオやその他のマスコミが答えを提供していた。

新興勢力の実質は怪しく、研究者はその威力、とりわけ若者のあいだでの威力に気づいた。それらで金を儲けている人びとは、その勢力の性質をほとんど気にかけなかった。コミュニティは突然、とらえがたいがきわめて広範に及ぶ力にさらされ、態度や行動にその影響を受けやすくなった。

何世紀にもわたって、コミュニティは地元の勢力者にたいする取締りの手段を向上させ、おおいに効果を上げてきたが、新たな外部勢力を取締る手だてはほとんどなかった。たとえば、国王戴冠式の日に通常より遅い時刻までパブを開けていたい店主は、膨大な量のややこしい手続きに邪魔されるかもしれなかった。一方で全国紙は、でっち上げで意図的にねじ曲げた、誤解を与える記事を何百万もの人びとの元に届けることができたし、ばれることはほとんどなかった。「新たな機関は」と、この研究者たちは書いている。「ひたすら利益を追い求め、かなりやりたい放題である」[29]。

どこかで見たような状況だ。アメリカの場合、市当局はどんな居酒屋の主人をも威圧できるし、どんな公園も閉鎖できるし、施設を好ましくないと宣言して立ち入り禁止にすることも、選挙の日が近づいたら街を浄化することもできる。「本気」だろうと「見せかけ」だろうと、地元の勢力者にたいする地元の規制は、効果的に働きうる。ところが、地元の勢力者を厳しく取締るその同じ当局者や機関が、マスメディアの前では無力なのである。何百万人もの親の反感を招いた番組がテレビで放映されつづけている一方で、専門家たちは乾いた口ぶりで延々とその影響を議論している——それらの専門家もまた、コミュニティの生活から遠く離れている。

先日、わが家の近所のある女性は、公園で野球をしている小学生の男子グループのあいだに割って入った。少年たちが、これ以上ないほど汚い言葉を大声で連発していたので、女性は彼らにやめるよう呼びかけた。子どもたちは、メディアの第一線で活躍している多くのエンターテイナー――ロビン・ウィリアムズ、エディ・マーフィー、バディ・ハケット、リチャード・プライアー、ジョージ・カーリン、そして下品な物言いで売り出し中の大勢の若手お笑いタレント――の言葉づかいを真似ていたのだ。

　マスメディアは地元の規制を受けないばかりか、昔の英雄とは似ても似つかない新種の有名人《セレブ》を生み出す。典型的なマスコミ有名人は、規範意識を高めることにたいする義務を拒絶する。それどころか一般人以上に離婚し、事故を起こし、争いごとに巻き込まれ、規制薬物を使いがちであるうえ、そうすることが格好よくて洗練されているような印象を与える。

　メディアが見せつける有害で異質な影響力にたいする最良の対抗策は、じかに顔を合わせる集団に加わり、自分たちにとって大切なものは何か、それを守るにはどうしたら良いかを話し合うことだ。そして、おそらくメディアが最大の打撃を与えるのは、ここだろう。戸別に配達される新聞や、ラジオ・テレビから流れてくる声は、人びとを自宅に引きこもらせる。一人きりで過ごす時間は、帰属意識をもたない時間だ。メディアは、孤立した消費者に迎合すると同時に、彼らをいっそう孤立させる。

　世に蔓延するメディアとともに数十年間も暮らしてきた今、わたしたちは少なくとも、かろうじて残っている地元の集いの場を、新たな見方で正しく評価しはじめるかもしれない。これまでわたしたちは、居酒屋や十代の若者のたまり場を、教会やボーイスカウトや4Hクラブ〔アメリカの農村青年教育機関〕と同じ範疇に入れようとしてこなかった。今にして思えば、モルトショップや街角のビール酒場も、取締りの役目をはたす機関だったのかもしれない。居酒屋では汚い言葉が耳に入ったかもしれないが、メディアでそれを知って嫌だと思っていた人びとがたしなめただろうし、その言葉自体、今のテレビで流されているものほど下品ではなかった。一九三〇年代や四〇年代の母親は、息子が街角のドラッグストアでだらだらと時間を過ごすことに賛成しなかったかもしれないが、息子の居場所がわかっていたし、周囲に大人がいるのもわかっていたので、そこでは「本当に悪い」ことなど起こらないと承知していた。今日、どれだけの母親たちが、そのような場所を歓迎するだろうか？　短気な妻もまた、自分の夫が仕事の帰りにどこで道草を食っているかをよく知っているようだったが、ふつうは少し苛立つ程度でことが済んだ。親にしても妻にしても、家庭のプライバシーと公的領域との溝が広がるにつれて、ますます家族を監視することに関心を寄せるようになった。家庭外で相変わらず人びとを魅了している場所は、地元にはほとんどないから、家族の目が届かない。

サードプレイスは、今も残っているところでは、コミュニティ・ライフの監視機関となる。ひいては、その壁の内側やそこにいる仲間たちのあいだに、よりいっそう好ましい効果が現れるかもしれない。サードプレイスは、世のため人のためになる力なのだ。そこの常連に、外の世界全般よりもきちんとした人間関係を築く機会を提供する。そしてその機会をうまく利用するのが、常連たちの習い性になっている。

サードプレイスの常連は、対等な者たちで構成されているが、よそと同じく、ここでも、一部の人はほかのみんなよりも似通っている。周囲から一目置かれている人びとには、同じ特徴が見てとれるのだ。彼らは、お愛想を言ったりジョークを連発したりするわけではなく、そこに居る人びとのなかで最も従順なわけでもない。彼らは誠実で、気が利き、思いやりがある。信頼できる。彼らの前で、ほかの人びとは自分の立場をわきまえている。彼らとは知り合いになる価値があるし、一緒にいると気持ち良い。すべての年齢層を含むサードプレイスの発達にかんするわたしの豊富な経験から分かっているのは、彼らのこういう面が不変であること――優れた者はおのずと頭角をあらわす！

サードプレイスのすがすがしい魅力の多くは、その輪のなかで、象徴的な意味で「それ相応な人びとが上位に置かれる」事実から生じる。職場の組織の場合、リーダーの地位に就く人物は、もろもろの点が考慮されて決まる。徳などほとんど関係ない。数多《あまた》のローマ人は、Asperius nihil est humili cum surgit inaltum（「下種《げす》の成り上がりほど癪にさわるものはない」）と愚痴ったし、ローマ人と同じほど多くのアメリカ人もその苦痛にさいなまれてきた。サードプレイスで一目置かれる人びとを、職場の責任者に引き比べる人も多いかと思うが、違いはきっと感じられるだろうし、それが「とびきり居心地よい場所《グレイト・グッド・プレイス》」の不思議な魅力の一因になっている。サードプレイスでは正義が勝ち、わずかに存在する階層はすべて人間の良識に基づいている。

イライジャ・アンダーソンは、黒人の大学院生としてシカゴ大学に通っていたころ、シカゴのサウスサイドにある〈ジェリーズ〉というバーで、常連客の内輪集団に入ることを許された。[30] この黒人スラム街のバーは、同じ区域のなかでさえ評判がかんばしくなかった。それでも、その内輪集団に入れてもらうには、定職に就いていて、人あしらいが「うまく」、意志が強くて、（麻薬の売人のような「取るに足りない人間」よりは）「何かしら取り柄」があり、一緒にいる価値がなくてはならなかった。部外者が思ってもみないところで、美徳が非常に重視された。「彼らの価値体系は」とアンダーソンは結論づけた。「ひとことで言えば──「良識」だ」[31]。そこを「もう一つのわが家」にする男たちに、ジエリーズは「存在の機会」を提供していたのである。アンダーソンはこう書いている。

友人や近所の人びとが参加する環境にくらべたら、ほかの環境、とりわけもっと幅広い社会と見なされる──奇妙で非個人的な価値基準と評価をもつ──環境は、個人的な自尊心を得るうえで少しも重要ではない。[32]

昨今しばしば繰り返される悲劇の一つは、白人の都市計画家たちが、社会の貧困層の区域からこれらの重要な環境を排除して、自分は人びとに恩恵を施したとしか想像できないことである。「とびきり居心地よい場所」で提供されるあの独特な社会には、「示された美徳」と「払われた敬意」の間につながりがあるが、外の世界にはこれが見当たらない。わたしの友人の一人がかつて言ったように「仕事日には毎日、肩書きと虚飾と思惑の世界に入らなければならない。近ごろは必ず、できれば毎日、もう一つの世界を訪ねるようにしているんだ──虚栄心をしぼませる、あだ名とからかいの世界をね。で、そうしはじめてから、ぼくは前よりうんと楽しく日々を過ごしているし、「それら」に悩まされることが半減したんだよ」。

サードプレイスでの良識の促進は、それにとどまらない。常連たちは、コーヒーカウンターで痛烈に非難されるようなことをいっさいしそうにない。適切な振る舞いや不適切な振る舞いのあれこれが、サードプレイスのとりとめない会話のなかで何時間も自由闊達に議論される。彼らの顰蹙《ひんしゅく》を買うのは、自分の家屋敷を荒れ放題にして見苦しくしている人、駐車場に使用済みオムツを捨てる不心得者、「濡れ手で粟」の利益を得ようと誰かを訴える口実を探している卑劣漢、あるいは親としての義務や責任を満足に果たさない人間だ。今以上の良心を身につけなければ、いつまでも内輪のメンバーにとどまることはできない。大小を問わずどんな倫理上の決断を迫られるときも、サードプレイスを頼りにしている人びとには「みんなはこれをどう思うだろう？」という問いがついて回り、そのおかげで決断はより明確に、好ましく下される。

サードプレイスは、その場に集う幸せな集団の内にも外にも良識を促す力となる。まるでそこに所属する条件であるかのように、サードプレイスは人間の最良の力を引き出す。とはいえ、そこに集まった人びとは、ビール片手かもしれないし、コーヒーカウンターで仕事や家庭サービスを「さぼって」いるように見えるかもしれないので、その効用は見過ごされやすい――当事者にさえ。徳の体現者を公然と謳う多くの組織以上の良識を、サードプレイスは、声高な主張をせずに促す。

蓋をしたままでの愉しみ

先日わたしは、妻虐待の問題にたいそう詳しい精神科の開業医と雑談をした。彼は近所の酒場が減ったのを嘆いていた。彼が思うに、そういう場所で男たちは「鬱憤を晴らす」ことができるから「妻にすべてをぶちまけ」ずに済む。妻虐待者《ワイフビーター》の理不尽な攻撃や暴力の大半は、陽気な酒場などの安全弁がないせいだと彼は確信していた。かつてそういう場所を利用していた人の割合は、今よりはるかに高かった。

良い酒場は「ガス抜き」の手段を提供する以上に、「鬱憤」がたまるのを防ぐのではないかとわたしは思うのだが、どちらの見解にも裏付けとなる十分な証拠があるようだ。民族学者なら、「鬱憤を晴らす」こと、しかもそれを集団ですることは必要だ、と主張するだろう。世界の多くの文化の集団的儀式を見渡せば、ありとあらゆる奔放なお祭り騒ぎが広く行われていることは一目瞭然だ。祭事は、祝宴や祭り、遊山、宗教上の祝祭日、農神祭のどんちゃん騒ぎ、組織的な飲み会という形で制度化される——場合によっては、みだらな乱交パーティーまである。

こうした行事の特徴は、日常の規範や礼儀が無視されること、お祭り騒ぎの精神が少数の人だけでなく全員に影響をおよぼすこと、狂気の発露が個人的にではなく公然と、しかも軽い乗りではなく本気の激しさでなされることにある。さらに、このような振る舞いには、ある目的を果たす兆候が見られる。

社会で持続している習慣と道徳は、これらの熱狂の期間があっても揺らいだりしない。まったくその逆だ。コミュニティの成員は、この振る舞いを特別な機会と結びつけるとき、それと、ほかの折に守るべき礼儀作法との差異を忘れていない。社会制度は道徳体系でもあるから、その成員を支配し、抑制し、ある程度は圧迫する。祝宴や祝祭日は通常の制約からの解放を可能にするが、同時に、それらの順守を全般的に強化する。お祭り騒ぎで許されることは、それ以外の時には許されない。

また、決まりきった日常の営み以上に、祭りの時期の集団どんちゃん騒ぎは、社会的結束の一つの表現である。箍《たが》が外れた分だけ、コミュニティへの帰属意識も高まる。聖パトリックの日が楽しいのは、アイルランド人だからこそ。わたしたちのうちの何人が、自分たちのお祭り騒ぎの伝統が廃れたからといって、アイルランド人のお祝いを「手伝う」だろう？

より単純で結束の固い社会では、人びとはしっかり確立された暦にしたがって祭礼をおこない、一緒に楽しむ。全員がそのような行事を心待ちにして、それらに参加する。参加するしないは個人の自由だ、などと考える者はいない。しかし、複雑な産業化社会では、人びとが個人の日程を守る。異なるシフトで働き、異なる日を祝い、異なるときに休暇を取る。国民の祝祭日を、多くの人は傍観し、その他大勢はほとんど無視する。アメリカの場合、クリスマスから新年にかけての時期は、とびきりの楽しさに負けず劣らず、とびきりの憂鬱も生むらしい。人びとが「街に繰り出す」としても、持ち歩くのはクレジットカードであって、火薬入れではない。

産業社会の社会的個人主義のただなかで、人はほとんど自分で自分を祝うしかない。ごく少数の人は、いつでも自由にお祭り騒ぎができるが、大多数は各自の日課をこなしている。かつて祝祭の時と場所と限度を設定した伝統は、薄れてしまった。現代のお祭り騒ぎは、コミュニティや社会を一つにまとめる機能を果たさないことが多いし、規範的な行動を促進することもない。残っているのは、時どき「発散」したいという心理的衝動だけだ。

この、それなりに機能を果たして人を結束させるお祭り騒ぎだったものの、反社会的な名残りは、多くのバーやキャバレーにありがちな殴り合いやその他の騒動に見られる。それはパンクロックに合わせて踊るスラムダンス〔飛び跳ねたりわざとぶつかり合ったりする激しいダンス。「モッシュ」とも言う〕にも見られる。アメリカの都市における貧困というひどい倦怠のさなかに「発散」の機会を与えるスラム街での暴動のかたちにさえ、それが見られる。それは国内の競技場にも目立ちつつあるようで、暴力化傾向の強まりが懸念されている。一九七〇年代後半、ボストン・レッドソックスの球団組織は、フットボール選手を二〇人ほど雇う必要に迫られた。ファンのあいだを巡回させ、厄介者を「大人しくさせる」か球場から追い出すかさせるためで、今も彼らは忙しく働いている。[33]

人は、自分の住む町や都市がそのための儀式的な機会を与えてくれるか否かを問わず、騒いだり行動に出たりするものだ。お祭り騒ぎは、儀式的な性格が薄ければ薄いほど、予測がつかず危険になる。そんなわけで、そのような振る舞いを封じ込め、そうすることでお祭り騒ぎの有益な機能を回復させることが、ぜひとも必要になる。サードプレイスは、わが友人の精神科医が信じたように、この必要性を満たせるだろうか？　ある程度は実際に満たしているし、もしサードプレイスがもっと数多くあって、もっと通いやすく、もっとアメリカの生活になじんでいたら、現状をはるかに上回るだろう。

お祭り騒ぎにお誂え向きなサードプレイスの好例は、女子禁制でビールしか出さない昔風の酒場だ。それより静かで上品なブラッスリー〔食事を供するビアホール〕が競争相手になりはじめる前には、そのての酒場がカナダのあちこちにたくさんあった。酒場は、底抜けのビール消費と大音声の会話を合体させた。座席のほとんどが大きなテーブル席だったので、騒々しい議論や怒号と叫びに拍車がかかった。そこは男たちが「大騒ぎ」をしに行く場所だ。とはいえ、それにも明らかな限度があった。客は席から離れない。カウンターにへばりつくことは許されない。注文はすべて男性のウェイターたち——世事に長けているほど年齢が行っていて、用心棒がつとまるほど体格が良い——を通じてする。口汚い罵りは禁止。飲んだくれは即座に追い出される。集まる客は地元民なので、その一人ひとりが、顔見知りの仲間たちに囲まれ、友人だからこそできる歯止めをかけながら楽しく酒盛りをした。客寄せの仕掛けなどなかった。ビールと喧騒。前者が後者を盛り上げる。伝統的なカナダのビール酒場でのお祭り騒ぎには、そのシンプルな二つがあれば十分だった。

同時代のアメリカの酒場やその客に比べると、カナダ人のほうが店に長居をし、たくさん飲み、嬉々として「大いに楽しんだ」——が、トラブルを起こすこともまた少なかった。彼らのお祭り騒ぎは抑制がきいていたのだ。鬱憤を晴らしたいという欲求は、定められた枠内で満たされた。そのことをみんなが理解し尊重していたので、お祭り騒ぎの気勢が削がれることもなかった。

平均的なサードプレイスは、騒々しさの点ではカナダの伝統的な酒場に遠くおよばない。しかし、賑わいの音量は、お祭り騒ぎの数ある要素の一つにすぎず、ほかにも多くのものを、すべてのサードプレイスが提供してくれる。どのサードプレイスも、数の上での強みを与えてくれる。どのサードプレイスも、気晴らしと浮かれ騒ぎが許される空間のなかで、日常からの逃避を可能にしてくれる。祝賀の度合いが足りない代わりに、客が足繁く通ってくる。ほとんどのサードプレイスは、狂気に欠ける分を、日常生活のリズムの一部になることで埋め合わせている。なんといっても、サードプレイスは現代の都会生活によく合っている。計画的な生活や、活動と機能にしたがった空間の区分けになじむのだ。

公共領域の派出所

アメリカでは、国民が公共領域の支配力を失いつつあり、その用途の多くを奪われつつある。グレイディ・クレイ〔景観設計と都市計画が専門のジャーナリスト〕が言うように、新たな「閉じ込め」の時代が来るたびに意図的な政策が立てられ、それらの政策は、乞食や行商人、浮浪者、子ども、老人、放浪者、風来坊ばかりかサードプレイスをも、公共領域から着実に排除した。[34] これは重要な問題なので、本書の最終章で本腰を入れて論じることにする。ここでは、良識ある人びとが利用し楽しむための公共領域を確保するうえでの、サードプレイスの重要性を示唆するにとどめたい。

都市の公共領域の社交的・娯楽的利用に敵対する政策が招く明確な結果の一つは、理非をわきまえた、順法精神のある市民による監視機能が失われることである。安全な公共領域を目指すうえで決定的な役割を果たすのは、ごく普通の市民だ。というのも、自由社会の治安維持機関は、その仕事には不向きだからだ。相当数の一般人こそが、市井の暮らしの取締りに欠かせない「自然発生的な監視」を担うのである。[35] パリの歩道に面したカフェすなわちterrasse《テラス》は、したがって、一般のパリ市民がインフォーマルな公共生活を楽しむための一番の中心地であるばかりか、おびただしい数の一般の人びとが、自分たちの都市を楽しんでいるあいだにさえ無意識の監視を続ける何万カ所もの派出所みたいなものでもある。

アメリカ人は、たいてい、公共の空間や場所にたいして「ここはわたしのものではないから、わたしは何の責任も負わない。市が、ここを管理する人たちに金を払っているからね」という態度に慣れっこだ。この態度は、現在わたしたちの公共領域全般の特徴である快適さの欠如と符合する。どこかに自分のサードプレイスをもっている人びとはしかし、見方がちがう。彼らは自分の行きつけの店に徒歩で通えるか近所に車を停めるかできて、行き帰りの心配をせずに済めばいいと思っている。行きつけの店とその周囲が安全で、まあまあ良い状態に保たれていることを求める。店やその周辺でいやな出来事があれば、客は激怒してどうにかしてくれと言うだろう。そのうえ、オスカー・ニューマン〔都市計画家〕が指摘しているように、人びとは、ある場所を自分たちのものと考えれば考えるほど、その内部や周辺で起こっていることの監視に意欲を見せる。ちょくちょく訪れ、それによって顔なじみになることから、人びとは、その場所では何が正常な行動かの感覚を発達させ、また何を求めるべきかを知るので、ますます積極的にそれらの規範を自分たちで守ろうとする。[36] 古ぼけた食堂や街角の居酒屋を一掃してしまえば町内は良くなる、と思っている人びとは、それとともに数十人の警官に相当する助力が失われることを認識したほうがいい。

厳密な表現？

これまで他の人びとに持論を聞いてもらった経験から察するに、サードプレイスにまつわる二、三の本質的な問題を、できるだけ明確にしておいたほうが良さそうだ。わたしはみずからの偏見を認めてきた――サードプレイスの味方だと。サードプレイス内で生じる交流が、社会と個人のためになると確信している。この偏見は、とりわけ自分のサードプレイスがない人びとのあいだに、健全な疑念をいくらか引き起こすにちがいない。今この時点で、サードプレイスの特徴と効用の全体的な説明が終わったので、今度は但し書きを説明する番だ。

わたしは時おり、サードプレイスを美化して提唱していると非難される。何人かの批判者のおかげで、アドルフ・ヒトラーのビアホールの利用のしかたが、ぬくもりや交友とほとんど関係なかったことや、近所の酒場が、タマニー・ホール〔ボス政治家ツイードのもとで、しばしば不正手段を使って市政を牛耳った民主党の派閥組織〕のような大都市の集票組織《ポリティカルマシーン》の反民主主義的活動に手を貸していたことを思い出した。

言い繕いに聞こえるかもしれないが、サードプレイスはどれもだいたいわたしが述べたとおりであって、そうでないならサードプレイスではないのだ、とわたしは主張したい。冒頭の数章で提示した描写は、憶測の産物ではない。わたし自身や他の人びとの観察結果から構成したのである。したがって、実物を美化したものではなく、注意深い観察に基づいている。

たしかに、その特性描写は、別の状況ならサードプレイスになっていたかもしれない施設の大多数にそぐわない。疑い深い人がいつもするように、もう一度酒場に目を向ければ、わたしは誰よりも先に、平均的な酒場はサードプレイスというよりむしろそうではない可能性が高い、と言うだろう。多くの不健全なものが、人びとをそのような場所に引き寄せるのかもしれない。サードプレイスが違うのは、良識と元気がつねにその場を支配していること。常連たちはそれを知っているし、だからこそ彼らはまた戻ってくるのだ。

もう二つの点を明確にしておくべきだろう。サードプレイスは社会と個人のあらゆる病に効く万能薬ではないし、そこで得られる交友関係も万人受けするわけではない。サードプレイスの交流が個人と集団の生活にもたらすプラスの結果については、わたしは慎重な姿勢をとり、サードプレイスという世界の内部で直接、かなり容易に観察される恩恵だけを取り上げた。

サードプレイスの魅力の限界について言えば、サードプレイスにしかるべき地位を与えているフランスやイギリスのような社会でさえ、誰もがそこに集まるわけではない。それらの国々では、男性の半数強しか定期的にカフェやパブを訪れない。[37]「みんなが顔なじみ」で、サードプレイスがみんなのすぐ近くにあるアメリカ田舎町《スモールタウン・アメリカ》では、それらに入り浸らない人が多い。寄りつかない人もいて良いのだろう。サードプレイスでの交流は、批判的な人びとがよく想像したがるのとはちがって、のんびり座って時間を無駄づかいしているわけではない。そこには、社会的な立場の違いや会話の巧拙を超えて広がる、他者への思いやりがなければならない。その場に貢献できず、よそにいたほうがましな、むっつり顔の人びとが加わったところで、何の足しにもならないだろう。

最良の時や最高の場所と同じように、サードプレイスはあくまでも選択肢の一つであるべきだ。アメリカの都市の仕組みは、今のところ、一人きりでいたり、自分の家にこもっていたり、外出先を比較的排他的な場に限定したりするのを好む人びとに有利に働いている。わたしたちの社会の都市開発がとってきた進路のせいで不当な扱いを受けているのは、冒険心があり、集団を好み、「社交クラブの会員に適した」タイプの人間たちだ。そして、コミュニティ・ライフめいたものがいちばん頼りにしているのは、この人たちなのである。

第Ⅱ部

第5章　ドイツ系アメリカ人のラガービール園《ガーデン》

「現代の社会生活に」と、ウィスコンシン州の歴史家フレッド・ホームズは書いている。「ほとんどないのは、昔のドイツ酒場《サルーン》のような集いの場である。それに比べたら、今の居酒屋《タヴァーン》など見かけ倒しもいいところだ」[1]。ドイツから来た移民たちは、自分たちの酒場で、またラガービール園ではなおのこと、酒の飲みかたを制御する模範を示し、抑制のきいた飲酒を中心に、文字どおりのコミュニティを構築した。アメリカの歴史に記録されたサードプレイスの成功例としては、ドイツ系アメリカ人のラガービール園の右に出るものはない。それにつけても思い出すのは、「歓楽の計画ほど絶望的なものはない」と言ったのがイギリス人であって、ドイツ人ではなかったことだ[2]。ドイツ系移民は歓楽の定式をもっていた。それはとてもうまくできていたので、危険や混乱や失敗の恐れがなく日々実行できた。

ラガービール園の特徴は、もろもろの要素が結びついてできあがった。なかでも、移民の人口動態が重要な役割を演じている。ドイツ移民は、とくに一八四〇年以降、広範に及んでいたばかりか多様でもあった。労働階級をはじめ、どれか一つの社会階層に支配されることがなかった。さまざまな「職業や階層」を、新天地に設立されたコミュニティに取り込んで一つにまとめなければならなかったのだ。基本的で非公式な、そして最も幅広いレベルでの、こうした新アメリカ人のなごやかな集いの場は、すべてを含んでいた。

移民とともに入ってきた旧世界の伝統も、きわめて重要な役割を果たした。移民は概して、ドイツの啓蒙都市で育った、層の厚い、都会の中流階級の——多種多様な共同生活の伝統をもつ——人びとだった。ラガービール園は、体操《トゥルネン》クラブや射撃クラブ、歌の会、チェスクラブ、演劇クラブ、友愛会、知識人・文化・教育の結社、そしてあらゆる種類の任意団体と同じようにドイツからもたらされた。

移民の流れに付随する集団気質や、ドイツ人が持ち込んだ伝統以上に、彼らの集団的行動を支配する人生観の二つの重要な側面があった。一つは、秩序を守ることにかける情熱。そしてもう一つは、発展力のあるコミュニティ・ライフの根底には普段着のつきあいがある、という認識だ。ラガービール園が結社の母体となり、そこからもっと本格的に組織された活動が誕生する。ビール園がこの重要な役割を担うには、求心力がありながらも決して破壊的でない効果をもたなければならなかった。だから、典型的なヤンキー酒場に不満が多かったのも驚くにはあたらない。

ミルウォーキーに住み着いたあるドイツ人は、一八四六年に祖国の親類に宛てて手紙を書き、ヤンキー酒場のことを「ぼんやり突っ立っていられないんです」とぼやいている。「ベンチも椅子もなくて、強い酒《シュナップス》を煽ったらさっさと出て行くしかない[3]」。それだけではない。ヤンキーには、その場のみんなに酒をおごるという恐ろしい習慣があった。おごること自体、つましいドイツ人の家計の脅威になったかもしれないが、それ以上に、秩序がおびやかされた。おごりの習慣のせいで、飲酒の抑制がきかなくなった。というのも、おごり合う人びとのあいだでは、最も速く飲む者がペースを握るからだ。その他全員は、各自の好みを超えた速さで飲まざるを得ない。この習慣に対抗して、ドイツ人は「割り勘」を定着させたかっただろう。自分の飲み代は自分で払い、自分の好きなペースで注文をする習慣を。

ヤンキー酒場の酒は強かった。イングランド人とウェールズ人はビール醸造の先鞭をつけていたけれども、彼らの製品はアルコールがきつすぎる。アイルランド人の酒場はウィスキーが中心だし、なにしろ振る舞いが荒っぽいので、とうてい家族みんなで出かけられる場所ではない。そんなわけで、ドイツ人が多く植民し、ホップの栽培に適した土地ならどこにでもドイツ人のビール醸造所が出現し、ほどなく、おびただしい数のドイツ酒場やラガービール園ができた。ドイツ人は何はさておき美味いビールを飲みたがった、というロマンチックな解釈とは裏腹に、彼らの関心の的はむしろアルコール含有量だった、というのが歴史的事実である。

ドイツ人が味わいよりもアルコール度数の低さを重視したことは、ジュニアス・ブラウン〔アメリカのジャーナリスト、文筆家〕によって、十分に立証されている。彼は一八七〇年代のニューヨーク市のラガービール園について、次のように書いているのだ。「「ラガービールを飲むと酔っぱらうか?」という問いが、この島でまず持ち上がり、ごく自然に製品の質も考慮に入れたものとわたしは考える。しかし、それについては疑問の余地がないのでは、と時おり思う。どの点をとっても劣っているのが、首都(ニューヨーク）で製造販売されているビールである。間違いなく、アメリカ合衆国のなかで最低だ――弱いし、風味がなく、質が悪くて、まずい。だが、たとえそれを「ダンダーバーグ」〔衝角を装備した軍艦〕が浮かぶほど大量に飲めるとしても、酔うことはないだろう。ニューヨークで美味いビールを飲むことはできないのであり、西部のビールを飲んだことがない人びとは、ここでビールと呼ばれているお粗末な代物がどんなものなのかがまったく分かっていない」[4]。

同時期のシンシナティにかんするアルヴィン・ハーロー〔アメリカの文筆家、歴史家、伝記作家〕の説明からは、西へ行くほどビールが良質だったことがうかがえる。「こんな話を教えてくれる老人もいるだろう。昔はジョン・ホーチがシンシナティのビールを醸造していて、彼の製造過程と取り扱いはランス（フランス）やエペルネのワイン醸造業者なみに配慮が行き届いていたものだ、と。ほかの多くのビール通と同じく、ホーチも七〇年代にビールの瓶詰めが始まったとき首を横に振り、ビールはつねに樽に入れておくべきだと言った。そして自分のビールを取り扱う酒場の主人に、地下室のような涼しい場所で保存し、静かに扱うよう要求した。彼の荷馬車の御者は、荷台からビア樽を引きずり下ろして歩道の敷物の上にドスンと置くことなど許されなかった。慎重に持ち上げ、同じほど注意深く地下まで下ろさなければならなかったのだ」[5]。

ドイツ人は、自分たちの国民的飲み物について明らかに味の水準を保っていた。初期のニューヨークのビールのお粗末な状況――おいしいふりをして飲んでいた――は、ブラウンが示唆したように、彼らが節酒に重きを置いていたことを示しているにすぎない。初期のニューヨークのビールはまずかったかもしれないが、彼らは「強い酒」に走らなかった。その態度の裏づけになるのが、一八五六年の夏、シンシナティの合唱団《ゼンガーブント》の祭典中の様子を綴ったハーローの文章だ。「午後には二、三の高揚した事例に気づいたが、アングロ・サクソン民族の大きな集会にありがちな、酔いにまかせての乱行は皆無だった。彼らががぶ飲みするいくぶん低刺激の酒もこれと多少の関係はあるが、老若男女をこれらの会に連れ出す習わしのほうが大きい。ドイツ人の遊山では、ビールより強い酒が販売されないと言うべきか。あるとき、外部の人間がこっそり強い酒を調達しようとすると、店主は彼の瓶を取り上げて、割ってしまった」[6]。

祖国ドイツでは、飲酒にまつわる教訓が体得され、洗練されて伝統になっていた。そしてその重要性は、旅人の客観的な目にも明らかだった。その一例が、イギリス人女性ヴァイオレット・ハント〔小説家〕である。彼女は二十世紀の初めに、ドイツの公衆の飲酒店を故国イギリスのそれと比較した。彼女の叙述は、ドイツ系アメリカ人が大西洋を渡って確立しようとしたものを、十分推察させる。「ある夏の午後、秩序を守り、謹厳実直で人当たりが良く、穏やかな老若男女の一団が、均《なら》したばかりの砂利の上に並ぶ小テーブルに着席していた。どのテーブルにも赤いチェックのテーブルクロスがかけられ、その上にコーヒーカップとグラスが置かれている。子どもたちは彼らの横に座り、犬たちは彼らの足元にうずくまるか、ほかの客の足のまわりをぐるぐると回っている。テーブルの下では鳥たちが跳ね、こうした穏やかな人びとがときおり投げるパンくずをついばんでいる。そこで彼らは、虫も殺さぬ顔をして超然と落ち着き払った様子で椅子に腰をおろし、大グラス《グロース》のヘレス〔淡色ビール〕や小グラス《クライネ》のドゥンケル〔濃色ビール〕をぐいぐいと飲み干し、聖人のような冷静さを少しも崩さず杯を重ねていた。飼い犬たちは喧嘩ひとつせず、鳥たちは相変わらず安心しきって人間たちの足先あたりを跳ねまわる。椅子がいきなり脇へ押しやられることもなければ、葉巻やパイプの煙のなか、自分たちが吸い込んでいる甘やかな空気や、人間らしい談話のやわらかな息づかいをあざける汚い言葉が投げかけられることもない、と誰もが確信していた。そして、あらゆる年齢の子どもたちを気にかけ、つねに太陽の位置を視野に入れている分別ある妻たちは、やがて日没が近いことに気づく。そろそろ潮時だと思うと、彼女たちは手芸品をたたみ、残った丸パンを包み、子どもたちのよだれかけのパンくずを払い落として同じようにたたんで片付ける。西に目をやれば、金色に輝くヒルデスハイムの尖塔が彼らの家路を指し示しているかのようだ。すると男たちが立ち上がってぶるっと身を震わせ、支払いを済ませた。彼らの腹はビールでふくれているのに、これっぽっちも害悪をおよぼさなかった」[7]。

ハント女史は、人類が悪魔の飲み物を手なずけたこの証拠を観察したあと性急に、イギリスでこんなことはありえないと断言する。かの地で二時間も酒を飲めば、ひどく醜悪な光景や大音声が生じるに決まっているから、政府はそういう場所から子どもを締め出す正当な理由を見出すだろう、と。彼女の母国イギリスには「厳しい節酒運動や保護的な酒類の規制」がありながら、ドイツのビール園に相当する場所がなかった。「どこであれイギリスで人の集まる場所が、それほど魅力的でいることを許されたら、営業免許を取り上げられてしまうに違いない。健康や快楽や美の仮面をかぶった悪徳が横行しないよう、すぐさま政府の倫理が立ちはだかるだろう。そして、この習慣への耽溺が許されているすべての場所で、それ相当な醜悪行為による楽しみとお祭り騒ぎを、慎重に罰するのだ」[8]。

ハント女史の主張によれば、こうした違いの原因は、おおかた飲み物にあった。「ドイツのビールは、強さも品質も熟成度も、イギリス人の心の安らぎと所持金と家庭とを破滅させるあの悪名高い代物とは似ても似つかない。飲んでも酔わず、希釈されていて、中毒性がなく、混ぜ物が入っていないし、適切に保存されている」[9]。

ジュニアス・ブラウンも、昔のニューヨークの数かぎりないラガービール園に入って、独自の観点から、あらゆる意味でのドイツ人の酒宴の伝統を観察した。「ドイツ人の飲酒には……アメリカ人のような性質《たち》の悪さがない。ドイツ人は、飲みすぎたように見えるときでさえ、道理をわきまえてラガービールに耽溺する。彼らは自分の資力を浪費しない。自分の時間を無駄づかいしない。口論をしない。殴り合いをしない。わたしたちアメリカ人が血気と繊細さと結束の固さを損ねるのとはちがって、彼らは自分の希望と、自分を愛してくれる人びとの幸せを台無しにしない。わたしたちが肺に酸素を取り込むように、彼らはラガービールを飲む——そのおかげで命をつなぎ、よく生きているかに見える。ビールは社会的美徳の一つだ。あらゆる家庭の守護聖人ガンブリヌス——あらゆるまっとうな所帯の守り神なのだ。ドイツ人は、家庭生活と気晴らしとを結びつけ——文字どおり——自分と一緒に妻や姉妹や恋人を、しばしば子どもたちをも連れて行く。家族が、飲みすぎや不適切な行為を止める役目をはたしてくれるのだ。そして、そんな家族と一緒に彼らは、いい頃合に店を出る。ビールと穏やかなくつろぎを満喫し、なくてはならない二種類の平穏——安らかな心と完全な消化——を手に入れて」[10]。

秩序を求める情熱が、酒とその飲用にまさっていた。とはいえ、酒場やビール園がコミュニティ・ライフに不可欠な要素となるには、経費を抑えることも必要だった。ヤンキーの店主や経営者は、解放感や気晴らしにたいする同胞の要求をつねに鋭く察知し、十分に利用する才覚をもっていた。かただった。

やドイツ系アメリカ人は、安上がりで、気兼ねなくたむろしたり無為に過ごしたりできる公共の場を求めていた。それらの条件が整って初めて、酒場やビール園は市民みんなが集まる場所になりうるのだった。

ドイツ系アメリカ人の店の成功がブラウンの目にとまったのは、華やかなりし頃のニューヨークのバワリー地区を観察したときだった。「勤勉で、無駄がなく、倹約であるにもかかわらず、ドイツ人は余暇を満喫しているのだ、それもお金をかけずに。彼らの楽しみはけっして高価ではない。アメリカ人が一〇ドルで得るものより多くを、彼らは一ドルで手に入れることができ、わたしたちが捨てているもので豊かになれるし、実際にそうしている」[11]。大衆の娯楽にかける経費を低く抑えるドイツ人の才覚については、ミルウォーキーの現場を見たフレッド・ホームズも言及している。「陽気な九〇年代〔一八九〇年代〕のあいだはずっとビールが安く、それにかかる税金は微々たるものだった。実際、一九四四年まで、ミルウォーキーではグラス一杯五セントのビールが珍しくなかった。一八九〇年代後半、ステート・ストリートとサード・ストリートの角には酒場が四軒あり、ビールを二杯五セントで売っていたし、ローストビーフ、焼きハム、ソーセージ、ベイクトビーンズ、野菜、サラダ、パンとバターなど、食欲をそそるご馳走を取り揃えた手のこんだ無料《フリー》ランチを提供していた。二人の男のあいだに所持金が五セント玉一つしかなくても、それぞれが満足のゆく食事と特大のビールを堪能できた」[12]。ホームズは、もっと大きな含意も指摘している。「初期の貧者《プアマンズ》のクラブは、社会経済上の重要な問題を解決した。住宅の建設や、商工業活動の促進のための資本が必要だった時代に、気晴らしと社交の機会をただ同然で提供したのである」[13]。

ドイツ系移民は、インフォーマルな公共の集いの場は地域社会の暮らしにとても大切だから、法外な値段にして機能不全に陥らせることはできない、ということをよく理解していた。キャスリーン・コンツェン〔歴史学者、シカゴ大学教授〕によるミルウォーキーの店舗の説明は、ホームズのそれと似ている。「一八六〇年ごろ、ミルウォーキーの最上級の酒場が提供したのは、美味くて安いビールと、無料のことが多い食べ物、刺激的な会話、音楽、それにおそらくは歌を歌う店主……。ミルウォーキーに数ある屋外ビール園の第一号が北東部の川のほとりに開業したのは、一八四三年の夏だった。そこでは「じょうずに栽培された花、長い散歩道、素朴なあずまや、ティヴォリの丘からの美しい眺め」に加えて、ドイツ人の吹奏楽団が週に一日、午後と夕方に演奏する音楽も、全部ひっくるめて二五セントの入場料で楽しむことができた[14]」。

今どき、反逆罪《リーズ・マジェスティ》という言葉から思い浮かべるのは、ロシア人に秘密を売り渡す輩のイメージだ。けれどもドイツ系アメリカ人の移民たちは、この言葉にもっと強烈で広範な感覚をもっていた。彼らにしてみれば、公共の演奏会に高値をふっかける経営者や、殴り合いでピクニックをぶち壊しにする「乱暴者」も、反逆罪を犯しているのだった。何であれ、コミュニティ・ライフの静穏と充実した楽しみを脅かすものに、彼らは神経をとがらせた。彼らにとって、社会秩序の低下は――リチャード・オコナー〔アメリカの伝記作家・小説家〕が鋭く見抜いたように――その中核部の大きな亀裂ではなく、辺縁部で黙認される乱れによって起こるのだった。[15] 彼らにとって、敵方のスパイとダフ屋は「同じ穴の狢」だった。公衆の飲食物や音楽（主として）の値段が安くて自由なことは、コミュニティに、また近隣住民とのゆるぎない関係を構築するうえで、必要不可欠だった。

秩序ある行動と、できるだけ少ない出費は、ビール園の究極の懐の深さともてなしにとってきわめて重要だった。それらの場所が本来の目的を果たすよう、誰もが参加を許されなければならなかった。ラガービール園が存在するのは、子どもや女性のため、またドイツ人以外の人びとのためでもあり、社会階級はほとんど忘れ去られた。純粋にドイツ的な、というか外国人と分かち合えないものは、家庭内で守られた。リチャード・オコナーが言うように、「ドイツ人は、家の中では家族の輪を保つ傾向があるが、ビヤ樽の栓が開けられ、ワインのコルクが抜かれると、あらゆる国の人びとが招き入れられ、みんなで一緒に歌い、踊り、飲み、お祭り騒ぎをした[16]」。

ニューヨークで最も有名なビール園の一つだったアトランティック・ガーデンの場合、懐の深さこそが身上だった。ブラウンはこう記している。「アトランティックはニューヨークで最も国際色豊かな娯楽場だ。客の大半はドイツ人だが、それ以外のあらゆる国の人たちが集っているのだから。フランス人、アイルランド人、スペイン人、イタリア人、ポルトガル人、それに中国人やインド人までもが、名だたるアトランティックに漂うスミレ色の空気ごしに見つかるかもしれない……[17]」。アトランティックは二五〇〇人を収容できる壮大な館だった。それはドイツ移民が提供できた最高のもの――そして彼らはそれを、すべての人に提供した。

誰でも受け入れる懐の深さこそ、みんなが憧れるラガービール園の雰囲気の核だった。そこは二重の意味での園《ガーデン》だった――緑の草木に加えて、人間関係や善意もはぐくまれたのだ。これを最も効果的に成し遂げる雰囲気は、ドイツ語では分かりやすい名前がついている。「ゲミュートリッヒカイト」だ。「ゲミュートリッヒ」は温かくて気さくな、の意味。居心地がよくて魅力的ということだ。ヤンキー酒場のあらゆる短所のなかでも最たるものに違いないのは、「ゲミュートリッヒカイト」の欠如だろう。そういう場所は、けんかや口論をする人や、酔っぱらうのが目的という人には良いが、彼らの家族や、他人の喜ぶ顔を見るのが楽しみな人には向かなかった。

本物の「ゲミュートリッヒカイト」、すなわちコミュニティと近所づきあいが実現し称賛される雰囲気は、排他が前提にはなりえなかった。年齢、性別、社会階級、国籍で人を締め出すことはできなかった。本来の性質上、すべてを含まなければならず、何よりもこれを、ラガービール園はうまくやっていた。たとえば、シンシナティのあるドイツ人は、身代を築いて「山の手」に家を買ったかもしれないが、ハーローが記しているように、「そういう人びとは、トランスライン――とダウンタウンの新聞が好んで呼ぶ――〔川向こうの〕地区の同胞との関係を絶たなかった。彼らはそこに戻ってきてビアホールやレストラン、数ある政治、文学、音楽、スポーツのクラブや団体を訪れ、息抜きをしたり身体を動かしたりした[18]」。

ハーローは一つの出来事も書き留めている。客員で訪れていたあるハーヴァード大学教授が、友人の導きで初めてビール園の「ゲミュートリッヒカイト」に触れたときのことだ。「エッシャーに連れられて行った先は、シンシナティのドイツ人たちの会合だったが、それがとても興味深い男たちの集まりで、彼らからたいそう広く深い見聞を得た。こういう男たちのなかでも上層の人びとは、運河の北の地区にある一軒のビアホールに集まるのが常だった。そこには、同じように立派な男たちが大勢いた。……実力者たちだった。彼らの話には強い印象を受けたし、彼らの優れた資質は、わが同胞の誰にもかなわない高みへとわたしを引き上げてくれた[19]」。

アメリカ生まれの人間たちが、自分たちのなかに日常世界のさまざまな対立を克服する場所を創出できる人びとがいる、ということをたびたび発見するのは、まさに目くるめく体験だった。ハーローは、一八六九年にドイツ労働者協会主催のパーティーに招かれたシンシナティのある記者の文章を引用している。「仲間意識は人から人へと広がった。誰もがその影響を受けた。わたしたちは子どもを――赤ん坊から、それこそ耄碌《もうろく》という第二の幼年期に入った男まで――ないがしろにしてはならなかった。少女はこぞって年長者に混じってダンスをしたがり、まるで大人をそのまま小さくしたようなませた振る舞いかたをした。誰もがひたむきに、他のみんなをできるかぎり楽しませようとしていた。この人たちより優れていないのにうぬぼればかり強い他の人びとにも見習ってもらいたいものだ[20]」。

もう一人の新聞記者はドイツ人の演奏会に出席し、終演後の交流について書いた。「ホップとコーヒーと煙草の香りに包まれて心安らぐ。ズッペやシュトラウスの音楽と相まって温かい雰囲気が広がり、そのなかにいると、世界じゅうの人が自分の親友であるような心持ちになる。テーブルに一人ぽつねんと座り、不機嫌そうな目で自分のビールジョッキを見つめているペトルス・グリム老人さえも。ペトルスは近所に住む無作法者で、みんなは彼の渋面を、故国での破談のせいにしているが、それよりも肝臓と通風が原因のようだ[21]」。

「ゲミュートリッヒカイト」の核心である懐の深さをきちんと文字にしたのは、フレッド・ホームズだった。彼は、ウィスコンシン州のラガービール酒場が「貧者のクラブ」と呼ばれている誤りを正したいと思ったのである。「貧者のクラブという呼び名は、違うような気がする。というのも、酒場には日雇い労働者だけでなく、彼の雇い主や、その地域の実業家と専門家も通っていて、彼らの多くは金持ちだったからだ。この表現が暗に示していたのは、もちろん、酒場の常連がインテリや名士ではないということ。……貧者のクラブは、近隣住民と友好関係を築きたいという男たちの意識下または無意識の願望から生まれた。それは正式な組織も、記録された会員も、役員も、計画された活動のための資金もなしに存在する。階層間の溝がまったく認められないのは、ドイツ人の社交の特徴であり……人びとが集う人気の場所——シュリッツ・パーム・ガーデン、シュリッツ・パーク、ミルウォーキー・ガーデン、ハイザーズ——では、富や家柄の良さで人間が判断されない。富者と貧者、芸術家と労働者、学者と無学の者がみな混じり合い、祖国や地域社会の味わいという絆で結ばれた一つの家族をつくっている[22]」。

ラガービール園の懐の深さ、あるいは「人を平等にする《レヴェリング》」特性が最も明白に見られるのは、比較的豪華な施設だった。ホームズは、天下に名高いシュリッツ・パーム・ガーデンという、最も著名な屋内「椰子園」を説明している[23]。高い丸天井と、ステンドグラス、高価な油絵、パイプオルガン、そこかしこに生い茂る椰子の木を誇るそこもまた「貧者のクラブ」なのだった。貧しい者も金持ちと同じに歓迎されている気分にさせる方針だった。社会的差別は「ゲミュートリッヒカイト」にそぐわなかった。

その場の壮麗さと、そこで供される娯楽の質の高さは、値段を上げる理由とは見なされなかった。毎日、三〇—四〇樽のビールが一杯五セントで販売され、無料ランチは、当時のミルウォーキーのほかの酒場と同じ、ごく普通の料理だった。日曜日には演奏会が催され、誰もが歓迎された[24]。

いろいろな国の人が混じり合っていたこと、女性がいたこと、富者と貧者が混在していたこと、同じ時に同じ場所で三世代が一緒に楽しむ例も少なくなかったこと——これらは、懐の深さを示す際立った証拠だった。しかし、懐の深さには別の側面もあり、たとえば公共の集会場として使える度合や、一般的な利用頻度が挙げられる。どちらの点でも、ラガービール園の状況は広範にわたっていた。

ブラウンは「ジャージーシティ、ホーボーケン、ブルックリン、ハドソンシティ、ウィーホーケンをはじめ、首都圏《メトロポリス》まで鉄道や蒸気船でたやすく行ける距離ならどこにでも有り余るほどあるのは言うにおよばず」[25]、マンハッタンだけでも三千—四千カ所のラガービール園があると見積もった。そして、そのすさまじい増殖ぶりは、バッファローやシンシナティ、ミルウォーキー（「ゲミュートリッヒカイトの都」と呼ばれた）、セントルイス、シカゴ、そしてサンフランシスコ外縁部のそれと似ていた。

ブラウンの観察によれば「これらの施設は規模も種類もさまざまで、街角にひっそりたたずむテーブル一つに椅子二つの小さな店から、バワリーのアトランティック・ガーデンや、ハーレムに近いハミルトン・パークとライアン・パークのように広大なものまである」[26]。

ラガービール園が酒場《サルーン》と違うのは、後者に長いバーカウンターがあり、そこが社交的な集いの中心となっているのにたいし、前者はテーブルと椅子が目立つ点だ。「園《ガーデン》」という言葉が流行りだしたのは、夏場にビールを飲む施設をドイツ人が好んだからだった。ビールは、どうやら、音楽と爽やかな空気に「よく似合った」らしい。ジャーマン・ウィンター・ガーデンやアトランティック・ガーデンのような巨大建造物は、多くの点で、冬の寒い時期の屋外庭園の広々とした感じをとらえようとする試みだった。だがおそらくおおかたの場所は、現実に直面し、庭園《ガーデン》のコンセプトが通らなかったのだろう。十九世紀のニューヨークでそう呼ばれていた場所の多様性を詳しく調べて、ブラウンはこう結論づけた。「わがドイツ同胞のあいだでは、ラガービール酒場とラガービール園の違いはきわめて小さい。庭園は、ほとんどが想像の産物なのだ。チュートン人の空想力にかかると、屋根に開いた穴ひとつと、桶に植わったモミの木一本、それに、弱々しい蔓で力なく這い登りながら死に至ろうとしている、箱に入ったブドウの木が一、二本もあれば、庭園ができあがる」[27]。

当時の壮麗なビール園は、今のアメリカのテーマパークの先駆けと言えるかもしれない。たとえばアトランティック・ガーデンには、正面の巨大なバールームが一つと、もっと小さなバーがいくつもあった。だがほかにも、射的場、ビリヤード室、ボウリング場、毎日奏でるオルケストリオン〔オーケストラに似た音を出す自動演奏装置〕、そして夜に演奏する多様な楽団をそなえていた。多くの人が、夜な夜な出かけて行った。ミルウォーキーの野外公園も、同じようにさまざまな娯楽を提供した。多数の休憩所、ピクニック場、回転木馬、長い野外テーブルが、いたるところに点在していた。パブスト邸庭園では、全長四五〇メートルあまりのジェットコースターをはじめ、カッツェンジャマー・ファン・パレス、ワイルド・ウエスト・ショー、そして夏のあいだは毎日演奏会が楽しめた。シュリッツ・パークは、地元ミルウォーキーの丘の上の三万二千平方メートルを占め、大きな塔が立っていて、そこから街が一望できた。また、五千人収容できるコンサートホールや、動物園、冬のダンスホール、ボウリング場、大きなレストランも併設し、そこかしこに木陰の歩道や噴水や花壇があった。夜には、三二基の電灯と五百個の色電球、何千というガスの炎が敷地全体に「見事な輝き」を添えた。[28] 入場料は通常二五セント。当時の多くの人びとにとって、けっして安くはなかった。この料金は、それらの公園が引き寄せた大勢の「ただ乗り屋」の代償として必要だったのである。

旧世界の多くの国は、アメリカ合衆国の人口を形成した大量の移民流入に寄与したが、多様な国民のなかでも、民主主義の「坩堝《るつぼ》」に欠かせない各種のなごやかな民族的混合を積極的に進めた例はほとんどなかった。ユダヤ人は一貫して反同化主義者だったし、ギリシア人は公的な交流の場をおもに自分たちのコーヒーショップに限定した。スカンジナビア人、イタリア人、ポーランド人は同胞どうしで満足していたので、もはや民族の絆に頼っていない一部の高齢のアメリカ人に加えて、アイルランド人とドイツ人だけが「多方面に通じている人」として浮上した。[29] しかし公共の集会や民族間の混合の中心として、アイリッシュ・バーとドイツ人のビール園の違いは、ほとんど文字どおり、昼と夜の違いだった。「アイリッシュ・バーがおしなべて薄暗いのにたいして、ドイツ人の店の照明は白昼のように明るく」、「ドイツ酒場は家族団欒の場だったが、かたやアイリッシュ・バーは男の世界だった[30]」。ドイツ人の店では、同伴男性がいない女性客は歓迎されなかったが、家族全員であれば、子どもも含めて歓迎された。ドイツ人の酒場やビール園は一般に、酒場にたいするアメリカ人の絶えざる非難をまぬがれていた。犯罪とはほとんど無縁だったのだ。実際、ドイツ酒場の主人は、人の貯金の保管にかけては銀行よりも信頼されることが多かった。批判者でさえ、ドイツ酒場は家庭を安定させる効果があると認めざるをえなかった。

にもかかわらず、最終的に普及したのはアイルランド式だった。アメリカはドイツの国民的飲料になじんだにすぎなかった。ビールは残され、ドイツ人がビールを包んでいた心地よさの大半は捨てられた。アメリカという国は、良い居酒屋という概念を断じて許せないようだった。そして、良い居酒屋を想像できない国民は、より劣った居酒屋をもつ運命にある。

おそらくラガービール園とドイツ酒場のいちばん厄介な側面は、日曜日に最も喜ばれ、享受され、人出が多かったことだろう。啓蒙都市の文化から、ドイツ移民は「ヨーロッパ大陸の」日曜日の慣例を持ち込んだ。ドイツ人は、ピクニックや演奏会、射撃祭《シュッツェンフェスト》、体操、合唱、そして何にも増して、ラガービールが飲める施設での豊かでにぎやかな交友というかたちで、くつろいだり心を癒したりするのに慣れていた。ドイツ人の生活様式の静穏は、そのような形態の気晴らしにおおいに依存していた。シカゴで起こったようなドイツ人の暴動は、典型的な日曜日の活動を止めさせようとしたことが原因だった。あいにく、アメリカで幅をきかせていた宗教思想は、とりわけ日曜日に、労働を離れて無為に過ごすことを強いるものだった。

ドイツの新聞編集者カール・グリージンガーは、そういう重大な時期にアメリカで数年間を過ごした。彼はヤンキーの日曜日の退屈と怠惰に愕然とし、「安息日を守ること」にまつわる声高な正義論の裏にある単純な経済的動機を見抜いた。アメリカの教会は、政府や何らかの税収で建てられるのではなかった。自発的な献金に依存していた。そして献金は、礼拝出席者と教会員が頼りだった。並みの牧師は、神のためだけでなく自分の命を守るためにも戦っていたのだ。何であれ教会と——とりわけ日曜日に——競合するものは、「神の国」ばかりか、貧しい牧師の生計をも脅かしているのだった。[31]

グリージンガーの分析は、明快であるとともに特異だった。「だからアメリカの聖職者は、ほかのビジネスマンと同じように、あくまでも自己防衛をしなければならない。彼らは競争相手に立ち向かって顧客を増やさなければならず、かりに収入が足りなくても、それは自己責任だ。これではっきりしただろうか、なぜあの手この手で人びとを教会へと駆り立てるのか、そしてなぜ世界のどこよりもここアメリカで、日曜礼拝への出席が当たり前のことなのか？　それは最新流行と礼儀正しさの一要素であって、礼儀と流行に逆らう者は、ただでは済まされないのである。日曜礼拝を休むよりは、ちょっとした改竄を犯すほうがましというわけだ」。

「だがそれなら、アメリカ人は聖なる日曜日に、ほかに何ができるだろう？　退屈だけが彼らをそこに向かわせるのだろう！　「六日の間働いて、七日目は休むべし」。分別ある人間はこれを、日曜日は心身を休める日にすべし、の意味と理解していた。ところがアメリカ人は、日曜日の礼拝以外の時間が墓のような休息《レスト》になるよう取り計らった。しかも法律を制定し、それを全員の義務にしてしまったのだ」。

「日曜日には、よほど重要な公務がないかぎり列車が動かない。その手助けができそうなときに乗合馬車は走っていないし、蒸気船もない。事業所はすべて休業、レストランは厳罰が怖くて営業できないかもしれない。墓場のような静けさが広がるはずだ、と法律にあるから、法律を破らなければパンも牛乳も葉巻も買えないかもしれない。劇場、ボウリング場、楽しい小旅行――神が、そのようなものを夢に見させないようにする！　冬に火を起こして暖かい夕食を作ることが許されるのを感謝せよ。そんな法律を作った人びとは、頭がおかしいにちがいない！」[32]。

グリージンガーが知ったら喜んだだろうが、歴史は彼の正しさを証明した。今ではほとんどのアメリカの教会が、社交的な活動を、かつてそれらを禁止したのと同じ理由で主催している――日曜日にさえ！　活発で楽しい人づきあいを許している人びととの競合関係のバランスを保つ機会を否定した宗教的見解が、アメリカ人の性格にどんな究極の影響を与えたのかは判断がむずかしい。しかしながらドイツ系アメリカ人は、典型的なヤンキーの厳格さを生んだ状況に断固反対した。少なくとも、時間がなくなるまでは。やがて、キリスト教婦人矯風会（WCTUK）の倫理観、ノウ・ナッシング党の偏狭な考え、ドイツとの二度の戦争、そしてドイツ系アメリカ人の進んで同化しようという気持ちが合わさって、ラガービール園とその周囲に構築された生活様式を過去へと追いやってしまった。

　ラガービール園の「ゲミュートリッヒカイト」とは名ばかりの、形骸化したまがい物を目にするのは興ざめだが、今どき残っているのはせいぜいそんな代物だ。何年か前、わたしたちは中西部のあるテーマパークを訪れた。ささやかとは言いがたい額の駐車料金を支払ったのち、大人一人あたり九ドル、子ども一人あたり八ドルの入場料を請求された。大人向けの娯楽などほとんどないのだから、大人を無料にしたうえ、子どもたちをそこまで連れて行った苦労にたいしてビール一杯ぐらい、店のおごりで出してくれてもよかったような気がする。そのテーマパークで最も多く見られる活動といえば、行列に並ぶことだ。誰もが、ほとんどの時間をそれに費やす。ビール園で売っているビールの銘柄は一種類だけ。蠟引きの紙コップに注がれ、やけに値段が高い。その日はたいして忙しいようでもなかったのに、わたしたちは各自の好みで選んだブラートヴルスト〔ソーセージ〕かホットドッグを手に入れるまで、三〇分も列に並んだ。昔のラガービール園と同じで、そこは毎晩通うような場所ではない。ひと夏に一度行けばいいという人もいれば、五年に一度で事足りる人もいる。だが多くの人にとっては、一生に一度でも多すぎるのではないだろうか。

　二、三年前の夏、ある小都市の公園で、友愛会支部の、年に一度のピクニックが開催された。活気に満ちた行事で、参加者も多かった。集まった人の多くは、とても楽しかったと言い、終わってから何日も何週間もそのことを話題にした。だが、あの素晴らしい時間の枠内にも、再考をうながしかねない出来事がいくつか起こった。ソフトボールの試合中に、骨折二件を含めて負傷者が出た。夫がほかの女性にちょっかいを出したことに腹を立てる妻たちがいた。好意に応えた妻に腹を立てる夫たちがいた。そんなこんなで、たくさんの夫婦が、その後かなり長いこと仲たがいしていた。ピクニックの翌日には、ひどい二日酔いの人が続出した。備品や個人の所有物が壊れたりなくなったりした。消費した飲食物の代金はとてつもない額になった。

　人はそんな彼らを、文明人ではなかったのだと思うかもしれないし、逆に、ずいぶん楽しい時を過ごしたと思うかもしれない。彼らはそのようなピクニックを待ちわびていたのだから、やっと祝祭のチャンスが訪れたときに羽目をはずしたのも無理はないように思えるかもしれない。それらは憶測だが、憶測を超えて明らかなのは、その種の集まりがそう頻繁には開けないということだ。身がもたない。家計がもたない。結婚生活がもたない。それに引き換え、ラガービール園での抑制された安上がりのお祭り騒ぎ——ほとんど費用をかけず混乱も起こさずに過ごせる楽しい時——は、ちょくちょく通えるということを意味した。そして実際そのとおりだった。ドイツ系アメリカ人は、自分たちの宴会の口実を数かぎりなく設けたうえ、オルシーニを褒め称えるパレードと祝宴でイタリア人に協力し、ワシントンの誕生日や七月四日の建国記念日には生粋のヤンキー以上に大騒ぎした。

　アメリカ南部《ディキシー》に、もとドイツ系アメリカ人の農民たちが住んでいた小さなコミュニティがある。ここ数年、地元新聞社の無批判な支援を受け、地元民はソーセージ祭りを主催している。何千人もの人びとが、懐かしさに惹かれてその小さな村に押し寄せ、昔ながらのドイツ人の祭りを楽しんだ。遠くから聞こえてくるドイツの小楽団らしき音楽は、残念なことに、拡声装置を通して何度も繰り返しかかるレコードである。楽団はいないし、衣装もない。祭りの中心部は、大部分がブースとテーブルに占拠され、そこでは地元民が、ガレージセールの品物を小売店価格で提供している。本当に収集価値のある品物などほとんどないし、掘り出し物は一つもない。中央ステージを占めているのは、貧しすぎるか臆病すぎて本物の小売業者になれず、自分のがらくたを、お祭り気分の人びとに売り歩きたいと思っている人びとだ。

趣味で工芸をたしなむ地元民は、素人くさい陶器や、エポキシ樹脂の分厚い上塗りがテカテカ光る木製の無用の長物や、ごてごてと飾りたてたかぎ針編み作品を売り歩く。子ども向けの「ふれあい動物園」がある。幸いなことに無料ではなく、その入場料は大勢の子どもたちを遠ざけておくに足る金額だ。やがて午後や夕方になると、多くの親は、動物たちにたかっていたノミとシラミとダニに食われた子どもたちを治療に連れて行く。

ビールを手に入れるのもひと苦労だ。食券を買う列に並んだあと、別の列に並んで食券と引き換えにビールを受け取る。ビールは蠟引きの紙コップで出され、値段は水増しされている。食べものはそこそこだが「舌鼓を打つ」ほどではない。それを一皿手に入れるために一時間ちかく列に並ぶ。お祭り会場までの通り沿いはびっしりと、ガレージセールとヤードセール。かつてのスモールタウン・アメリカは、年に一度のお祭りで人をもてなすことに誇りをもっていたのだが、今やそこに新たな姿勢が見てとれる。増えるいっぽうの町民たちは、お祭りがらみの金の分け前をどうやって懐に入れるかで頭がいっぱいなのだ。

このソーセージ祭りの評価は、もしわたしが次のような指摘をしそこなったら、誤解を招いていただろう。すなわち、多くの人が何度も足を運んでいる点から見て、このお祭りは成功しつづけているということだ。なぜか？　その過分な人気には、いくつかの要因があるようだ。来訪者の大半、とくに五〇歳未満の人びとは、経験から得た洞察力しかもっていない。ありていに言えば、彼らは見たことがないのだ、草の根レベルで組織された良質なコミュニティの祭典を。駐車場は無料だし、テーマパークや万国博覧会やディズニー王国《キングダム》の来園者が突きつけられるような法外な入場料もない。そんな行事を多くの人は、企業が経営するテーマパークの狡《こす》っ辛さ――効率のためとはいえ、客が移動させられ、詰め込まれ、一列に並ばされる――とは対照的な、歓迎すべきものと本気で思っている。

わたしが二、三の比較を長々と論じたのは、ラガービール園の例を拒絶したときにアメリカが何を失ったかを際立たせるためだ。しかし突き詰めれば、仕掛けを施設と比べることは適切ではない。ソーセージ祭りのような年に一度の特異なものを、かつて行き渡っていた生活様式に欠かせない要素としてのラガービール園と比べるのは的確ではない。ときたまの祝祭は、いくらうまく計画されたところで、定期的な交流や参加から生まれるものを提供できないのだから。

ドイツ系アメリカ人のラガービール園は、サードプレイスのずば抜けて優秀なお手本である。それは、あらゆるものを含むインフォーマルな社会参加の基盤だった。そしてそこから友情が生まれ、興味の合う仲間ができた。ビール園の心地よい気安さのなかで出会い、知り合うようになった人びとは、続いて演劇クラブや体操、ディベートクラブ、合唱集団、ライフルクラブ、国防市民軍兵、篤志消防隊、友愛会、そして社会改良に貢献する各種団体を結成する。ラガービール園はコミュニティの土台だった。飲酒を中心としてできあがった組織ではあるが、それは、オコナーが述べたように「街角の食料雑貨品店と同じくらい真っ当」だった。[33] 数多《あまた》の禁酒讃歌を生むきっかけとなり、酒場でドンチャン騒ぎをする酔っ払いの群れのなかで空しく父親を探すリトル・ネル〔ディケンズの小説『骨董屋』の主人公である可憐な少女〕のイメージを植えつけたヤンキー酒場とはちがって、ビール園は、家庭生活にはたらく求心力であり、分裂を進める力ではなかった。ビール園は、アメリカの経済システムと定期的な友愛会との競合を調整した。また、その心地よい輪のなかにすべての人を平等に温かく迎え入れることによって、社会生活の格差を埋めた。ドイツ系アメリカ人は、ほかの人びと以上に、人間の基本的社会性の責務——自分が幸せになるには、他者も幸せにならなければならない——を知っているようだった。起伏の激しい新開地に、彼らは第一の場所《ファーストプレイス》、第二の場所《セカンドプレイス》、第三の場所《サードプレイス》という三脚台を据えた。そうすることによって、自分たちの生活と、自宅の近隣への礼節をいっそう安定させたのである。

第6章　メインストリート

リヴァー・パークは、第二次世界大戦終末期のアメリカの典型的なスモールタウンだった。老人も若者もその中間層も、誰もが町のメインストリートを自分のものだと主張した。メインストリートは、そんな彼らをすべて受け入れ、結びつけた。屋外でも屋内でも、この短い通りに沿ってサードプレイスの交流が頻繁に行われ、拡散されていた。日常の仕事の合間に一服したい、巷の噂を仕入れたい、あるいはたんに所在なさを紛らしたいという欲求は、町なか《アップタウン》をそぞろ歩きするのと同じほどたやすく満たされた。

一九四〇年、リヴァー・パークの人口は七二〇人だった。この町はアメリカ中西部の北方、ミネソタ州南部の肥沃な農業地域を蛇行する川沿いにある。当時、地方の道路は、地域社会からおいそれと旅に出られるようにはできていなかった。町の近くを通る主要幹線道路は幅が狭くて危険だった。ほぼ一マイル〔一・六キロメートル〕ごとに丘や窪地や急カーブがあった。あの時代の道路工夫は、自然の起伏を崩してならすよりも、本来の輪郭線にしたがって道を造ったからだ。二級道路は、日照りのときは埃っぽくてでこぼこだった。春には多くの道路が柔らかくなり、通行に苦痛を感じないことが多かったが、空気の乾いた夏の数カ月で、ガタガタの「洗濯板」に変わってしまう。そういう道を通るときにはトウモロコシの穂を口にくわえるといい、と地元の知恵者は助言した。「舌を嚙み切らないようにね」。新たな「アスファルト」道路もお目見えしていたとはいえ、ごくわずかだった。

テレビはまだ登場していなかったので、一般家庭はたいした娯楽の場ではなかった。その事実と、自動車旅行のしにくさとが相まって、コミュニティの成員は、目新しさ、多様性、娯楽の源としてお互いに頼りつづけた。この時期のアメリカのスモールタウンが総じてそうだったように、ここでも人と人との交流が、日常生活に不可欠な彩りを添えるための主要な、ほぼ唯一の手段だったのである。人びとは語り合い、互いの滑稽なしぐさや突飛な行動、手柄、不幸を深く理解し合うことによって、毎日をよりいっそう面白く過ごした。

個性《パーソナリティ》は、それらを十二分に理解できる日常生活のペースがあり関心の的があるときの常として、豊かだった——もちろん必ずしも立派というわけではないが、とにかく豊かだった。そんなコミュニティのありようを念頭に置いて、ロバート・トレイヴァー〔最高裁判事、作家〕は、スモールタウンならではの個人の表現の自由とその味わいについて書いている。「「人格《キャラクター》」の形成が、アメリカの小さなコミュニティで大輪の花を咲かせるのも当然だ。すでに詳しく述べたとおり、わたしは大都市に根深い嫌悪をいだいているわけで——この猛烈な嫌悪の要因の一つは、次のような悲しい、痛烈な認識だと思っている。すなわちアメリカの大都市は、妨害されて飢えた無数の「個性派《キャラクター》」で満ち満ちているのだ。

彼らは都市生活の、行き場のない大きな怒りゆえに、自らの個人主義や生活にたいする愛の自由な表現を永遠に封じ込め、横暴をはたらく群衆と一つにならなければならない……」。リヴァー・パークは、当時のスモールタウンの例にもれず、「個性派」には事欠かなかった。[1]

リヴァー・パークの一般的な生活の質がどんなだったかは、いたずらが日常茶飯事だった事実に見てとれる。昨今、いたずらはほぼ全国的に、悪質で無意味な行為のように思われている。わたしたちはそれを乗り越えて進歩したと思いたいところだが、じつは、わたしたちの人間関係があまりにも希薄で不確かになったから、そのような危ういまねをすることができないのだ。いたずらが本領を発揮するのは、被害者がよく知られていて、人びとが互いに強い関心を抱き合い、人間どうしの社会的な絆が弱くない場合にかぎられる。リヴァー・パークの住民どうしが仕掛けあった策略は、じつに独創的な発想のものが多く、傑作ないたずらは、その後何年間も語り草になった。今、いたずらが生き残っているのは、戦闘部隊とプロ野球チームと結束の強い作業集団といった、緊密な結びつきのなかだ。リヴァー・パークでは、そのような今日の特殊集団の特徴と同類の緊密さが、もっと広いコミュニティ全体に行き渡っていた。

ヒューマンスケール〔人間の感覚や動きに適合した規模〕

地元の住民を周辺地域内に押しとどめ、なおかつ人びとを家から外へと誘い出すような、前述の条件以上に、リヴァー・パークにおけるサードプレイスの交流の特徴は、コミュニティの規模に負うところが大きい。この町の人口規模と物理的空間は、多くの専門家が理想的と見なす範囲におさまっていた。[2]大人たちの間では、みんながみんなを、その姿で、発言で、評判で、またその人の家族の評判で知っていた。このコミュニティの規模は、人間の記憶の限界に見合っていた。

その規模は人の視力と脚力にも合っていた。誰もが町内のどこにでも歩いて行けて、その距離はたかだか六、七ブロックしかなかった。メインストリートまではどの家からも歩いて四ブロック以内だ。町が提供しなければならないものは何でも徒歩圏内にあった。メインストリートの距離は、そのいちばん遠くにいる人をも裸眼で見分けられる程度だった。町の全住民と町内の各所は、いわば扱いやすいジグソーパズルであり、子どもは一つまた一つと場所や顔を当てはめて行き、学校を卒業する前にそれを完成させることができた。

人口七二〇人のリヴァー・パークは、どの点から見ても小さかったが、それでも「共生社会」を提供したり「交友の機能を最大限まで満たし」[3]たりするための必要最低限の数値をゆうに上回っていた。交友の必要に応じられるほど大きかったが、分裂を避けられる程度に小さかった。リヴァー・パークには多少の貧困もあり、誰もがそれに近い生活を送っていた。貧しさは、馴染みのない不名誉なものではなかった。独身の男女は大勢いたが、彼らはコミュニティの社会生活にうまく組み込まれていたので、「独り者」でも一般的な交流から除外されることがなかった。プロテスタントとカトリックのあいだに内在する敵意（この町の歴史の初期には宗教「戦争」があった）は、あからさまな分裂をきたさず、コミュニティの若者にほとんど悪影響をおよぼさなかった。

メインストリートの規模については、ざっと、町の距離は五ブロックと言えるだろう。しかし実際はもっと短く感じられるにちがいない。スモールタウンの街区《ブロック》は大都市の場合ほど大きくないし、リヴァー・パークでは、メインストリートに並ぶ商業施設のほとんどが、三ブロックにも満たない範囲におさまっていた。コミュニティの会社や商店は、一部を除くすべてがメインストリート沿いに軒をつらねていた。ぜんぶで四〇軒、通りの北側にも南側にもほぼ同じように立っていた。商業上、そこは一本道の町《ワンストリート・タウン》、しかもその道は短かった〔one-street town は「ちっぽけな町」の意味〕。

メインストリートの雰囲気

本章の冒頭でわたしは、サードプレイスの交流がリヴァー・パークのメインストリートの道なりに拡散されていた、と述べた。「拡散されていた」というのはつまり、大都市圏に見られる傾向とちがって、ある特定のバーやグリルや喫茶店のたぐいに限定されていなかったという意味だ。リヴァー・パークでは、インフォーマルなつきあいが、大都市では許されそうもない路上や商業施設にまであふれ出ていた。そんなわけで、メインストリート自体が、沿道のどの場所にも劣らずサードプレイスなのだった。

そうであることを示す証拠はたくさんあった。まず第一に「アップタウン〔スモールタウンでは、町の中心地を意味する〕」という言葉が、どんな特定の目的地よりも頻繁に使われた。自分の住んでいる場所がメインストリートの東側だろうと西側だろうと、あるいは中央交差点の北側だろうと南側だろうと、人びとは口ぐちに、アップタウンに行くと言った。アップタウンは一つの存在であり、その各部の相違より類似がまさっている一つの統合された場所である。そしてアップタウンに行くということは、何かの用事を済ませたり、決まった目的地に行ったりすることだけでなく、社交上で接触する人びとと関わり合うことでもあった。当時は、ただ食料品を買うだけとか、郵便局に郵便物を受け取りに行くだけということがめったになかったのだ。

メインストリートをたびたび通ることに社交的な要素が強いのは、そこを歩く人びとの様子からも感じ取れる。歩行者としての彼らの振る舞いが、大都市での典型とはずいぶん違うのだ。大都市の人びとは、繁華街《ダウンタウン》の路上を急ぎ足で、すれ違う相手から視線をそらし、考えごとにふけっているような、ほとんど不機嫌な表情を浮かべながら歩きがちだ。実のところ、都会生活のペースの速さと見なされているものは、大都市の歩行者の急ぎ足から判断するに、同じ歩道を歩いている他者と関わり合いたくない人びとの典型的な歩き方にすぎないことが多い。いま述べたように、都会人は、自分がもっぱら「どこかに行く途中」であり「急いでそこに向かっている」という合図を送る。これは推論だ。けれども推論ぬきで、そのような歩きかたが明らかに示しているのは、実際にそうする人びとが、通りすがりの人を社会的に認めたり、彼らと挨拶や会話をしたりする意志はないということだ。

リヴァー・パークでは、人びとが屈託のない、期待に満ちた表情でのんびり歩く。立ち止まって挨拶を交わすことをいとわず、むしろそれを心待ちにしている。道で出くわす人びとは知り合いだから声をかけないわけに行かないし、それより何より、束の間の立ち話から面白そうなことや楽しいことが、いつでも起こりうるのだ。ただし、誰もが自分以外の全員を心から好きだったわけでもないだろう。なかにはそっけない挨拶しかしない人もいたが、たいていの人は少なくとも挨拶ぐらいは期待できた。誰かと誰かが仲たがいしているときは、一方が相手との接触を避けるために道の反対側に渡ったかもしれない。そんな光景は、事情を知っている傍観者を面白がらせた。

もっと社交好きだったり暇だったりした人は、メインストリートの一ブロックを一時間もかけて満喫したかもしれない。なにしろ、日中はいつでも大勢の人がそこを行き交ったり、ぶらついたりしていたのである。店から出てきた誰かや、道の向こうからやって来る誰かに遭遇するだけではなかった。店の正面入口階段や、事業所の多くが提供したベンチに腰を下ろしている年配の定年退職者とのおしゃべりもできた。老人たちはコミュニティ内の活動的な人びとと話をし、新しい情報を仕入れるのが何よりの楽しみだった。

もし今日リヴァー・パークを訪ねたとしたら、目に映るのは、一九四〇年とは似ても似つかない光景のはずだ。街路は閑散としているだろう。その昔、夜の十時に街じゅうが店を開けていることについての定番ジョークがあった。同じように、現代の町民も遅くまで店を開けているだろう。ところが今や人びとはほとんど路上から消え、かつて彼らの居場所となっていた物理的な施設も消えている。メインストリートの建物は目に見えて変わった。昔は店先に大きな窓があるのが特徴で、屋外にはたいてい座る場所があり、多くの場合それらは店の構造上不可欠なものだった。広い階段と、入口の側面にあるカソタ石〔ミネソタ州カソタ産の石灰岩〕の厚板は、夏場に腰をおろして涼むのにいいと気づいた人びとに重宝された。中央入口の左右に木製ベンチを一台ずつ置いて利用に供する店もあった。大きな窓と、入口付近に客を寄せることとの相乗効果によって、店の内と外が一つにつながり、「通りの活気」も促された。そんな屋外座席も、今ではすっかり過去のもの。新たな店先は道路との間に余裕がないうえ、窓がずっと小さいので、店内をのぞきこんだり店外を見やったりすることがほとんどできない。現代の商人たちは、今でも店の中や周囲に少しばかり客をとどめようとするかもしれないが、改装された建物がそれを許さない。

昔のリヴァー・パークの屋外での温かいもてなしは、一年のうちでも暖かい数カ月間にかぎられていた。その間にはしかし、その様子がはっきり見てとれた。天気の良い日、夕刻の数時間を町なかで過ごすことにした市民は、どの店にも入らず屋外でぶらぶらすることが多かった。たまたま出会った人と関わり合うのが人びとの習慣になっていた。つまり街角に集まって、街灯の柱や止まっている車に寄りかかり、あるいはあちこちに置かれているベンチに座ることが珍しくなかったのである。

サードプレイスでの人づきあいの拡散性は、そのために建てられたわけでも、それが想定されているわけでもない商業施設への侵入からも明らかだ。たむろして「無駄話をする」場所は、居酒屋とカフェとソーダ水売り場だけではなかった。二軒の農産物販売所には、椅子の代わりに使える卵箱や穀物袋がたくさん置いてあり、ほかに場所がないときなど、暇な訪問客をその気にさせた。町に二軒ある診療所のうちの一方は、軽口をたたく不良青年グループ——そこの医者が保護下においている若者たち——にしばしば待合室が占拠された。地元の三軒の床屋はどこも、たいてい客の半分が、一銭も金を払わずにただ立ち寄って駄ぼらを吹き合い、雑誌の最新号に目を通し、大型扇風機の風にあたって涼み、床屋の心地よい香りを楽しむだけだった。

リヴァー・パークの商人たちが寛容な態度をとったのは、浮浪者や長居の客にたいする慈善心からではなかった。大都市の商人とちがって、彼らは実質的に客を選ぶ自由をもっていなかったのだ。商売の成功はすなわち、店に入ってくる人全員の求めに応じることなのだった。一銭も払わない客や、しみったれた客を怒らせたら、その客はもとより彼らの友人をも失いかねない。そんなことを繰り返していれば店がつぶれてしまう。それに、商売はたいてい低迷していたので、客が一人もいないときの来訪者は歓迎された。ふつうは、客が入っているときでさえ、店に顔を出して暇つぶしをするだけのために集まる人びとの居場所があった。商人も得意客も長居の客もみな顔見知りだったし、長居の客は、商売の場所でうだうだするときの「エチケット」を幼いころからたたきこまれているので、ほとんど問題は起こらなかった。彼らは長居の客であることをわきまえて、商売の最中には口出しをせず、顧客の動きを邪魔しなかった。そのうえ、助っ人にもなった。地元の少年の多くは検卵の技術を身につけ、必要が生じたら、あるいは遊び半分で、手伝いをした。また、トラックへの荷積みや箱積みを手伝い、飼料袋を持ち上げて積むことで体力を見せつけた。商店主の多くは、仕事上の必要があればためらわず、屈強の若者たちに助けを求めた。

リヴァー・パークの子どもたちは、メインストリート沿いの時と場所について――何時から何時まで、どこなら入りびたるのが歓迎されるかを――たちまち学んだ。夜九時の門限は守られた。郵便局はいつでも誰でも入ることができた。銀行は、親の付き添いがなければ青少年は入れてもらえなかった。少年たちは、食事時にカフェでたむろしてはいけないが、客の少ない時間帯ならたいてい歓迎されることを知っていた。だから土曜日の午後一時過ぎから五時前まで、八歳の少年二人が地元のレストランの片隅のボックス席でポーカーをして遊んでいる光景を目にすることもあっただろう。掛け金を入れるポットには、緑と黒のクレヨンで縁取りされた不動産譲渡証書と譲渡証書、それと何千ドルものおもちゃのお金が入っていたかもしれない。彼らはクリームソーダかペプシ（あるいはほかの何であれウィスキーに似た飲み物）を、店の粋な計らいでショットグラスから飲んでいるかもしれなかった。ボックス席でなくてもよかった。少年たちは行儀よくしていたからだ。「ゲームでずるをしないように」とテーブルの上に置かれたおもちゃのピストルは、火を吹くことがなかった。少年たちは、店が閑散としているときの「にぎやかし」の役目を果たした。誰もがそんな状況に満足していた（今どき、こんな子守りを利用できる親はどれだけいるだろうか?）。それに二五セントでも収入になれば、ゼロよりはましだった。

しかし、子どもたちが何より好きだったのは、昼間にメインストリートの屋外にいることだった。子どもと老人は、人が働いている時間帯、歩道のベンチに優先権が認められていた。中間の年齢層は、勤務時間中にぶらぶらしているはずがなかったからだ。メインストリート沿いの屋外の座席は、町の最年長の世代が最年少の世代と自由かつ積極的に交流できる主要な、ほぼ唯一の環境だった。

メインストリートに並ぶ四〇軒の商店のうち十九軒は、日ごろから進んで人びとをたむろさせたり呼び入れたりしていた。社交と商売が一体となっている雰囲気があてはまらないのは、専門職の事務所と、忙しい食料雑貨店ぐらいだった。そんなわけで、リヴァー・パークは正規の社交場を必要としないコミュニティなのだった。ビリヤード場や映画館やボウリング場がなくても、実際に困りはしなかったし、そのような娯楽場を確保する努力も見られなかった。リヴァー・パークの人びとは、少なくとも一九四〇年までは、商業化された娯楽をさほど必要とせず、互いに相手を楽しませ、もてなす能力を持ちつづけていた。その直接の結果として、コミュニティの結束と、協力の習慣が強くなった。

活動拠点《フォーカル・ポイント》

メインストリート沿い全体にサードプレイスの雰囲気めいたものが行き渡っていたが、とくに多くの人が集まり、重要な核となる場所もいくつかあった。その代表格がバートラムズ・ドラッグストアである。バートラムズは、ロジャー・バーカー〔アメリカの社会科学者。環境心理学の創始者〕らが独自の有名な「中西部」――カンザス州の、(偶然にも)リヴァー・パークと同規模の人口を擁する一都市――の研究で論じたクリフォーズ・ドラッグストアに驚くほどよく似ていた。[4] ロバート・ベクテル〔アメリカの環境心理学者〕が同様の調査で見出した場所は、一つの事例では、地元の酒場宿《イン》の正面階段であり、もう一つの事例では、アラスカ州の航空警戒管制局の、計画外にできた休憩所だった。[5] こういう場所をバーカーが「中核的環境《コア・セッティング》」と呼んだのにたいして、ベクテルは「活動拠点《フォーカル・ポイント》」と呼んだ。

彼らの定義によると、近隣区域やコミュニティにおける中核的環境とは、そのコミュニティのあらゆる住人と出くわす可能性が、ほかのどこよりも高い場所である。そこは、最も多様な地元民に飲食や娯楽を提供し、商売の場であれば最大数の顧客を擁している。たいていの噂話が聞ける場所であり、そこに行けばコミュニティ内で起こっていることがわかる。平たく言えば、そこは「活動の中心となる場所」なのだ。

バートラムズ・ドラッグストアは、ベクテルがそのような場所に必要とする基準をすべて満たしていた。町の中央に位置し、みんなが同じように行きやすかった。その内部か付近に重要な機能があった。人びとが何もしないでいても許された。町の中央交差点の角に位置していたので、そこは車で「通行中の」運転者のほとんどが、止まるとしたら止まる場所だった。たいていの人がちょっとした贈り物を買いに行く場所だった。定期購読していない雑誌類を買う場所だった。地元紙以外の新聞を買う場所だった。漫画本とペーパーバックの小説を売っていた。バスの切符もそこで手に入り、グレイハウンド〔長距離バス〕は店の正面入口の近くで乗客を乗せたり降ろしたりした。「七月四日の合衆国独立記念日」前の数週間は、いろいろな花火や、おもちゃのピストルが店内に並んだ。

　子どもたちは、ソーダ水売り場の向かいのボックス席で、時間ぎめでクリベッジやカナスタあるいはピノクル〔いずれもトランプゲーム〕をして遊んだ。男たちは奥の小部屋でポーカーをした。夏には、店の裏手にある蹄鉄投げの遊び場が人気で、町の少年たちはよく大人の男たちと一緒に遊んだ。就業時間中に大人四人はなかなか集まらなかったからだ。

　しかし、この中核的環境のなかでも中核は、ソーダ水売り場だった。そこが空いているのはごくまれで、放課後はいつもかならず人がいた。T・R・ヤング〔アメリカの社会科学者〕はソーダ水売り場を特別な場所として語ったが、そのときの彼は正しかったとわたしは思う。「アメリカのスモールタウンでは、アイスクリーム・パーラーが、ある特定の種類の社会的自己でいる（あるいは、いることを学ぶ）場になっていた。……近代都市において適切な自己構造が発達する場について考えると、いまだ腑に落ちない。ほかに何をしていようと、都市はその課題に対応していないのだ[6]」。ヤングの真意はやや分かりにくいかもしれないが、彼の結論は当を得ているように思える。たしかに、ドラッグストアはリヴァー・パークの若者たちに最も好まれたサードプレイスあるいは、たまり場だった。

オハイオ州でそれと似たような場所を知っている女性が、わたしに手紙を送ってよこし、このテーマに特別な一章を割いてほしいと切望した。彼女は章見出しまで提案してくれた。「近所のドラッグストア――酒のないバー、すなわちソーダ水売り場がある昔のそれ――を称えて」。彼女はドラッグストアが自分にとってどんな意味をもっていたかを、次のように説明する。「わたしはオハイオ州アクロン近郊の小さな産業都市で育ちました。一九三三年生まれです。わたしが学校に通いはじめるずっと前から、父は毎晩の散歩にわたしを連れて行ってくれました。「街角まで」コーラを飲みに。それが日課でした」。

「何年か経つあいだに店主が変わりました。それまでの薬剤師が店を手放すと、また別の薬剤師がやって来て。けれどもソーダ水売り場は残りました。そこは、道の向かいのバーに入り浸らない男性たちの集いの場になっていたのです。ご近所の女性たちは、この店に入ると、買い物をして、出て行きます。でも男性たちは、集まって話をする。わたしはたいてい唯一の子どもで、高いスツールに座ってチェリーコークかレモンコークをちびちび飲みながら、父とそこにいるのが楽しかった」。

「わたしも大人になって、自分のこれまでの人格形成の大きな力として「街角」を思い返すことが多くなりました。確信はもてませんが、わたしはあの場所で、幼くして気づいたのだと思います。世の中はオハイオ州バーバートンよりうんと広くて、市と州と国の行政があって、政治上の出来事は国民の生活に影響をおよぼし、国民は政治に参加しているということに。ドラッグストアで耳にしたその種の会話のおかげで、わたしは思想について語り合うことに抵抗がなくなったし、ご近所の台所テーブルで女性たちがする話と同じように男性たちの話にも詳しくなったのではないでしょうか。あの

「街角」で、政治と経済と哲学（そのどれ一つとして家庭の領域には属していませんでした）への生涯にわたる関心が植えつけられたのではないでしょうか。けれどもそれらが、このサードプレイスの核だったのです」。

「今朝わたしは、教室での経験に先立つ「街角」の経験をありがたいと感じていました。この朝の感謝の念がしだいに、午後の悲しみへと変わって行きました。わたしが経験したことを一度も経験できないであろう子どもたちみんなを嘆く気持ちに。ほとんどの父親は、娘をバーになど連れて行かないでしょう、たとえそこが今、彼らがサードプレイスでの男の話をしに行く場だとしても」[7]。

たしかに、バートラムズのソーダ水売り場も男女が一緒だった。女の子が「たむろして」いても構わない店だった。ソーダ水売り場は、まさに、若者向けのサードプレイスで提供されるべき先例や知識をすべて与えていた。しばらく前に、クリスマスの季節の恒例でわが一族が集まったときのことだが、親戚の一人が、自分のコミュニティの十代の若者たちにかんする問題を教えてくれた。そのコミュニティは、新たな採鉱技術を中心に生まれたため、古い伝統がある場所ならどこにでも備わっているような、子どものための場所がひとつもなかった。このコミュニティの若者は「恩知らずな連中」だ、と男性は不満をもらした。自分たちの特別なたまり場を造ってもらったばかりなのに、ちっともありがたがらないのだから、と。

そんな泣き言を聞かされたあと、わたしは彼に二つの質問をした。そのたまり場は町のど真ん中に——どこからもちょうど同じくらいの距離に——ありますか？　そして「大人もそこに通いますか？」答えはいずれもノーだった。そこは若者「専用」であり、誰も町の中心部にそんな場所を望んでいなかった。近ごろは、高齢者と若者の両方についてたいてい言えることだが、彼らを排除することが望まれている。老人は、自分たちの運命をわりあい潔く受け入れる。若者は、コミュニティによる不当な疎外に憤慨し、その怒りを表す手段をもっている。

リヴァー・パークの若者たちは、成人して町の3・2ビール酒場〔アルコール度3・2%の弱いビールを出す飲み屋〕に一人でいるのを心地よく感じるような年齢になってからも、ドラッグストア通いをやめなかった。ドラッグストアは、けっしてお子さま専用の場所ではなかったのだ。夏のあいだ、本物のカソタ石でできた広い階段には、ちょうど客が通れるほどの隙間を残して、少年たちが並んで座っていた。店の外で、彼らは悪ふざけに興じ、通りを行き交う地元の人びとを眺めながら、家族の車を借りられる男子か女子に相乗りさせてもらう機会を待った。店内では、漫画本の立ち読みをしたり、木製のボックス席にイニシャルを刻みつけたり、ある程度「ふざけ回ったり」することが許されていた。店主は計算づくだった。若者が払う微々たるお金も、それなりの人数が集まれば、ちょっとした迷惑を相殺する額になると。子どもたちにとって、バートラムズはコミュニティの活動拠点だった。

子どもたちがいても、大人は文句ひとつ言わなかった。バートラムズはみんなのものだった。店のソーダ売り場を、大人もよく利用した。彼らは自分たち用に座席の一部を確保しようとはせず、若者と隣り合って座った。大人の多くは飲み屋を——たとえそこが食べ物を出し、「低アルコールの」3・2ビールしか提供しない店でも——避けていた。農民はとくに飲み屋に神経質だった。なかには、みずから課した禁酒を土曜の夜に緩める者もいたが、大半は厳守した。彼らは「酒場農民」の汚名を返上しようとしていたのだ。酒場でとぐろを巻く地元農民は、その地方の川が氾濫すると真っ先に災害給付金を要求することで知られていた。農場から町に出てきた多くの人びとにとって、また町に住んでいてやはり飲み屋を軽蔑している人びとにとって、ドラッグストアのソーダ水売り場は「酒のないバー」だった。

その他のサードプレイス

　バートラムズは、あらゆる年齢の人びとにとって町の活動拠点《フォーカル・ポイント》だったが、もっと小規模ながら、仲間や活動ごとに選べる場所もいろいろとあった。多くの地元民やその地域の農民は、飲み屋に入り浸らなかったが、だからといって飲み屋が廃れたわけではない。一九四〇年、リヴァー・パークには三軒の酒屋（店飲みも持ち帰りも可能）と五軒の3・2ビール酒場があった（うち四軒は食事も出し、カフェと呼ばれることが多かった）。

　この地域のアイルランド人アマチュア拳闘家たちの行きつけで「血のバケツ」と呼ばれた3・2ビール酒場だけは例外だったが、これらの店はふつうは抑制がきいていた。3・2ビール酒場は、少年から大人への過渡期に重要だった。少年も少女も、中学や高校の年頃になるころには、夕方前や宵の口にそういう店をよく訪れたものだ。高校のバスケットボール選手は試合のあとそこに移動して、みんなの称賛を浴びた。「交際中」の若いカップルは、そこのボックス席で、お金をかけずに長時間おしゃべりをして過ごした。ジュークボックスに入っている曲は若者の好みに合わせてあった。そして、コミュニティでおこなわれているような軽い賭け事を、若者が吹き込まれるのもここだった。一部の店のピンボールマシーンは、高得点に達すると大きなもうけになった。クリベッジやジンラミー、ピノクルといったトランプゲームは、小額の金をこっそり賭けておこなわれることもあった。パンチボード〔穴がたくさんあいているゲーム盤。穴のなかには数字を記した紙が入っていて、その紙を棒で突き刺し、当選番号と合っていれば賞品がもらえる〕には魅力的な特賞（ニッケル鍍金をほどこした二二口径のライフル銃など）がつきもので、それがカウンターの後ろのボトル棚に飾ってあったりした。ほとんどの店にはダイスカップが置いてあり、バーテンダーは、要望があれば、飲み物を注文した客にサイコロを振ってみせた。いつも、ゲームには溺れないよう歯止めがかけられていたので、若者が賭け事をしても問題なかった。スロットマシーン中毒になる大人も一人や二人はいたが、若者はワンアームド・バンディット〔賭博用スロットマシン〕で遊ぶのを禁じられていた。

この町にはフリーメイソンの支部が一つあったが、一九四〇年ごろにはほとんど活動していなかった。謎につつまれた共済組合であり、全容をできるかぎり秘密にしておけばいいことになっていたが、その理由は単純で、メンバーが大したことをしていなかったからだ。活気のある市民団体といえば、一般にまずは篤志消防隊、次に後援会《ブースター・クラブ》だった。ほかにも、正式な組織をもたない二種類の集団にたいして「クラブ」という言葉がユーモアまじりで使われていた。一つは、日なた《サンシャイン》クラブ。メインストリートの活動を見守り論評したいという定年退職後の男性たちの願望と、それがかなうほど多くの屋外の座席をメインストリート沿いの商店主が提供したという事実から生まれた。日なたクラブと呼ばれていたのは、そのメンバーたちがいつも昼間に通りのこちら側からあちら側へと移動しては日なたぼっこを続けたからだ。

それから嘘つき《ライアーズ》クラブもあった。これは、町の速達便事務所に毎日のようにやって来る年配の男性グループにつけられたあだ名だ。メインストリートは鉄道駅から一キロ半ほど離れているので、速達便事務所は貨物トラックによって鉄道速達便に接続されていた。夜にはその事務所が、社交場として利用された。集まってくる老人たちは、かなり選りすぐりの面々だった。年寄りなら誰でも参加できて薪ストーブの周りの特別席に座れる、というようなものではなかった。サードプレイスとして、そこが賑わいはじめるのは夕食の直後で、出席率が最も高くなるのは冬場、家に閉じ込められていることにほとほと嫌気がさす時期だ。メンバーは正真正銘の幼なじみ。子どものころからの知り合いで、夫婦の連帯が婚姻契約の一部となるずっと前に妻をめとり、エリート仲間のように集まっては、年寄りには珍しいくらい乙《おつ》に澄まして時代の移り変わりを論じた。

コミュニティの活動拠点として、唯一ドラッグストアと肩を並べていたのは郵便局だった。当時、郵便物は職場や住居にまで配達されなかったので、誰もが日々郵便局に取りに行かなければならなかった。そこは集いの場であり、椅子こそなかったが、立ち話をする空間があった。郵便局はいつでも開いていたし、一九四〇年当時、まだ大きなガラス窓がはまっていたので、なかにいる人が見えた。冬の夜には、郵便局に立ち寄って暖をとってから家路についたものだ。

メインストリート沿いのいくつかのサードプレイスは、そこで許される「気晴らし」の趣向や気風にかなりの差異があった。郵便局と速達便事務所は、会社でくだけた会話をするのと同じで、わりあい抑えめだった。3・2ビール酒場はもう少しにぎやか、そして酒屋はじつに騒々しかった。どんなときでも、リヴァー・パークはあらゆる住民の好みにほぼ応じたお祭り騒ぎを提供できたのだ。土曜日の夜には、何もかもが普段より速いテンポで進んだ。

それが静かな語らいだろうと、足を踏み鳴らしながらの哄笑だろうと、リヴァー・パークのあらゆるサードプレイスとメインストリートは、総じて活気があった——少なくとも「店のシャッターが下りる」時刻までは。にぎわいが保たれていた秘訣はきっと、仲間を求めてメインストリート沿いのそれらの場所を訪れた人びとの大半が単独でそこに行ったという事実にあるのだろう。これこそ、現代のコミュニティが実現できず、現代の生活に欠けている特色だ。今どき一人でふらりと立ち寄れて、自分のための交友関係や仲間意識が用意されている場所を探し当てた人がいるとしたら、じつに珍しいし、運もいい。わたしたちの大半は、どこかで話し相手が欲しければ、友だちと一緒にそこへ行くしかない。サードプレイスでのつきあいと呼べるものを定着させるには、あらかじめ計画を立て、段取りをつけ、時間と場所を決めようとしなければならない。家庭用娯楽機器や高速道路が人びとをよそに連れ出したり自宅に引き留めたりするようになる前、リヴァー・パークのようなスモールタウンでは、「お一人様」が苦もなく仲間を見つけて気晴らしをすることができた。こうして手軽に社会的本能を満足させていたことによって、当時のリヴァー・パークは退屈をよせつけずにいられた。

しかし時代は変わった。今のリヴァー・パークの街頭には人影がほとんどなく、メインストリートを——行きは道のこちら側、帰りはあちら側を——端から端まで歩いても、途中で戸口から笑い声が聞こえてくることはないし、自分から誰かに話しかけることもない。戸口の脇に座っている人がいないのだ。腰をおろす場所が撤去されてしまったから。老人も若者も、もはやメインストリートに出て互いに楽しむことはない。通りから覗きこんで建物内の生活を垣間見るような窓はほとんど残っていないし、逆に室内から外を眺めたとしても、見て面白いものはほとんどない。

町は、かつて有名だった毎年恒例のお祭りをやめてしまった。その理由について、地元民はたいていこう言う。近ごろは暴走族が入ってきて、他の住民たちの楽しい時間を台無しにするが、郡保安官をはじめ誰ひとり奴らを取り締まれなかったからだ、と。けれどもじつのところ、凋落はもっと早くから始まっていた。かつて無私無欲でせっせと食べ物をこしらえ、祭りを催した古株たちは、若い世代に取って代わられた。若い世代は、この行事を引き継いだとき、温かいもてなしという旧来の伝統を金儲けのタネにしようとした。「濡れ手で粟」というやつだ。しかし、それもまた原因の一端にすぎない。リヴァー・パークから3・2ビール酒場が姿を消したこと、競技場や野球場が取り壊されたこと、野外ステージが撤去されたこと、クリスマスに松の大木を囲んで歌う集団がいなくなったこと――その他もろもろの変化――から窺えるのは、町民たちの、互いに楽しみ合い、他者を楽しませる能力がいちじるしく低下したことだ。だからと言って、この町と住民たちを非難するにはおよばない。こういうのはよくあるパターンで、彼らの手に負えない要因が絡んでいるのだから。

新形態のメインストリート？

戦前のスモールタウンとそのメインストリートの記憶や事例は、めっきり影が薄くなった。あげくの果てに多くの人が、そういうものはショッピングモールのかたちに生まれ変わったのだと主張する。一九七三年に「USニューズ&ワールド・レポート」誌は、ショッピングモールが、アメリカに帰属するコミュニティの核としてメインストリートに取って代わりつつあると指摘した。[8] ほかの場所でリチャード・フランカヴィリア〔アメリカの歴史家・地理学者〕は、メインストリートの美点など実際にはひとつもないと主張した。彼によると、ショッピングモールはメインストリートに引けをとらない。いやそれどころか、まさっている。なにしろショッピングモールは魅力的な場所だが、スモールタウンは見苦しくて住民が狭量だったから、と。[9] ラルフ・カイズ〔アメリカの文筆家〕は、ショッピングモールを「わたしがこれまで郊外に見出した、最も静穏で好ましい場所」と称えた。彼はショッピングモールを「昔の市街広場《タウンスクエア》」になぞらえて、人びとが「顔なじみの住人たちにかこまれてそぞろ歩き[10]できる場所だと言った。ユージーン・ヴァン・クリーフ〔オハイオ州立大学の地理学名誉教授〕の著書には次のようなことが書いてある。モールは「休憩用のベンチが置かれていて」買い物客が「すっかりリラックスできる」場所であり、これらの「新たな散歩道《プロムナード》」は「決然とした人びとがコミュニティで何ができるかの極み」である。[11] これらの著者にかぎらず、かなり多くの人びとが、荒唐無稽の一歩手前で好き勝手を言っている。戦前のスモールタウンと現代のショッピングモールをどちらもよく知っている人なら、事実を知っているから、そんな比較に嫌悪感を抱くだろう。社会学的洞察力の欠如に加えて、ものの見た目にたいするこだわりが、多くの熱烈なショッピングモール愛好者に共通している。

ショッピングモールに魅力を感じる人が多いのも無理はない。そこに比べて、周囲の世界のほとんどがあまりにも醜悪なのだ。典型的な都会の大通りで人びとを待ち受けているのは、頭上でもつれ合う電線と、車を疾走させる運転手の目に合わせてデザインされた馬鹿でかくて無粋な標識と、ゴミだ。そしてどこもかしこも、停車中や走行中のおびただしい自動車の見苦しさで景観が損なわれている。たんに都会の醜さを排除しているだけでも、ショッピングモールの内部は心地よいに決まっている。

だが、見た目はさておき、ショッピングモールは、戦前のスモールタウンやそのメインストリートに比べて不毛な場所である。

ショッピングモールは、まず第一に「企業国家」だ。典型的なショッピングモールでは、大型チェーン店が通路《プロムナード》の起点と終点を支配している。そして通路の両側に並ぶこまごまとした店舗は、その一対の大型店と相性がよくなければならず、現実の脅威となってはならない。モールの主要な「客寄せ」だというもっともな理由をかかげて、その大型店は自分たちの競争の性質を決めることができる。社交ではなく商売こそがショッピングモールの特徴であり、買い物客が腰をおろして「すっかりリラックス」するかもしれないベンチなど、その数から言って飾り物にすぎない。実際、建築関係のパンフレットの多くに見られるお定まりのPR調に反して、ショッピングモールの座席設備にかんするアーノルド・ロゴウ〔アメリカの政治学者・著述家〕のコメントの率直さには胸のすく思いがした。東部のとある大型ショッピングモールでロゴウは、「広さ十六万平方メートル以上のところに、疲れた買い物客がひと休みできる木製ベンチはたったの三つ」しか置かれていないことに気づいた。この事実は、地元の商工会議所の会長がそのショッピングモールについて言わざるをえなかったこと——「歓迎するのは買い物客であって、浮浪者ではない」[12]——と符合する、とロゴウは指摘する。金儲けの場は友好の場ではないから、ショッピングモールでは商売が最重視されるわけだ。

メインストリートとまったくちがって、ショッピングモールに来ているのはよそ者たちだ。ショッピングモールで、切れ目なく続く単調な歩行者の流れのなかを動きまわるとき、人びとはきょろきょろと顔なじみを探したりしない。知り合いを見かける可能性があまりにも低いからだ。そういうことは、そこで期待するものではない。理由は簡単だ。ショッピングモールはその地域の中心部に位置し、あちこちの郊外造成地から来るたくさんの客の利用に供しているのである。異なる造成地の住人どうしには知り合いがほとんどいないし、同じ造成地のなかにもさほど多くない。彼らのほとんどは活動拠点《フォーカル・ポイント》または中核的環境《コア・セッティング》を持たず、その結果として、近隣のなかでさえ広いつきあいが見られない。しかも近隣住民は、ショッピングモールの顧客のごくわずかな部分を占めるにすぎない。調査によると、平均的な人がショッピングモールで過ごす時間は、一週間にわずか五時間。したがって、自分がショッピングモールに居るときにたまたま友人の一人も来ている確率は低い。二人がばったり出くわす確率は、なおさら低い。

しかしショッピングモール生活の不毛さを理解するには、算術や確率に頼るまでもない。ときおり夫にその日の「ハイライト」——地元のショッピングモールやスーパーマーケットで知人に会ったこと——を報告する妻のコメントから明らかだ。もはやドラッグストアのようなサードプレイスをもたず、ショッピングモールで知人に会ったと興奮しきって帰宅する子どもたちからも、同様の言葉が聞かれる。こうした場所は「コミュニティ参加の中核」ではなく、その度合いがわかるバロメーターなのであって、示す値はかなり悲惨だ。

ショッピングモールでチェッカーやチェス、ポーカー、ジンラミー、クリベッジなどに興じている人をわたしは見たことがない。なのに、ショッピングモールに肩入れしている物書きたちに言わせれば、そこは「すっかりリラックス」できる場所なのだ。金のもうかるボウリング場でさえ、ショッピングモールからは排除される。なぜなら、その活動に割り当てなければならない空間の単位面積あたりの収益が手っとりばやくあがらないからだ。ショッピングモール周辺の立ち入り禁止の緑地で蹄鉄投げをしている老人たちを、わたしは見たことがない。その芝生の上でレスリングをしたり、何らかのゲームをしている子どもたちを見たことがない。

ディスプレイを趣味にしているわたしの知人たちは、ショッピングモール内で「飾る」のがいかに難しいかを教えてくれた。ほとんどの店は、遠隔集中管理のコンピューターシステムによる既定の基準に応じて売り場面積が配分されている。杓子定規で、融通がきかない。ほかの誰かのディスプレイに場所を提供するために移動することはできないのだ。それらの店は、喫煙や飲食にたいする警告表示であふれかえっている。ただし「たむろ禁止」の表示は無用。たむろするには空間が必要で、使える空間はすべて狭い通路と商品陳列に割り当てられているからだ。

メインストリートとちがって、ショッピングモールは午前なかばまで施錠されて開かないし、夕方早くに閉まる。そこに生活があるとしても、それは日中の商売に合わされている。というわけで、一週間のうちに利用できる時間よりも利用できない時間のほうが多いし、メインストリートとちがって、買い物客の群れではない夜間の客はいそうもない。

多くのショッピングモールにはバーが入っているが、アメリカ中西部および南部でわたしが観察した結果は、ロゴウが東海岸および西海岸で得た次のような所見を裏付ける――「……ショッピングモールの社交生活は、大人にとってほとんど魅力がない。バーが飲食物を出す相手は、つけっぱなしのテレビの画面から目を離さない、不気味で孤独な酒飲み連中だ」[13]。ショッピングモールに組み込まれているレストランは、たいていカフェテリアのたぐいで、大量の客を収容でき、しかも客の回転が速くなるよう設計されている。店によっては冷房をやたらと効かせ、客にぐずぐず食べる習慣をつけさせまいとする。そのような場所で温かいものを食べるということは、それをすばやく食べることに他ならない。

ショッピングモールにはファンがいるのだから、きっとそれなりの美点があるのだろう。そのうえ、一部のショッピングモールは、並外れた利便性をそなえている。とはいえ、それらは昔のスモールタウンのメインストリートとは比べものにならない。メインストリートの親密さをぶち壊したのと同じ条件が、ショッピングモールを生み出す条件なのである。こうした状況の本質的な違いを熟知しているることにかけて、CBSの移動特派員チャールズ・クラルトの右に出る者は、まずいないだろう。先日クラルトにインタビューしたデイヴィッド・ハルバースタム〔アメリカのジャーナリスト〕は、このように書いている。「彼はカンザスシティにできたばかりのモダンなショッピングセンターの取材から戻ったばかりで、その体験にげんなりしていた。それは、ばらばらに切り離された人びとの、無目的な世界だった。アーケードをうろつく十代の「モール・ラット《モール・ラット》族」、豪華なランチを食べに行く中流階級の妻たち、さらにはその土地を売って今はほかにすることもないからと、ただぶらぶらしている農民たち。「互いにやりとりはするが、互いのことを何も知らない人間たち」とクラルトは言った。「そこはコミュニティ感覚のない場所なのさ」[14]。ようするに、メインストリートとショッピングモールは違うということだ。その違いはあまりにも大きいので、両者が対照的なのは明らかであり、比較するまでもないだろう。

スモールタウンにあったけれどもショッピングモールにはとうていありそうにないもの、それをオリン・E・クラップ〔アメリカの社会学者〕は最近の著書で明らかにした。クラップの考察のテーマは「退屈」であり、その例として、彼は読者に、焚き火のまわりで民話を語る部族民ではなく「テレビのチャンネルを回しながら、メディアが垂れ流すおびただしい情報を受け取っている」[15]現代人を思い浮かべるよう促した。クラップは、誤解を与える固定観念に注意を喚起し、スモールタウンを「大したことが起こらない沈滞した場所」と見なす都市生活者の傾向について警告した。その固定観念は、スモールタウンの生活の研究によって否定される。これらの研究が明らかにしているのは、もともとスモールタウンにそなわっている、退屈への抵抗力、すなわち「スモールタウンの住人たちがお互いや小さな出来事に寄せる強い関心」である。

このスモールタウンの生活の良い面こそ、より大きな都会の枠組みのなかでサードプレイスが大切にもちつづけているものなのだ。人びとと、彼らの相互に楽しませ啓発しあう無限の能力にたいする関心は、個々の人間が目的から解放され、仲間どうしの自由な活動が許されるところで育まれる。したがって、スモールタウンとちがってそのようなおおらかな表現の自由を反映する「個性派《キャラクター》」を生み出さないから、という理由でロバート・トレイヴァーが都市を批判したのは、かならずしも正鵠を射てはいなかったのだ。実際、サードプレイスの常連たちを言い表すのに「個性派の勢ぞろい」よりうまい表現を見つけるのは至難の業だろう。それにひきかえショッピングモールは、顔のない人間たちの、浮遊する混合体だ。そこに「個性的な人物」は一人もいない。

第7章　イギリスのパブ

アメリカの居酒屋《タヴァーン》や酒場《カクテル・ラウンジ》とちがって、イギリスのパブは世間の評判が良く、風格めいたものが感じられ、市民生活にたいそうよくなじんでいる。イギリスにおける飲酒の四分の三は今も公共の場でなされているし、パブは、その利用をはばむ多大な勢力を尻目に、しぶとく生きのびている。ロバート・ゴールドストンの考えによれば、ロンドンの典型的な飲み屋は、市民意識をほとんど失った都市にかろうじて残った市民魂である。[1]イギリスの一般市民が近所にあるパブを――日常的な利用はさておき――擁護するのは、それらがとても大切な象徴であるからだ。ヒレア・ベロック〔イギリスの作家、思想家〕の、よく引用される次のような言葉がある。「酒場宿《イン》を失ったなら、空虚な己を溺死させよ、あなたがたは最後のイギリスらしさを失ってしまうのだから」。

パブの国は、クラブの国でもある。この二つは対極をなしている。パブがイギリスに近代民主主義をもたらす一助となったのにたいして、クラブは今なお、イギリス古来の悪名高い階級制度の分裂を端的に表しているのだ。「クラブ」という言葉は古英語のclifanあるいはcleofian〔まさしく現代英語のcleave〕に由来する――cleaveという言葉には「分ける」と「くっつける」の両義がある。[2] したがって「クラブ」は、分割するために作られた結合体を意味するのだ。イギリスのクラブは、イギリスの長きにわたる不平等の伝統を象徴し強化する役目を果たしてきた。クラブはイギリスの階級制度のよりどころであり、近代の排他性と俗物根性を最高に美化しロマン化した施設である。庶民は、こうした特権階級のとりでを年に一度見てまわる機会すら与えられたことがない。パブは近ごろ逆境に直面しているとはいえ、クラブのほうがもっと悲惨な状況だという事実に慰めを見出す人もいる。ベロックの言うとおりだ！ 高慢ちきと独り善がりには会員制の高級クラブがあるけれど、イギリスの魂はパブに宿っている。

「パブ」という言葉は、パブリック・ハウスの略称であり、しかるべき筋の認可を受けて一般大衆《ジェネラル・パブリック》に酒食を供する施設のことである。認可されもされたり！ およそ七万四千軒のパブが、この島の二万平方マイル〔五万二千平方キロメートル〕にも満たないなかに散在している。そしてたしかに酒食を供する施設だ！ イギリスは世界で三番目に大きなビール市場であり、その消費量の四分の三はパブのビール・ポンプ〔地下室の樽からビールを吸い上げる器械〕から注がれている。

一平方マイル〔約二・六平方キロメートル〕に平均四軒というパブの多さが意味するのは、ほとんどのイギリス人男性〔と昨今は、ほとんどのイギリス人女性〕のすぐそばにパブがあるということだ。身近な存在ゆえに、パブは「ローカル〔近所の居酒屋〕」とも呼ばれている。パブの常連なら誰もが自分の「ローカル」をもっているし、どのパブもみな誰かの「ローカル」というわけだ。パブは、商業地や歓楽街指定地区に押し込まれまいとしてきた。いまだに店構えは小さく、気軽に入れる。こうした特徴に加えて、おなじみの家庭的な雰囲気も、パブがイギリス人の生活にすっかり溶け込み、イギリスの強力なパブ文化の魅力を保ち続けている理由にちがいない。

人の居場所におけるのなかでのパブの優位性は、ワークタウン・スタディ〔ワークタウンは、人類学者トム・ハリソンらが世情調査を実施した町の架空の名称。実際はボルトン〕という、かつてないほど徹底的なパブ・ライフ調査で明確に示された。イギリス北部のその工業中心地では「自宅と職場を除けば、ほかのどの建物よりもパブリック・ハウスのなかで、多くの人が多くの時間を費やしている」[3]ことが判明した。教会とダンスホールと政治団体を合わせたよりも、パブのほうが軒数が多く、収容人数が多く、人びとが費やす時間と金も多かった。

パブはワークタウンだけで異常に人気が高かったのだろうか？　いやその逆で、ワークタウンのパブは、よそのパブより総じて魅力に欠けていた。ダンスやビリヤードができるわけではなかったし、ワークタウンの人口の大半を占めていたのは下位中流階級《ロワーミドルクラス》、つまり飲酒を恥と見なす傾向の強い人びとなのである。

明らかに、パブは平均的なイギリス人のサードプレイスだ。パブは客に何を提供するのか？　なぜパブはこんなにも人気が高く、愛着を持たれているのだろう？

その答えは、イギリスの文筆家がしばしば言っていることよりも、はるかにややこしくないし、謎めいてもいない。パブを好意的に書いた記事は、往々にしてロマン化されている。えてして書き手は、とくにヨーロッパ大陸のパブ「もどき」と比較して、その神秘性を声高に主張する。よその国でパブを作ろうとする動きにたいしては、陳腐な決まり文句を連発する。いわく「本物のパブはイギリスにしか見当たらない！」「パブの何たるかを知っているのはイギリス人だけだ！」「外国人にパブを作れるわけがない！」。パブはそれをはぐくむ大きな文化の一部だから、という理由しかないにせよ、このような尊大な主張にもいささかの真理がある。それはそうだが、ビールサーバーの陶製の取っ手や、煙草のヤニで染まったテディーボーイ〔一九五〇年代に出現したロンドン下町の不良少年〕の写真、あるいは地元のクリケットチームの記念の品々には何の魔力もない。古めかしい看板や、彫刻のほどこされたガラス、そしてパブでの行動の特異性が、イギリスのパブリック・ハウスに、その本質であるぬくもりや活気を与えるわけでもない。

パブが他のほとんどの文化の飲酒施設よりすぐれているとしたら（誰がこれに異議を唱えよう?）、その理由はもっとずっと単純明快だ。その肝は、規模と暖かさにある。たいていのパブは、ヒューマンスケールに則って造られている。それは親近感を与え、心地よささえ感じさせる環境であって、通りすがりの客や時たま顔を出す客の群れよりむしろ、周辺の近隣住民のために設計されている。アメリカ人ならばこんな小さな成功で満足しないことを、あるテキサス州人は誰よりもよく分かっていたようだ。第二次世界大戦中、J・フランク・ドビー〔テキサス出身の民俗学者、著述家、コラムニスト〕は、イギリスのケンブリッジにある〈アンカー〉という小ぢんまりした清潔なパブがたいそう気に入った。こういう店が自国でたどる運命をつらつら考えながら、彼は書いている。「もしアメリカにこんな店があったら、経営者はしこたま儲けるだろう。そして、もっと客を増やすために店を拡張し、マディソン・スクエア・ガーデンほどの広さになるまで、あるいはチェーン店の標準ユニットになるまで、大きくしつづけるだろう。しかし、そのいずれかの段階にいたるよりずっと前に、その店は、イギリスの居心地よい小さなパブリック・ハウスやインを紛れもない「極楽の島」たらしめる特徴を失ってしまうだろう」[4]。

たいそう博学なパブ研究家で、自身もイギリス人であるベン・デイヴィスは、こう言い切る。ようするにパブは、社交的な飲酒に適した場所にすぎない。[5]人がパブに行くのは、自分が歓迎されていることを実感したいからだ。そんな人びとが高く評価するのは、食料雑貨店主や銀行支店長がするような歓迎のしかたより、もっとぬくもりがあって私的なそれである。人はくつろいだ気持ちになりたいのだから、客に疎外感を抱かせてはならない。社交的な飲酒者は、親近感を与えたり楽しんだりすることを望んでいる。何にもまして仲間意識が店全体に行き渡っていなければならないが、それは気のおけない雰囲気に負うところが大きい。仲間どうしの親近感を得る秘訣は、気取り《スマッグネス》ではなくて、気安さ《スナッグネス》なのだ。社交的な飲酒者は、如才なさより本音で勝負するような、情味のある雰囲気を楽しみたいのだから。ご多分にもれず、イギリスのパブ店主《パブリカン》も新たな客引きの手段を試してみたがる。しかし脈々と息づくパブの伝統は、まさにデイヴィスが提言しているとおり。パブは、社交的な飲酒者が切望するたぐいの場所なのである。

典型的な常連客は行きつけの「ローカル」をもっているが、イギリス人はこれと決めた一軒あるいは二、三軒だけを訪れるわけではない。イギリスではパブのはしごが、おそらくアメリカにおけるバーのはしご以上に一般的だ。そのうえ、ロンドンには星の数ほどパブがあるときているから、地元民の多くは、利用できる「逃げ込み場所」[6]の一覧表を頭のなかに作っておきたくもなる。小ぢんまりしたパブのぬくもりや遅滞ないサービスと対照的なのが、市役所、美術館・博物館、教会、コンサートホール、空港、小売店などで生じる待ち時間、堅苦しさ、退屈、不満だ。こうした場所からそう遠くないところに、たいてい一軒ぐらいパブが見つかるものだ。束の間なりとも自由を得たら、人はそんなパブに「逃げ込み」、純粋な至福のひとときを過ごすことによって、殺伐とした都会で感じたイライラを和らげるのかもしれない。

一つの場所に、複数の部屋

友愛よりは商売繁盛が目当てだとしても、パブの店主は一貫してあらゆる人を受け入れてきた。彼らは自分の店のなかで、つねに顧客の裾野を広げようとしてきた——かならずしも誰かれかまわず同じ部屋に通すわけではなかったが。

最初期のパブは、馬車通り沿いに建つ田舎家にすぎず、そこでは旅人たちが、タンカード〔取っ手のついた大ジョッキ〕一杯の自家製エールを買って飲みながら厨房でくつろぐことができた。「上流」の客は居間に通された。厨房にいる「下賤な」客たちと接触せずに済むからだ。パブはその始まりから、階層の異なる人びとへの対応策として、別々の部屋を提供していた。

しかし、パブといえばたいてい下層階級と労働者階級が利用する施設なので、店主の「集客」努力は中流層に向けられてきた。パブの下賤なイメージが濃くなった原因は、十九世紀前半の産業化と、都市への労働者の大量流入にある。新たな需要を真っ先に満たしたのはジン・パレスで、都市全体の殺風景な薄汚さ、とりわけ労働者の居住地のなかに、きらびやかで優雅な憩いの場を提供した。ジン・パレスは、長いカウンターと大勢の店員をそなえ、昔から厨房の暖炉の近くや居間で着席が求められていた社会に「立ち飲み」を取り入れることによって、詰め掛ける大勢の客の要求に応えた。ジン・パレスと張り合ったのは、雨後の筍のように出現したビア・ハウスだ。都市部の圧倒的な成長に応じて、イギリス政府は一八三〇年にビール法を制定し、治安判事の許可なしに誰でもビール店を開業できるようにした。その結果、八年間でおよそ四万五千軒が開業したのである。[7]

パブがジン・パレスの後継となったのは、十九世紀後半のヴィクトリア時代のことだった。社会がいっそう堅実になり、政府は国内の飲酒施設の取り締まりを強化すると言いだした。十九世紀前半に急成長した新興の中流階級は、いまや全盛期を迎えた。これらの人びとは、自分たちが生み出した新たな階級差別にひどく敏感だったので、同類どうしでの飲酒にこだわり、パブリック・ハウスで飲むときには、自分たちの小さな居場所を要求した。

こうした新たな状況への建築面での対策は、広間を作って楕円または馬蹄型のバーカウンターを一つ設置し、それを、凝った装飾のついた間仕切りでいくつかの部分に「分割する」というものだった。この間仕切りをはじめとする調度品に、新形態のパブは優雅なジン・パレスの素材やモチーフの多くを取り入れた。店によっては、一部屋に十あまりの区分――飲酒者の社会階級に応じた別々のバー――があった。その多くは狭かったが、鏡がふんだんに用いられていたため、閉所恐怖や孤立感を引き起こすことはなかった。どのバーも優美なバーカウンターに面していた。間仕切りの高さが抑えてあるので、誰の目にも、装飾のほどこされた高浮き彫りの天井の大半が見えた。そしてどのバーからも、よそで行われていることをいくらか垣間見ることができた。ひとつづきのカウンターの向こうから、客は背後のたくさんの鏡を使ってたやすく監視できたのだ。このすべてを、酒類販売業免許の付与機関は認めていた。ヴィクトリア朝のパブは、建築上のひとつの発明として中流階級の成長によって繁栄し、その中流階級もまた、成長とともにいくつもの社会階層に細分化しつづけた。

二十世紀なかばのパブは、元祖である街道沿いのイン、そしてジン・パレス、さらにヴィクトリア朝のパブリック・ハウスの伝統を結びつけた。その変化は連続的で、イギリス南部から北部へ、田園地方から都心へ、また都市の主要道路から路地裏へと行くにつれて違いが際立ってくる。イギリスのパブの類型を読者に教える、という触れ込みの文献は厄介だ。解明する気でそれを読み込むには、特定の場所や記述の年代に細心の注意を払う必要がある。

イギリスのパブの永続性はしかし、これらの変化形にも屈しない。パブの部屋の形態と利用に起こっている変化は、イギリスの気軽な外飲みの伝統を存続させるために必要なのだ。伝統は、前の時代の最良のものが、変化をうながす圧力に適合できる限りにおいて生き残る。パブの存続にかんしてとりわけ興味深いのは、その多様な部屋の利用における変化だ。わが師の持論によれば「公共施設は、時間を生み出した事由以外の事由によって存続する」。パブの多様な部屋の取り合わせも、然り。これらの部屋のほとんどに見られる発展的な特徴と持続的な魅力は、かなり興味深い主題である。

パブリック・バー〔一般席〕

パブリック・バーは、パブの多様な部屋のうちの最低であると同時に最高でもある。こちら側は料金が安い。料金が最低なのは、内装にお金をかけないからだ。床は、外の歩道と同じ丸石を敷き詰めただけかもしれない。床におが屑《ソーダスト》を撒く伝統から「ソーダスト・パーラー（sawdust parlour）」や「スピット・アンド・ソーダスト（Spit and Sawdust）」という婉曲的な呼び名が生まれた。エールが一クォート〔約一・一三リットル〕につきわずか四ペンスで売られていた時代をしのんで「フォー・エール（four-ale）」と呼ぶ地域もある。イギリス北部では一般に「ヴォールト（vault）〔丸天井〕」と呼ばれている。

パブリック・バーは、表通りからすぐ入れるので、ひいき客が通行人の目に最も触れやすい。客は、好奇の眼差しや非難がましい目から隔離されたいと思わない。彼らにしばしば同伴する妻たちもそうだ。ここにはウェイターがおらず、ふつうはバーテンダーが一人で接客する。女性バーテンダーがパブリック・バーを切り盛りしているとしたら、その女性はたいてい年配で、若いころにはもっと高級な部屋で過ごし、おそらくそちらの常連と付き合いがあっただろう。彼女の年齢と気風《きっぷ》のよさで場の秩序を保っていられる――土曜の夜のどんちゃん騒ぎのあいだでさえ。

壁には、そのパブを所有している会社のビールのポスター以外は、絵画の一枚もかかっていない。クッションつきの座席はないし、椅子はあっても往々にして背もたれがない。洗練されたところが何ひとつないパブリック・バーは、同じパブ内のほかの部屋と同じく、地味だ。色味も外見も質感もあっさりしている。抑制のきいた男らしさを感じさせる。そんな質実剛健さが、パブリック・バーの常連より社会的身分が高い多くの人びとを魅了するのかもしれない。[8]

パブリック・バーは、ほとんどのパブの基本《ベーシック》ユニットだ。それは、その安手な調度類が必要最小限《ベーシック》までそぎ落とされているからだけでなく、そこがパブの部屋のなかで最も古い伝統を象徴しているからでもある。堅苦しさや気取りがないのは、昔の街道沿いの酒場宿《イン》――イギリスのパブの原形――の厨房から連綿と受け継がれてきたものだ。パブリック・バーは、ほかの部屋より多くサードプレイスの特徴をそなえている。ここでは客がひとつにまとまり、遠く離れた席の人とも大声で言葉を交わす習慣を守っている傾向がある。[9] よそでは、バーのなかで常連が少人数に分かれてかたまりがちだ。

パブリック・バーは、会話もピカ一だ。ある人が言うように、「プライベート・バーでは会話がほとんどないだろうが、それ以外の場所は、競馬やクリケット、サッカー、犬、そして天気と食べ物の話でにぎやかだ」[10]。しかも、会話の質の良し悪しの確実な指標であるユーモアのたぐいも、パブリック・バーのほうが優っている。「サルーン・バーでは、女性が近くにいればきれいで面白くない話、いなければ汚くて面白くない話が、形を変えて繰り返し交わされる。頓知《とんち》の働く生粋のロンドンっ子が飲みに来るフォー・エール・バーでは、使い古しのジョークに頼る必要がない。彼らの辛らつな物言いと、当意即妙の受け答えは、どちらも自然に出てくる」。とにかくパブリック・バーは、パブ全体が平均的な市民に提供する以上のものを与えてくれる。

パブリック・バーは、イギリス人の個人主義が最も愉快に表出される環境だ。というのも、それは適切な数の友人のなかで示され、個人にもっと大きな結束のなかにいる感じを抱かせるからだ。また、公的行動の規制がいちばんゆるいのもここだ。常連客は自分の昼食を持ち込んでも、経営者に文句を言われないかもしれない。煙草でカウンターに焼け焦げを作ったり、床に唾を吐く輩《やから》がいても、誰も気にかけないかもしれない。イギリス北部のパブリック・バーを見たことのある人たちに言わせれば、「ヴォールトでは、その場で脱糞すること以外なら、ほとんどやりたい放題だ」[11]。パブリック・バーが、こうして存分に楽しめるところなのだから、店のオーナーがほとんどの時間をここで過ごすのも無理はない。そんな環境のなかで、イギリス人は、アーネスト・バーカー〔イギリスの政治学者〕の言葉を借りれば「ドーヴァー海峡の崖の上のカモメのように、自由で解放された心持ち」になる[12]。

パブのその他の部屋が、流行の移り変わりに応じて外見や洗練度に修正を重ねてきたのにたいして、パブリック・バーは、共通する魅力がいつまでも変わらないという意味でも基本的《ベーシック》なバーである。とはいえ、パブリック・バーは侵略の標的になる。ほかの部屋が満員のときや、人気の「マイルド〔苦味の少ない黒ビール〕」がほかの部屋で飲めないとき、中流階級のひいき筋が、パブリック・バーへの侵略権を行使するのだ。作業着姿の人びとは、仕返しに優雅なバーに攻め入ることができないし、そうしたいとも思わないだろう。しかしきわめてまれに、侵略を受けてパブリック・バーの雰囲気が台無しになることがある。

少なくとも、ある一例では侵略が命取りになった。ロンドンのウェストエンドにあるパブの名店の多くが、一九三〇年代後半から四〇年代初頭にかけて荒れ果ててしまったのである。「チェルシー地区とブルームズベリー地区の、ズボンをはいた女性たち」に代表される「ブライト・ヤング・ピープル〔一九二〇—三〇年代のロンドンの享楽的な若い貴族やボヘミアン〕」あるいは「電光石火の客《フラッシュ・トレード》」がパブリック・バーを発見し、そこのダーツゲームに熱中した[13]。当時は、低級なパブリック・バーにしかダーツボードがなく、経営者は、サルーン・バーやラウンジに、もっとしゃれたボードをなかなか置こうとしなかった。侵略者たちは、文字どおり占領した。常連たちは、うやうやしく彼らに道をゆずったが、しばらくすると、あきらめてよそで飲むようになった。電光石火の群衆《フラッシュ・クラウド》〔どこからともなく突然現れ、一瞬で消えてゆく人びとの群れ〕は、当然ながら移り気だ。そんな彼らが別の「発見物」へと移動したとき、残ったものといえば、かつては良いバーだったものの残骸だけだった。

アメリカでは、大学生の群れが同様に、数多くの名店を荒らし、さらに多くの店をおびやかしている。ニューヨークの〈マクソリーズ・オールド・エール・ハウス〉はたぶんアメリカ最古のバーだが、都市再開発を生き延び、差別撤廃か破壊を求める血に飢えたフェミニストたちの欲望にも生き延びてきた。だが、大学生のかたちをとった最大の脅威に直面している。学生たちは、大皿のチーズで腹を満たし、夜にそこを占拠する。[14] この種の侵略者は、自分たちを惹きつけたバーの魅力や心地よさに何の貢献もしない。ひとたびこうした特徴を食い尽くすと、彼らはほかの餌食へと向かう。ウィスコンシン州の北部の都市には、日ごろの愛顧に感謝を込めて生ビールを二五セントで出しつづけている居酒屋《タヴァーン》がある。しかし近ごろは大学生が、乏しくなった財布の中身を最大限に生かすべく、夜おそくに殺到しはじめた。彼らがこの古いバーの伝統に貢献しているとしたら、せいぜい帰りぎわか、トイレ代わりになる場所を外に探しに行くときに、裏口を出たところでビールグラスを割ることぐらいだった。店主は、対策として閉店時間を早める必要があると気づいたが、そうすれば昔からの常連に、夜遊びをしめくくる別の場所を探させることになるのだった。

わたしがそんな異端者の群れに属していたころ、わが一団は、大学町のはずれに格好の店を見つけて、生意気にも大勢で占拠した。しかし店主のほうが一枚上手だった。彼は地下室の床にタイルを貼り、バーカウンターを設け、別個にトイレを作っておいて、わたしたちをその地下部分に迎え入れたのだ。その部屋では自分たちでバーテンダーをすることまで「許された」。わたしたちが店の常連を尊重しないのはもとより不心得であることも、彼はとっくに見抜いていたが、地下室の改修にかかった費用以上の儲けを得たうえ、礼儀正しい顧客たちも守った。サードプレイス内に多様な部屋をもつことには、かくも多様な利点がある。

サルーン・バー〔特別室〕

ヴィクトリア朝のパブ内で、サルーン・バーは公共の飲酒施設が到達した優雅の極致であり、サルーン・ラウンジが登場するまでは、長らくその座を保っていた。ここでは照明の明暗の微妙な変化が、豪華なフロッキング加工〔着色した粉末状の綿毛を接着剤塗布面に振りかけ、型付けして模様を出す技法〕の壁紙をはじめ、アシッドエッチング加工〔酸の腐食によって文様をつける技法〕のガラス、彫刻されたマホガニー材と紫檀材、真鍮の横木《フットレール》、ギリシア風の女人像柱《カリアティッド》、手のこんだスノッブスクリーン〔店員に顔を見られずに注文するための開閉式仕切り〕、上等な赤い絨毯などの、内装の美的効果を最大限に引き出していた。サルーン・バーは安楽と優越感と優雅の代名詞だ。ある人が言ったように、サルーン・バーが心に呼び起こすのは「裕福に暮らしている感じであり、その感じはとても心地よいものになりうる」。この部屋の本来のひいき筋であり、優雅さの点ではここより格段に劣る自宅に暮らす下位中流階級《ロワーミドルクラス》にとって、サルーン・バーの魅力はじつに強烈だったにちがいない。

第二次世界大戦末期には、イギリスのパブの多くが、二つの側面をもつ施設になっていた。パブリック・バーとサルーン・バーは、レディーズ・バーやプライベート・バーやサルーン・ラウンジよりはるかに息が長かった。「こちら側ではないほうに、お願いします」が、襟なしの服と磨きあげられていない靴でサルーン・バーに入ってきた、お門違いな人への冷ややかな挨拶だった。パブの最高の側は、何であれ客に提供すべき最高のものを提供した。パブリック・バーは快適さに欠け、飾り気がないままだった。サルーン・バーでは、ひいき客がテーブルで給仕を受け、肘かけ椅子でくつろぎ、暖炉のそばに座り、お望みならホステスといちゃつくこともできた。反対側では、そのような特典は受けられない。パブリック・バーの雰囲気が粗野なままだったのにたいし、サルーン・バーのそれは居心地よく、クラブ風であり続けた。

ヴィクトリア時代のサルーン・バーでは、社会的地位の低い者が同じ屋根の下で酒を飲んでいる事実をひいき客の目から隠すために、できるかぎりの手段が使われていた。お偉方は裏口を通ってパブに入る。そして部屋に着くと、曇りガラスの片開き窓を開けて飲み物を注文したあと、窓を閉じてプライバシーを守る。ここでは不特定多数の下位中流階級の男たちが、「妻の手のとどかないところで」グラマーなブロンドの美人ホステスと一緒に楽しむことができた。しかし、今やそのすべては思い出だ。一九六〇年代の初めには、ホステスの容姿が劣化していたものの、まだサルーン・バーはある程度周囲から隔離されており、そのなかで男たちは自分の妻「あるいは他人の妻」[15]と酒を飲んだ。

ヴィクトリア時代から現在まで、イギリス社会の階級区別は変化しつづけ、その変化がパブ・ライフに反映された。一九二〇年代に「サルーン・バーに入る特権を与えられた男は断じてパブリック・バーに入らなかった」し、もちろん、掃除婦や煙突掃除人のような人びとが高級側に侵入することは、なおさらありえなかった。[16]そのころのサルーン・バーが対象にしていた客は、下位中流階級だけだった。中流階級と上流階級はいずれもパブ「より格が上」で、自宅かクラブで酒を飲んだからだ。そんなわけで、当時のサルーン・バーの常連といえば職人、販売員、事務員やその他の下級ホワイトカラー層だった。しかし一九六〇年ともなると、報告者たちが一般大衆に向けて、サルーン・バーは社交的な飲酒者のなかでも「金持ちで恥知らずな人」が行くところだと知らせている。社会階級の高い人びとがパブを発見しつつあったことと、隔離願望がしだいに弱まってきたことがうかがえる。[17] そして今、社長や官庁職員すなわち「管理階級」は、自分たちにふさわしい高級なサルーン・ラウンジがパブのなかになければ喜んでサルーン・バーに行くだろう。[18]

イギリスのパブの店内は、かつては階級ごとにきっちり分けられていたが、その区別はたいそうゆるくなった。いまもって違いが認められるとしたら、それはおもに、たんなる見かけに基づく表面上の違いだ。どの部屋に入るかは、その時どきの装い程度の、さほど厳しくもない基準によって決まることが多い。そして、サルーン・バーにふさわしい服装をしている人びとにしてみれば、パブのどちら側に入るかは、どんな仲間と付き合うかという個人的な選択によって決まるのかもしれない。

サルーン・ラウンジ〔高級な特別室〕

サルーン・ラウンジは、パブの各種の部屋のなかでも最後に登場し、一九四〇年代には本来の目的を果たして消滅しかけていた。そのゆったりとした優雅さは、従来のパブの得意客よりも高雅な層を惹きつけた。サルーン・ラウンジの設置は、パブのイメージ向上に決定的な影響をおよぼした。さらに、店のそちら側の値上げの口実を経営者に与えることにもなった。けれども一般的なラウンジは、ビター〔ホップのきいた苦いビール〕をがぶ飲みするより、午後の紅茶をすするほうがお似合いだった。この部屋の着想源となったのは、昔の最高級列車や外航定期船のラウンジに違いなく、それらの乗客が今やパブに誘い込まれていたのだが、酒を飲むための特別室《パーラー》として使われる場合、こうした部屋にはもろもろの不利な点があった。空間がやけに広すぎたし、部屋の遠く離れた片側にある長方形のバーカウンターは、いつもにぎわっているサルーン・バーの楕円形のマホガニー製カウンターにくらべて、いかにも閑散としていたのだ。ラウンジの最も基本的な特徴は絨毯だが、その絨毯がサルーン・バーにまでつながっていると、つられて飲み物の値段も高くなった。サルーン・ラウンジでもサルーン・バーでも値段はふつう同じだが、サルーン・ラウンジではチップを払うことになっているため、そのぶんだけ飲み物代が高くなるのだった。ラウンジが導入されたのは、サルーン・バーより高級なものを求める人びとの心をつかむためであり、「高級」の意味は多くの場合、調度品の質が高いということではなくて、酒場《バールーム》との類似点がより少ないということだった。一九三〇年代ごろの典型的なパブは、サルーン・バーとプライベート・バーと「ジャグ・アンド・ボトル〔持ち帰り専用のコーナー〕」、そしてかなり広ければ、サルーン・ラウンジもそなえているはずだった。サルーン・ラウンジは当時「スーパー・バー」とも呼ばれ、パブリック・ハウス内にそれがあることが、店の心意気の証だった。

　イギリス北部では、サルーン・ラウンジは俗に「ベスト・ルーム」と呼ばれていた。「ミュージック・ルーム」と呼ばれることもあったのは、ピアノが置かれていることが多かったからで、これはパブ内のほかの部屋には見られない伝統の一部だった。ベスト・ルームの室内は、ほかの部屋と何もかもが違っていた。ここは、慣行上パブのほかの領域に入れてもらえないことになっている女性たちの

も触れているかもしれないが、それを掘り下げて論じることはない。この小部屋の人気が落ち目なのは、ほとんど注目されていないからだけではない。パブの世界の多くの側面は、同じように消えかけているか、いまや記憶の中にしか存在しないとしても、懐かしんで考察されている。プライベート・バーは、どうも意図的に無視されているふしがあるのだ。パブがもつあの健全なイメージに付いた一つの汚点として。

プライベート・バーはときに、パブリック・バーの常連とサルーン・バーの常連の中間の社会階級向けの小さなバーと見なされることがある。ある記述からは、プライベート・バーが熟練労働者や比較的「硬派《ハードボイルド》」なホワイトカラーの男たちのたまり場だったことがうかがえる。[19] しかし多くの店で、それは「ヌギー・ホール」、すなわち女性用の、通常はかなり狭い、特別な小部屋として使われていた。労働者階級の女性たちが昔からパブリック・バーでそうしてきたように、身分の高い女性たちもパブのサルーン側でくつろぐようになる前は、プライベート・バーがその種の女性たちのなかのパブ好きに利用されていたのである。

しかし第二次世界大戦以降は、プライベート・バーの客を「隠れて酒を飲む人」と見なすほうがしっくりくるだろう。もっと近年のプライベート・バーは、身を持ち崩し、ほかの部屋にいるような社交的で満ち足りた人びととともう交わる気になれない人間たちの隠れ家になっている。また、飲酒を恥ずべき行為だと思っている人や、小声で酒を頼む人、あるいは会話が苦手な人のための部屋でもある。うまくしたもので、プライベート・バーはしばしばジャグ・アンド・ボトル部門と同化されてきた。ジョッキ（ジャグ）や瓶《ボトル》をビールで満たしてもらう客は、他人の代理で買いに来ているという印象を与えたいのだ。バーテンダーは気をきかせて、彼らの器をザラ紙で包む。パブのほかの部屋には和気藹々とした連帯感が広がっていそうだが、この部屋は、人目をはばかる様子と羞恥心とで空気が重苦しい。ほかの部屋では「会話の活力《ジュース》」として役立っている酒が、この陰鬱な小部屋では本領を発揮できずにいる。

プライベート・バーは、昔からイギリスの南部諸都市では一般的だが、これを北部のタップルームと混同してはならない。後者は、地元の慣習でふつうパブの常連のために取っておかれる、という意味で非公開《プライベート》なのだ——そこに迷い込んだよそ者は、無作法とされるだろう。タップルームを使う社会階級は、ヴォールト〔北部のパブの一般席〕のそれと同じ。料金は同じで、内装も同程度に質素だが、タップルームのほうが着席形式の場所に近く、そのなかでゲームが行われる「貧者のクラブ」みたいなものだ。

このようにパブの多様な部屋を簡単にまとめてしまうと、純粋主義者から抗議の声が上がりそうだが、これはこれで、同じ建物内の異なる場の起源や特徴を概観するうえで役立つだろう。イギリスのパブは「一軒のなかに複数のバー」という伝統を、その根源にある階級差別が捨て去られつつあるにもかかわらず、いまだに進展させている。多様な部屋は、ほかのさまざまなかたちで今も役立っており、この世界屈指の由緒あるサードプレイスに豊かさと活気を添えている。

ひとつの店内で多種多様な魅力を提供することによって、客への適応力が最大限に高まる。それにひきかえアメリカの場合、トラック運転手や工場労働者に占拠されている居酒屋は、いくら近場にあってもほかの誰かの気を引くことがほとんどない。イギリスのパブはしかし、地元民だろうと通りすがりの客だろうと、さまざまな身分や職業の人びとの需要に応じることができる。パブの懐の深さは、部屋数が増えればそれだけ増す。そのことにより店内の雰囲気は、ある特定の客の過剰な騒がしさや静寂、下品さや上品さで損なわれない。アメリカのバーに比べると、イギリスのパブは、はるかに「みんなのもの」である傾向が強い。その魅力の幅広さは、なぜパブが――今は昔ほどではないにせよ――こんなに増えたかの説明にもなる。パブの店主は、自分が経営したい店の種類を、どちらか一方の社会階級の飲酒者の気を引く特異な魅力にもとづいて決める必要がなかった。典型的なパブは、来る人すべてを魅了した。人間がいるところならどこであれ、社交上の飲酒の好みの違いとは関係なく、パブは繁盛した。

イギリスの男性と女性が二つの異なる社会で暮らしていた地域と時代には、パブの多様な部屋が、女性を締め出すことなくこの現実に対応していた。パブのどこかの部屋に女人禁制の慣習があったとしても、廊下を隔てた向こう側では女性が歓迎された。エール・ハウスの時代からこのかた、たとえばオーストラリアとは違って、イギリスでは女性が拒絶されたためしがない。南半球のあの国では、女性たちがバーから締め出され、その恨みを選挙の投票ブースで晴らした結果、「オージー」パブは夕方の六時という信じがたいほど早い時間に店を閉める。対照的にイギリスの女性は、パブを存分に楽しみ、今日ではイギリスのパブに訪れる客のほぼ半数を女性が占めている。明らかに、多様な部屋はイギリスの女性に道を拓き、思う存分パブに入ることを許してきたのだ。

多様な部屋があることは、パブのなかでの実験をうながし、時流の変化にパブが付いてゆく助けになっている。サルーン・ラウンジは、本来の機能（店を高級化し、それによって中流階級の男女両方の客を呼び込むこと）を果たしたあとも消滅しなかった。ベン・デイヴィスが書いているように、そこは新たな呼び物を試したり、新たな流行を取り入れたりするのに打ってつけの場所として残っている。[20] ラウンジになら、経営者はテレビゲームやピンボールマシンなど、一時的に需要が高まりそうな娯楽を設置するかもしれない。一部屋だけの飲み屋の場合、このような「会話と社交の敵」を置けば、たぶん常連が逃げ出し、せっかくの良いパブもそのせいで廃れてしまうだろう。ラウンジを実験室として使うことによって、その実験のあいだ、パブリック・バーとサルーン・バーの、定評ある本当の魅力は維持される。現代のパブは、デイヴィスがよく理解しているとおり、多方面――官庁、マイノリティー集団、パブの大半を所有しているビール醸造業者たちの名案、そして常に存在する社会改革主義者――から変化を求める圧力を受けている。そんななか、この第三の部屋《サードルーム》は緩衝装置の役目を果たし、パブの支配を目論むさまざまな理想主義者が発する衝撃の数々を和らげてくれる。

基本的な部屋がそれぞれの味わいと品格をそなえて存続していることは、昔それらの区別の目安となっていた社会的な見せかけや料金の違いになどもうこだわっていない今の常連たちを、引き続き喜ばせている。新たな世代のパブ愛好者は、別々の部屋が別々の気分に合うということに気づいている。人はときに、パブの気安さを望み、みんなと冗談を言い合いたくなる。もっと親しい者だけの隠れ家や肉体的な安楽を好むときもある。機知が効を奏すときもあれば、機知が枯渇しているときもある。そこには、ある幸せな皮肉がはっきりと見てとれる。すなわち、かつては階級を区別しておくためにパブを独立した小部屋に分けていた状況が、結局はみんなが楽しめるいろいろな環境になったということだ。

二重の苦難

裁判官とビール醸造業社は、イギリスのパブにとって双子の脅威である。酒類販売免許を付与する治安判事が、過度の規制と見当違いの公益意識を併せ持つ一方で、ビール会社は、強欲と自社「特約パブ」の経営ミスを併せ持つ。これまでの七五年間、パブはこうした勢力と苦闘してきたのであり、その闘いに破れようとしている。

政府の最も露骨な介入例は、パブを一日のうち十六時間も閉店させておくという、とっくに必要がなくなっている法律だ。イギリスはもはや百年前のあの「酔いどれ小島」ではない。現在はしらふの国であり、最も好まれるのは「ほどほどの飲み物」、しかもその大半はアメリカのバドワイザーよりアルコール度数が低い。

イギリスのその不人気な法律が成立したのは、一九一四年八月。軍需工場における労働者の生産性低下に悩まされ、ときの内務大臣は、国土防衛法の権限が広範に及ぶのを利用してパブの営業時間を厳しく制限した。それまではエドワード朝時代のパブの利用パターンが普及していて、朝の五時に店が開いたら、閉店時刻の深夜〇時半まで通し営業だった。新たな規制のもと、パブは午前十一時にならなければ飲食物を出すことができず、そのあと午後三時から五時半まで店を閉め、最終的に午後十時半に閉店しなければならない。国民はこの方針に批判的だ。所得税と同じようなもので、一時的な措置のはずだったのに、実際はそうならなかったのである。戦争が終わり、生活は正常にもどった

——パブでの集いを中心とする、あの楽しい時間を除いて。この政策が存続している根底には、機会さえ与えられれば従業員も雇用主と同じくらい酒を飲みかねないという危惧があるのだろう、と多くの人は考えたがる。

　パブの営業時間に課せられた厳しい規制は、その他の気まぐれな規制のせいでいっそう強化される。さまざまな地区で、ある特定のパブは、通常の午前十一時開店ではなく午前十時あるいは十一時半に開店することが法律で認められている。また、店の入口が開いていても、中に入って飲食できるとは限らない。なにしろ法律では、禁じられた時間帯には酒類の提供だけを停止しなければならないことになっている。だから休憩時間中も多くのパブは換気のためか、市民をじらして苦しめるため——往々にしてそう見える——に店を開けっぱなしにしている。しかも法律によると、パブは営業可能な時間帯に公衆への酒食の提供が義務づけられているわけではないので、パブの店主はその時間内に店を開けようと閉めておこうと、自分の勝手にできる。それをふまえると、ある古い漫画葉書のほろ苦い魅力がよくわかる。満杯のグラスをもち、マホガニーのバーカウンターに寄りかかっている二人の赤鼻の常連の絵だ。キャプションにはこうある。「字引きのなかでいちばん嫌いな言葉は何だい、バート?」「知らねえ《ダノゥ》」「お客さん、もう看板ですよ!」。

　モーリス・ゴーラム〔アイルランドのジャーナリスト〕の『*Back to the Local*（地元に帰ろう）』と題する小さな本のなかに、エドワード・アーディゾーニ〔イギリスの画家、著述家、イラストレーター。『ムギと王さま』など児童書の挿絵で知られる〕の手になる素描がある。描かれているのは、早すぎる閉店後にパブの傍の路上で寄り集まっている人びとの「悲しい小集団」だ。こうした集団は、ゴーラムによれば、アルコール中毒者でもなければ、喧嘩をしたくてうずうずしているごろつきでもない。そうではなくて「彼らはパブの利用者である。彼らはそこで友人と会い、語らい、新たな情報を交換するのであり、自宅にこもって窮屈にしているよりもバーでの愉快な交わりを好む。そのすべてに別れを告げるのは耐え難い。そこで彼らは舗道でぐずぐずし、暖かくて明るいバーの店内で始めた会話の続きをしているうちに、背後では照明が消え、かんぬきが騒々しい音をたててかかり、鉄の門扉がガチャンと閉ざされる」[21]。

パブの営業時間は、七五年間変わらずに制限されていた――人の習慣は変わったというのに。週間労働時間が短くなり、労働倫理が低下した。人びとは早起きしないので、パブの開店早々の時間をほとんど利用しない。それなら土曜の夜の閉店時刻を遅らせるほうがましだ。土曜の夜は、「悲しい小集団」がいつにも増して長いことぐずぐずしているのだから。一九八八年の夏、ついに午後の中休みが廃止されたが、それは市民の当然の権利と自由が認められたからではなく、旅行者の落とす金が増えれば景気低迷を脱する助けになると期待されたからなのだった。

既存のパブを必要以上に規制し、新たなパブの認可をしぶる姿勢は、イギリスのパブが減りつつある一因となっている。パブの規模と立地にかんする政策もそうで、これを支持しているのが治安判事とビール会社である。たくさんの小さなパブという旧来の伝統が、より少なくてより大きなパブという考え方に変わってきている。当局がパブの軒数を減らしたがるのは、そのほうが監視が楽だからだ。そしてビール会社にしてみれば、より少なくてより大型のパブは、より効率がいい（利益が上がる）営業形態を意味するからだ。

昔の伝統は、これらの施設と利用者との距離を可能なかぎり近づけていた。四十年ほど前のある調査で判明したのは、「パブの常連の九〇パーセントは、三百メートルも歩かずに行きつけのパブに着く」ことだった[22]。小さなパブが数多くあったからこそ、それらは「ローカル」と呼ばれたのだし、ご近所らしさがあったからこそ、店内は見知らぬ人ではなく顔見知りでいっぱいだった。近年できたパブは大型で、軒数が少なく、店と店が離れているせいで車に乗らなければ行けない。パブは「訪問先」になりつつあり、客の大半は顔見知りではない。

治安判事とビール会社は、国民の社交的な習慣を二重の意味で邪魔しようとしている。パブの営業はもとより、ビールの消費まで阻んでいるのだ。家庭でのビールの消費は、現在二五パーセント前後であり、ここ数年で二倍以上になった。それより衝撃的なことに、ビールの消費全体が、一九七九年から八一年までの短期間に約十パーセント落ちた[23]。人びとはますますパブに行かなくなり、パブにいるあいだもますます酒を飲まなくなっている。もはや、自宅で「テレビを見ながらビール」という問題ではない。消費全体が減っているのだから。ビールの値段がひどく高くなったため、多くの人は飲酒の習慣をやめ、悲しいかな、社交の習慣もやめてしまった。とりわけ工業の盛んな北部では、ビールを飲む伝統やパブに行く伝統が急速に廃れつつある。

本書の執筆時点で、ビール会社は一パイントあたり約五〇ペンスを要求し、強い怒りを買っている。しかし、そのうちの半額ちかくは大蔵大臣のもとに行く。なにしろ議会は、クロムウェルの臣下が導入した法外なビール税を固守しているのだ。ビール好きの国がビールをあきらめはじめる時期、その味をまずくする値段ゆえにもうビールが楽しめなくなる時期を、暴政が設定したのはたしかだ。暴政は、どの社会の労働者階級からも数少ない素朴な楽しみを奪うものだ。かつて茶に重税をかけ、貧者の粗末な自宅で客をもてなす唯一の手段を奪ったのも、このイギリスという国だった。

アメリカの二大清涼飲料メーカーが小売店の棚から競合他社の製品を駆逐しようとしていることにアメリカ人が抱く困惑など、特約パブの協定のせいでイギリス人が強いられている我慢に比べたら微々たるものだ。イギリスのビール会社は、この国のパブの主要なオーナーになって久しい。パブのオーナーとして、ビール会社は生ビールの保存法や客への出しかたを管理するだけでなく、競合他社の製品を店から排除することもできる。小さなパブの背後に大金があり、その店の運命は、オーナー不在と利益一辺倒の遠隔管理というお決まりの危険にさらされている。

アメリカの自動車メーカーと同じく、イギリスのビール会社も、取り扱い業者や小売業者に利益の正当な分け前を与えたがらない。どちらの場合も、企業欲のせいで顧客との関係がぎくしゃくする。自動車ディーラーもパブ店主も、生き残るには客をごまかさざるをえない、という重圧を感じている。世情調査によれば、ビール会社はしばしばパブ店主の恨みを買っている。大多数の会社が、ビールを無駄にしたりこぼしたりすること（生ビールを出すうえで避けられない損失）を許さないからだ。ビール会社の立場から見れば、顧客に正直でないパブ店主だけが成功する、とある店主は語っている。[24]「うちみたいなパブをごらんよ、わたしはビールに何も悪いことをしない……彼はわたしにどうしろと直接には言わなかった。ようするに、水で薄めろってことさ」。そして「利口な」店主はどうかというと「……彼は店の地下貯蔵室に行って混ぜ物をする。アイシングラス〔魚の浮き袋を原料とするゼラチン〕を使うこともあれば、恥をしのんで特殊なグラスを使うという方法をとることもあり――本物の店主は、ビールを水で薄める以前にそうするだろう」。アイシングラスは、水増ししたビールの比重を正常に戻すために使われたのだ。

ビール会社は、イギリスのパブリック・ハウスの管理を怠るという罪をも犯してきた。彼らの財政管理の記録は汚れている——客を不快にさせるほど物理的な劣化を放置しているし、社交的なパブ文化に有害な要素をもちこんだ。維持管理について言えば、飲み屋が優美である必要はないけれど、見るも無惨であってはならないし、客の引き立てがあるあいだは手入れを怠ってはならない。ところが特約パブの多くは、貪欲で目先のことしか考えないオーナーのせいでボロボロになった。モーリス・ゴーラムは、こうした利益優先の遠隔管理の側面を以下のように要約している。

堕落が始まるのは、遠方にいる経理担当者が手元の出力帳票を食い入るように見つめ、修繕用と家具の買い替え用の両方の資金配分を全国規模で削減しはじめるときだ。店は荒れはじめ、客は怒り、商売は不振になる。エリア・マネージャーたちは、自分が担当するバーではなく帳簿に目をこらしているので、こうなったら賃金支払い高を削減すべきだと命じる。これはたいてい、掃除にかける時間を大幅に減らすという意味だ。店はよりいっそう薄汚くなり、客足はますます遠のき、またしても賃金支払い高を削減しなければならない。悪循環は続く。[25]

利益を使って古いパブを買収したり新しいパブを建てたりしたビール会社は、次にそうした店を、自分たちが酒類販売免許の申請を支援したテナントに賃貸することが多かった。それで経営者は見返りに、その会社のビールだけを扱おうとする。この仕組みにつきものだったのが、接客の質の低下である。終生イギリスのパブの愛好者だったルイス・メルヴィル〔イギリスの著述家〕は、店主の態度の変化——一九二〇年代にはそれが蔓延していた——に敏感だった。彼の不満は広く世間の共感を呼んだ。「わたしの行きつけのパブの経営者はもう、挨拶がわりの天気の話であなたを迎えたりしない。あなたは彼にとって何なのか？　彼は店の持ち主ではない。彼は、多数のパブリック・ハウスを所有している一企業のマネージャーの一人にすぎない——そして彼はあなたになどこれっぽっちも関心がないのだ[26]」。

新たな顧客を獲得したい、流行に遅れたくない。そう思ってビール会社は、傘下のパブにありとあらゆる鳴り物や娯楽をもちこんだ。一九四〇年代のある報告書のなかで、ゴーラムはジュークボックスの恐怖について語っている。ジュークボックスがあるせいで、いくつかのパブから「締め出され」ている、と。また別のパブでは、店の片隅にジュークボックスがでんと置いてあり、「常連はそれを放っておくだけの分別をもっているが、いつフランケンシュタインじみた輩が入ってくるか分かったものではない[27]」。パブリック・ハウスのなごやかな雰囲気は、今も昔も会話に根ざしていて、それをぶち壊しにすることは何物にも許されない。ところがビール会社は、大々的に会話を妨害した。一九八一年にベン・デイヴィスは次のように記しているが、彼が槍玉にあげたのはジュークボックスだけではなかった。「今この国のほとんどのバーで、ジュークボックスやスロットマシン、ピンボールマシン、アミューズメントマシンのブンブン、カチカチ、ビーッ、ガタガタ、ギャーギャーという種々雑多な音が皮膚の内部に侵入してくることについては、何をか言わんや[28]」。

パブ経営に成功することはすなわち、どのビジネスの場でもそうであるように、顧客の誰がそこにいるかに加えて、誰が来ていないかをも観察する目を磨くことだ。客の裾野を広げようとして、ビール会社が昔のひいき客をごっそり失ったのは、同じ人間どうしよりも機械と付き合うほうが気楽だという劣等な種族のせいだった。しかし彼らにもそれなりの居場所があって然るべきだ、とデイヴィスは認める。「ぜひともピンボールセンター、アミューズメント・ホール、ディスコを。酒類の販売免許だって与えるがいい。だが、どうかそれ以外の人びとのパブには、こんながらくたを持ち込まないで欲しい。一つを破壊してその他もろもろを手に入れようとする人の気が知れない」。

パブにたいする政府の権力濫用が、会員制クラブの急増に反映されているように、ビール会社も、パブの管理を怠ったツケを、イギリスにおけるワインバーの人気の高まりで払わされている。ワインバーはもはや、四十年前のような年増未亡人のたまり場ではない。それはビール会社の切実な心配の種になっている。なにしろ、ワインの消費量は増えつづけているのに、ビールの消費量は減りつづけているのである。ひとつには、流行が酒の質に起因するということ。顧客が払うコストは上昇しているのに、ビールのアルコール含有量はもとより原料の種類や品質等級も落ちてきている。グラス一杯のワインは、グラス一杯のビールとほぼ同じ値段だが、いまは前者のほうがアルコール含有量がかなり高い。

ワインバーは、料理の面でもパブを上回る快進撃をつづけ、イギリスのレストランで食べるランチよりはるかに安い値段でしっかりしたものを提供する。ワインバーは居心地がよく、国際的だし、昨今の現代世界のいたるところにいる働く女性や軟派な男性に好まれている。クラブのような雰囲気と、迅速なサービス、そして妥当な値段は、ビール会社の建築士によって設計されて営業許可担当の治安判事に好まれるような、新種のパブに勝るとも劣らない。ワインバーがビール業界にもたらした脅威は、すぐに消えてなくなりそうもない。惜しむらくは、パブリック・バーの伝統的な雰囲気と一体感が、ワインバーにも、いま郊外に出現しつつある洒落たパブにも見出せないことである。

近隣区域にとってのメリット

「ふん、そんないまいましいパブなんて、うちの近所には要らないね！」と言い張るのは、便利な寄り合い所がないという共通の問題をめぐって、わたしと議論を続けている同胞のアメリカ人。彼には苦戦を強いられている。わたしが論じているのは概念なのに、彼は、わたしたちの郷里のいたるところで目につく実際の酒場のイメージに固執するのだ。正直言って、もしそれがビッグ・アルズ〔サンフランシスコにあったヌードバー〕のような店を、今ある場所からわたしたちの住宅地にそのままそっくり移転させるという問題ならば、わたしはたぶん彼より声高に抗議するだろう。安っぽくて醜悪な場所というアメリカのバーの固定観念は、あまりにも多くのそれらの実態と重なる。見た目ひとつとっても、そんな店は、真っ当な人びとの居住環境——社会経済の水準を問わず——にあってはならないものなのだ。

対照的に、典型的なイギリスのローカルは、その所在地域に魅力と彩りを添える。目ざわりで環境を害する存在とは程遠く、イギリスのパブはしばしば、独特な建築形態をとり、地元の資材を使った最高の建築物の「生きた見本」となっている（だから、ビール会社がそういう美を朽ちるがままにしておくとしたら情けないことだ）。正面に無粋な看板をつけた安いブロックの四角い箱などではけっしてなく、イギリスのパブは総じて、重厚で見るからに洗練された建物だ。遠目で見れば、小さな図書館か、銀行、小ぢんまりした高級ナイトクラブ、小さな教会、商店、田舎の別荘、あるいは宿屋に似ているかもしれない。典型的なアメリカの居酒屋の脇でいちじるしく美観を損ねている駐車中の車の集合体は、イギリスのパブにはほとんど見られない。外もなかも、イギリス人がパブでちょい飲みをする環境は、まねるべき手本だ。

それに、名は体を表していない。ザ・ドッグ・アンド・バジャー〔ベッドフォードシャーにあるヴィレッジ・イン、直訳すれば「犬と穴熊」〕の名を聞けば、ビッグ・アルズ〔サンフランシスコのトップレス・バーの店名。ディズニーのアトラクションに出てくる大きな熊ビッグ・アルバートの略称でもある〕より良い何かを期待するのが人情じゃないか？　イギリスのサウ・アンド・ピッグス〔ハートフォードシャーにあるカントリー・パブ、直訳すれば「雌豚と雄豚」〕よりも、ジャックが〈おれのラウンジ〉と称するあの店〔ロンドンの労働者向けパブ、ジャックス・ラウンジのこと〕のほうが豚小屋に似ているのではないか？　ザ・ファーマーズ・ボーイ〔ハートフォードシャーにあるパブ、直訳すれば「農家の息子」〕であることを高らかに告げる古びた看板の油絵は、ネオンの赤い強烈な光よりも厳かな誘いの言葉を発していないか？　アメリカには、たしかにステーキ・アンド・エールという名の店〔カジュアルなステーキ専門チェーン〕があるが、それらの店に伝統があると言い張るのは難しい。町の向こうの別の場所にそれと瓜二つの店がないと言い張るのはもっと難しい。

わたしが描いてきたイギリスのパブの特徴は、悲しいかな、現在のというよりむしろ過去のものだ。わたしはヴィクトリア時代からの流れを汲む伝統的なパブを調査し、絶頂期のイギリスのパブリック・ハウスを褒めたたえてきた。パブの軒数や、イギリス人の生活におけるその役割と同じく、パブの特徴も減りつつあるのは逃れようのない事実だ。ゴーラムのパブ追悼記事は、ハッとさせられる短い評言で始まるが、まさにそれがすべてを物語っている。「パブが一つ消え去るたびにがっくりするわれわれにとって、今は悲しい時代だ。進歩、再建、都市計画、戦争のすべてに共通するものが一つある。すなわち、それらの前にはパブが、大鎌の下の芥子《けし》さながらに屈してしまうということだ」[29]。とはいえ、ゴーラムが書き添えたように、パブにはつねに起死回生の兆しがある。願わくは、グウィン・トマス〔イギリスの小説家・劇作家〕がコッツウォルドの古いインにかんする記事の締めくくりで望んだあれほどの賢さを、イギリス人が身につけんことを。フォス・ブリッジホテルにある素晴らしいバーが、いましも終焉を迎えようとしたとき、

復活が訪れた。陽光が射し込んだ。布地のずたずたに裂けた箇所は、十五世紀コッツウォールドのコテージから取ってきた素材で修繕された。各部屋は広々として静かだ。丸ごとの木一本分ほどの大量の薪が、その持ち味らしいじわじわとした燃えかたで芳しく燃える。夜になるとバーは込んでくる。室内を満たすのは、コッツウォールド訛りの、喉びこを奮わせて出す穏やかな声。それは、薪の煙のように柔らかく、心強くて複雑である。ひっくるめて言えば、生存の嬉しい兆候。全世界がそれに注目し、馬鹿なまねをするのはやめて、見習ったらよいのに[30]。

イギリスでは、グウィン・トマスが述べたような、誰でも受け入れるパブのつきあいに加わる喜びが、いまや中流の上《アッパーミドル》の層にまで広がっているのにたいして、アメリカでは、おもに労働者階級の居酒屋に限られている。もしアメリカの富裕層がイギリスのパブの懐の深さを、イギリス国教会の導入を

めぐって築いた排他性の半分なりとも支持していたら、彼らとアメリカはもっとずっと良くなるだろうに。ロバート・フロストは晩年、エドワード・R・マロー〔アメリカのジャーナリスト。テレビのインタビュー番組「Person to Person」で知られる〕のインタビューを受けた。そして、英語のなかで最悪の単語は何かと訊ねられたとき、詩人にして伝記作家でもある彼は、ためらうことなく「排他的（exclusive）！」と答えた。もちろん、彼をぞっとさせたのは、この九文字そのものではなかった。それは彼と同じアメリカ人の非常に多くの、とりわけ資産家たちの性向だった。

第8章　フランスのカフェ

パウル・コーヘン＝ポルトハイム〔オーストリアの画家、旅行記作家〕は、ロンドン礼賛の著書のなかで、かの都市にヨーロッパ大陸風のカフェがないことを残念がった。「人がカフェかクラブのどちらかを持てること、しかしその二つが同じ空の下で共存共栄しないこと」は運命づけられているようだ、と。[1] その前後の時代の多くの人びとと同じように、コーヘン＝ポルトハイムも、イギリスのパブとフランスのビストロ〔小さな居酒屋〕の違いがよく分かるようになっていた。彼が気づいたように、パブは「短時間楽しむだけ」だが、大陸のカフェは「とどまる場所」である。多くの文化の典型的なサードプレイスを論じてきたジョゼフ・ウェクスバーグ（第2章参照）も同様に、フランスの歩道のカフェに感銘を受けた。長居を誘うビストロの雰囲気から、かつて彼がこのテーマについて書いた特集記事のタイトルは決まった。「歩道のカフェの長く甘美な一日」[2]。サンシュ・ド・グラモン〔フランス系アメリカ人の著述家。別名テッド・モーガン〕によるフランス国民の描写では、ビストロを多くの称賛に称する人びとの日常的な居場所と見なし、彼もまた、そこを「人が一日じゅう過ごせる場所」[3]ととらえている。

フランス文化とイギリス文化を隔てる三十数キロメートルの距離は、したがって両者がどれほど違うかを正しく伝えておらず、パブとビストロは、どちらもサードプレイスなのに少しも似ていない。それは優劣の問題ではなく、これら二つの注目すべき文化の庶民生活のなかで、それぞれがどんな役割を担っているかの問題だ。

イギリス人は自国のパブの起源を、ローマ人とノルマン人による占領後に建てられたインとタヴァーンに求める。いっぽうフランスのビストロあるいは歩道のカフェの前身は、約五百年前のサウジアラビアに登場した世界初のコーヒーハウスである。サウジアラビアのメッカから、コーヒーハウスはコンスタンティノープルを経てウィーンに伝わったと考えられるが、ウィーンに受け入れられて大変な成功をおさめ、ほかのどこよりも優雅に洗練された。この「快適な施設」——とウェクスバーグが呼ぶもの——は、ウィーンからフランスへ伝播した。ひとたび西洋文化の中心地に根づくと、歩道のカフェは外に向かって拡散し、ラテン文化と地中海文化全域におけるインフォーマルな公共生活の中心的存在となった。それは都市と村の生活に、パリと地方に、そしてフランスに範を仰いだ近隣諸国の農村と首都圏に、たいへんよく適応した。

ル・ビストロ（フランス人はふつうそう呼ぶ）は、パブより客を長居する気にさせるし、よりいっそう入りやすい。ロンドンにパブが何百軒かあるのにたいして、パリには何千軒ものカフェがある——一九六七年にジョン・ガンサー〔アメリカのジャーナリスト〕は、一万三九七七という数字をあげている。[4]一九三〇年代なかば、レバート・H・ウィアー〔アメリカの遊び場とレクリエーションの専門家〕は、フランス全土におよそ八万軒のカフェ、つまりなんと「およそ五〇人につき一軒のカフェ」[5]があると報じた。その推定値が確かなら、フランス人に酒食を供するカフェの数は、国民一人当たりに換算すると、イギリス人に酒食を供するパブと会員制クラブを合わせた数の十倍だったことになる。一平方マイルにつき四軒でもイギリスでパブに不足することはまずないのだから、それをはるかに上回るビストロの激増ぶりを見るに、後者はより広範な役割を演じているのではないかと思われる。都市社会学にかんする著書のなかで、ポール＝アンリ・ションバール・ド・ローヴェがビストロを重視したのは、カフェは貧しい人びとの「クラブ」だというお決まりの、感情に訴えかける理由からではなく、「それがあらゆるレベルの住民生活にあるからであり、そのあらゆる問題に関係するからである」[6]。

ビストロを「貧しい人びとのクラブ」と呼ぶのは的確ではない。「貧者のクラブ」は、いくつかの文化のサードプレイスに共通する婉曲表現だけれども、フランス文化にはそれが当てはまらない。ビストロは民主的かつ包括的な施設で、あらゆる人が歓迎されるし、海峡の向こう〔イギリス〕のパブに見られるような、人を各種の等級に分けて収容する小部屋もない。たしかに、カフェには男の伝統があるとはいえ、男女間に確執が生じるほどではなかった。典型的なビストロは万人のサードプレイスである。

物理的な特徴

その驚異的な軒数から察しがつくように、歩道のカフェは店構えが質素なことが多く、典型的な近隣型のカフェは、近場に住む少数の家族だけの要求に応えることで生き残っている。こうした店の特質は、とても小さくて客あしらいがうまい事実に見てとれる。ビストロは屋外エリアが一つと屋内エリアが一つまたは二つで構成され、何より重要なのは「テラス」すなわち屋外用テーブルと椅子および、この調度類が置かれる歩道の一部分だ。歩道の幅が広い場合、このテラス・エリアは顧客の必要に合わせて拡張されたり引っ込められたりする。とくに人気の高い観光地では、テラス席が本来の入口から一五メートル以上も張り出していることもある。

歩道エリアの優越性は、いくつかの点から明らかだ。カフェやビストロは、しばしば「テラス」と呼ばれるし、屋外座席を提供せずに繁盛している店はめずらしい。カフェにたびたび通っているとすぐ気づくように、客は店全体に均等に分布しているわけではない。たいていの人は歩道の部分を好み、その嗜好があまりにも強いので、冬の寒い日でさえ外を選ぶ。客が寒さを逃れて中に入ってくることなど期待できないと承知しているので、店主《パトロン》は歩道のテーブルのそばに小型ストーブか火鉢を置くか、ガラスでテラス席を囲うかする。

店の入口からすぐの部屋には「ザンク」すなわちバーカウンターと、会計係（ふつうは店主の妻）の机が一つあり、この机で両替をし、煙草やライター、切手、宝くじなどの物品を売る。屋内のテーブルは屋外のものより大きく、店によっては壁ぎわにボックス席がある。トランプゲームやチェスをする人びとは、通常ここと奥のほうの席で遊ぶ。机かザンクの向こう側に、小仕切りのたくさんついた整理棚が見えるかもしれない。それは、ビストロを利用して商取引やパーティーの準備などをする客宛ての手紙その他のメッセージを入れるためのもの。古色蒼然とした電話は、近隣住民のうち電話がない人びとの便宜のために使えるようになっていて、利用待ちの短い行列ができることも間々ある。左右の壁から低めの間仕切りを延ばして、裏部屋めいたものを作っている店もあるだろう。間仕切りはふつう、立っている人なら向こうが覗けるほど低く、上部にはちょっとした装飾にすぎない真鍮のレールが通っている。この一画は、客の群れから離れていたい恋人たち用。うまくしたものである。ほかの誰だって、ふつうは、店のすぐ外のにぎわいや抜群の眺めから引き離されて奥にこもっていたくないだろう。わたしのお気に入りの店は、一風変わった座席配置ではあるが、素通しの柵と、メインフロアから一段低くした構造のみで、恋人たちをその他大勢から切り離している。それでも一枚壁で目隠ししているのと大差ない。カップルがときおりこのエリアを使って親密な話やネッキングをしていても、誰ひとり注意を払わないのだから。フランス人は愛情表現が豊かな国民で、大っぴらないちゃつきをほとんど気にしない。フェルナンド・ディアス＝プラハ〔スペインのジャーナリスト、著述家〕が記しているように、恋人たちが抱き合う光景はまったく注目を集めないけれども「外国人、とりわけスペイン人やイタリア人は足を止め、あっけに取られて見入る。しかしこういう反応が珍しいので、フランス人は足を止めてそっちを見る」[7]。

フランスのビストロ以上にわかりやすいサードプレイスを思い浮かべるのはむずかしいだろう。伝統的なサードプレイスは、それが何かを間違いなく示す物理的な特徴——ときに示唆的備品《シグナル・フィッティング》と呼ばれる——をそなえていることが多い。たとえば、アメリカの酒場《サルーン》ならスイングドアと真鍮の痰つぼ、イギリスのパブならビールポンプのハンドルとダーツボード、というふうに。ビストロを一目でそれとわからせる備品は、籐椅子と、大理石の天板がついた小型テーブル（直径約四六センチで脚柱つき）、それと陽射しの角度と強さによって巻き上げたり下ろしたりする日よけテントだ。路上に張り出したこれらの主要な視覚要素が、その店の内容を告げ知らせるとともに、通行人に明確な歓迎の意を伝えている。ほとんどの客は、実のところビストロのなかに入るわけではない。歩道上の好みの席に座ることによって、店内にいるのと同様、店外にとどまっている。

ビストロはふつう、その店名を記した看板を外に出していないが、それもそのはず——ほとんどが名なしなのだ。ものに名前をつけることは広告の第一歩であり、フランス人は昔から見事なまでに広告を疑ってきた——近年ようやく、テレビ広告を容認したばかりである。けれどもビストロに店名をつけない一番の理由は、近所のカフェに名前は要らないということにある。店主は地元の隙間《ニッチ》を埋め、自らの小規模で堅実な商売に満足している。自分の店をよそ者の立ち寄り先にすることに、ほとんど関心がない。ビストロは、その近所に住んでいる人や、たまたまそこを通りかかった人みんなのものだ。常連にとって、そこは自分のアパートの一室のようになじみ深い。その見まがうことのない、路上に張り出した存在感は、別の企業が欲しがるかもしれない広告のすべてを提供している。名前をもたないビストロは、常連客の強い忠誠心の証左でもある。フランス人は、イギリス人やアメリカ人とちがってパブやバーを「はしご」する国民ではない。フランス人には自分の店があり、ほとんどそこに限定して通う。行きつけの店はたんにル・ビストロと呼ばれ、夫からカフェに行くと告げられた妻は、どこに行けば彼が見つかるかをきちんと把握している。

ジョゼフ・ウェクスバーグが要約したビストロの構造上の本質に、誤りはない。彼の見解によれば、このような場所はほかの何かと間違えようがなく、建築よりむしろ感情の建物であり、その「三分の二は雰囲気、三分の一が内容」[8]でできているという。典型的なビストロの水まわりに難があるのは大した問題ではない。トイレのドアを開けたとき、面積一平方メートル弱の淀んだ水から四、五センチ顔をのぞかせている二つのコンクリート製の足置き場しか見当たらないことに、どれだけ多くのアメリカ人が衝撃を受けてきたことか？　けれども、そんな衝撃は瞬時に消え、歩道のカフェの魅力は損なわれない。

ビストロは、店の前の街路の眺めやにぎわいから切り離されていないことから多大な恩恵を受けている。これらの店は、ほかの国々に見られる薄暗い、生活からの逃げ場とは大違いだ。ビストロの開放感は、可視性から生まれる正当性を与える。他国の市民は、自国のバーやラウンジという隔絶された場所でどんな不道徳行為がなされているのだろう、といぶかるかもしれないが、フランスのビストロは何も隠さない。見えているものがそこにあるものであって、それが心地よい。日本の俳人は、隣人の落ち葉焚きに秋を感じると述べているが、ちょうどそれと同じように、近所のビストロの屋外テーブル席に座っている隣人たちの見なれた存在こそが、フランス人のコミュニティを作るのだ。

歩道のカフェの永続的な魅力を説明しようとした人びとが確信しているように、その秘密は公と私のユニークな融合にある。そしてその融合が促される場所は、とくにテラス席だ。「それは適度な親しみと不干渉を結びつける」とサンシュ・ド・グラモンは言い、このような環境のなかに人はいつまでもとどまって満足している、と指摘する。[9]プライバシーは、ビストロを訪れる人びとの権利として認められていて、その権利はフランス人特有の態度で尊重される。フランスびいきのアメリカ人フローレンス・ギリアム〔ジャーナリスト、演劇評論家〕によれば「カフェでほかの客とじかに接していない人の表情ほどの無関心ぶりを——地下鉄の乗客が互いに向ける虚ろな視線は別として——わたしは断じて知らない」[10]。ウェクスバーグの評価も同じだ。「歩道のカフェの常連たちは、膝を突き合わせるようにして座っているが、互いの会話をけっして盗み聞きしない」[11]。たいていのアメリカ人が、面白いか啓発的だ（が、いかなる場合も容認できない）と見なす人間観察（と聴取）は、ここにはない。ビストロにいるあいだに見知らぬ人を会話に引き込みたければ、街なかでは場違いと思われるような呼びかけをするかもしれない。その人と話が弾むかもしれないし、弾まないかもしれない。ビストロでは、会話が気軽に、たびたび、自由に始まったり終わったりする。客は友だちのテーブルに仲間入りしてもよし、テーブルからテーブルへと渡り歩いてもよし、一人きりで手紙を書いたり新聞を読んだりしたければそうしてもいい。他者との交流を求める圧力はまったくない。ビストロは、こうして個人と集団にプライバシーあるいは社交を提供する。さまざまな気分や人数に応じて人びとに便宜をはかる能力は、この近隣施設が幅広い層に支持されるうえで大きな役割を果たしている。

抜群の環境

ビストロ自体の分析から引き出せる説明には限界がある。もっと大きな背景、つまりそれを取り巻く環境も非常に重要だ。ビストロのテラス席の特徴と人気から推察できるように、人にはカフェの目の前の世界から切り離されたくない気持ちがある。その世界は心地よく、フランスのカフェがある住環境は、その健全性に役立つ。環境《ミリユー》が、店の活気を盛り上げる。

比較でそれを明らかにするのなら、ニューヨーク市に目を向ければ事足りる。一九五〇年代なかば、ニューヨークには歩道のカフェが住民三百万人に一軒の割合、いやもっと厳密に言えば全部でわずか三軒しかなかった。六〇年代後半に、路上犯罪を減らす一助として出店が奨励されたあとでさえ、百軒しかなかった。およそ、ニューヨークに歩道のカフェを根付かせるのは、ピッツバーグにヤシの木を移植するようなものだ。環境が適していない。アメリカのすべての都市住民の必読書にすべき、図版が豊富で内容もすばらしいある本に、著者バーナード・ルドフスキー〔ウィーン出身のアメリカの建築家、エッセイスト〕は、ニューヨークの大通り《アヴェニュー》にあるこれらの「いわゆる歩道のカフェ」の一例の写真を載せている。[12] それはフランス人が享受しているカフェとは似ても似つかない代物だ。オープンではなく、窓のついた掘っ立て小屋みたいなもので、大通りの景色はすぐ目の前しか眺められない。屋外の火災避難装置（ルドルフスキーによれば、アメリカの建築物ならではの特徴）や、車でいっぱいの空き地をはじめ、アメリカの都市景観を損なう諸要素を、壁で目隠ししている。ルドフスキーが言うとおり、その添え物はどう見ても歩道のカフェではなく、何世紀も前にニューヨーク市の有力者たちが撤去せざるをえないと感じたたぐいの「差しかけ小屋」も同然だ。サードプレイスが環境にどれだけ左右されるかを視覚で劇的に示す比較例として、フランスの由緒ある「歩道のカフェ」をまねたニューヨークの偽物に並ぶものはほとんどない。

最近、わたしの娘の若い友人が、フランスでひと夏を過ごした。帰国するなり彼女は、村でも田舎でも都会でも同じように自分を迎えてくれた、あの心地よく感動的な環境を言葉でうまく伝えようと悪戦苦闘した。「それって、たとえば」と、わたしたちは助け舟を出した。「どこにでもイーゼルを立てて描けば美しい風景になるって感じ?」。「そう」と、彼女は言った。「まさにそれ」。「つまり」と、わたしたちは続けた。「雑草も生えていなければ、ガラクタ置き場もなく、ごちゃごちゃした架線も、ゴミも、けばけばしい広告板もない……」。「ええ」と彼女。「何もかもが美しかったわ」。

フランスは快適な自然環境に恵まれていて、国民はそれをたいそううまく管理してきた。ウェクスバーグは、フロリダの気候はあらゆる点で南フランスの気候と同じほど「歩道のカフェ」に適していると提言するが、それには異論がある。[13] フロリダはかなり蒸し暑く、住民は虫との苛酷な戦いを強いられる。南フランスには虫除けの網戸すら必要ない。アメリカ人がフランスの気候のなかで時を過ごす良さを知ってしまったら、陽光あふれるカリフォルニアでももう満足できなくなる。

しかし、環境の人為的な特徴こそが、言及に値する。さまざまな理由から――意識的なものもあれば、そうでないものもあるが――フランス文化は、美しいと同時にヒューマンスケールに合わせて造られている人為的な環境を保存してきた。現代もずっと、街路の活気を保ちたいという思いが行き渡っている。自動車が現実の究極の脅威になっているパリでさえ、街路の活気とビストロの活気はともに失われていない。

フランス人は、車を使うようになってすぐその脅威に直面し、小型車志向が高まった。フランス版ステーションワゴンと並ぶと、普通の体格の女性でもまさにそびえ立っているかに見える。車内が窮屈なことは、フランス人にとって苦痛ではない。幼いころから、生活の場で慣れているのだ。フランスを訪れているアメリカ人は、小さなフランス車を相対コストの観点から説明するかもしれない(もし、フランス人に金銭的な余裕があれば、みんな大きなデトロイト型に乗るだろう、との推測のもと)。人類学者エドワード・ホールの考えは、それとはまったく違う。彼の主張によれば、フランス人は、自分たちの乗る車の大きさがどんな結果をもたらすかを承知しているという。「もしフランス人がアメリカ車を運転したら」と彼は書いている。「彼らがとても大切にしている空間への対処のしかたを、いくつもあきらめざるをえないだろう」[14]。自動車の大きさを変えれば文化全体に影響がおよぶ、と彼らは理解しているのだ。

車が小さいから、フランス人はシャンゼリゼ通りの二一メートル幅の歩道を維持できている。大型のアメリカ車だったら、あの高貴な大通りが集団自殺の現場と化してしまうだろう。フランス人は、小型車に身体をねじこむことの見返りをたっぷり受けている。その結果、歩行者のために、ビストロのために、そして目と耳のために、街路の活気が保たれる。自動車が抑制されていれば、歩いて買い物をする人びとや、毎日の散歩を大切な気晴らしの一つにしている人びと、歩道のカフェという中立領域に大きく依存した社交生活を送っている人びとは、これまでどおり街路に集まってくる。そして、車を運転してどこかに行かなくてもこうした素晴らしい恩恵が受けられるとき、自動車は、そのサイズばかりか重要性も小さいままでとどまっている。

わたしの研究室の壁には、南フランスの一地方の小さなビストロの写真が貼ってある。屋外の二つのテーブル席の一方で、常連客が一人、友の到着を待ちながらうたた寝している。こんな人里離れた所にある店なら名前がなくてもおかしくないのに、この店は、正面に肉太の鮮やかな文字が書かれた日よけテントを垂らし、大文字でこう名乗っている。「BAR du XX.e SIECLE（二十世紀のバー）」。むしろ十七世紀のほうが近いだろうに！　築何百年というその建物は、どこもかしこも――あの日よけの上の主張だけは別として――時代を感じさせる。あるいは昔の店主《パトロン》が、そぞろ歩きのアメリカ軍人を呼び込もうとしてそんな広告を出したのだろうか。その店も周囲のどの建物も古色蒼然としていて（近所にはジャン・カルヴァンの旧居も昔の姿のまま存在していた）、その一帯には現代的な改装をほどこした跡がほとんどない。小型車がいかにもフランスらしい光景だとしたら、昔の建物はなおさらそうで、その古さと建築様式は進歩の妨げになったかもしれないが、こうした建物こそがフランスの村々を、そしてフランスの都市の大部分を、ヒューマンスケールに合ったかたちで残してきたのだ。

フランスでは、いくつかの要因が合わさって、古くて伝統あるものが――住まいも含めて――守られてきた。大多数のフランス人は、それで快適だし、昔からそうしてきた。インフォーマルな公共領域が、生活と娯楽の中心としての家の重要性を最小限に抑えている。フランス人は公共の場で接待したりされたりする。自国民にアメリカの流儀を取り入れさせようとして、ジャン・フーラスティエ〔フランスの経済学者〕は、典型的なフランスの住まいを小馬鹿にしてこう書いた。「伝統的な住宅は、基本的に要塞である。攻めではなくて受け身だ。守るばかりで、役立つことをしない」[15]。フランスの住宅の不適切な点だと自身が見なすものをさらに貶めるかのように、フーラスティエは、フランス人が住宅を新築するよりも古家を修繕しつづけることに目をとめた。そして一九四八年の比較データを分析し、「わが国〔フランス〕の建設作業員はわずか三軒しか新しい家を建てていないのに、同数のアメリカの作業員は二〇軒、イギリスの作業員は十三軒建てている」[16] ことに気づく。時間は、しかしフーラスティエの考えかたに味方しなかっただろう。アメリカ人は性急にレヴィットタウン〔第二次世界大戦後にウィリアム・レヴィットが計画した、大量生産型住宅からなる大規模な郊外住宅地〕を造り、結局その多くが二〇年という短期間で惨めに廃れてしまったのにたいし、フランス人は、何世紀もの時の試練に耐えてきたかたちを、今も守っているのだから。
フーラスティエは、都市再開発が大失敗し、それによって自ら提唱したアメリカ型が傷つき、歴史的遺産の保存や都市復興を支持する一般民衆の反発を招くことを予見できなかった。今にして思えば、フーラスティエの本にある以下の一節は、彼がねらったような痛烈な非難になっていない。

経済の一般的構成の問題が、ここでは重要だ。それをきわめて単純な語句で約言するとこうなるだろう――フランスは、建てるのではなく修理する。わが国の建設労働者たちが手がけているのは修繕だ。彼らは古い家を継ぎはぎする。パリと地方都市のバーやカフェの内装をリフォームする。穴を掘っては埋め、舗装しては剥がす。古い家々にどうにかこうにか洗面所をしつらえる。崩れかけた壁につっかい棒を立て、腐った垂木に乗っている屋根を葺き替える。これが、わが国の七〇万人の建設労働者の三分の二から四分の三がしていることなのだ。彼らのうちのごくわずかしか、実際には新しい家を建てていない。だから新築家屋の総数が、失笑を誘うほど少ないのも驚くには値しない。[17]

フーラスティエの文章は、フランスの職人技をさも手抜きのように感じさせるが、このちょっとした利己的なレトリックはさておき、彼ははからずも、いまどきの多くのアメリカ人が新築よりずっと興奮する、住宅建設の手法を述べていたのである。自動車と住宅を引き合いに出して両者を同一視する誤りをおかしながら、フーラスティエはさらに論を飛躍させ、世界じゅうの土地開発業者が喜ぶにちがいない結論に達する。「新製品（家も含めて）にたいする支出だけが、本当の意味での生活様式の改善につながる」[18]。だがそれとは裏腹に、コミュニティ意識を否定する環境のなかに建てられた住宅は、本当の意味での生活様式の改善ではなく劣化を意味する、というのが今の時代の新たな見識なのである。

一九六四年までフランスで実施されていた家賃の凍結も、産業主義につきものの変化に逆らって伝統的な生活様式を維持する役割を果たした。ひとたび住む場所を見つけると、家族は、格安で長期の借家契約を確保し、転居を拒んだ。「フランスの労働者は」とサンシュ・ド・グラモンは書いている。「移住しようとしない。……彼は、家族と仲間と習慣とでできた繭のなかにいるから、もっと高い給料がもらえる見込みがあっても、そこを離れる気にならないのだろう」[19]。

場所に投資するとともに、保守的傾向は強まる。人は、一つの地域に長くとどまればとどまるほど、変化にも、転居という考えにも抵抗するようになる。ほどほどの労働条件、家族に適している住まい、そして仲間との交遊を楽しむ場となるビストロを見つけたが最後、フランスの労働者は不動の物体になる。どうして移動する必要があろうか？　サンシュ・ド・グラモンが繭になぞらえた概念は、豊かな暮らしの基盤をなす三脚台にほかならない。自分の第一《ファースト》、第二《セカンド》、第三《サード》の場所《プレイス》を確立したフランス人は、賢くそれらを享受しつづける。彼らは満ち足りていて、孤独でもなければ、人生の報酬をもたらす明日をあてにしてもいない。

アメリカ人は、外見上は似たような状況に到達しても、はるかにそこから追い立てられやすい。満足しないように条件づけられているからだ。デイヴィッド・E・ライトとロバート・E・スノウという二人の教授が指摘しているように、アメリカでは毎年およそ五百万ドルが広告に費やされ、どんな全体主義国家のプロパガンダにも負けないほど強力で波及力のある消費イデオロギーを推進している。その結果としてアメリカ人は、

昔から西欧文明の一対の目標とされている、「進歩」と「個人の完成」が、モノやサービスの消費をとおして達成されるものと信じている。わたしたちの多くは、自分個人としては、そのような信念を抱いていることを否定するだろうが、ほとんどの人が、あたかもそれを信じているかのように行動する。わたしたちは消費するために働き、成功や力強さ、性的魅力、あるいはたんなる充足を感じるために、必要以上に消費する。わたしたちの文化は、わたしたちがこのように感じ、行動することを求めているのだ。[20]

現状に甘んじ、満たされた気分のまま、転居による出世を強いる重圧にも消費の奨励にも鈍感でいられる人はめったにいない。そういう人びとはアメリカ文化のなかでは例外的な存在であり、その申し子ではない。つい最近、フランス人はテレビ広告を容認したばかりだが、彼らはこの解禁を後悔しそうだ。ようするに広告は、この製品を買わないかぎりあなたは不完全なんですよ、と言っているのである。そのメッセージが現実に行き渡ったら、仕事なし、家族なし、ビストロなしの状態で、フランス人がかつてのように心から満足することはないだろう。

ビストロを快適にする周辺環境のその他の側面に加えて、歩道と道路と建物も、ヒューマンスケー

ルに合わせて作られている。典型的なビストロの周囲の街頭風景は、おなじみのパターンがありながらも、けっして同じではない。建物が人間を卑小に見せることはなく、通りは果てしなく単調に続いているわけではない。建物の正面《ファサード》は変化に富んでいるが、互いに調和がとれている。目で見た全体的な印象を言葉だけで伝えるのは難しいが、ニューオーリンズのフレンチ・クオーター〔旧市街〕を訪れた人なら、それに若干の修正をほどこせば、そのイメージがつかめるだろう。では、この旧市街の街路が、あの味気ない碁盤の目ではなく、あちこちに向かってのびているとしたらどんな光景かを思い描いてみよう。それから三角州の湿地を、起伏のある田園地方に取り替えよう。街路の幅はさまざまで、歩道の幅はテラス席が作れるほど広いものとしよう。街路に突き出ている看板を撤去しよう。平日のバレーボールや土曜日の蚤の市のための広場を一つか二つ設けよう。ついでに、旅行者の群れと二馬力以上のすべての乗り物も取り除こう。そう！　まさにそんな感じだ。その一画は、ヒューマンスケールに合わせて作られ、人との触れ合いに最適で、同じ面積を使って計画される索漠とした高層建築物と同数の住民を収容できる。

たんなるバーではなく

アメリカ人は、自分たちの暮らす自動車文化に圧倒されてきた。どこへでも車で出かけ、その行く先は散在している。各種の必需品やサービスを調達できる場所がすぐそばにある人は、ごく稀だ。わたしたちはときおり、おそらく休暇に、どこかの僻地の中心街の様子を垣間見ることがある。そんな地域で食料品を買ったり、コーヒーやサンドイッチを飲食したり、ガソリンや船外機オイルを買ったり、トイレを使ったり、魚釣りや焚き火の許可証を取ったり、伝言を残したり、よその土地から来る人と待ち合わせたりできるのは、四つ角にある小さな雑貨屋かもしれない。フランスの住宅近隣のビストロは、こうした僻地の雑貨屋とよく似ているが、言うまでもなく、ビストロはすぐそばにある。

ワインはフランスの国民的飲み物であり、毎日の生活に欠かせない。自分で醸造しない人は、子どもに空き瓶を一、二本もたせて地元のビストロに使い走りに出すだけでいい。煙草屋《タバ》が近くになくても、近所のビストロが煙草販売の免許をもっている。長枕やビデと同じくらいフランス文化に浸透している宝くじは、カフェで売っている。自家製ブランデーの醸造許可を得ている人は、必要な申告用紙をカフェで入手するし、あらゆる法的文書に貼り付けなければならない印紙類もカフェで扱っている。多くのカフェは、コンビニエンスストアの役目も兼ねていて、地元の住民が食料雑貨類や袋づめの石炭を買いにくる。しかし、フランスを訪れるアメリカ人が最も感動しそうなのは、店主《パトロン》と従業員が顧客にするサービスの数々である。ビストロのウェイトレス――がいなければ店主――は、電話で受けた伝言を客に伝えたり、客の荷物を預かったり、常連の使い走りをしたりすることも仕事のうちに入れている。地域内では、店主と地元の家長たちの結びつきが強い。

ビストロは、便利で心地よい中立領域をも提供し、そこでは多くの商取引がおこなわれる。この点でビストロは、イギリスのクラブや、クラブの前身である初期のイギリスのコーヒーハウスに似ている。およそ勧誘だの売り込みだのは、相手が家庭からも職場からも義務や不利益を課せられないときに、たいそうやりやすくなるものだ。それにフランス人の家庭は、アメリカ人の家庭ほど他人にたいして開放的でもない。たとえば、地方政治にかかわっている人びとは、自宅の居間ではなく地元のビストロで会合をする。ビストロは、すべてのフランス市民に直接的な政治討議の場を提供しているのである。ローレンス・ワイリー（第2章参照）は、ペラヌの村人たちの研究をしたとき、この慣習のせいで被験者の家に入れないことに気づいた。代わりに、彼は地元のカフェの奥のテーブルでロールシャッハテストを実施し、店内のその一角は、たちまち彼の研究室として知られるようになった。[21] フランスの典型的な家庭は、人を接待したいときに自宅でもてなさない。晩餐の客はレストランに連れて行くが、最も気軽なもてなしにはビストロを使う。

ビストロは、手紙を書くにはうってつけの場所だし、驚くほど多くの人にとって、そこは本を執筆する場所でもある。作家や芸術家にひらめきを与えるこうした環境の力は、語り草になっているほどだ。大学生はカフェになだれ込んで、勉強や創作活動や議論をする。カフェの規模が例外的に大きく、学生数が非常に多いトゥールーズ〔フランス南西部の市〕では、カフェに立ち寄って、大学から来た若者たちの愉快な質問攻めに遭うことが、夜のお楽しみになっている。

小さな村々の場合、カフェは目の前の人波を眺める「テラス」とはいえない。むしろ、コミュニティの娯楽センターとして、拡大された役割を果たす傾向がある。比較的狭い環境におけるビストロのこの機能は、ワイリーによる小さな「ヴォークリューズの村」の描写によって、きちんと立証されている。彼の著書のうちの一章が、町のカフェの日常を解説することに割かれているのだ。[22] ペラヌというその村を含めて近隣の七つの村では、毎週一晩ずつ地元のカフェで映画が上映される。火曜日の夜が、ペラヌに回ってくる番だ。映画を上映する男は、自動車のクラクションを鳴らして到着を知らせる。町の一マイル〔約一・六キロメートル〕手前からクラクションを鳴らしはじめ、カフェの正面に車を止めるまで鳴らしつづける。店主は彼を手伝って機材を運んで設営し、四〇人ちかい人びとが映画を観にやってくる。大人の料金は十五セント、子どもは入場無料。映画が終わると、ほとんどの人は何も言わずに席を立ち、眠っている子どもたちは親の腕に抱かれたまま車で家に帰る。火曜の夜の恒例の映画会は、ワイリーの報告によれば、彼が村に滞在した一年間、変わることなく続けられた。

ペラヌに一軒だけあるカフェの真ん前の広場《プラス》は、町のブール競技の会場である。狩りに次いで、ブールは文句なしに男たちが大好きな娯楽だ。天気がよければ毎晩やっている。自身もこのゲームの愛好者であるカフェの店主が、屋外に明かりをぶら下げる。ブールのシーズン中、毎週土曜日に彼はトーナメントを主催し、勝者に賞を出す。試合は明け方前まで続き、試合のかたわら、近所の住宅の資産価値が下がった云々と活発な舌戦も繰り広げられる。スペイン人のディアス＝プラハは、この競技はフランス人に打ってつけだと主張する。なぜなら舌が、ほかのどこの筋肉より千倍も運動するようだから、と。[23] 戦略や駆け引きの相談で、重い黒球の投球と投球のあいだに十五分かかることも珍しくなく、試合の中断時間が静かに過ぎることはけっしてない。

寒くなると、ブールに代わってブロットの出番である。これはピノクルとよく似たトランプゲームで、村人は誰でも遊びかたを知っている。カフェの店主は、ブロットでも土曜日の夜のトーナメントを企画する。彼の商売には、ブール競技よりもこちらのほうが儲けになる。トランプ遊びはブールよりたくさん酒を飲む気にさせるし、これまた競技時間が長いのだ。このゲームには女性たちも参加でき、毎週土曜日には、五〇―六〇人の出場者が、一組の決勝進出者にしぼられる。

ペラヌのカフェの日常のリズムは、フランスじゅうの田舎や都会のビストロのそれと変わらない。平日には毎日二度の食前酒《アペリティフ》の時間──正午から午後一時半までと、午後六時から七時まで──が守られる。昼間の集団はもっぱらビジネスマンで、彼らはベルモットタイプの食前酒を飲み、その場の全員に行き渡るように買う（「おごり」《トゥルネ》）。集団の人数が多ければ多いほど、酒の消費量は増える。夕方の食前酒の時間に参加するのは、昼間より大勢で、さほど親密ではないし堅苦しくもない、快活な男たちの集団だ。この時間帯に好まれる酒は、赤ワインでもベルモットでもなく、パスティスだ。乳白色で甘く、アニスの香りがするこのリキュールは、南フランス全域で最も人気の高い食前酒である。自宅での遅い夕食の前にカフェに集った人びとは、昼間の集団より飲酒量が多い。政治の議論になると声を張り上げ、感情を爆発させるが、ふつうは酩酊状態になる直前で飲むのをやめる。

カフェは、そんなわけで男たちのクラブなのである。さらに、ワイリーの言う「孤独な人たち」の家庭代わりでもある。この人たちも男性で、五、六人はいる。一人暮らしの独身者か、妻を亡くした者、あるいは離婚経験者だ。コミュニティのなかでは最も貧しい成人男性である。カフェが彼らの生活の中心であり、飲むのは小ぶり《カノン》のグラス入りの赤ワイン（「貧者の食前酒」）だけ、しかも一日にたった二杯と決まっている。そんな彼らは店主泣かせだ。仕事と睡眠以外の時間はカフェにいて、新聞を読むか、トランプ遊びに興じるか、店主の妻を会話に引きずりこむか、あるいは何もせずに居座る。食事時にはいつも自分のパンとチーズを持ち込んで、店主の家族の邪魔をする。

もっと大きな村にはカフェが多くあり、店ごとに異なる近隣住民を客としている。そのような村のビストロ・ライフは、フランスの公的機関にはもはや見られない階層構造を反映する傾向が強い。たとえば、パリ近郊にある住民二千人ほどの村ウィソーには、十五軒の飲酒店があり、どの店に誰が入ってもかまわないのだが、人びとはコミュニティ内の自分の家の地位にしたがって棲み分けている[24]。とはいえ、社会生活の新たな局面に直面し、階級制は影が薄くなる一方だ。公務員と富農は同格なのに、お互い付き合うことにほとんど興味がない。いまや多くのカフェが、昔ながらの階級帰属者よりも、格付けとは無縁の、同じ興味をもつ人びととの集団のほうを客に迎える傾向にある。インフォーマルな公共の集いの場は、流動的とはいえ、相変わらず、政治生活の基本的な草の根の公開討論の場でありつづけている。

ビストロがたんなるバーや飲み屋でないことは、ざっと眺めてみるだけでも確証が得られる。とはいえビストロは正真正銘、酒を飲むための場所である。フランスは、アルコール消費の分野において感心できない記録を保持している。肝硬変とアルコール性認知症の発症にかけては世界のリーダー格だ。一九七一年、フランソワ・ヌリシエ〔フランスの作家〕はこう報じている。「われわれは、一人あたり年間およそ二七リットルのアルコール消費によって世界一の大酒飲みの座を勝ち取り——守った。これはアメリカ人の消費量の三倍および、イギリス人が飲んだ量の四倍をはるかに上回る。イタリア人だけが、この厳然たる首位を脅かす競争相手になっている[25]」。

しかし問われるべきは、この問題にたいする従来型のリベラルな見解を受け入れなければならないかどうかだ。ヌリシエは、どう見てもその一派に属している。なぜなら彼はこうも主張している。「必要なのは、酒に溺れる原因と機会をなくすことだ。一番の恥は、カフェ、ビストロ、居酒屋、バー、ブラッスリー、そしてピンからキリまでの、ありとあらゆる飲み屋の驚くべき多さにある[26]」。

国民が酒を飲みすぎる国の、庶民の飲み屋を非難したくなる気持ちは分からなくもないが、往々にしてそれは間違っている。本書ではすでに、イギリスのさまざまな地域における飲酒量とパブの軒数との逆相関を見てきた。盛り場での飲酒はふつう、家庭やその他の環境で飲むよりも、はるかに抑制され文明化された形態のアルコール消費だ。飲み屋には、守るべき信用がある。たぶん、フランス人の飲酒は、ビストロの問題をさて置いてもひどく行き過ぎなのだろうし、ビストロは、イギリスのパブと同じく、適度の社交的なアルコール消費をうながすという罪しか犯していないのだろう。なるほど、だからドゴールがビストロの増加に歯止めをかけても、何ら有益な成果があがらなかったのかもしれない。一九五〇年代なかば、ドゴール政権は、工場と学校と競技場の近くでのビストロの営業を禁じたが、いつまで経ってもアルコール消費量は減らなかった。

わたしはよく憶えているが、まだ薄暗い早朝に、フランス人労働者がヴェスパに乗り、スピードをあげてバス停を通り過ぎざま、後ろのサドルバッグに入っている六本の赤ワイン《ヴァン・ルージュ》のほうに手を伸ばすと、一連の慣れた動きで一本つかみ、コルクを抜いて飲んでいた。また、毎日いろいろな人がぞろぞろと、街角の食料品店に空き瓶をたずさえてやって来ては、一リットルにつき八セントで瓶を満たしてもらっていたのも憶えている。そして、忘れようにも忘れられない水――ときに灰色、ときに黄色がかっていて、光にかざせばありとあらゆる細かいものが浮遊しているのを誰しも認める、あの液体。一部の人びとにとって、ビストロはフランスのアルコール消費の象徴かもしれないが、それがその原因であることを疑う理由は十分にある。

ついでに指摘しておくべきだろう。ヨーロッパのバーは、アメリカのバーとちがって強制的な飲酒を助長しない。とくにフランスがそうだ。やや廃れかけている慣行とはいえ、ビストロでは酒を一杯ずつ受け皿に乗せて出し、空になったらグラスだけをテーブルから下げるのが昔からの伝統である。積み重なった受け皿から、各自が何杯飲んだかは一目瞭然になる。ビストロは、どう考えても、大酒飲みにふさわしい場所ではない。ばれてしまうのだ。その効果のほどは、パリのアンダーグラウンドの世界を撮ったブラッサイの写真集にはっきり見てとれるだろう。[27] ハラース〔ブラッサイの本名〕のカフェ風景では、あたり一面の暗色を背景に、厚い白の受け皿がくっきり浮かび上がっている。ビストロの店内で誰が飲みすぎているかは、その場をざっと見回すだけでわかる。ほかの国々では、何杯飲んでも一杯目に見えるように取り計らいそうなものだが。

ヨーロッパのバーは――わけてもフランスのバーは――また別の方法でもアルコール消費を抑制している。ビールやワインや蒸留酒のほかに、ノンアルコール飲料を幅広く取り揃えて提供しているのだ。イギリスのパブでは、結構うまいジンジャービール〔発酵させたショウガで作った炭酸飲料〕や、ビターオレンジとビターレモンのシュウェップス、オレンジスカッシュ、そしてライビーナ（黒スグリのジュース）を売っている。夏と秋には多くの店が、評判の良い飲み物である地元産のサイダーを、おそろしく大量に売る。しかし、ビールを含めてほぼすべての酒類に匹敵するノンアルコール飲料があるのはフランスだ。一般的な果物をとりあえず何でも使うので、ジュ・ド・ポワール（洋梨ジュース）、ジュ・ド・ペシェ（桃ジュース）、シトロン・プレス（レモネード）なども飲める。[28] とくにわたしの記憶に残っているのは、オレンジ、レモン、ライムの三種類の味で売り出している瓶入りの製品だ。そのオレンジ味は、オレンジクラッシュ――横うねのある茶色い細身のガラス瓶に入っていた飲み物で、その後アメリカ市場からほとんど姿を消してしまった――によく似ていた。ただしフランス版は、もう少しコクと独特の風味がある。あいにく、よく出回っている商品名は「Pschitt（シット）」、英語を話すほかの客の前では注文するのがはばかられる発音である〔英語のshitと同じ〕。あのラベルには、英語圏市場での商機にたいする驚くべき無関心ぶりが表れていた。

カフェは、言うまでもなくコーヒーを意味するフランス語であり、この黒い霊薬はビストロの飲み物として相変わらず人気が高い。地中海地域では、通常エスプレッソが好まれる。それを淹れる機械は、大きくて高いので、すべてのビストロにあるわけではない。エスプレッソコーヒーは、ちびちび飲むので少量で十分だ。アメリカ人が飲むような、薄めに淹れたブレンドコーヒーとはほとんど似ていない。エスプレッソのカップは、繊細な三オンス〔約九〇cc〕のデミタスで、それとつりあう小さなスプーンがついてくる。エスプレッソの味わいは、いったん覚えると病みつきになる。その飲みかたは、儀式や作法を好むフランス人には間違いなく魅力的であり、彼らの心をたちまちつかむ。フランスのカフェと聞いてわたしがいつも思い浮かべるのは、わたしたちのお気に入りでもあったあるビストロに毎日現れた、一人の男性だ。白髪まじりの落ち着いた中年のビジネスマンで、ダークスーツに黒のネクタイ、それに、いつも黒っぽいチョッキかセーターという出で立ちだった。カフェの中ほどのボックス席に好んで座った。そして判で押したようにブラックのエスプレッソの砂糖つきを注文し、手の込んだ儀式にしたがって、小さな角砂糖二個を液面で溶かすのだった。彼は席でだらしない姿勢を見せたためしがなく、端然と座し、王族にふさわしい優美さで少しずつコーヒーを飲んだ。彼をしゃんとさせていたのがその飲み物なのか儀式なのかは、今もって分からない。そしてなぜ彼が、アメリカ人の客がかなり多い店にたびたび足を運んだのか、も。おそらく彼は、洗練度の低い人間たちに若干の教えを授けることを、自分の責務だと思っていたのだろう。

生活様式

くだんの紳士は決して、コーヒー風味のお湯が入ったプラスチック製カップ——これを通してその味気ない飲み物は客の指をやけどさせる——が出てくる現代の自動販売機の利便性に屈しなかっただろう。先進工業国のなかで伝統に忠誠を誓い、癒《デラスモン》し術を保持することによって、彼は、技術革命に直面したときの自国の姿勢を象徴していた。先進工業国とひと口に言っても、生産力を高め、ひいては国民の生活水準を上げるために、どれだけ技術進歩を利用してきたかは国ごとに異なっている。フランスは、世界の国々のリーダー的立場にあるが、国民総生産と国民の物質的幸福をともに増やす可能性を最大限に生かしているとはとうてい言えなかった。この事実を評価することは、説明することほど容易ではない。工業生産力に相対《ヴィザヴィ》するフランスの姿勢には、悲嘆すべき点に劣らず、称賛すべき点がある。わたしの目的は、サードプレイスとフランスの事例との関連性を示すことだ。

フーラスティエは、同胞を説得してアメリカ人のやり方を取り入れさせるための、本一冊分におよぶ試みのなかで、生活水準と生活様式を区別した。[29] どちらも消費の様態に関連するが、生活水準は「お金で評価できるすべてのモノとサービス——すなわち、月給やその他のお金で得られるもの——の消費を示す尺度の一つであり、購買力に相当する」[30]。かたや生活様式は、「財政評価が難しくむしろ無益である消費の領域」に関係があり、気候や近隣住民、都市施設、娯楽の好み、一日の労働時間の長さなどを含む。[31] ひとたび生活の基本要件が満たされると（そしてフランスには貧困が比較的少なく、人口の大多数はある程度裕福である）、社会は、その科学技術の潜在生産力を最大限に引き出すか、それとも、価値のある暮らしかたを維持するかの選択を迫られるのかもしれない。

たしかにフランスは、工業化によって西側諸国が新たな関係に置かれるずっと前から、見習うべき国家だった。現にトマス・ジェファソンはこう言った。人は誰でも二つの故郷をもっている――自分の祖国とフランスと。だから当然といえば当然なのだが、フランスには、まっとうな生産の怪しげな利益や経費だと思われるもののためにすべてを犠牲にする素因がなかった。そして実際、犠牲にしなかった。生活水準より生活様式を守るというフランスの集団的決定は、ある意味、高くついた。たとえば、もしフランス人が一九二〇年から三九年にかけてアメリカ人と同じ長さの労働時間を採用していたら、フランスの工業労働者はナチスを十分思いとどまらせていただろう、とフーラスティエは確信している。[32]

フーラスティエの分析によると、フランスの問題は、早まって生産性を低下させたことから生じ、彼は徹底的にこの持論の証拠をあげている。[33] 彼が一度も問わなかったのは、なぜフランスがそうしたのか、である。彼のデータは、それとは裏腹に、フランスはそうすべきではなかったということを示唆している。国内の状況は、生活水準の向上が差し迫って必要であったように思われる。たいていの家庭には、浴槽もシャワーもなかった。国内の科学技術は効率が悪かった。フランスの女性が家事にかける時間は、アメリカの女性の三倍だった。第二次世界大戦が終わるまで、多くの都市では、住宅に下水がほとんど接続されていなかった[34]。水道は敷設が遅れていたし、住宅をはじめとする建物の暖房設備は、アメリカより五―一〇パーセント少なかった。なぜ個々人の状況は、それが何百万と積み重なっても、生活水準の向上を促す力にならなかったのか？　明らかに、国民の側の怠慢ではなかった。フランス人は、貪欲さにかけては上位に入るかもしれないが、怠け者ではない。彼らは早起きで、働くときにはせっせと働き、早くに引退する。技術の後進性の問題でもなかった。フランス人は、科学のあらゆる分野に顕著な貢献をしてきたのだから。

フランスの社会制度の影響力が、フランスとアメリカの工業生産力の実績におけるいくつかの相違の主要因であることは間違いない。アメリカは、国民の移動性が高く、社会制度がフランスほどしっかり根づいていないので、生活水準の向上をより熱心に追求しようとした。アメリカ人のあいだでは、概して生活様式が、お金で買えるものの問題になった。つまり、アメリカではフランスよりも生活水準が生活様式に影響をおよぼすのだ。一般向けの娯楽を利用する機会でさえ、アメリカでは当人の稼ぎの多寡に左右される。

フランス人の日常生活が維持されたのは、おそらく、伝統を重視するのと同じほど、社会制度のバランスがとれていたからだろう。フランス人はアメリカ人にくらべて制度に多くを期待し、フランスの制度は、豊かな暮らしの三脚台の基盤を提供してきた。家庭と職場の充実感は、すべてのフランス国民が手に入れられる充実したインフォーマルな公共生活と共存している。フランスの居住の限界を補ってきたのは、フランス人が生活のほとんどをインフォーマルな公共の場で過ごすという事実だ。フランス人の住宅はアメリカ人のそれとちがって、個人が取得した物品の展示場になっていない。それどころか、フランスの村人の多くは、テレビの購入を先送りにした。受信に必要なアンテナが、上流気取りをにおわせるからだという。仕事と労働条件について、フランス人は「現代の労働の機械的にして強制的な特徴」をはっきりと認識し、工場労働のリズムが——季節に基づく農業のリズムとちがって——人間の本性に合わないという事実を痛感してきた。[35] 多くのフランス人にとって、会社《ル・ビュロー》で過ごす時間は、主としてそのおかげでビストロでの時間が作れるから、良しとされる。ウェクスバーグが言うように、歩道のカフェは、「仲間づきあいの楽しみが、勤勉さの見返りよりも尊重されるところで最も栄える」施設だ。[36]

　フランス人の仲間づきあいは、アメリカ人によく見られるのとはちがって、個人の好みや空き時間、偶然に委ねられない。「自由、平等、友愛」というフランス人の信条は、制度として実行される。仲間づきあいや友愛は、時間と場所がしっかり決まっている。昼食の時間は二時間で、一時間は友愛のため。夕食の時間が遅いのは、その前の時間を交友にあてるからだ。いずれの場合もビストロが、交友を深めるお決まりの場だ。生活水準が生活様式より前面に出ているところでは、弁当を十五分かそこらで、しかも人目を盗んで掻き込むのかもしれないが、生活様式に害をおよぼすこのようなものは、フランスではまったく人気がない。ドゴール以来、フランスでカフェの営業許可を得るのはますます難しくなっているにもかかわらず、今なお成人のフランス市民三二人につき一軒の割合でカフェがある。[37] 文化を国民の内面的特徴の観点から説明する人びとは、時として、フランス人の友愛重視が度を超していることをそれとなく示す。わたしたちは、そのような精神的解釈に感心するよりも、フランスの社会では友愛や仲間づきあいの機会が十分に与えられており、提供された時間と場所が驚くべき存続力をもっているという事実に感銘を受ける。

先にわたしは、科学技術の時代においてストレス増大は避けられない生活状態ではなく、まさにストレスを流行させるシステムを構築できるのと同様、ストレスを軽減させるような都市生活のある種の機構を導入することもできる、と主張した。フランスのビストロは、これらの主張の「生きた証拠」である。

椅子の置き場所にもってこいの歩道がある，そんな都市に学ぼう．

(Ray Oldenburg)

このような「平服」姿の兵士たちをはじめ，多くのアメリカ人は，ヨーロッパの歩道のカフェとそこで得られるくつろぎの楽しみかたを覚えた．

(Greek National Tourist Organization)

典型的なギリシアのタベルナを見ると，楽しい仲間と楽しい会話には豪華なしつらえなど要らないことがわかる．

ニコシア〔キプロスの首都〕のこの飾り気のない情景は，サードプレイスの本質——和気藹々と楽しんでいる人びと——を際立たせている．

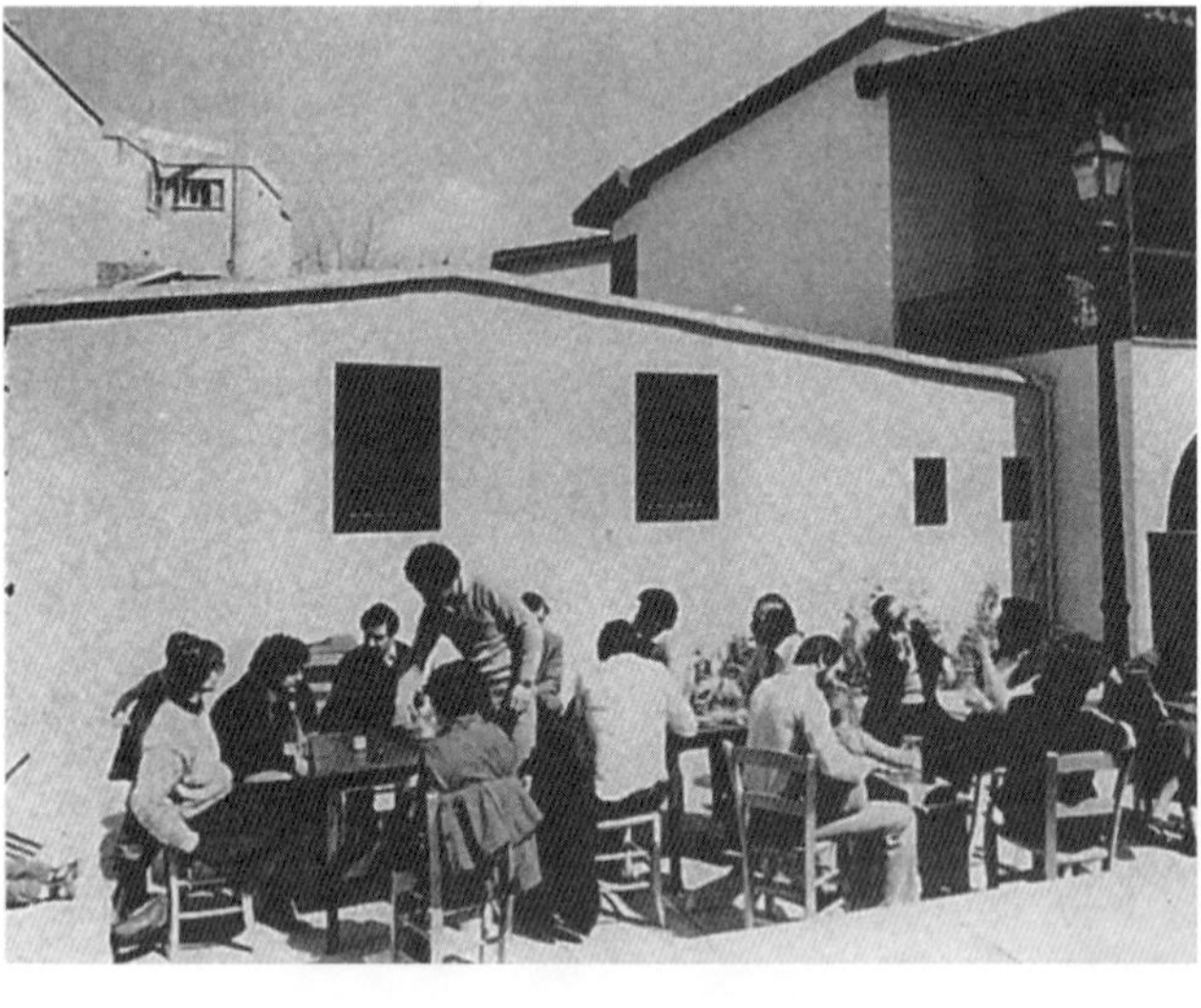
(Cyprus Tourism Organization)

(Austrian National Tourist Office)

オーストリアのカフェの，まるで書斎のような雰囲気は，識字も社交も向上させる．

イスタンブールのカフェ――親友や恋人たちのたまり場．

(Republic of Turkey, Ministry of Culture and -?-)

(National Tourist Organization of Greece)

キクラデス諸島〔エーゲ海南部，ギリシア領〕のある島にて．サードプレイスが老人ホームにまさることを如実に示す老紳士たち．

全国各地の起業家は，本書に触発されて，既存の「サードプレイス」企業やビジネスを再生させ，あるいはそのての商売を新規に始めつつある．以下のページでは，こうした動きがいかにアメリカの都市や町の景観やその住人の生活を変える助力になっているかを，ほんの数例ではあるが見てゆこう．

§

Photo of Third Place Cofeehouse © Drew P. Griffin

客は，土曜の朝をテラスで楽しんだり……

……店内の窓際のテーブルで静かなひとときを過ごしたりする．

ノースカロライナ州ローリーの〈サードプレイス・カフェ〉で店主のリッチ・フュートレルとタイ・ベディングフィールドが目指したのは，本人たちの言葉によれば「成功するビジネスだけでなく，近所の人びとや友人たちや個々の人が集い，くつろぎ，選りすぐりの軽食，極上のデザート，地元で焙煎された最良のコーヒーを味わいつつ楽しく過ごせる大人気のコミュニティ集会場」だ．

1998年11月，シアトルの繁華街から北に20kmほどのワシントン州レイクフォレストパークに開業した〈サードプレイス・ブックス〉は，創業者ロン・シャーが，本書にたいそう刺激を受けたのにちなんでその店名をつけた．「サードプレイス社は，本当のサードプレイスをコミュニティに再導入するために設立されました」とシャーは語る．その基盤であるサードプレイス・ブックスは，シャーが言うように，「古物の目利きによる最高の古本屋と，現代の大型書店と，近所の図書館を合体させて共用の居間のような環境に入れたものです」．

Photo of Third Place Books © Third Place Company

サードプレイス・ブックスの床面積4200 m²の半分を占める「ザ・コモンズ〔共用スペース〕」．500人分の座席に隣接して，専門的な設備が整ったステージ，実演用キッチン，5つのレストラン，そして高さ約60 cmの駒が並ぶこの巨大な約2.5 m×2.5 mのチェスセットがある．

金曜の朝にはシアトル・ストーリーテラーズ・ギルドのデビー・ドイチュによるストーリーテリングが，子どもたちの目と耳と想像力を刺激し，近所のお父さんお母さんに人気の高い集会となっている．このあと，親子はたいてい「ザ・コモンズ」で，コーヒーや紅茶と焼き菓子を味わいながら，のんびりとおしゃべりをする．

オハイオ州シンシナティの〈オールド・セントジョージ〉は，かつてのローマ・カトリック教会およびフランシスコ会修道院のなかにあり，「コミュニティと霊的再生のためのとびきり居心地よい場所」を名乗っている．大ホール，図書室，食堂，書店，喫茶店，非営利団体事務所などの施設がある．1999年7月に創立5周年を迎えた．

Photo of Old St. George © Old St. George

オールド・セントジョージを利用している数多くの地域団体の一つ，シンシナティ・フィルム・コミッションは，同センターの図書室で「ハリウッドがハロウィンする」パーティーを開く．

アニー・チータムは，とびきり居心地よい場所の設立に生涯をかけている．彼女の最新の冒険的事業は，本書を読んだころに立ち上げたマサチューセッツ州アムハーストの〈アニーズ・ガーデンストア・アンド・ギフトショップ〉．

Photo of annie's Garden Center © Annie Cheatham

猫の手も借りたい植え替えの最盛期には，老人たちも手伝う．この時期は，数えきれないほどの新芽をあっちからこっちへと移植しなければならないので，どれだけ人手があっても足りないのだ．

ワシントンD.C.のキャピトルヒルにある〈タニクリフズ・タヴァーン〉の経営者リン・ブロウが受け継いだのは，1796年にウィリアム・タニクリフがイースタン・ブランチ・ホテルを開業したときに始めた，おもてなしの伝統だ．「タニクリフズは，とびきり居心地よい場所です」とブロウは言う．「ここでは政治家だろうと詩人だろうと，あらゆる年齢と職業と文化の人びとが打ち解けて語り合い，祝杯を挙げます」．この写真は，最近の週末のパーティー．

Photo © Lynne Breaux

Photo © Ray Oldenburg

地元のとびきり居心地よい場所にいる著者レイ・オルデンバーグ（中央）．1996年，トレイシー・スプラクレンと夫のスティーヴは，自分たちを突き動かした本『The Great Good Place』の著者が同じ町に住んでいるとはつゆ知らず，フロリダ州ペンサコラに〈グッド・ネイバー・コーヒーショップ〉を開いた．写真は，グッド・ネイバー・コーヒーショップで毎週恒例の「仲間たちとのコーヒー」を楽しむ著者．

第9章　アメリカの居酒屋《タヴァーン》

バーとカクテル・ラウンジに関する最近のあるビジネスレポートは、こんな警告で始まる。誰であれ今どきバー経営に参入しようとする人は、幾多の困難に直面するだろう。[1] そのレポートは、昨今の顧客を評して「移り気な客」だという。新たな環境や興奮を切望し、新手の仕掛けに乗せられやすく、未練も後悔もなく古い飲み屋をさっさと捨ててしまう人間たちだ、と。そしてパブ店主志望者に向けて、事業を成功させるには流行について行けなければならないし、洗練にたいする要望の高まりに応えなければならず、融通がきかなければならず、それなりの顧客を捕まえておくために、絶え間なく変わる娯楽を各種提供する用意がなければならない、と教える。レポートの主眼はカリフォルニアのバー業界に置かれているが、アメリカの飲酒施設とその顧客との関係をめぐる全国規模の動向が、そこには見てとれる。

そのレポートに書かれている客も、その手の客を惹きつけるのに必要とされる経営方針も、サードプレイスの要素ではない。このことを本書の居酒屋論の冒頭できちんと理解しておいたほうがいい。というのも、わたしがサードプレイスの理念を説明すると、よくこんな言葉が返ってくるからだ。「あ、それって居酒屋みたいなものですね！」サードプレイスと居酒屋を同一視して何が悪いかというと、たいていその見方は間違っているのだ。文化を問わず、巷の飲み屋がサードプレイスになる可能性はもちろんあるけれども、今は昔ほどその可能性が実現されやすくはない。サードプレイスの居酒屋は、アメリカ社会では減ってきている。

アメリカの植民地時代、居酒屋はコミュニティの活動拠点《フォーカル・ポイント》だった。インやオーディナリーと呼ばれて宿泊施設を兼ねていたそれは「公開討論の場《フォーラム》、コミュニティセンター、気楽な自己表現の場であり、また旅人にとっては〈もう一つのわが家〉」だった。[2] 辺境地帯に次々と生まれた新たなコミュニティのなかで、居酒屋や酒場《サルーン》は通常、いの一番に造られる建物だった。そして、これらの町の多くに最期の命の灯がまたたいたとき、その光を発していたのは酒場の窓だった――そこが最後に閉ざされる場所だったからだ。アメリカの都市が発展するなか、さまざまな民族が混在する住民の坩堝《るつぼ》となったのは酒場（おもにドイツ系とアイルランド系）だった。労働者にとって居酒屋は社交クラブであり、工場の冷え冷えとした生活を補完する温かな存在であり、もっと前の時代には、美味い酒と親しい交わりさえあれば、店は常連客に愛され、その人数の交代要員を着実に確保できていた。

その磁石はしかし、引力をほとんど失ってしまった。アメリカの生活において、公衆の飲酒施設を拒絶する動きほど目立つものはないといってもいい。居心地がいちだんとよくなったにもかかわらず、フロック加工の壁紙や巨大なテレビ画面、トップレスのウェイトレス、濡れTシャツ、一杯分の値段で二杯飲める酒、飲酒可能年齢の引き下げ、男性受けする女性へのアピール、ロック・ミュージシャン、その他もろもろの誘惑を使ってもなお、アメリカの飲酒施設は、酒類の個人消費〔家飲み〕に押されつつある。アメリカの一人当たりの酒の消費率は、第二次世界大戦の終結以来ほとんど変わっていないのに、盛り場で消費される酒の割合は急激に低下した。ある報告書によれば、一九四〇年代後半から現在〔一九八〇年代末〕にかけて、約九〇パーセントから約三〇パーセントにまで落ちたという。[3] また別の情報源は、落ち込みはもっとひどいと言い切り、東部と中西部（盛り場での飲酒が最も普及している地方）でも、今や酒類のわずか九パーセントしか居酒屋とレストランで消費されていないと主張する。[4]

　居酒屋は滅びゆく存在、それどころかおそらく絶滅危惧種なのだろう。アメリカ国内の酒類販売免許をもつ飲酒施設の軒数は、第二次世界大戦の終結以来およそ四〇パーセント減り、この傾向は続いている。一部の人びとは、居酒屋の衰退を進歩、正しい方向への一歩と見なす。ところがアメリカ人の飲酒量は、居酒屋が隆盛していたころと変わらないのだから、盛り場での飲酒率の低下は、喜ばしいというよりは嘆かわしいことなのだ。飲酒にまつわる問題を、あってもほとんど回避できてない一方で、アメリカは、懐の深い民主的な環境でみんなと酒を飲むという、社会を結束させるしきたりを失いつつある。加えて、アメリカが現在の薬物問題の大部分を経験したのは、酒の個人消費が流行するようになってからだということにも注目すべきだ。アメリカは世界の人口の八パーセントを占めているにすぎないのに、世界の薬物の七〇パーセントを消費している。飲酒の私秘化《プライヴァタイゼーション》、すなわち公衆の目を逃れて「ハイになる」習慣は、わたしが思うに、アメリカが抱える一つの大きな問題の要因になっている。

酒類販売免許をもつ飲酒店は、社会におけるインフォーマルな公的生活の質を示す指標になる。そのような場所の個性と相対的人気はいずれも、人びとがコミュニティを獲得して称賛し、わが町を楽しみ、生き残りや成功をめざして努力をするなかでも仲間たちとのつきあいを楽しむ時間と場所を取っておく能力について多くを教えてくれる。それ以外の公共の集いの場も、そのような目安になるが、酒を出す集いの場には指標となる固有の可能性がある。

基本的な相乗作用

巷の飲み屋が、サードプレイスすなわち「インフォーマルな公共生活の活動拠点」になる固有の可能性は、酒が文化の一部になっているところならどこにでも働きはじめる基本的な相乗作用から生じる。相乗作用《シナジズム》（ギリシア語のsynergosに由来する）というのは、異なる働きが組み合わさることによって、単独の効果の総和より強い効果を発揮するような共同作用を意味する。談話と飲酒の相乗作用が、サードプレイスの居酒屋の根底にあることは疑いなく、さらに、わたしの推測によれば、その相乗作用こそが歴史を通じて居酒屋を生きながらえさせてきた。

たしかに、巷の飲み屋は、飲酒とそれ以外の活動を結びつけるかもしれないし、飲酒業界が躍起になって、客寄せになるものを見出そうとしているのは今に始まったことではない。賭博、漁色、演出された余興、くじ引きなどは、ライバル業者が通りをはさんで商売を始めて以来つねについて回っている。

そのようなマーケティング上の冒険はさておき、サードプレイスの居酒屋は、飲酒と会話とを互いに高め合うようなかたちで結びつける。談話／飲酒の相乗作用は、パブ、タヴァーン、タベルナ、ビストロ、サルーン、エスタミネ、オステリアの——それがどこでどう呼ばれようと——根底をなしている。飲酒の技術は、オールド・ミスター・ボストン（マサチューセッツ州ボストンの蒸留酒製造場）のカクテル・ガイドブック（*Old Boston Official Bartender's Guide*）を買えば会得できるようなものではない。節度ある飲酒と機知に富む会話の両方を使う人びとと一緒にいて身につけるものである。というのも、適度にアルコールを使うと会話がはずむのと同じように、技巧と機知に富むゲームとしての会話は、酒の消費を抑えるからだ。ティボール・シトフスキー（第2章参照）が、飲み屋の使いかたをわきまえている人びとについて述べているように「談話にとっての半パイントのビールは、愛の営みにとってのベッドと同じだ——なしでも済ませられるが、あればなおいい」[5]。

ほどほどに飲む酒は、ホラティウスが述べたように「胸を食《は》む心労を消散させ」、シェイクスピアが知っていたように「あらゆる不親切」を払い去る。社交の輪が広がるなごやかな環境のなかでの飲酒は、人びとの緊張をほぐし、抑制を解き、人間性に心を向けさせることによって参集者の召使いになる。飲酒の技術によって、飲酒は、その相乗作用の上位パートナーである談話に従属させられる。相乗作用の乱用——飲みすぎ——の最初の兆候が、ろれつが回らなくなることであるのは、たいそう説得力のある真実だ。

サードプレイスの居酒屋での飲酒が、談話と釣り合いをとって続けられることは、十分立証されている。飲酒のパターンに注目した研究で明らかになっているように、居酒屋の常連客は、酒を飲むのが一番の目的でそこに行くわけではない。酒を飲むだけなら、多くの著者が指摘しているとおり、家で飲んだほうがはるかに安上がりだ。一九四七年に実施されたある調査で、以下のようなことが明らかになった。平均的な居酒屋の客は、平均一時間前後の滞在中に二・四一杯飲む。常連の四五パーセントは、一杯しか飲まない。そして、ビールが圧倒的に人気の高い飲み物である。その調査書の著者は「こんなに多くの人びとが、こんなに少ししか飲まなかった」[6]という結果に驚きを隠せなかった。それとは別の、ニューヨーク州の約一七〇軒の居酒屋を網羅した調査は、多くの居酒屋が、酒を飲まない人びとを引き寄せていると報告した。彼らは下戸であるにもかかわらず、習慣的に居酒屋通いをしていた。[7]「いったいほかのどこに、男が友だちと会える場所がありますか?」と調査を受けた一人が言ったとあり、居酒屋に行く一番の動機がここに露呈されている。「飲酒のしかた」の実態に着目した一九七八年のある調査は、居酒屋の長いバーカウンターを数多く観察した。[8]よくある流儀は、ビールが一杯出てきたら、すぐさまそれを三分の一か半分あるいは全部飲み、そのあと十—四〇分間は瓶やグラスを脇に押しやる、というものだった。著者は次のような解説をつけた。「この飲みかたはカウンター上に、飲み物はあまり重要ではないという雰囲気をかもしだす。手はしきりに煙草とマッチのほうへと動くが、ずらり並んだビールはほったらかしにされているらしい」。

これらの研究は、居酒屋内での痛飲や酩酊という主題についても一致している。酩酊状態が見られることはまれで、居酒屋の常連のあいだでは、それは逸脱であって好ましくないとされている。わたし自身が中西部の居酒屋七八軒を調査したときは、見るからに酔っている客には四人しか遭遇しなかった。二人は酒が飲める年齢に達したばかりの若い女性で、そこは評判の悪い店だった。あとの二人は、慢性アルコール依存症の路上ホームレスとおぼしき男性たちで、じきに路上に送り返された。居酒屋の常連客で泥酔している人は見かけなかった。

飲酒は、談話／飲酒の相乗作用では下位パートナーだが、場を確保するのは飲酒である。わたしたちは、ほぼいつでもどこでも、おしゃべりをする態勢が整っているが、飲酒には、演出された場が欠かせない。飲み物とそのお酌をする給仕役《ガニュメーデース》が必要だ。飲み物をこしらえて出すための道具がなくてはならない。みんなが座る席が必要で、すべての座席は他から離れた一カ所にまとまっているべきだ。定期的な集まりを促すようなお膳立てをすべきである、というのも相乗効果は、もしその機能を果たすとしたら、規則的なパターンで起こるにちがいないからだ。社会的な観点から、それらは儀式化されなければならない。

飲酒の儀式における最も重要な特徴は、それが友人どうしで行われることである。平均的なアメリカ人は、他国の平均的な人と同様、親戚や隣近所の人や見知らぬ人と飲むよりも、友だちと飲むことが多い。[9] サードプレイスの居酒屋は、すでに友だちである相当数の人びとを定期的に呼び込むか、あるいは店内で初めて出会った人どうしが親しくなるようにうまく働きかけるかしなければならない。多くの店は、そのどちらにも失敗している。

飲み屋の良し悪しを判断するのに舌より耳を使うとき、居酒屋は三つのタイプに分かれるが、すべての根底にあるのは友情関係の幅だ。わたしはこの三つのタイプを「致命的な居酒屋」「ＢＹＯＦの居酒屋」「サードプレイスの居酒屋」と呼ぶ。

致命的な居酒屋に遭遇しやすいのは、店の立地が通りすがりの群衆を引き寄せやすいところ、たとえばショッピングモールや中心街、あるいは商業地沿いなどである。たいてい、相乗作用に欠けるこれらの店に新来の客が足を踏み入れた瞬間、店内のすべての目が、開いたドアに向けられる。まるで、二流どころの有名人が入ってくるのを待ちかまえている無言の集会のようだ。当てがはずれた客たちは、がっかりして顔をそむける。その場にただよう張り詰めた沈黙を解消するすべはなさそうだ。

こういう店にいる客は、不機嫌な顔をしている。「親しみやすい居酒屋」であるべき場所で、客はエレベーターに乗り合わせた他人どうしのように、互いにわれ関せずを決めこんでいる。新来の客が直面するものは、生き物の集合体というより、蠟人形館にそっくりだ。この種の店とその陰気な棲息者たちは、社交上の欲求を満たすどころか、ますます欲求不満をつのらせる。絶望へと向かう無気力な空気が満ちている。

そのような店は、ひとつの悲しい皮肉を体現している。孤独や退屈からしばし逃れようとして入ったのに、店の客たちは、そういう情けない状態を互いに再認識させ合うのがせいぜいなのである。人数の多さは助けにならないようだ。沈黙が沈黙を招き、長く続けば続くほどそれが破れる見込みはなくなる。

この嘆かわしい状況は、アメリカ人が見知らぬ人と空間を共有する場面でよく見られる。世界に名だたるアメリカ人の社交好きは、往々にして「緊張を解きほぐして場をなごやかにする」ための外向きの慣行に欠け、内輪で完結しているようだ。わたしたちアメリカ人は、パブリックルーム〔ホテルや船室などの出入り自由のラウンジ〕で一緒になった赤の他人を相手に、形ばかりの自己紹介や握手をするのを好まない。居酒屋の新参者をいま支配している規範は、個人の空間とプライバシーを守る規範だ。

しばらく前、わたしは好奇心にかられて、雰囲気の良さと魅力的なメニューで評判の、ある店を訪れた。ライトオーク色のみごとな長いカウンターに、大ぶりのスツールが十四個並んでいた。一番目、三番目、五番目、七番目、九番目、十一番目、十四番目の席が埋まっていた。誰ひとりしゃべっていない。広角レンズをもってきたらよかった、と一瞬わたしは思った。なにしろこの場にあるのは、アメリカ人が他人と一緒にいても独りぼっちのままであることの、目で見る典型例なのだ。「誰かいい話を知ってる？」が、この致命的な同席者にたいするわたしの果敢な挑戦だった。幸い、五番目の人がいくつか話題を仕入れていた。あいにく、どれも面白くなかったが、わたしも面白くない話で応酬した。わたしたち二人は、少なくとも、ほかの面々を支配している疎外という悪魔に打ち勝った。

その店のバーテンダーは、近ごろのバーテンダーの例にもれず、人と交流する意思がほとんどない若者で、話すことに同意はしても、大した話題をもっていない。地元の情報源、権威の象徴、口論の仲裁者、あるいは「個性派」というような、バーテンダーのあるべき姿とは違っていた。女性客なら彼を買い被るだろうな、とわたしは思った。彼は、内気な客どうしを対話させるうえで必要な触媒ではなかった。たいていの致命的なバーには、その場の会話を盛り上げるホストやホステスがいない。すぐれたバーテンダーは、店内の客をひとつにまとめ、リピーター客が立ち寄るたびに少なくとも一人は必ず個人的に挨拶するようにさせる才覚がある。

酒類販売免許のある店は多いのに、どう見ても居酒屋の伝統が育っていないある地方で、二人の進取的な紳士が、居酒屋の接客にかんする無知の蔓延を逆手にとった。彼らは、わたしがいま述べたような、致命的な雰囲気のただよう店を一軒買い取る。商売は不振、したがって売却価格は安い。彼らはその店を引き継いで「自分たちのやりたいようにする」。すなわち、いい接客である。彼らは客の名前をすぐに覚え、愛想よく挨拶をし、客と客とを引き合わせる。ほどなく店は満員になる。ほかの店が空っぽになる閑散時でさえ、彼らの店には人びとの姿もにぎわいもある。立地条件はそれほどよくないかもしれないのに、この店は「ドル箱」に化ける。やがて彼らはこの店を売り、また別の悲惨なバーを見つけ出し、もう一度最初から例の魔法を使う。接客は、サードプレイスの進化において考慮すべき唯一の事柄ではないが、これほど大事な要素はあまりない。

BYOF(Bring Your Own Friends = 各自で友だちを連れて来てね)の居酒屋は、初めのうち、とくに混んでいるときには、まるでサードプレイスであるかのような錯覚をいだかせるかもしれない。会話がおもな活動だし、誰もがおしゃべりをしている。ここでいう錯覚とは、まとまりがあるという錯覚、みんなが一緒に楽しんでいるという錯覚だ。よくよく見てみると、しかし、まとまりなどないのが分かる。そういう店の客は、二人組か大人数の集団でやって来て、カウンターやボックス席やテーブルに自分たちの陣地を確保し、そこに根を生やす。彼らは内輪の小さな集団内でなら十分に聞きとれる程度の声量で話す。誰かが騒いだり馬鹿笑いしたりしても、その人は無視されるか、しかめ面と非難がましい視線を返されるだろう。笑い声はめったに上がらない。一人で入ってきた客は、ほぼ間違いなく一人のままだ。座席の選択と、身体の置きかた、抑えた声量、目の動きによって、客は、自分たちの集団によそ者が入りこむのを期待も歓迎もしていないことを示している。一つの集団から別の集団へと渡り歩く者はいない。誰ひとり、部屋の向こう側の友人に声をかけはしない。

BYOFの店は快適志向が強く、応接間のような雰囲気や、絨毯、座り心地のいい椅子をそなえていたりする。ハッピーアワー〔通常夕刻の、サービスタイム〕には、無料のおつまみや女性向けの南国風カクテルも出す。売り上げが伸びるのは、週末ちかくと午後四時以降。教師と事務員と看護師と秘書の集団が、花の木曜日と花の金曜日をのんびり謳歌するときだ。それ以外の曜日や時間帯は、このての店は営業不振が続き、閑古鳥が鳴いていることも珍しくない。

ほとんどのBYOFのバーで提供される環境は、一般に、落ち着きがあり、くつろげる。おかげで話がはずみ、混んでいるときはにぎやかだ。もっとも、会話は一緒に入ってきた人どうしにかぎられるが。他人と話をしたい人は、自分で「他人」を連れて来なければならないので、その設定は偶発的なものとなり、固定客を生みそうにない。同じ地域内のどこか別の場所にもっと快適な店が開業するか、ほかのバーやラウンジがハッピーアワーの値引き幅を増やすかしたら、客はたちまち逃げて行く。

サードプレイスの居酒屋には、客どうしにある程度の結束が見られ、それは、ただ同じ時に同じ部屋を共有しているだけの状態をはるかに超えている。この一体感は、目に見えるさまざまなかたちで現れる。たとえば、客が酒場に入ってきて最終的に席に着くまでの態度だ。サードプレイスの居酒屋の客は、ほとんどが一人でやって来て、先客に温かく受け入れられるが、一人だろうと連れがいようと、彼らはBYOFバーに入る客とは違った行動をとる。後者の場合、新来の客は、どこに座ろうかと思案しながら無言で突っ立っているか、他人に先を越されまいとするかのように、自分のお気に入りの場所めがけて突進する傾向にある。サードプレイスの居酒屋では、急いで席を取ることがない。それどころか、入店はしばしば入場行進のようであり、その間に店内の仲間が新来者に気づく一方、新来者は店内の仲間を見渡す（「おいジョー、きみがこっそり入ってきたのに気づかなかったよ！」とたしなめられないように)。出迎えが長々と続く途中で、着いたばかりの客は自分たちの居場所を見極め、それから席に着くかカウンター前に行くかして、飲み物を注文する。

いったん飲み物を手にしたら、サードプレイスの居酒屋にいる人びとは、BYOFの居酒屋の場合とちがって、自分の席に居つづけることを強いられない。彼らは一般に、アメリカのほとんどの居酒屋が許している「移動の自由」を利用する。馴染み客は、しばらく立ち、しばらく座り、ほかの集団や会話をつまみ食いしながら、ぶらぶら歩き回るかもしれない。果ては、楽しそうにしている見知らぬ客に近づいて、声をかけることさえあるかもしれない。店にたいする忠誠心とその結果として生じる親しみから、サードプレイスの常連たちは居酒屋を自分のものと見なすようになり、気兼ねなしに店内をくまなく歩きまわる。

話しぶりについても、サードプレイスの客は、ほかのバーの客と違う。その違いは、わたしがたまたま同じ日の午後に観察した二軒のバーで歴然としていた。そのときわたしは、近所の陽気な店でしばらく過ごしたあと、中西部の小都市の若くて「イケてる人たち」向けの「いま話題の場所」という評判の店に入った。そこは若い知的職業人、下級経営幹部、裕福な家庭の子どもたちのたまり場だった。客の服装は、駆け出しの弁護士や勤務時間後のキャリアウーマンのそれだ。ほぼ例外なく容姿端麗だし、ビリヤード台で少しばかり見せた悪しきスポーツマン精神をのぞけば、おおむね行儀がよかった。にもかかわらず、雰囲気はよそよそしく、なにやら陰謀を企てているかのようだった。

どうして――とわたしは戸惑った。どうしてこんな感じを抱くんだろう？　あたりを見回して手がかりを探った。店内の十七人を見渡すと、四人組がビリヤード・コーナーにいて、一人は単独行動をとり、話し好きの二人連れ六組は、中央に配置された長方形のバーカウンターのまわりに座っていた。話しこんでいる六組の二人連れはいずれも、相手のほうに身をかがめ、頭を近づけてやや下げ、小声で話していた。ときおり、そのなかの一人が、他人の目や注意を引くためではなく興ざめしているかのように、ちらちらと外に目をやる。ビリヤードの四人組（ふだんバーで見るのよりも静かに淡々とプレーをしていた）以上に、会話をしている人びとは少人数ずつまとまったままだった。話しぶりは親密で、秘密めいていて、男二人の会話も男女の会話も同じである。その光景は、あの店とあの人びとには普通だったのかもしれないし、異例だったのかもしれない。いずれにせよ、それはサードプレイスでの会話の特徴との違いを明らかにするのに役立った。

サードプレイスの居酒屋でいつも耳にするのは、ざっくばらんなおしゃべりと公開演説とを足して二で割ったようなものだ。客たちは、自分の周囲の人びとが聞きとれる音量よりやや大きな声でしゃべるのが常である。意識的あるいは意図的にこうしているのか、わたしには分からないが、その効果は歴然としている。堂々たる話しぶりは、話し手の自信を反映し、確かなものにする。よく通る声を出すというのは、親密さやプライバシーをさて置いて、より大きな集団を素直に受け入れる姿勢である。声量を三―五デシベル上げれば、自分のそばにいない人びとにも理解してもらえて、彼らの反応と参加を求めることができる。ふだんより大きな声を出すことは、サードプレイスの居酒屋のなかでの包括性、より幅広い参加、団結を促進するメカニズムとして機能する。

たしかに、分別の命ずるところにしたがってときに声を落とすこともあろうが、音量調整なしの演説や説法以上に声を張り上げることもあるだろう。ときおり、部屋の遠く離れた誰かに向けて質問や意見を言う際に、声が大きくなる。これがたびたび起こるのは、誰かをダシにして笑いをとろうとするときだ。なにしろ、聴衆が多ければ多いほど、効果も大きくなるのだから。周囲の人びとは、こんなふうに言葉の決闘を繰り広げている当事者の人となりを知っているので、彼らの応酬を面白く味わう。加えて、野次、怒号、金切り声、悲嘆のうめき声が、その場の空気を破るかもしれない。わたしが観察している途中にも、そのような感情の爆発が予測された。そして実際に起こったとき、わたしが反射的に注意を向けたのは、やりとりをしている当事者ではなく、直接の関わりがない人びとの表情だった。サードプレイスの環境では一般に、そういう他人は「声の長距離ミサイル」を面白がるか、あまりにも頻繁になれば無視する。しかしＢＹＯＦバーに居そうな、しかめ面を見せるなどして苛立ちをあらわにする人はめったにいない。ＢＹＯＦバーにいる客は、自分の関心事を邪魔されたり私事に立ち入られたりすることに腹を立てる。

会話の話題は、サードプレイスの居酒屋とその他の飲酒施設とで大きな違いはないようだ。スポーツ、気晴らしの趣味、ニュース、そして政治といった項目があげられる。ただ、サードプレイスの居酒屋では、地元がらみの事柄が話題にのぼりやすいような気がする。おそらく、みんなの興味を引くからだろう。酒飲み話の内容で最も際立った違いは、サードプレイスの居酒屋では、ほかの酒場とは対照的に、今現在の話題と討論参加者の人柄についての意見が、ほとんどずっと混ぜこぜになっている点だ。サードプレイスでの議論は、何らかの話題にみんなの関心が集まって始まるかもしれないが、途中のどこかで必ずといっていいほど、「人身攻撃」発言のちょっとした氾濫が起こる。ときには、話者どうしの茶々の入れ合いの楽しさに、会話の主題がすっかり食われてしまう。大真面目で持ち出された話題が、機知と人柄を披露するための空中ぶらんこにすぎなくなる。サードプレイスの居酒屋では、そんなときがたびたびあり、だからこそ、そこでの談話は客にとってたいそう愉快なのだと思う。

常連という中核

サードプレイスの唯一の必須要素は、常連客という中核であり、そこからほかのすべての特徴が生まれる。固定客のいる居酒屋は、本当の意味での集いの場だ。固定客なしでは、ただの立ち寄り先にすぎない。サードプレイスの居酒屋には、常連がごく少数派の店もあれば、多数派を占める店もあり、なかには客全体が常連という店もある。

居酒屋の常連とはどのようなものか？　彼らはほかの人びととどう違うのか？　人類学者キャラ・E・リチャーズは、常連に関するかなり多くの記述的情報と、さらには彼らの内的特徴を解明するための興味深い手がかりを与えてくれる。じつに幸運なバイアスによって、彼女が調査した居酒屋の九〇パーセント以上が、確固たる常連集団の「もう一つのわが家」だった。[10] 以下の記述は、彼女の報告書をもとにしている。

居酒屋の常連の大多数は既婚男性である。ブルーカラーとホワイトカラーの幅広い職種が見られる。明らかにそこにいないのは教師、医師、弁護士、聖職者だ。他の人びとと同じくリチャーズが気づいたのは、居酒屋の常連は正式な任意団体へのかかわり度合いが低いということ、そして居酒屋生活とそこでの親睦から得られるものは、ほかの人びとがロータリークラブやオプティミストクラブ〔いずれも国際的な奉仕クラブ〕に見出すものだということである。だからといって、居酒屋が第二希望の場所や、よそであまり歓迎されない人びとの天国であるわけではない。それどころか居酒屋は、かなり多くの人びとから、正式な任意団体より好まれている。しばしば「貧者の社交クラブ」と蔑まれる居酒屋は、普通の人にとって申し分のないクラブになりうる。会費がなく、命令の遂行がなく、公務がなく、避けがたい気取り屋がおらず、責任を負わなければならないという重圧などもない。居酒屋の集団の成員にも、その儀礼上のしきたりにも、職場の官僚主義を思わせるものが、任意団体に見られるそれよりはるかに少ない。またロータリークラブやキワニスクラブ〔国際的な奉仕クラブ〕、教会生活などの任意団体に比べて、居酒屋生活には社会階級も反映されない。社会構造の面から言うと、居酒屋生活は官僚化された職場の対極の象徴であり、居酒屋の常連の多く――大部分ではないにせよ――に言わせれば、このことで居酒屋の魅力がぐんと増しているのである。居酒屋は、どんな施設にも負けないほど、わたしたちを社会構造や気取りから解放してくれる。ざっくばらんで、リラックスでき、つまるところ民主的だ。

居酒屋にたいする常連の関わりかたがほかの関係とまったく異なるのは、典型的な居酒屋の常連が自分の一軒を見出してその仲間うちに落ち着くようになるまでの様子と一致している。リチャーズの最も興味をそそる発見の一つは、彼女の出会った常連のうち、友人によって自分の（最終的な）サードプレイスに連れてこられた人が誰ひとりいないということだった。もっと言えば、彼らは自力でその居場所を見つけ、自力でそこに受け入れられたのである。彼らは、公式と非公式を問わずどんなネットワークにも頼らずに一軒の店を見出し、その店とつきあいつづける。友人は――と、リチャーズは続けて報告する――居酒屋の常連にとって、いい店を見つけるうえで重要なのではなく、常連を自分のもとに呼び戻すうえで重要なのだ。常連の愛顧のよりどころである友情は、あらかじめ結ばれているのではなく、その居酒屋にくりかえし通い、ほかの常連客と一緒にいるうちに築かれるものである。

典型的なフランス市民や典型的なロンドンっ子が自分で自分の店を見出すように、アメリカ人も同じことをしそうなものだ。なんといってもアメリカは〈個人〉の国ではないか？　にもかかわらず、多くのアメリカ人は、安心できる人数が揃わなければ居酒屋に入らない。多くの人は、友だち――自分とよく似た友だち――の付き添いなしではそこに足を踏み入れようとしないのだろう。思うに、これは階級意識の問題ではなく、むしろ職業がらみの閉鎖性である。わたし自身、実業家として成功した人びとがホワイトカラーとブルーカラーのどちらの賃金奴隷とも同席して酒を飲んでいる場面にはよく出くわすが、自力でバーを見つけて足しげく通っている知的専門職者の同僚は、片手で数えるほどしか知らない。閉鎖性がいっそう目立つのは、いまや居酒屋での飲酒が許されている公立学校の教師たちだ。彼らは連れだって居酒屋に行くだけでなく、文字どおり店を乗っ取らんばかりの大人数で、自分たちの選んだ店に行く。教師のバーは、それだけで独立した実地調査の一分野になっている。[11]同じように、弁護士にも行きつけの店があり、彼らは全員でまとまってそこを訪れる傾向がある。リチャーズが調査したさまざまな常連集団のなかには、教師も弁護士も混じっていなかったが、これについてはあとでまた触れることにしよう。

知的専門職者の本源は大学であるから、大学での学生の体験が、サードプレイスを見つけて大人の生活様式に取り入れるさいに個人主義の妨げになるのかどうかは、問うに値する問題だ。大学での体験が飲酒を促進すること、そしてその多くが居酒屋での飲酒であることは疑いない。アメリカにおいて大学生は、規模が同程度の他のどんな範疇の人びとよりもよく酒を飲む。そのパターンはしかし、若い飲酒者を条件づけて一つの店に忠誠を誓わせるものではない。

居酒屋の友人や常連は、大きく二つの種類に分かれる。すなわち、一軒の店およびその常連に忠誠を示す人びとと、飲み仲間には忠誠を示すが特定の店には示さない人びとである。大学生活のサブカルチャーは後者を促すようだ。そんな文化のなかでは、酔いつぶれる、いかがわしい場所に出入りする、バーのはしごをする、夜間にうろつくといった伝統が根強い。だが、流浪集団の仲間となって頻繁に居酒屋を訪れる人びとは、一生のうちの比較的短い期間にそれをする。卒業と同時にかなりの脱落者が出て、多くの飲酒集団は解散する。その後、多くの人は職場で気の合う仲間を、たいていは他で同じような「つきあい酒」の訓練を受けた大学出のなかから見つける。このつきあい酒のパターンのなかでは、どの居酒屋も、とくに友好的だったりあるいは何か特別だったりする必要はない。一緒にうろつき回っている集団こそが特別なのであり、必要とされる友情をすべて提供するのだ。その陽気な一団にとって、友人を連れて行くのがどんな居酒屋でも、その店でだいたい事足りるだろう。

しかし、このパターンは人生の長丁場にはそぐわない。陽気な一団が年を重ね、仲間たちは結婚して親になり、かつては無尽蔵だったエネルギーに限界があると悟り、二日酔いがますます辛くなるにつれて、バーのはしごをする回数は減り、徒党を組むのが難しくなる。ごく少数の禿げかかった太鼓腹のつわものたちは、大学時代の外飲みをふたたびやろうとするけれども、中高年にはそれとは別の、公衆の酒飲み処との関係が必要だ。

飲み仲間の活力が衰え、人数が減ってゆき、大半がどんちゃん騒ぎの習慣を抜け出したとき、店にたいする忠誠心は、それまで続けてきた友好的なつきあい酒に代わる、もっと有望なものを提供するようになる。しかし、そのパターンはちがう。一個人として、より多種多様な人びとと親しくなることをともなうのだ。多くの若者が居酒屋でする飲酒は、自閉的な「群れ」によるものであり、これほど外へと広がって行く力はないだろう。

サードプレイスの居酒屋の常連《レギュラー》は、どれくらい習慣的《レギュラー》なのか？　リチャーズは、彼らが非常に習慣的であることを見出した。大半は一日に少なくとも一度は立ち寄り、一週間に二度未満の人はいない。すぐ近くで働いている人なら「日に何度か立ち寄る」かもしれない。平均的な滞在時間は一時間から三時間までさまざまだ。来店の頻度は、これまた近さによりけりである。居酒屋が常連客の住まいか職場に近ければ近いほど、その人は頻繁に訪れるだろう。

居酒屋の常連の本質を探るリチャーズの、最後にして重要な発見は、過去の調査をふまえて都市計画や都市再生をする社会においては特筆に値する。これらの観察や、社会科学一般の聞き取り調査にとって、居酒屋の常連は概して最大の敵になる。どれくらいの頻度で友人たちと「一緒に出かける」または「集まる」かと問われると、居酒屋の常連は「めったにしない」「まれ」あるいは「特別な場合だけ」と答える。実際は、毎日のように出かけ、毎日のように友人たちと集まっているのに、彼らはそれを勘定に入れないのだ。リチャーズが指摘しているように、居酒屋で静かに過ごす夜は、家で静かに過ごす夜と同じと見なされる。その結果が、不正確な調査である。

典型的な居酒屋の常連は、自分の満ち足りた三脚台を確立している。彼らは家庭と職場と社交を、日常の活動や出勤のパターンに組み入れている。しかし正式な成員という観点から関与の度合いを測る社会科学者にとって、居酒屋の常連は、貧しい社会生活を送っているように見える。正常な人間発達に必要なつきあいが少なすぎるというわけだ。調査結果は彼らの姿を正しく示しておらず、現状と同様どんな住居や隣人でも構わない人びととしている。

サードプレイスの居酒屋の衰退

盛り場での酒の消費率が激減していることについては、本書ですでに注目した。ところが、アメリカの飲酒習慣をよく調べてみると、すべての飲酒施設がその大きな動きの影響をこうむっているとはかぎらないことがわかる。バー業界にかんする最近の詳細な分析によって、今日のアメリカの諸都市に存在する公衆の飲酒施設には、次のような四つの基本型があることがわかった。近所のバー、「独身者」向けのパブや居酒屋（ここでの商売の成功は、バランスのとれた数の男女を呼び込むこと、彼らの出会いと交流を促す雰囲気を提供することにかかっている）、定期的にライブショーを上演するナイトクラブやキャバレー、そして、踊る場所を意味するようになったディスコ。[12] これらのうち、近所のバーは最も急激に減りつつあり、しかも、四つのなかで唯一のサードプレイス候補である。

最近、イリノイ免許飲料協会のある職員が、第二次世界大戦の終結以降、シカゴの地元の居酒屋の数は一万軒から四千軒に減ったと推定した。[13] その同じ期間に、ミルウォーキーでは約九百軒の居酒屋が消え、ボルティモアとシンシナティでは都市再開発によって膨大な数の近所のバーが一掃された。[14] ニューヨークの免許飲料協会の職員の報告によれば、高架鉄道が取り壊されたとき三番街に建ち並んだすべてのバーのうち、今も残っているのは三分の一しかないという。[15] ロサンゼルスでは、フリーウエイのさらなる建設によって近隣地域が次々と損なわれ、地元の居酒屋が急速に姿を消しつつある。[16]

居酒屋は、古い近隣地区では取り壊され、新しい近隣住区では禁止されている。戦後に広く造成された無菌で清浄な郊外は、インフォーマルな集いの場として使えるほとんどの施設、とりわけ居酒屋には敵対的だ。古い住宅地から新たな郊外に移り住んだ人びとは、ポール・F・クルージ〔アメリカの作家、ジャーナリスト〕の見たところ、ときどきカントリークラブやゴルフ場でほかの人びとと集まることができるが、街に戻れば「その哀れな大酒飲みは、酒瓶を家に持ち帰るしかない」[17]。サードプレイスの居酒屋は、常連客という中核を頼りにしているし、それらの常連は居酒屋を、サードプレイスとして日々の暮らしに組み入れるには打ってつけだと思っているにちがいない。居酒屋は着実に住宅地から切り離される傾向にあり、その動きは居酒屋の特徴、人気、客構成に影響をおよぼす。

第二次世界大戦後、盛り場で消費される酒類の比率が九〇パーセントから三〇パーセントにまで落ちたのと同じ期間に、新たな二つの大きなカテゴリーに属す飲酒者が飲み屋に迎え入れられた。成人年齢の引き下げによって、以前は飲酒を許されなかった多くの人びとが取り込まれたのに加えて、独身女性の新たな自由が、多くの女性飲酒者を生み出したのである。新規に投入されたこのような大量の常連をもってしても、居酒屋で飲むよりよそで飲むという傾向に歯止めはかからなかった。昔から客の主力だった中年またはそれに近い既婚男性の居酒屋離れは、おおかたの統計が示唆する状況よりも深刻だ。

近所のごくありきたりのバーは、すぐれたサードプレイスがしばしば泥のように地味であり、それを変える必要がないことの証拠となる。クルージはそのような場所をうまく約言し、「地味で飾り気のないたまり場であり、そこでは酒と酒飲み、顔ぶれと会話が、ジュークボックスのレコード盤か男子手洗いの水洗トイレ設備のようになかなか変わらない」と表現した。[18] しかし、地味だけではもはや足りないのだろう。今どきの中小企業アドヴァイザーは、にぎやかな雰囲気や、気の利いたテーマにもとづく内装、豊富な娯楽、交流と出会いを促す「島状の」バーカウンター、それと色や装飾品の慎重な選択を重視する。サードプレイスの環境には、ほかのすべてを背景に追いやる一つの根本的な内的要件がある。それは、その場で会えるのを当てにできる〈人〉だ。この基準を満たさない店は、今まさにそうなっているように、しだいに新手の仕掛けや、他に負けない装飾へと目を向けるにちがいない。

わたしは、醸造会社、飲料協会、一般のビジネス誌が発行した居酒屋業界にかんする最近の膨大な文献の内容を比較検討してみた。その多くは、大げさな宣伝と売り込みが目につき、統計の使用を謳っている。ところがそれらの統計値が焦点を当てているのは、利益とそれを極大化する方法であって、残存する居酒屋支持者の減少と彼らを引き留める方法ではない。その客のイメージが最終的にどんな効果をもたらすかは、怪しいものだ。なぜならそれは商人自身に提示されている。その助言の趣旨は、顧客を犠牲にした利潤極大化にかんすることなのである。

酒をたしなむ一般公衆は、こういうことが行われていたり、酒場通いの経費が上がっていたりすることに気づいていないわけではない。わたしは大勢の中年男性に、なぜ居酒屋に行くのをやめたのかと質問したことがある。よくある回答は「家のほうがおいしい飲み物を作れるし、うんと安いし、静かな環境で飲めるから」。必死で常連を手放すまいとしている近所の居酒屋の経営者は、なおのこと、こうした悲観的な動向を自覚している。一九八一年に実施した中西部のバーにかんする調査で、わたしが知ったのは、たくさんの近所の居酒屋のオーナーが、増えた経費の一部を顧客に回す前に、四回もの大幅な物価上昇を自ら耐えたということだ。一人のオーナーは、バーカウンターの後ろの棚に切ない貼り紙をした。「諸経費の高騰により、何もかもが今は五セント余計にかかります」。南部のとあるバーラウンジのカウンターのなかで働く愛すべきおばあちゃんは、店で出すベーシックなハイボールの魅力的な値段を褒めたわたしに、こんな言葉を返してよこした。「どういたしまして、値上げなんかしたら、常連さんにはりつけにされちゃうわ！」。

専門家も、バーの現役オーナーと未来のオーナーにたいし、顧客のニーズに合わせた広告を勧める。オーナーたちが教わるのは、客が孤独であり、楽しい時を求めていて、誰かとの出会いを当てにしていて、何か楽しくてわくわくすることを期待し、熾烈な出世競争から逃げたくて、疲れ、苛立っていること。リストはさらに続くが、何が言いたいかはもうお分かりだろう。「客は楽しみと交友を求めてバーに来る。だから、おたくの店のすべての広告でそこを猛烈に叩きなさい」[19]。かつてないほど居酒屋業界は、アメリカの現代の社会構造が引き起こした疎外を意識し、現代のマーケティング技術の洗練にもかかわらず、疎外に乗じて利益を上げている。しかし「買い手は注意せよ《ケイビアット・エンプター》」は「売り手は注意せよ《ケイビアット・ベンディター》」のリスクと無縁でいられないのであって、売り手は結局のところ用心しなければならない。

最近の一例をあげれば、この業界の「独身者向け」バーにおける女性客の開拓が、最終的に損失を招くであろうことは予測できた。一九八〇年代の初めごろ、人生相談欄の回答者に寄せられた多くの投書のメッセージは明らかだった。「アメリカの女性たちよ、賢くなりなさい！　バーでたむろしている類の男たちなど、あなたがたには必要ないのです」。何千ものバーが、若い女性をまさにそういう好ましからざる男たちと接触させるという不健全な商売から健全な利益を上げていた。長い目で見れば、アメリカの居酒屋の評判は打撃をこうむった――女性たちが居酒屋で見つけた「類の男たち」は自分たち女性の存在が呼び込んだ、という事実は問われずに。

社会における居酒屋の質と評判は、その相乗効果――居酒屋が飲酒と組み合わせる活動――の性質によって決まる。賭博を勧める居酒屋は評判を下げる。非公式なコミュニティ・センターとして機能する居酒屋は評判を上げる。法律すれすれか違法な行為をする者に場を提供する居酒屋は評判を下げる。家族全員に適した場所であるときは評判が上がる。配偶者選びの過程でひとつの役割を演じるときは（本書でいま見ているように）評判が下がる。おいしい昼食を出す店は評判が上がる。売春婦の隠れ家になると評判が下がる。スポーツチームの後援者になると評判が上がる。未成年者に酒を売ると評判が下がる。きちんとした市民の非公式な社交クラブとして機能するときには評判が上がる。

何が居酒屋の評判を高めたり損ねたりするかという、これらの例には何の驚きもない。ならばなぜ居酒屋の評判はよくなっていないのか？　なぜ居酒屋業界は昔ながらの客の大部分を失ったのか？　いい居酒屋という理念をとりまく謎がこれほど少ないのなら、なぜ酒飲みの国は、これらの店にほとんど背を向けているのか？

大きな要因であり、ほかのほとんどの要因の背後にあるのは〈近《プロクシミティ》さ〉だ。常連客の自宅に近い店は、人びとに素のままで来るよう促し、店にたやすく呼び込める仲間さえ提供していればそれでよい。これはイギリス人がローカルと呼ぶものであり、つねに、その周囲の近隣住民も同然――それ以上でもそれ以下でもない、たまたま家が近い見知らぬ者どうしにすぎないかもしれないものから本当の意味での近隣住民を作る、という点以外は。カントリークラブ周辺の家々はローカルをもち、低所得家庭の居住区はあちこちの街角にそれらがあるが、ローカルはもはや中流階級には利用できない。

多くの中流階級のアメリカ人は、さまざまな飲酒施設で自宅近辺の退屈から逃れるが、そこには自動車でなければたどり着けない。わたしはある地方のゾーニングコード〔用途別などで区分した各種地区の規制条項〕を調べていて、どの居酒屋も従業員二人につき一台分の駐車スペースと、客の椅子三席につき一台分の駐車スペースがなければならないことに気づいた。この悲劇の定式は、高い収益を生む。一九五〇年代までは、千鳥足で居酒屋からの帰宅途中、街灯柱にしがみついて直立姿勢を保っている酔いどれの夜遊び人が、多くの漫画や安物雑貨店の景品の題材によく使われていた。その千鳥足が、いまや車の運転席でなされていて、そこにユーモアのかけらも見出せない。家路に向かう飲んだくれの漫画は、飲酒運転者を対象とした公共広告に取って代わられ、見る者は、アルコールがらみの事故率の高さを知らされる。わたしにとってそれ以上に印象的なのは、しらふの運転者が引き起こす事故の多さだ。車の運転は危険に満ち、複雑で、注意が必要な行為である。夜間、ほとんどの飲酒がなされるときに、運転はより一層の危険をはらむ。酒飲みの国がいったいどうして、その地方自治体の共同生活地域を、飲酒と運転がしばしば——しかもほとんど必然的に——結びつくように整備するのだろう？「ガソリンとアルコールは混ざらない」とアメリカの標語は言う。もちろんそれらは混ざる。アメリカの都市計画者は、この二つをいつだって大量に混ぜている。嘘だと思ったらゾーニングコードを見るがいい。

おそらくいつの日かアメリカ人は、徒歩圏内にあるどの家の市場価格も破壊しないように、そこにふさわしい、ゆったりくつろげる社交的な飲酒のための場を運営することだろう。もしかしたら、それは例のトラクトハウス型住宅地の一つで起こるかもしれない。荒廃の危機に直面した人びとが一念発起して、一か八かの賭けに出るのだ。今ある民家の一軒が、まさしく地元民《ローカルズ》のためのローカルに——駐車場もなく、外部の人を引きつけるネオンサインもなく——転用されるかもしれない。おそらく、そのような場所の抗しがたい利便性ゆえに、その店は、驚くほど高いお金を払って蒸留酒免許を取得するまでもなく、小規模な手堅い商売として生き延びるだろう。オーナーが階上に住むかもしれない。家族が店の経営を手伝うかもしれない。あるいは、朝のコーヒーが飲めるだろう。ああ、でもわたしは人民の、人民による、人民のための近隣住区という空想に入りこんでいるのであって、それは未来の世代のものなのだ、わたしのではなく。

第10章　古典的なコーヒーハウス

史話から読み取れることだが、昔のよろず屋に入り込んだ「ごろつき」たちは、どっさり在庫がある各種の商品を好き勝手に頂戴していたようだ。スミス兄弟が自分たちの咳止めドロップ事業を護るために（小売店主はスミス・ブラザーズ製品の瓶に、もっと安い代替品を入れていた！）個別包装を導入するより前のこと、もの欲しげによろず屋に出入りしていた連中は、そこにある樽やバケツ、木箱、桶、瓶に手をつっこんでは、ハーキマーチーズ〔ニューヨーク州ハーキマー郡産のチェダーチーズ〕、干しプルーン、リコリス、乾燥鰊《にしん》、鰊の酢漬け、クラッカー、煙草といった売り物をかすめ取っていたという。[1] こうした商品の品揃えに目だって欠けていたのは液体である。リンゴジュース、茶、コーヒー、サルサパリラ〔同名の植物の根のエキスで味付けした清涼飲料〕、あるいは水でさえ、だるまストーブのまわりで日常的に飲まれていた証拠はない。同様に、リヴァー・パークの速達便事務所での集まりは、よく煙草を吸い、よくものを食べる場だったが、そこにコーヒーはなかった。[2]

これらの場所にトイレがなかったこと、またコーヒーブレイクの習慣や、今やいたるところで目につく自動販売機、あるいは清涼飲料の大々的な宣伝広告がない社会環境だったことも手伝って、クラッカー樽を囲んでの世間話のあいだじゅう、飲み物なしで済ますことになったにちがいない。このような乾いたオアシスはしかし、世界のサードプレイスのなかでは異例といえる。原則として飲み物は、まぎれもない社交典礼になるほど重要な存在なのだ。「あらゆる社会生活の潤滑油は」と、ケネス・デイヴィッズ〔アメリカの作家、評論家。コーヒーにかんする造詣が深い〕は言った。「〈もう一つのわが家〉、いわば教会のようなものをもっていて、そこで開かれる公的な儀式や祭礼的な宴のなかで、その効用が称えられる」[3]。実際、世界のサードプレイスの大多数は、そこで出される飲み物から独自性を得てきた。エールハウスがあり、ビール園があり、喫茶店、ジン・パレス、3・2ビール酒場、ソーダ水売り場、ワインバー、ミルクバーなどがある。チェコのカバルナ、ドイツのカフィークラッチュ、フランスのカフェ――いずれも、コーヒーを意味するそれぞれの国の言葉から派生した。一般に、サードプレイスは、何かを飲む場所である。

社交典礼の飲み物あるいは「潤滑油」は、ほぼ例外なく、カフェインを含む興奮剤（コーヒー、茶、そして各種のコーラ）かアルコールを含む催眠剤（ビール、ワイン、あるいは蒸留酒）のどちらかだ。ミルクバーが大人気になることはめったにない。禁酒法時代には庶民がビールやウィスキーと一緒に社交場まで失わないようにと、酒を出さない酒場《サルーン》を提供する試みがさかんになされたが、失敗に終わった。[4]社会制度《システム》と神経系《システム》は密接な関係にある。日々の生活上の闘いがどんな精神や情動の状態を引き起こしても、それを修正してくれるのがサードプレイスとそこで供される社会的潤滑油なのである。

カフェイン飲料が促進する行動は、アルコール飲料のそれとは違う。両者の違いがどれほど化学物質そのものに起因するかは、解明がむずかしい。どちらの場合も、行動はおもに文化的学習の産物であり、社会ごとに大きく異なるのだろう。けれども世界の文化の枠を越えた明らかなパターンがある。コーヒー飲用発祥の地であるイスラム世界では、この飲み物は「アポロンのワイン、思考と夢と知的対話の飲み物」[5]だ。同じような効用は、キリスト教世界でも知られている。コーヒーは知性を刺激し、アルコールは感情と肉体を刺激する。コーヒーを飲む人びとは瞑想的に音楽を聴いて満足し、アルコールを飲む人びとは自ら音楽を演奏する傾向がある。ダンスは、一般に酒類の消費につきものだが、コーヒーの飲用とは無縁だ。読みものは、世界のコーヒーハウスで味読されるが、バーでは読まれない。ダーツのプレイヤーはじっくり考えることがゲームの本質ではないのでエールを飲むが、チェスのプレイヤーが飲むのはコーヒーだ。

とはいえ目下の関心事は、アルコールやカフェインそれ自体の一般的な生理作用ではなく、それらが一般消費者に提供される状況の、社会的な重要性である。これまでは、酒類販売免許をもつ施設に出現したサードプレイスについて述べた。本章では、その独自性がコーヒー豆に由来する教養センターに目を向けよう。

ペニー大学

ウィーンはヨーロッパ初のコーヒーハウスを誇りとしているが、およそ三〇年差でイギリスが、キリスト教世界初を主張している。一六五〇年、その名をジェイコブとしか記憶されていない一人のユダヤ人起業家が、オックスフォードに初のコーヒーハウスを開いた。その後まもなく、ほかの人びともケンブリッジとロンドンに開業する。コーヒーハウスとその「苦くて黒い飲み物」は、当初は珍しがられた——が、それも長いことではなかった。コーヒーハウスの民主《デモクラティック》的な雰囲気、同じく庶民《デモクラティック》的な値段、そして十七世紀の酒場をさんざん悩ませていた酩酊とは対照的な好ましさゆえに、たちまち人気を得たのである。十七世紀の終わりには、ロンドンにいる人なら誰でも難なくコーヒーハウスを見つけることができた。すぐそこの通りをまっすぐ行きさえすればよかったのだ。

それから二五年と経たないうちに、コーヒーハウスの人気は、政府の金融政策にちょっとした危機を引き起こした。合法的に鋳造された小銭の不足がきっかけで、コーヒーハウスが独自のコインやトークン〔代用硬貨〕を発行したのである。それは周辺のあらゆる店で広く通用した。トークンは、真鍮、銅、白目《ピューター》などをいろいろな形に打ち抜いたもので、なかには革に金箔を貼ったものまであった。さまざまな貨幣コレクションに入っているそれらの残りは、とうの昔に忘れ去られたコーヒーハウスの唯一の存在の証になっていることが多い。

その全盛期を二百年間——一六五〇年から一八五〇年まで——と定める人もいるが[6]、ともあれコーヒーハウスは、当時よくペニー大学と呼ばれていた。一ペニーは、その文学と知の宝庫への入場料。二ペンスがコーヒー一杯の値段で、煙草一服分は一ペニー、そして新聞は無料だった。十七世紀のコーヒーハウスは、日刊新聞と戸別配達郵便の先駆け的存在であり、多くのイギリス人男性が商取引の場として使う、元祖クラブだった。実際、多くの客は、友人や取引相手が連絡を取りやすいように、いつも決まった時間に来店していた。時間を決めていようがいまいが、多くのロンドンっ子たちは日に何度かコーヒーハウスに立ち寄って最新ニュースを仕入れた。読み書きのできる人は、店にある新聞や小冊子、ブロードサイド〔片面刷りの大判の印刷物〕を大声で読みあげるのが常だった。読み書きできない人がその内容をよく理解し、その日の話題を議論できるようにするためである。そのてのブロードサイドの一枚で、一六七七年に出されたものは、簡潔な詩でこう称えている。[7]

こんな素晴らしい大学は／わたしが思うに、かつてひとつもなかった／そこに入れば学者になれる／一ペニー払うだけで。

広く人を招き入れ、あらゆる地位や身分をひっくるめ、すべての男性を無条件に受け入れたことによって、初期のコーヒーハウスは刺激的な雰囲気に満ちていた。伝統にしばられてそれまで各々の居場所にとどまっていた人びとを発見する喜びは、この新たなコーヒー店ならではの特色であり、すぐさま業界内に広まった。コーヒーハウスは生まれたての民主主義であり、平等の具現だった。その目くるめく、心からの深い関わりに刺激を受けて、ある人はそれを「あらゆる種類の人間《クリーチャー》」が見出せそうなノアの方舟にたとえた。[8] また別の人は、コーヒーハウスでの自身をセントポール大聖堂の尖塔のてっぺんにいるようなものだとし、そこから「ロンドンの街全体が見渡せる」[9]と言っている。その新鮮な景色を眺めた多くの人びとは、コーヒーハウスを必要不可欠な進歩と見なした。そこでは、自由な交際から生じる「摩擦」が、時代おくれの社会秩序の錆を磨き落とすための必要物にほかならなかった。

ロンドンのコーヒーハウスは、ある共通の行動基準によって統制され、どの店にも一連の規則と命令が貼り出されていた。その三〇行におよぶ内容のうち、冒頭六行は、コーヒーハウスの訪問客の〈平等化〉を強く打ち出すものだった。全員が歓迎されて一緒に座ることができ、特別席はなく、たまたま「お歴々」が入ってきても誰ひとり席を譲る必要はない、というような趣旨である。注目に値するのは、あらゆる出自や経歴をもつ人びとが、コーヒーハウスの規則と命令の文面はもとよりその精神にも快く従って、それらを守ったことである。ぼろぼろのコートを着た人が、礼帯をつけた伯爵と、ガーターをはめた主教のあいだに自由に座ることができたばかりか、ここでなら、そういう偉い人びとに市民の言葉で答えてもらえることも保証されていた。[10]

このあとに続くコーヒーハウスの規則は、第一の命令「すべての者はその屋根の下に平等であれ」の順守を促す役目を果たした。サイコロゲームやトランプゲームの禁止によって、店内が静かになり、文面にあるとおり「責めを免れ」ただけでなく、客に人並み以上の豊かさ（あるいは貧しさ）を誇示させないことにもなった。同様に、賭けごとは五シリングまでに制限され、勝者はほかの人びとにおごるよう促された。悪態をついた人は店に二〇ペンスの罰金を払い、喧嘩をふっかけた人は、自分が怒らせた人におごらなければならなかった。ユーモアはあくまでも害がないものを。政治問題には、十分畏敬の念をもって対処する。そして聖書を冒瀆してはならない。ようするに、この規則と命令は適度な紳士的態度を確保したのであり、おかげで、さまざまな身分や職業の人どうしの前代未聞の交流が容易になった。

コーヒーハウスの最も重要な規則の一つは、掲示されていなかった。女性の立ち入り禁止である。ノアの方舟の比喩は、したがって制限つきだった。なにしろ、客が妻と連れだってコーヒーハウスに行くことはなかったのである。女性がいないおかげで男たちは、これまで自分たちを隔ててきた身分の違いを無視しやすくなったにちがいないが、新たに生まれた関係は、古くからの関係に緊張をもたらした。夫たちは、きわめて多様で華やかな仲間とコーヒーを飲んでご満悦だったが、妻たちはけっして喜んでいなかったのだ。「歴史上初めて」とエイトン・エリスは断言した。「男と女が分裂した！」[11]。コーヒーハウスは、男性専用を前面に出して初登場してから二〇年経つか経たないかのうちに、『*The Women's Petition Against Coffee*（コーヒーに反対する女性たちの請願書）』の標的にされた。これは注目すべき宣言だ、とエリスは述べているが、まさにそのとおりだった。[12]

最近までその「女性たちの請願書」の言葉づかいは、活字にできないほど猥褻で野卑と見なされていた。イギリスのコーヒーハウスの歴史にかんする初の最も信頼できる書物が世に出たのは一九五六年だが、著者が苦悩したにちがいないのは、その短いながらも生き生きとした十段落からなる文書を割愛したことだ。十段落のうち五段落（最初の四段落を含む）で主張しているのは「粗悪な、黒く、ドロドロした、不快な、苦い、いやな臭いの、吐き気をもよおす泥水」が男性のインポテンツを引き起こすということである。かつてイギリスの男性はキリスト教世界「随一の精力絶倫」だった、と力説したうえでその文書は、コーヒーによって新たな嘆かわしい事態がもたらされたことを明かす。

けれども言いようがないほど悲しいことに、わたくしたちは近ごろ、あの本物のイギリス古来の精力が目に見えて萎えていることに気づきました。わたくしたちの勇士は、あらゆる点であまりにもフランス化したため、ただの雄雀《コック》になり下がり、女の激しい欲望の世界にたいしてサ・サと羽ばたきながらも立つことができず、まさしく最初の突撃でわたくしたちの前にへなへなと倒れてしまうのです。かつて男たちがこんなに大きな半ズボンをはいたことはなかったし、そのなかにある元気が、何であれ、これほど少ないことはありませんでした。[13]

コーヒーハウスから――と、請願者は非難する――帰宅した男性たちに「具わっている濡れたものは鼻水をたらした鼻だけ、硬いものは手足の関節だけ、立ってるものは耳だけなのです」。

インポテンツの申し立てに加えて、請願者が主張したのは、コーヒーのせいで男性がゴシップ好きな告げ口屋に転じつつあること、コーヒーに費やす何ペンスかが子どもたちの口からパンを奪うこと、イギリス人男性が戦士というより口達者になってしまったこと、そしてコーヒーハウスは、男性たちが居酒屋との間を行き来しているとよく言われている点から「居酒屋のポン引きにすぎない」ことだった。

女性たちの感情は、その公然たる告発のくだらなさに劣らず強烈だったが、コーヒーハウスが引き起こした分裂は現実であり、そのことを彼女たちはよくよく承知していた。請願書には、当時の居酒屋についての興味深い言及が一つ含まれており、それには多くの非難が向けられたかもしれない。しかしここでさりげなく触れていたのは、「古き良き原始的なビールの飲みかた」である。その良さとは、どうやら、居酒屋が女性の入店を許していたことらしい。ビールの消費は、じつのところイギリス人男性を「随一の精力絶倫」にしたわけではなかったかもしれないが、少なくとも彼らの考えを「正しい方向」に向ける傾向があった。また、女性たちの不服は予言的でもあった。最終的に、コーヒーハウスからメンズクラブが生まれ、いっそう厳しく女性を排除することになったのである。クラブで、男性たちは上階の部屋を住みかにし、往々にして家庭より好ましく、より安く、責任の重圧が少ない生活を送ることができた。クラブで、男性たちはまったく女性たちの手の届かないところにわが身を置くことができた。そこに、多くのイギリス人男性は結婚や家庭生活の永久的な代替を見出し、結婚や家庭生活を自分の仕事、クラブ生活、仲間に置き換えた。コーヒーではなく〈茶〉が、イギリスの家庭生活の儀礼的飲み物として登場したのは、分裂をきたすというコーヒーハウスの伝統に原因があったのかもしれない。

コーヒーハウスに批判の目を向けたのは、家から出た妻だけではなかった。女性たちの請願書が出た一年後、それよりはるかに扇情的な公文書が国王チャールズ二世によって『*A Proclamation for the Suppression of Coffeehouses*（コーヒーハウス抑制の布告）』と題して発表された。おそらく国王は、女性たちの請願書が現れたことに意を強くしてその気になったのだろうが、コーヒーハウスは商人などの関心を合法的職業や業務からそらし、怠惰を助長する、と正式に告発した。しかしこの主張はまったくの目くらましだった。本音は、コーヒーハウスが「虚偽の、悪意に満ちた、スキャンダラスな噂」を生み、それが広まって「国王の統治にたいする中傷」のきっかけとなるからだった。かくしてチャールズは、コーヒーハウスを——その誕生以来——恐れた専制君主たちの長い系譜に名をつらねたのだった。

男たちが明晰に考え、大胆に発言するそれらの公開討論の場を廃絶しようとしたチャールズの意図には、あからさまな皮肉がこめられていた。クロムウェルはコーヒーハウスの存在に耐えて損害をこうむり、チャールズの支持者たちはコーヒーハウスの自由な雰囲気をおおいに利用して、彼の復興を成し遂げていたのである。コーヒーハウスを禁止しようという国王の試みは一般大衆の激しい非難を買い、この点で政治上の異議が一致したことによって、すべての政党が団結した。国王は、自分の命令が聞き入れられないこと、そして自らの見え透いた圧政で自らの地位を失いかねないことを確信した。抑制の布告から十日のうちに、第二の布告が出されてそれは撤回された。

国王と廷臣たちは、政治問題の協議事項の設定や、それらの問題にたいする自分たちの好みの処理方法について、誰にも答えたくなかっただろう。コーヒーハウスを存続させることは、言論の自由を守り、自分たちの運命は自分たちで決めるという国民の意志を守ることに等しかった。

十七世紀イギリスのコーヒーハウスが、個人の自由の確立に大きな役割を果たしたのは、さまざまな状況が絶妙に重なったからだ。その場所は、過去のしがらみとは無縁の、新たな公開討論の場として現れた。コーヒーハウス内では、あらゆる政党や身分の男たちが、昔の伝統を気にせずに交流できた。定評ある報道機関がなかったので、これらの二階ホールの寛容な雰囲気のなかで面と向かって討議をすることが、唯一の生き生きとした民主主義への参加のしかただった。この先例のない交流の過程で、人びとは互いの立場に敏感になり、共通の関心事を見つけたり共感を覚えたりした。そしてすぐに、個人の自由における数の力や相互の利害関係をも発見した。しかし、こうした最も望ましい状態は変わってしまい、コーヒーハウスは西洋ではもう二度と、十七世紀イギリスのそれに匹敵するほど重要な存在にはならなかった。

その全盛期には、コーヒーハウスは政治の舞台だっただけでなく、商売と文化生活の中心でもあった。イギリス最大手の貿易会社の多くはコーヒーハウス内に本拠を置き、ロンドンの株式仲買人は百年以上もそれらの店内で活動した。コーヒーハウスが衰退して初めて、仲買人は自分たちの居所を手に入れて取引所を設立した。長年、ロンドンのロイズはコーヒーハウスを根拠地として活動し、組織をもたない同市の海上保険業者に、知識豊富な海の男と交流でき、彼らの噂話から有益な情報を得られるような場を提供した。ほどなく、ロイズは船舶のオークションの場にもなった。[14]

コーヒーハウスの時代は、イギリス文学が空前絶後の隆盛をきわめた時代と一致していた。コーヒーハウスで、文学者は自分の作品の着想やテーマ、そして読者を見出した。ジョン・ドライデンは、ラッセル通りにあるウィリアム・アーウィンの店〔ウィルズ〕で長年にわたり弁舌をふるい、その公共の本拠から、最新の詩と演劇を論評した。ウィルズが提供した公開討論の場から、ドライデンは文学の読者の幅を広げ、その後百年間イギリス文学の質を高めることになる基準を打ち立てた。

ラッセル通りをはさんでウィリアム・アーウィンの店の向かいでは、この店を有名にした男の死〔ドライデンは一七〇〇年没〕からおよそ十二年後に、ジョゼフ・アディソンが、ダニエル・バトンをバトンズ・コーヒーハウスの店主に任用した。そこを拠点にしてアディソンは、識字の振興や、イギリス人のマナーの改善、一般市民の芸術と生活と思想への興味喚起、あるいは現代の新聞の原型の確立において指導的な役割を演じた。アディソンは午前中を研究に費やしたと言われているが、午後になるとバトンズに出かけて少なくとも五、六時間、しばしば夜遅くまでそこに居た。そんな環境で、彼は「スペクテイター」紙と「ガーディアン」紙〔現在の「ガーディアン」とは別物。一七一三年三月―十月の短期間ロンドンで刊行〕を創刊し、あるいは友人リチャード・スティールの「タトラー」誌に寄稿したのである。

アディソンは揺るぎない明確な目的意識をもち、コーヒーハウスの特徴をいかに利用すれば、その価値ある目的を果たせるかを知っていた。清教徒《ピューリタン》の道徳的厳格さにも、王党派の世をすねたような不品行にも軽蔑の念を抱きながら、彼はその両者をしのぐ高みへと、同胞の思想と理想を引き上げようとした。[15] それまでの出版物はもっぱら政治関連の内容にかぎられていたが、アディソンは、芸術や行儀作法に関する評論も取り入れた。彼の目論見どおり、コーヒーハウスは、人びとの動向を探ったり構想を練ったりする場所であるばかりか、普及の窓口のようなものにもなった。彼の新聞の中身の多くは女性向けだった。男たちが家に持ち帰って妻に読ませることを鋭く見抜いていたのである。

自分の新聞に載せる記事や文芸作品の募集のしかたにも、アディソン一流のコーヒーハウス活用術がうかがえる。彼が雇った職人たちは、たいへんな苦労をして大きな木製のライオンの頭を作り、その口を開けて「できるだけ貪欲に」見せた。開いた口は広い「喉」につながり、その真下に箱が一つ置いてある。興味をそそる鳴り物入りの宣伝とともに、アディソンはこう告知した。このライオンは、バトンズの西の壁ぎわに常駐し、評論など何か出版物に発表したいものがある方々の原稿をお受けします。言うまでもなくアディソンは、結果として寄せられた作品を消化する「胃袋」の役目を自分が担い、あのライオン――口と足が思考と行動を象徴する――の下の箱の唯一の鍵を自分が握っているということを周知徹底させたのである。ジョゼフ・アディソンの死とバトンズの閉店を受けて、ライオンの頭は近所のコーヒーハウスに、そして後年シェイクスピア・タヴァーンに移された。最終的にはベッドフォード公爵のものとなり、今日もウォバーン・アビー〔ベッドフォード公爵の邸宅〕の壁龕《ニッチ》に置かれている。

　アディソンのジャーナリズムがいかに成功したかは、模倣者の数を見れば容易に理解できる。「タトラー」誌が初めて世に出た一七〇九年から、サミュエル・ジョンソン博士の「ランブラー」誌が創刊される一七五〇年までに、百種を超える「評論新聞《エッセイ・ペーパー》」が刊行された。アディソンより前に、地方新聞はひとつもなかったが、「スペクテイター」紙の登場から十数年のうちに十七紙が生まれた。アディソンにとって、こうした大勢の模倣者より喜ばしいのは、この評論家の死から八年ばかり後にイギリスを訪れたあるスイス人の所見だったのではないだろうか。「イギリスの男性はみな、たいそうな情報通だ」とその訪問者は書いている。「労働者は習慣的に、毎日のニュースを読むために喫茶室に行くことで一日を始める」[16]。読み書きのできない人生で満足しているかに見える状態から同胞を目ざめさせることに、アディソンほど尽力した者はいなかった。

　アディソンの業績は、彼が事実上読者に説教し、自分と同じロンドンの都会人にありのままを映す鏡をかざしただけに、いっそう注目に値した。彼は、徳をあざける風刺作家をたちまち黙らせた。しゃれ男をたしなめ、身なりに構わない自らの習慣を勧めることで、平均的読者に好かれたいという衝動にあくまでも屈しなかった。おそらくは、自己改善を受け入れる下地ができていた、そんなイギリスの時代と気運だったのだろう。しかし、アディソンとスティールや、サミュエル・ガース、ダニエル・デフォー、ジョージ・バークリー、フランシス・アタバリーをはじめ、当時のおもだったジャーナリストの誰であれ、コーヒーハウスがなかったらあれほどの成功を収められたかどうかは疑わしい。社会の「オピニオンリーダー」——今でいうジャーナリストや社会学者——であるロンドンの都会人とのあの定期的な、顔と顔を突き合わせての触れ合いに代わるものはなかったのである。

政治、社交、文化生活の中心として二百年ちかく栄華を誇ったあと、イギリスのコーヒーハウスは表舞台から消え去った。十九世紀なかばには、もはやイギリス人の生活に何の影響もおよぼさなくなっていた。その消滅の原因としてよくあげられるのは、郵便の戸別配達や日刊新聞の誕生、イギリスの新興の第四階級〔言論出版界、新聞業界をさす〕を占有したがる欲深いコーヒーハウス経営者の出現など、状況が変わったということである。しかしながら、コーヒーハウスは基本的に人づきあいの一つのかたちであり、好ましいものであって、そのような交友の必要性が消え去ったとはとうてい思えない。コーヒーハウスそれ自体が破綻したというのであれば、納得がいく。早い時期からほころびが見えていたこと、そして存続させるための配慮が十分になされていなかったことを示す証拠は数多くある。あらゆる神聖な制度や信仰にたいする愚かな風刺が、内部に蔓延するようになった。酒類の販売が黙認されるようになった。当初の店の開放性と平等は、仕切られた席に取って代わられ、一つだけの大型テーブルに代わって、いくつもの小型テーブルが戦略的に配置されるようになった。ドライデンの晩年でさえ、店主の嗅ぎ煙草を一服もらえる特権がない人びとは下層階級と見なされた。文学色の強いコーヒーハウスの多くでは、客が印刷物の評論には目もくれず、賭博台でトランプの勝負に興じた。コーヒーハウスに集った大勢の人びとは、自分たちを職業で仕分けしはじめ、草創期にあった民主主義の精神への関心を失った。

ようするに、コーヒーハウスの成功の基盤をなす当初の方針が、あまりにも頻繁に無視され、その結果として好ましくない店舗の数が増えたわけだ。ほかの何にも増してこの事実こそが会員制クラブを生み、会員を管理して、芸術性のない風刺作家や売薬の行商人、ばくち打ち、盗人、マナーの悪い者全般から守るようなしくみを生み出したのである。だが蓋を開けてみれば、クラブは期待に沿うような解決策ではなかった。一例（おそらくなかでも最も有名な例）をあげると、〈ホワイツ〉というクラブは、ばくち打ちや伊達男、あるいは特定の政治思想信奉者にさまざまなかたちで牛耳られた。そしてクラブの衰退期には、どんなに高名なクラブでさえ、会話を許さぬその雰囲気で悪名を馳せるようになった。かつて比類ないサードプレイスだったイギリスのコーヒーハウスが、最終的に、生ける屍を陳列する優雅な蠟人形館となってしまうのはいただけない。談話のないところに生命はないのだ。

ウィーンのコーヒーハウス

ウィーンにまつわる伝説の一つに、世界初のコーヒーハウスの所在地というものがある。その神話は、ウィーンの栄光のとき、すなわち第二次ウィーン包囲〔一六八三年〕におけるオーストリアの勝利を連想させるがゆえに、なおさら大切に語り継がれている。コーヒーハウスの起源にかんする神話の一つに続いて、もう一つの神話が誕生しそうなことにわたしは気づいた。最近、ある国際的なベテラン著述家が、ウィーン起源説を信じて世に広めていたことを認めたのだ。自分の思い違いに気づくや、彼は事実を明らかにする意を決した。世界で最初のコーヒーハウスは、彼の説明によれば、一六八四年のウィーンではなく、一五四〇年にコンスタンティノープルに登場した。そしてそこから、と彼は続けて解明する。コーヒーハウスはヨーロッパに広まり、そのあとイギリスに伝わった。

ああ、困惑は続く。なぜなら、その「最初」のコーヒーハウスが一五四〇年にコンスタンティノープルに現れたころには、サウジアラビアのある太守がすでに聖都メッカのコーヒーハウスのうち何軒かを廃業していたからだ。それに、コーヒーハウスはヨーロッパからイギリスへと伝播したわけでもない。そのような施設が初めてヨーロッパ大陸にお目見えしたころ、チャールズ二世はすでに、それまで二〇年間ロンドンで広く親しまれておびただしい数に増えていたコーヒーハウスを減らそうとして、お触れを出していたのである。さらに注意深く調べてみると、最初のコーヒーハウスはアラビアにあったらしく、コーヒーを淹れるようになり、それが一般大衆の店で飲めるようになってから、かれこれ五百年ほど経つらしい。

しかしながらウィーンのコーヒーハウスには、たんに世界初であることよりはるかにその評価を高めるいくつかの差違がある。それは、キリスト教世界のあらゆるコーヒーハウスのなかで最も変化が少なく、最も長く時の試練に耐え、最も多く真似されているということだ。第一次世界大戦よりかなり前に、外国の諸都市に相次いでウィーン風カフェを名乗る店が出現した。総じてそれらの「もどき」は、ウィーン訛りのある給仕を雇おうとし、コーヒーを丈の高いグラスに入れて出し、牛乳入りの飲み物なら何でも「メランジェ」と称した。[17]

往時の輝かしい姿をとどめていないコーヒーハウスも多いが、それでもウィーンは、きらびやかなカフェをもつ都市だといえる。ウィーンのコーヒーハウスには、ほかの文化のほとんどのサードプレイスに見られる以上の、純然たる優美さがある。当然といえば当然なのだろう。なぜなら、ある観光者向けパンフレットに書いてあるように、ウィーンは「二千年の歳月をかけて生活術をきわめてきた」。ヨーロッパのほかの首都が、老朽化した壮麗な建築物を取り壊したあとに、芸術性のない長方形をした現代のガラスの摩天楼を建ててきたのにたいし、ウィーンはフランツ・ヨーゼフの統治時代とほとんど変わらないように見える。壮麗なバロック建築と広大な公園にかこまれたきらびやかなカフェは、ヨーロッパの街並みを一変しつつある進歩の波にもほとんど脅かされていないようだ。ウィーンは輝かしい歴史をもち、今も変わらず都会生活の典型である。そのコーヒーハウスは、この都市で最も大切にされている過去の栄光の名残であり、ウィーン市民の生活における主要な社交場として機能しつづけている。

ロンドンの不潔な街路にそびえる二階建ての店とはちがって、ウィーンのカフェは地面と同じ高さでその最大の魅力を発揮する。フランスのビストロと同じく、ウィーンのカフェもたいてい路上に張り出している。前者がテラスを誇るのにたいし、後者は庭園を提供する。両者のおもな違いは、物理的な境界の設定のしかたにある。ビストロの場合、どこでテラスが終わってどこから歩道が始まるかが普通はわかりにくいが、プライバシーをより重視しがちなオーストリア人は、鉢植え植物の垣根か装飾つきの鉄柵でカフェの歩道エリアを囲っている。フランスとちがってウィーンでは、屋内エリアのほうが魅力的で、歩道エリアよりはるかに客の入りがいい。ウィーンのコーヒーハウスは、昔も今もロンドンのそれより物理的な存在感がある。それは都市の景観に不可欠な要素であり、ほかのどんな建物にも増して都会生活を象徴する優雅なものであり続けている。

しかし、ウィーンのカフェが素晴らしい理由は優雅さだけではない。オーストリア人の多くがコーヒーにのせるホイップクリームと同じで、優雅さはあれば嬉しいけれども不可欠なものではない。もっと重要な要素が、ウィーンのコーヒーハウスの変わらぬ魅力の根本にある。

ウィーン市民の生活の質こそが、この都市のカフェを発展させているということだ。ほとんどの人は持ち家をもたず、住民の大多数が昔から集合住宅で暮らしている。だから、この広く浸透した居住のしかたは、自宅で家事や家の手入れをする時間が少なくて済み、労働者は勤務時間外により多くの自由時間をもつことができる。それに、集合住宅暮らしは空間も設備もかぎられているので、気軽な息抜きや社会との接触ができる公共の場の需要が、ほかの都市よりも高い。ウィーンの人びとは、公的な環境のなかで生活の大半をこなし、日々の満足感を得ることになっている。

イギリスのそれとちがって、オーストリアのコーヒーハウスは、女性の立ち入りを禁じたことがない。それどころかカフェは、オーストリアの多くの主婦の一日に不可欠な、お待ちかねの時間の象徴なのだ。毎日午後四時ごろ、イギリスの主婦たちが自分の部屋《フラット》で紅茶を飲んでいるとき、ウィーンのコーヒーハウスには地元の婦人たちの陽気な一群が押し寄せる。「おやつの時間《ヤウゼ》」、すなわち家事の合間に世間話をし、濃厚なチョコレートやシュラークオーバース（ホイップクリーム）てんこもりのスポンジケーキをほおばりながら、深炒りのコーヒーを何杯か飲むひとときである。このウィーン流アフタヌーンティーを心ゆくまで楽しむために、多くの女性は昼食を抜く。男性が雑談をする時間は昼食直後なので、これらの似たような会合が入り乱れることはない。ご婦人がたのヤウゼのさなか、店内には男性客も大勢いるが、座席の争奪戦など起こらない。神様はどんな気まぐれを起こしたのか、女性が好んで座るのは室内中央の大型テーブルで、そこは男性がけっして行きたがらない場所なのだ。

ウィーンのカフェの永続性には、給仕とその称賛すべき接客の伝統も一役買っているに違いない。

黒服の男たちは、カフェのありようを注意深く管理するいっぽうで、個別のゆきとどいたもてなしの雰囲気をかもし出す。客は入店するなり、二人の、多いときには三人の給仕に出迎えられる。何度か訪れたあとには名前を覚えられ、読みものやコーヒーの飲みかたの好みも覚えてもらえる。給仕のなかでも先頭に立って客を迎える（まるで旧友と再会するように、と形容される流儀で）[18]のは、たいていタキシード姿で、「ヘア・オーバー」と呼ばれる給仕長だ。彼の脇にいるのは、客の注文を取ってそれを出す給仕。見習いがいることも多く、彼の仕事は、客にこの店のもてなしのしるしを運ぶこと——コップ一杯の新鮮な水を。

ヘア・オーバーは経験を積んだ鋭い眼力で新来の客それぞれの地位と職業を正確に見きわめ、そののち肩書きで挨拶をする。新来者の読みものの好みや身分を判断し、届いたばかりの大量の新聞のなかから五、六紙を選ぶ。そして適切だと思われる場所に客を誘導する。客が店に忠誠心を示しても、店員にチップをはずんでも、ヘア・オーバーの判断は揺るがないだろう。客は各自の「居るべき」ところに置かれ、ウィーンのカフェでは、一部の客がほかの客より強い帰属意識をもっている。

この点はドイツの文化と同じで、多くの公共の場の常連は自分のテーブルを要求し、そこが「永久指定席」になっているが、ふつうはそれとわかる印がついているわけではない。忠実な常連は「シュタムガスト」、そしてそのテーブルと、そこに毎日集まる仲間集団はいずれも「シュタムティッシュ」と呼ばれている。イギリスのコーヒーハウスでは、誰もがほかの誰にでも——個人だろうと集団だろうと——近づくことができ、受け入れてもらえるが、それとちがってウィーンのコーヒーハウスは、いくつもの小さな私的世界で構成されている。シュタムティッシュの面々は、平気で部外者にむかって、この集団への仲間入りを歓迎しない旨を知らせる。客を特定の場所に連れて行くヘア・オーバーの振る舞いは、尊大で気まぐれに見えるかもしれないが、往々にして彼は常連のなわばりを守っているだけなのである。

外国からの訪問者には、これらの伝説的でロマンティックなカフェを特徴づける礼儀作法のニュアンスがつかめないかもしれない。何を注文すべきかをめぐる最初の混乱（飲み物のバリエーションは、少ない店でも二五種類ほどあり、無知な人だけがたんなるコーヒーを頼むのだろう）、店員のフォーマルな服装、座席の指示、そして肩書きにたいするこだわりは、一部の人びとがカフェに感じる仰々しさや息苦しさの一因になっている。しかし通い慣れてみれば、じきにそうではないと気づく。何度か再訪したあと、客は格別な気分にさせられる。ウィーンのカフェならではの、個別のきめ細かい接客が効いてくるのだ。自分の好みのコーヒーや読みもの、人づきあいのしかたを覚えてもらえて、聞き入れられる。ウィーンのカフェを利用する人びとは、優雅な接客と環境を、ロンドンやパリやローマの同様な店よりはるかに手ごろな値段で味わえる。

肩書きへのこだわりは、ほどなくユーモラスな一面を見せる。店に入ってきた客のほとんどをヘア・オーバーが即座に昇進させることが明らかになるのだ。給仕長は、平服姿の陸軍士官を本当は少佐だと知っていながら「大佐殿《ヘア・コロネル》」と呼ぶ。監督（何のでも）は「総　監　督《ゲネラルディレクトア》」になる、というふうに。客の自尊心をくすぐるこのやりかたの最高に巧妙な例は、「一介の人」が入ってきて「博士さま《ヘア・ドクトア》」と挨拶されるときだ。店員の笑いの種にされているのではと勘ぐる稀有な人を横目に、自分の態度や風采をひそかに喜ぶ人は多い。[19]

チェコスロヴァキアなどの中央ヨーロッパ諸国と同じく、オーストリアでも、現代の日刊新聞がコーヒーハウスの人気をおおいに後押ししてきた。日刊新聞の誕生がイギリスのコーヒーハウスの〈衰退〉に大きく関与していることを考えると、ウィーンのカフェのこの側面はいっそう興味深く感じられる。もうコーヒーハウスに行かなくても最新の情報を得られるようになったから、しまいにロンドンっ子はそこに通う理由がなくなった。しかしウィーンっ子にしてみれば、新聞を読むのにこれほど適した場所はない。とびきり居心地のいい環境のなか、もしメニューから何も注文したくなければ一銭も払わずに、何紙でも読みたいだけ読めるのだ。この公共サービスの伝統は、一部の人びとに一種の恐怖症を引き起こしたという。発症者は「常習的読者」として知られ、毎日すべての新聞に目を通さないと、何か重要なことを見逃したような恐怖感にとらわれる。

日刊紙の誕生によって、ウィーンのコーヒーハウスは読書室と化し、多くの人はこうしたカフェの雰囲気とテーブル配置の両方を、書斎《ライブラリー》というううまい言葉で表現してきた。もともとウィーンのコーヒーハウスはコーヒーだけを提供していたのだが、始まってから一世紀と経たないうちに、次から次へと新たな呼びものを提供せざるをえなくなり、新聞は、そのなかの比較的相性のいい一つにすぎなかった。喫煙は、当初は反対されていたが、裏手にビリヤード室とトランプ遊戯室が加わったのとほぼ同時期に容認された。それ以上に大きな抵抗が見られたのは、ウィーンのコーヒーハウスで食べ物を調理して出すことにたいしてだった。それでも結局のところ食事は出され、ウィーンを知る人は昔から、朝食をとるのに最適な場所はコーヒーハウスだと認めている。昼食と夕食も供されるが、コーヒーハウス純粋主義者が軽蔑するのは、淹れたてのコーヒーの香りを食べ物の匂いで汚されてもよしとすることだ。純粋主義者に言わせれば、あの嫌な白いテーブルクロスが取り除かれてようやく、コーヒーハウスは本来の状態に戻る。イギリスのクラブと同じく、客が使えるように書きもの机と電話が置いてある。多くの人は決まった時間にコーヒーハウスを訪れ、店内でさまざまな商取引をする。それらの機能が、コーヒーハウスの持ち味の多くの側面を生み出しているのであり、ウィーンのカフェは明らかに、頻繁な来店と長居を誘う、あの地中海に本拠があるサードプレイス同盟に属している。ウィーンのコーヒーハウス《ヴァイネア・カフィーハウス》の常連の様子に関する記述は、はっきりと異なる集団が一日のうちのさまざまな時間帯に異なる方法でコーヒーハウスを利用するという点で数十年前から一貫している。近ごろは、朝食を出す時間が昔より早くなり、ゲームで遊びたい人は遅い時刻に来店する――この二例から推察するに、人びとは昔より生活にゆとりがなくなっているようだ。朝食のテーブルが片付けられたあと、午前中の残りの時間、コーヒーハウスはメッセージセンター、個人用事務所、書斎として使われる。正午前に白いテーブルクロスが広げられ、ほどなく昼食の客の群れが到着。午後二時半に（以前はもっと早かった）テーブルが片付けられ、客は大量のブラックコーヒーと噂話で旧交をあたためる。午後四時に女性たちのヤウゼが始まって午後六時――出席者が家族の食事を作るために帰宅しなければならない時刻――まで続く。次にやってくるのは、チェスとトランプとビリヤードをする人びとで、観劇後の客の群れが到着するまでは彼らが客の大半を占めている。

けれども、こうした常連客の大きな流れは、ウィーンのカフェの利用の多様性を示唆しているにすぎない。毎日十八時間かそこら営業しているあいだ、ウィーンのコーヒーハウスは、多くの人にとって多くの意味をもつ。その適応の幅広さは今も、一九二〇年代後半にT・W・マッカラムが述べているのと変わらない。

朝八時から深夜二時までのあいだ、カフェはウィーンの生活のかなりの部分を見ている。ここには、あらゆる気分の人びとが、あらゆる理由でやって来る。上機嫌の人としょげかえった人、お金に余裕があるから暇つぶしをしたい人と最低限の出費でできるだけ長く時を過ごしたい人、腹ぺこの人と十分満足している人。ウィーンのコーヒーハウスは彼らみんなの場所であり、恋人たちの待ち合わせ場所であり、共通の趣味や興味をもつ人びとのクラブであり、臨時ビジネスマンの営業所であり、夢見る人の休息所であり、たくさんの孤独な魂にとっての家である。[20]

ウィーン市民は、さまざまな理由で、さまざまな時間にたびたびコーヒーハウスを訪れる。これらの由緒ある店は、客をあるがままに受け入れる。どんな気分にも、どんな場面にも、どんな社会的地位にも、コーヒーハウスは適している。気軽な公共の集いの場がここまで生活様式も同然になりうる好例は、まずないだろう。

わたしが思うに、いまある多数の報告は、サードプレイスの体験から生じたというより、「古きよき時代」の神話に悩まされているのではないか。実際、サードプレイスの伝統の価値は、社会変化の望ましからざる結果のせいでどれだけそれを失ったかで決まることが多い。しかし、ここでもウィーンのカフェは優位性を示している。ナチス（ビアホールを好んだがコーヒーハウスを恐れた）支配下の暗い時期は別として、そこから完全復活をとげたウィーンのカフェは、活気も人気も衰えを知らない。

純粋主義者の見たところ、コーヒーハウスはレストランの機能を取り込んだせいで駄目になり、建物のアメリカ化によって上質な雰囲気を失った。どぎつい色、クロム鍍金の備品、煙草のヤニで黒ずんだ羽目板代わりの鏡、そして騒々しい群衆は、保守的な人びとを嘆かせてきた。もっと若い世代は「社交性」に乏しいことで非難される。「ねたみと私益が、革命的な熱意と結束に取って代わった」と一九二〇年代後半、ある観察者は不満をもらした。[21] 出世第一主義、物質主義、そして、夫がより重い責任を負わなければならない結婚生活は、友人たちとの時間の「無駄づかい」の価値をおとしめがちであり、現代世界のいたるところで見られるように、ウィーンにも間違いなく変化を引き起こした。もしコーヒーハウスが、かつてほど「自立した夫たち」のクラブ然としていないとしたら、それはひとつに、近ごろそのような人間が減ったからだ。[22]

しかし、一施設の健全さと活力を、もっといい時期にどうだったかという「消えゆく基準」だけで判断してはならない。コーヒーハウスの生き残りを左右するのは、ロマン化された過去ではなく現代の要求を満たす能力だ。ウィーンのカフェは、時勢に遅れないようにしてきた。しかし本質的には、今も昔のままだ。ひとたびそこに足を踏み入れると、多くの訪問客はやはり、時間が逆戻りしたような、フランツ・ヨーゼフがまだ権力の座に就いているような、そしてこれほどすばらしい場所はないような錯覚におちいる。これ以上のものがあるとは思えない。

第Ⅲ部

第11章　厳しい環境《ハビタット》

生きとし生けるもののように、サードプレイスも環境に影響されやすい。生き物にせよサードプレイスにせよ、その構造や装備よりはるかに重要なのは、それらが花開き力強く育つことができるかもしれない――あるいは、できないかもしれない――環境《ハビタット》である。その点サードプレイスは、かなり有利だ。病院や図書館のように、内部に必要とされるものが精密で複雑で高価な施設とはちがって、サードプレイスは一般に、比較的地味で安価で小規模である。しかも、別の目的で建てられた場所でさえ、地元民が占領すれば、とりあえず非公式な社交場として利用できる。必要条件がシンプルなので、サードプレイスは耐寒性多年生植物さながらのしたたかさをもち、たいていの都市文化にさまざまなかたちで芽を出すことができる。

とはいえ、どこでもよく育つわけではない。サードプレイスは、アメリカの新たな都市環境にはめったに見られない。再開発によって古い都市が様変わりしたところを見ても、新たな都市スプロール現象の跡を追っても、「とびきり居心地よい集いの場《グレート・グッド・ギャザリング・プレイス》」は見あたらないのだ。サードプレイスが新たな「構築環境」には稀にしか、しかも弱々しくしか根を張らないことから、この生育環境《ハビタット》は健全な人間のすみかに適さないのではないか、という疑問が湧いてくる。なんだかんだ言っても、わたしたちは社会的動物である。人間は会合する生物種であって、経験を分かち合うのと同様、空間を分かち合う。どの人類文化にも、世捨て人はほとんど生まれない。人づきあいを妨げる環境、亀が甲羅のなかにひっこむように人びとが私生活に閉じこもる環境は、コミュニティを否定し、人を群衆のただなかで孤独にさせる。

旧秩序の残滓のなかに

サードプレイスは、たいがい古い建物だ。往々にして、アメリカ諸都市のわりと古い通り沿いの、まだ再開発事業者に侵略されていない地域や街区にある。こういう古い地区のなかには、その都市自体の薄れゆく面影と、その都市らしさを作り上げたたぐいの人的交流――見知らぬ者どうしの気楽で面白い混交――が存在する。新たな「構築環境」は、その種の交流の機会をほとんど提供しないので、もはや都市と呼ぶに値しない。[1] そして、もっと大きな規模では、法人に管理された新たな技術的秩序が市民をひどく細分化してしまったので、もはや「社会《ソサエティー》」という用語はそぐわないのかもしれない。[2]

かつて、アメリカ人の群れたがりの性向は、その表出のしかたを見出し、無計画に、目的意識の自覚すらないままに、たくさんの出先機関を設けた。社交場として機能するはずではなかったさまざまな施設を、人びとはただ侵略し、占拠し、乗っ取るなどして利用した。昔のよろず屋でクラッカー樽を囲んで世間話に興じていた人びとは、公共の談話室を設けたりそれに出資したりすることが自分たちの義務だとは少しも思わなかった。そういう気難しい頑固者たちは、まったく別の目的に設計された空間を、ただ無理やり奪い取ったにすぎない。スモールタウンの薬剤師は、地元の青年に主要なたまり場を与えることを自分の義務とは思っていなかった。結果的にそうなっただけのことだ。床屋が提供せざるをえなかった待合席は、客以外の人が使うためのものではなかったが、しばしばそれが主要用途になった。地元の郵便局が二四時間営業をしていたのは、地元民におしゃべりや情報交換をさせるためではなかったが、ほかのどこにも引けをとらないほど、その目的にかなっていた。ホテルのコーヒーショップは宿泊客のためにあったが、そこを――最も好んで使ったとは言えないまでも――最もよく利用し、当てにしていたのは地元民だった。

社交好きなアメリカ人とその仲間たちは、昔はそのような場所のどこかにちゃっかり入りこみ、そうしながらたいそう気楽に過ごすことができた。それがもうできないのだ！　都市計画家も建設業者も所有者も、自分たちの施設を社交目的で使わせないようにするすべを知っている。今やモダンな小売店舗や庁舎は、インフォーマルな公共生活につきものの、ぶらぶら歩いたり、のんびりくつろいだり、長居したりすることを嫌う。新たな施設の通路とカウンターと棚――配置――は、人びとが車座になって語り合うことはおろか、ただ立ち話をすることすら許さないようになっている。

十分な数のビアーガルテンやビストロを設置するように配慮し、集団生活に都会の地域性を溶け込ませている諸文化とちがって、アメリカ人は、人と会って交流するための場所を、ともかくそこに自然にあるものと思い込むことができていた……そこに問題の一端がある。現代のアメリカの都市部には、快適な公共の集いの場はほとんどない。ところどころで、ごく少数の都市生活者は――しばしば本人たちにとっても思いがけず――コインランドリーの店内に仲間意識を見出すかもしれない。そしてときには文筆家がそんな場面に出くわし、アメリカの公共領域の冷えた灰のなかで小さいながらも赤々と燃えている、この人情の埋み火について、あたかもそれがアメリカの勝利を象徴していたかのように綴るのだろう。わたしたちの期待は、インフォーマルな公共生活のために確保してきた空間と同じくらい小さいように思える。

かつて場所《プレイス》があったところに、今わたしたちが見出すのは〈非場所《ノンプレイス》〉だ。本物の場所では、ヒトが人間である。彼または彼女は、ユニークな個性をもった一個の人間だ。非場所では、個性など意味がなく、人はたんなる顧客や買い物客、クライアントや患者、席に座る身体、請求書の宛先、駐車する車にすぎない。非場所では、人は一個の人間であることも、そうなることもできない。個性は意味をなさないばかりか、妨げにもなるからだ。〈トビーズ・ダイナー〉〔地元の軽食堂〕は場所だった。今その跡にある〈ワンダー・ワッパー〉〔ファストフードのハンバーガー店〕は非場所である。

企業は、宅地開発に始まり、そこの住民が利用するショッピングモールや、あらゆる一等地を占めるファストフード店にいたるまで、どんな領域をもたちまち支配する。かなり昔に開発された地域の場合にはもっと時間がかかるが、企業はそういう環境をも蝕む。地域に根ざした軽食堂は、ほどなく、新設のファストフードという非場所との競合に巻き込まれる。さびれながらも、その古い食堂は、ひいき客をつなぎとめている。常連にとってそこは、たんなる食事処をはるかに超えた存在なのだ。しかしこの本物の場所は、常連以外の客を取り込むのに失敗する。短期滞在者など臨時の食事客は、見慣れたロゴに押し寄せる——従業員が客に劣らず短期間でくるくる変わり、高校生が初めて組織の歯車の歯であることを学び、経営者がすべての雇用者にたいして油脂を「油脂」と呼ぶな、呼んだらクビだと警告するあの非人間的な場所に。やがて、またひとつサードプレイスが消える。それに取って代わる非場所は、その地域になじみのない人びとの生活を少しばかりわかりやすく、少しばかり簡単にする。見慣れたロゴが手招きする。そして、この国の流浪者《ノマド》たちには予測可能な、おなじみのものを提供するが、誰にも本物の場所を提供しない。

こうした非場所の真相を理解し、それに抵抗する人はごくわずかだ(少なすぎる!)。その一人である二児の母は、ハンバーガーチェーン店の味気なさから子どもたちを引き離そうとして、〈ジェリーズ〉という店に通った。ジェリーズについて彼女はこう語る。「みんながそこの「一員」みたいなんです。ほっとできて親しみやすい雰囲気だし、誰もが声をかけてもらい、多くの人がそこで友だちに出会う。彼らの流儀は、ただもう人柄が頼りなんです。古くて、ちょっとしょぼい店だけど、気晴らしがしたいとき、帰属意識をもちたいとき、くつろぎたいときに行くには最高の場所ですよ。行ったことがなければ、お試しあれ!」。

その母親が語るジェリーズの話から、わたしはある場所を思い出した。アメリカ北部の一都市にある、馬鹿がつくほどでかいローストビーフ・サンドイッチを出す店だ。なるほど、ほかに類を見ない店である。建物は、それが面している通りと同じほど古びている。営業のしかたは、効率のいいフランチャイズ経営の原則にことごとく反している。客は、ひどくのろのろとしか進まない長蛇の列に加わって待たなくてはならないが、ここではあの団体生活の災いが、楽しい体験に変わる。それは「しゃべる行列」であり、そこに並んでいる人びとは、四方八方に顔を「向けさせられ」ながら、小刻みに歩を進め、ビールをちびちび飲みながら、無駄話をしつつ店主へと近づいて行く。やっとこさたどりついた先にいるのは、元レスラーの大男。へなへなの紙皿をしっかり持つお手本を新来の客に示しながら、彼はこれでもかとサンドイッチを盛る。ローストビーフが床にこぼれ落ちるまで、その手は止まらない。彼はどの客にもコメントや、皮肉、意見、気のきいた冗談をひとことずつ言う——ほんのひとことながら、これまた肉に劣らず極上である。

スチームテーブルが三台か四台あれば、もっと速く客をさばけるはずだ。町の向こう側に姉妹店を出すのも、利益があがる名案かもしれない。牛肉のかけらを床に落とさないように気をつければ、利幅が増えるにちがいない。だがそういうのはチェーン店の発想だ。われらが友は、唯一無二の体験を提供しているのであって、それをありふれたものに変えてしまっては元も子もないだろう。彼はそのことをわきまえているし、客の大半もそれを承知している。彼の店の内装は地味だ。フランチャイズ店のようなキラキラ感はどこにもない。それでも商売は繁盛している。黄金のM型アーチをスカイライン上空に突き立ててではなく、絶品のローストビーフ・サンドイッチよりはるかに多くのものを受け取る常連たちの口《くち》コミで、この店は繁盛している。

このての場所は、まだ営業しているあいだは真価がほとんど理解されない。けれどもいざ焼失してしまうと、まるで愛すべき一級市民の死のように感じられる。そのコミュニティは、もう以前と同じとは思えなくなる。あの店がコミュニティの特徴と魅力の多くを担っていたのだ。この点を、わたしは二年前のある講演で力説したのだが、ほどなくして、ちょうど似たような店が火事で一時休業した。聴衆の一人だったある女性が、その件でわざわざ連絡をくれた。「ああ、ほんとに死のようです」と彼女は言った。「あの店に出かけて、そこにいることが、どれほどわたくしたちの心の支えになっていたか、気づいておりませんでした」。

もう一つの地元の集いの場であり、新規参入した、生まれたばかりのサードプレイスが——魅力的でもなければ、地元の習慣に根を下ろしもしなかったが——なくなった。あるスーパーマーケット・チェーンが、売り場面積の六—七パーセントを確保して、小さなデリカテッセン・カウンターの近くにテーブルと椅子を置いた。すぐにそこは、日曜の朝の常連や半夜勤の常連、カートを商品で満たす作業と支払いとの間にちょっとした休憩とコーヒーと世間話を楽しむ人びとなどを引き寄せた。だが、やがてその施設は撤去された。店員に聞いてみてわかったのは、多くの客が憤りに近いほど落胆していること、そして撤去の決定が何百マイルも離れた本社でなされたことだ。どうせ「金勘定にうるさい経理屋」があの一画の収益を定期的にチェックし、店内のどこで発生する利益よりも低いことに気づいて提言したのだろう、と勘ぐりたくもなる。かくして、古き良き町の痕跡は払拭され、その店は、現代の都市環境にいっそうなじむようになった。

現代の都市環境は、単機能の役割を果たす者としての人びとに、必要なものを提供する。それは人をクライアントや客、労働者、通勤者に変え、人間になる機会をほとんど与えない。人を締めつけ、拘束する。一つの場所で一種類の活動しか許さず、効率の名のもとに(誰のため?)それ以外の活動を阻止する。ようするに、都市環境は、昔よりはるかに人間の要求に応えることが少なくなっている。

このことを誰よりもよく理解しているのが、建築評論家のヴォルフ・フォン・エッカルトだ。彼はこう主張する。

わたしたちは精神科医よりも都市計画家に〔相談することから〕得るものが多い。わたしたちは集団療法のエンカウンター・グループよりもコミュニティ計画に参加することで、他者との関係をより改善できる。わたしたちを――ともあれ、わたしたちの大半を――苦しめる要因は、自分自身と調和し、満足の行く創造的な生活が営めないことではなく、わたしたちの住環境《ハビタット》がその機会を十分に提供してくれないことだ。住環境がわたしたちを閉じ込める。わたしたちを孤立させる。苛立たせ、分裂させる。[3]

構築環境が変えられつつある速さ、不十分な新秩序が生み出されつつある速度は驚異的である。こうした環境の急変には、二つの要因があるようだ。第一に、建設中の施設を利用するにちがいない人びとを参画させずにすべてが済まされてしまうこと。社会経済学者のロバート・セオボールドが指摘しているように、都市計画家が一般の人びとを巻き込みたがらないのは「民衆は体制をめちゃくちゃにし、邪魔する。彼らはものごとを引っ掻き回すし、気まぐれだし、アイデアと愛と憎悪と感情をもっている。基本計画には人間の自由が入り込む余地はない」[4]からである。二つ目は、技術的な要因。建築家で都市計画家でもあるライオネル・ブレットの言葉を借りれば、原因はたんに、人びとがお互いから学び合うということにある。そのプロセスは、意思疎通のまずさ、未発達な技術、地元の資源で間に合わせる必要性のせいで何世紀ものあいだ押さえ込まれていた。それでも着実に存続してはいた。今やこれらの障害が一掃され、場所と場所との違いは、ますますその存亡が危ぶまれるとともに、ますます貴重になっている。それらを生かしておくために設計者ができることは何であれ、見かけだおしに近いものでさえ、世の中をもっと住むのに面白い場所にするだろう。[5]

アメリカの都市部では、人間に適した環境を作り出す能力の確たる欠如が、不適切な環境の急速な量産によって恐ろしいほど増幅されている。アメリカの企業は今や、従業員に頭ごなしにシステムを押しつけるせいで自分たちの未来が危険にさらされていると自覚しているのに、わたしたちはそれと同じくらい欠陥のある都市計画を、利用者たる市民に押しつけている――まるで市民の関与が成功に不可欠ではないかのように。

都市計画と建築業にかんする知識人、つまり著述家なら、もっと広くてすぐれた視野をもっていると思うかもしれない。だがこのあたりに期待できることはほとんど見あたらない。わたしはこの主題に関連する大量の本や手引書に目をとおしたが、ラウンジ、居酒屋、バー、酒場への言及はひとつも見つからなかった。ドーナツ屋、喫茶店、ビリヤード場、ビンゴホール、クラブ、友愛組合や秘密結社の集会所、青少年の娯楽センターについても同じことが言えるだろう。これらの場所は、明らかに、都市計画家の思考のどこにも属していないのだ。

この職種のバイブルともいえる『*Community Builders Handbook*（コミュニティ構築者の手引き）』には、サードプレイス候補のうちボウリング場だけは言及があった。しかし、それらは「収益があがらない施設」に認定されたからショッピングセンターからは遠ざけておくべきだ、と著者は解説する。そして、独立した単一テナントの建造物として建てるべきだ、とは明記しているものの、どこに建てるかについてはいっさい触れていない。[6]

それより興味深かったのは、この手引書の題名だ。実体とかけ離れた名称なのである。これはコミュニティ構築の本などではない。ショッピングセンターの建設だ！　消費主義がほかのあらゆるビジョンを追い越してしまった社会でしか、こんな混同は起こらないだろう。パデューカ〔ケンタッキー州の都市〕に昔から暮らしている市民は混同しないだろう。ついこの間まで、彼らの自治体は活気あふれる素敵なコミュニティだった。生活と社交は、パデューカのダウンタウン地区を中心に展開されていた。やがて住宅開発業者が、ケンタッキー・オークスという豪華なショッピングモールを新設した。ダウンタウンから離れた州間高速道路《インターステート》のそばに（おそらくは、地元客に加えて、車で通りかかった人びとのかなり多くも取り込むためだろう）。このモールは『コミュニティ構築者の手引き』に記されている数々の原理や定則にしたがって建設されたが、その結果は、コミュニティの創造ではなかった。多くの住民の主張によれば、それは一つのコミュニティを殺したのである――彼らのコミュニティを！　モールはモールならではの最上の楽しい気晴らしを提供できるかもしれないが、それはコミュニティではない。

この一件は、レイ・ブラッドベリが「怪物《ジャガナート》ショッピングモール」と称したものの好例だ。怪物は、独自の手口で本物の場所を徹底的に打ち負かし、壊滅させる。「そのパターンは今やおなじみである」

とブラッドベリは書いている。「考えすぎるモール建設業者と、考えなさすぎる市の長老たちが、幾度となくそういうことを繰り返すのをわたしたちは見てきたのだから」[7]。消費拡大祈願の主祭壇を建てるよりも「人間機械《ピープル・マシーン》」を「発明」するほうがましだ、とブラッドベリは言う。

何の話をしているかって？　人びとがシーツ一枚、シャツ一枚、あるいは靴一足を買いに来るただのショッピングセンターではなくて、だらだら過ごしたり、長居をしたり、ぶらぶら歩き回ったり、人づきあいをしたりすることが生活の一部になっている場所の話だ。大都会からの――あるいは悪くすると、ときには自宅の居間からの――逃げ場。あまりにも理想にぴったりだから大衆が「安らぎの場所《サンクチュアリ》！」と叫びながら押し寄せて、いつまで居ても許される場所。ようするに、人が人間になれる場所だ。この発想は、真昼のアテネ、夕食直後のローマ、明け方のパリ、たそがれ時のアレクサンドリアがそうであるのと同じほど古い[8]。

わたしの癪に障るのは、こういう話を聞かせた相手がサードプレイスを過去に追いやるときだ。「うんうん」と相槌を打って彼らは言う。「つまり近所の古い居酒屋とか、昔ドラッグストアのなかにあったソーダ水売り場みたいなものでしょ」。もちろん、間違いというよりは正しいほうに近い。サードプレイスは、その多くが旧秩序の「残滓のなか」に見出されるという意味では、たしかに過去に属しているのだから。しかし今ではわたしも慣れたもので、そう言われたらこう切り返すことにしている。ぼくらは過去なんか欲しくない。過去には生きられない。過去は必要ないよ。必要なのは場所さ！

放し飼いの終わり？

サードプレイスが最もよく育つ場所は、社会生活に気取りがなく、人びとが目的地まで自動車を使うよりも徒歩で向かうことのほうが多く、近場にいろいろと面白いものがあるおかげでテレビへの依存度が低いところだ。こうした環境では、街路が家の延長になっている。地域への愛着と、そこから得られる場所の感覚は、個人が自分の足で歩きながらなじんでゆくとともに広がりを増す。そういう場所では、親も子も自由に歩きまわる。街路は安全なだけでなく、人と人とのつながりも生む。

祖父母の時代と同じほど自由に、安心して自宅の近所を動きまわれる人は、今のアメリカにほとんどいない。それどころか、多くの家は表に歩道がない。人は自動車のなかに隠れて行き来するのが当たり前になっている。そんなふうに移動するから、周囲の世界に入り込まずに横切ってゆく。その結果としての住環境は、人間どうしのいかなる接触も阻み、最良の友とは言わないが少なくとも最も身近な友を作る機会さえ与えない。「遠親は近隣に如かず」という昔の中国の知恵は、都市計画にほとんど活かされていない。ある日わたしは、住人に役立つ歩道をもたない家が面積の何パーセントを占めるかに興味をそそられ、ある都市設計事務所を訪ねた。彼らはその答えを知らなかった。重要だと思っていなかったのだ。わたしたちは、昔のように自由に歩きまわるのではなく、より「戦略的」な移動をするのが当たり前とされていて、それは徒歩による移動ではない。

『*The Broilerhouse Society*（ブロイラー鶏舎社会）』と題する面白い社会時評の本のなかで、著者パトリック・ゴールドリングは、ニワトリの近年の歴史をたどる。かの生きものは、以前は自由気ままに農家の庭を歩きまわることができ、好きな時に好きな所をついばんだり引っかいたりしていた。そのうえニワトリたちは、自然界に――昼と夜に、四季に、気候の暖かさと寒さに――触れていた。ニワトリは「鳥の権利」を享受していたとも言えるだろう。なかでも最も重要なのは、あたりを自由に歩きまわる権利だった。もはやそれがないのだ。ほとんどのヒヨコは今、高度に管理された状況のもとで卵からかえり、そこに閉じ込められる。夜と昼は着色光で人工的に制御されて加速され、身体を動かすことは必要最小限しか許されない。ニワトリたちは、味もそっけもない配合飼料を食べて生きのびる。[9]

ゴールドリングの祖国イギリスは、彼の非難めいた口調によれば、人間版ブロイラー鶏舎のようなものになりつつある。「ブロイラー鶏舎人間は、たいがい味もそっけもない餌を食べて命をつなぎながら、整然としつつあるが自分の餌と同じように味もそっけもなくなってゆく生活を送る」[10]。しかし何より重要なのは、放し飼いが抑制されてきていることである。わたしたちの行き着く先は、ゴールドリングいわく、一つの小さな独房に住み、それとつながっているもう一つの小さな独房が職場で、その職場まではまた別の小さな独房に入って通勤する、という生活様式だ。家庭という独房について、彼は次のように示唆する。

現代のイギリス人の住宅は、自分の城ではない。セントラルヒーティングつきの、明るい、ねぐらの檻と運動場を兼ねた場所なのである。大型テレビが、混雑した映画館に取って代わり、酒屋から買ってくる瓶ビールがパブ通いに、テレビの前での討論が酒場談義に取って代わる。家に家具を置き室内装飾をほどこすことが、国民を夢中にさせる関心事となった一方で、公共建築は、特色のない退屈なしろものに成り下がった。[11]

ゴールドリングが強調するのは、ブロイラー鶏舎社会にたいするテレビのはかり知れない貢献である。テレビは、たいていの人を家に引きこもらせる。家庭独房だけの生活を耐えうるものにする。そうするには、もちろん、たんなる娯楽を超えたものを提供しなければならない。テレビは芸術であるばかりか相談相手であり、指導者でもある。死ぬまでテレビが面倒を見てくれる。「外に出て暮らさないでね」とテレビの編成局長たちは言う。「自宅で一人、のんびりしていてくれれば、わたしたちがあなたの代わりにおおいに楽しんであげるから[12]」。

人間はニワトリではない。白衣姿で家庭独房に鍵をかけて、人間たちを閉じ込めることなど誰にもできやしない。ところが人間のブロイラー鶏舎社会は、錠前と鍵に頼らないのである。〈管理〉に依存しているからだ。管理の役割は、人びとに納得させること――生活の抑制こそ自分が本当に望んでいるものだ、そしてそれは自分の最善の利益になることであって、それを理解しさえすればいいのだ、と。イギリス人と同じく、アメリカ人の多くもすでにそれを理解している。

ゴールドリングの言葉を真摯に受け止めれば、そして真摯に受け止めてしかるべき証拠がたしかにあるならば、アメリカ諸都市の犯罪率の高さや腐敗や崩壊のような事柄は、彼の描いた構図にぴたりとはまりはじめる。このような状況は人びとに、家庭こそほとんどの時間を過ごすべき場所だということ、家の外のあの「ジャングル」には必要なものや欲しいものがほとんどないということを納得させるのに一役買っている。そして警察がまたひとつ公園を、一部の徘徊者が管理人の言うことをきかないという理由で夜間閉鎖すると、それが正しい行為のように思える。もし家庭と職場が息抜きをぜんぶ引き受けてくれるなら、もちろん、サードプレイスは不要になるだろうし、サードプレイスがないことは、ブロイラー鶏舎社会のもう一つの特徴になるだろう。

トレードオフ

ヴィクター・グルーエン（第1章参照）は、ある知人について書いている。生まれ故郷のナポリからアメリカに移住した男の話である。「祖国にいたころ、彼の住まいは粗末で、シャワーといっても水がぽたぽたと滴るだけだった。けれどもシャワーを浴びて服を着替えた時点で、なぜ自分がそうしたかが分かっていた。行く場所があり、訪ねる友がいる。アメリカに来て、彼は気づいた。こっちの家のほうが居心地がいいし、シャワーの調子もいいな――けれど、行くべき場所はどこにあるんだ？」[13] この小さな逸話は、グルーエンが続いて述べる二種類の環境の重要な違いを端的に示している。世の中には、個としてのわたしたちを取り巻く「身近な環境」がある一方で、わたしたちがみんなで分かち合う、もっと大きな公共の環境もある。平均的なアメリカ人が享受している身近なあるいは個人的な環境は、ほかのほとんどの国の人びとより良いけれども、アメリカの公共環境は「いやに質が低い」[14]。

アメリカ人は回れ右をしてしまった。民主主義の空間的な実現だったろう自治体像から、世間一般の憧れが、個人の住宅へと転じてしまったのだ。建築家で都市計画家でもあるドロレス・ハイデン（第1章参照）が言うように「夢の住宅は、アメリカ人が望む豊かな生活の空間的表現としての理想都市に取って代わった」[15]。全体としての「豊かな生活」への希求から、われがちにそれを求める個への転換。モデル都市は、社会の病の治療薬になるはずだった。夢の住宅は、明らかに病からの逃避だ。ハイデンはその転換を実証する。一九五〇年からの十年間で、わたしたちの夢の住宅はどんどん大きくなり、ついにアメリカ人が「享受する一人あたりの私的住空間は、都市文明史上最大になった」[16]。アメリカの住宅の九〇パーセント以上は、一部屋あたりの住人の数が一人もしくはそれ未満だ。「一人未満」のほうが多い。なぜなら最近のある参考図書にこんな報告がある。

典型的なアメリカの住宅は一人につき二部屋ずつある。おかげでわたしたちアメリカ人は世界一ゆったりとした宿泊施設をもっている。たとえば、平均的なイスラエル人の住宅は、アメリカの三倍も人が多く、一部屋あたり一人半が暮らしている。[17]

住宅に主寝室、グルメ好みの凝った設備の台所、タイル貼りの温水浴槽《ホットタブ》、ガス火のバーベキュー用野外炉つき中庭が備わるとともに、公共の環境は、それまでみんなに快適さや娯楽を提供していた施設の大半を失った。かつて町のどこに野外音楽堂があって無料演奏会がおこなわれ、かつて水辺沿いのどこに休憩所が建っていたか、かつて町の住民はどこに集まり、みごとな常緑樹の周りで賛美歌を歌ったかを、いま指を差して教えることができるのは、ごく少数の老人だけだ。わたしたちは、公共空間への関心を失う代わりに、よりよい住宅や庭との、より限定された個人的な関係を手に入れたのである。

その結果として公共環境がないがしろにされたのは、火を見るより明らかだ。ピーター・ブレイク〔ベルリン生まれのアメリカの建築家、評論家〕は、アメリカの都会の公共空間のフォトエッセイを出版し、それに『*God's Own Junkyard*（神の廃品置場）』という絶妙な題名をつけた。[18] イアン・マクハーグ〔アメリカの造園学者、景観設計家〕は、実験国家アメリカがたどってきた経緯をつらつら考えて、こう語る。「マディソン、ジェファソン、ハミルトン、ワシントンは、わが国の制度の多くを誇りに思うだろうが、〈自由の地〉の顔からは恐れをなしてあとずさりするだろう」[19]。アメリカ諸都市の景観写真でわたしたちが気に入っているのは、何キロメートルか離れたところから、たいてい夜間に撮影したものだ。わたしたちは、スモッグのない日のスカイラインや、夜の灯りのきらめきが好きなのだ。接写にすると、都会の社会問題の教科書に載っているたぐいの写真が撮れてしまう。

見苦しい視覚映像は、アメリカの都市に深くしみついた悪いイメージの一部にすぎない。あらゆる場所のなかで最も公共的な、街路《ストリート》という言葉を核として、気の滅入るような語彙が増えつづけている。アメリカで「ザ・ストリート」といえば、不健全で、腐敗し、規制のゆるい公共空間で各種の不正な活動をする者たち、およびその活動のネットワークを意味する。「ストリートワイズ」は、都心部の俗悪な厳しい環境でしたたかに生き延びる能力のこと。「ストリート・ヴァリュー（末端価格）」とは、生命を損ねる麻薬は高いのに、人の命そのものが安い状態だ。気まぐれな魂は、現代の世俗主義社会における悪魔の束縛からの救済を必要としないかもしれないが、ストリートからは救われる必要がある。アメリカの若者向けのプログラムや娯楽のどれが、「子どもたちを街路に近寄らせないこと」に正当化の理由を見出さずにいるだろう？

公共の領域を捨てて私的引きこもりを取るというトレードオフは、アメリカ経済がとってきた方針によって促進された。二十世紀の初めから、平時産業の生産は消費を上回っている。そこで政府と産業界は、アメリカ国民の消費水準を引き上げようとした。フーヴァー政権と、上げ潮の広告業界がともに目をつけたのは、一戸建て住宅に入居してそこに国産製品を備えつけそうな若い夫婦を極限まで増やすことによる長期的な効果だった。

二十世紀なかばには、アメリカ人は、歩道も社交場も街角の店もないコミュニティへと移り住みつつあった。装備不足の地域に、装備過剰の住宅が量産された。それまでは公共空間のなかで市民の共用でしか利用できなかった娯楽や設備が、個人による消費と利用の対象になった。たとえば水泳プール、ビリヤード台、バーベキューコンロ、リカー・バー、映写スクリーンと高音質なオーディオ機器、さらにはテニスコートまで。以前は、共用でおこなわれる気晴らしや娯楽が、人びとを一つにまとめていた。それらはコミュニティには好都合だったが、経済にとっては都合が悪かった。どんなに計算が苦手な学生でも理解できることだが、かつてコミュニティがみんなに提供していたものを個々の世帯で所有しようとする国では、より多くのお金が使われるだろう。

現在、アメリカ人は余暇時間の約九〇パーセントを自宅で過ごしている。[20] こんなに高い割合なのは、家庭生活がたいそう魅力的だからなのか、それともわたしたちが家の外に、くつろぎや他者との安価な交流――かつては通りをぶらぶら歩くのと同じほどたやすく得られたもの――をもはや提供しない世界を生み出してしまったからなのか？ このトレードオフが続いているのは、お金に余裕のある人びとが、装備過剰な家に感じる不満を、さらに大きくてさらに設備の整った家を買うことで解消しようとするからだ。しかし、そんな投資の見返りは、一世帯が一コミュニティの代わりになりうる程度と同じ、たかが知れている。

管理された誤配置

都市計画家が、現代の退屈と不寛容に大きな貢献をしているとしたら、それは単機能の空間利用である。人びとや活動は細分化され、その単一の機能、あるいはその空間の設計対象とされた特定の階層や集団と異なるものの侵害や侵入から守られる。それぞれの住宅開発は、そこに住む人の収入と社会的地位に的《まと》をしぼって設計される。都会の主要な活動にはそれぞれの施設や区域がある。わたしたちが教育を受ける場所、買い物をする場所、医療を受ける場所、生活のために働く場所、商取引をする場所、遊ぶ場所、隠居暮らしをする場所は、どれも互いに遠く離れていて、どれひとつとして、平均的なアメリカ人の自宅から歩いて行ける範囲内にない。この種の都市計画に自分はどんな貢献をしているのかと疑問を感じたヴィクター・グルーエンはやがて、それが「服従的で不寛容な雰囲気を生み、またそれぞれ〔単機能のセンター〕にはほかのいかなる都市機能も混在しないため、無菌化された退屈な雰囲気を生み出す」との結論に達した。[21]

空間の利用を単機能に限定することは、多くの生産活動にとって有益だが、この原則がよその領域にまで広げられ、今では社会構造がむしばまれる一因となっている。その最たる例が住宅地に見られる。家庭の外に向ける関心があまりにも低いため、生活の私秘化《プライヴァタイゼーション》はもはや自由選択ではなく、空間的に強制されている。モデル都市にたいする夢の住宅の勝利が、いまや法律で保護されているのだ。具体的には用途規制《ゾーニング・レギュレーション》によって、コミュニティに不可欠な物理的空間、設備とそれらの近接が住宅地に含まれないようになっている。「住民の健康、安全、道徳、福祉全般を向上させる」決意で始まった用途規制が、孤独、疎外、社会の細分化をも同じくらい促進している。

夕食を囲む会話でこの点をわかりやすく説明したいとき、わたしは聞いている人びとに、コーヒーカップの受け皿の真ん中に硬貨を一枚置いてごらんなさいと言う。こうすると、アメリカの近隣住区がたどる運命の「模式図」ができあがる。硬貨が表すのは、個人の家屋敷だ。受け皿の残りの部分には、その家から徒歩圏内にあるものが含まれる。そして受け皿の外は、車を運転するか、ほかの何らかの交通機関を使うかしなければ行けないものすべて。

硬貨と皿の縁にはさまれた空間——家から歩いて行ける範囲——にはかつて、コミュニティを成立させていた要素が含まれていた。モノやサービス、娯楽、集いの場が歩行者を引き付け、そういう人びとが近隣住区内の施設を共同利用することによって人間関係が築かれていた。しかし新たな近隣住区では、これらが排除されている。そこにあったもののいくつかは、完全に消え去った。その他の多くは、かつて人びとが共有していた——その共同利用からコミュニティが生まれた——ものの個人版として、家庭内に持ち込まれた。残りは遠くのセンターに移されるが、そこには車で行かなければならないし、行っても顔見知りに会うことは少ない。

　シカゴの都市計画家たちがせっせと近隣住区を無菌化し、そうすることで生活の場としての都市の好ましさを減らしていた一方で、マイク・ロイコ〔アメリカのコラムニスト〕は彼らに「新」計画を提言した。その計画では、人びとが実際に店まで歩いて行って、食料品を買い、歩いて家に帰ることができるのだった。衣類や麦芽乳、ギターの弦、郵便切手を買うことも、虫歯に詰めものをしてもらったり、遺書を作ったりもできる——ちょっとそこまで歩いて行くだけで。近くのバス路線を利用すれば、自家用車を運転するより早く安く都心部《ダウンタウン》に着くだろうし、車が一家に一台でもまったくなくても、どうにか暮らしていけるという。[22] しかしながら、このジャーナリストの知恵はないがしろにされている。おそらく、次世代の都市計画家はもっとたやすく気づくだろう——住みやすい都市にたいして、現代の都市計画家が負の貢献をしていることに。

　住宅地の無菌化は、職場の災いをじかに家庭の暖炉前へと持ち込んだ。家庭生活は今、時間のやりくりの難しさに悩まされているし、郊外のトラクトハウスで子育てをしようとしている人びとは、職場よりも家庭での生活のほうが忙しいことに気づく。子どもたちは、家と学校以外の世界を経験しようとしたら、遠隔地のプログラムに申し込み、そこまで車で送ってもらわなければならない。地元の空き地でやっていた「ワークアップ」〔三角ベースに似た略式の野球〕の試合は、組織化された少年野球に取って代わられる。子どもたちは昔は裏庭に遊び小屋を建てたものだが、今は車に乗って木工教室に通っている。小学生は夏休みを心待ちにするが、結局は親が彼らを各種のサマースクールに参加させる羽目になる。近所には、子どもの興味を引く楽しい催しがあまりに少ないからだ。もちろん、これらの新興住宅地は、たいてい見栄えがいい。フォレストローン墓地〔セレブ御用達の公園型高級墓地〕と同じである。

自動車は、単機能の都市設計の原因ではなかったが、それを可能にした。明言されることは少ないとしても、それを促す原理はじつに単純だ。(1)自動車はあらゆる地点を、どこであれ結びつけることができ、(2)ひとかどの人間は誰でも車をもっている。都市計画は、しばらくのあいだ、わりと簡単に思えた。以前の、多様な空間利用がごた混ぜになった「だらしなさ」が回避されて、都市は、設計者が内輪で賞を与え合う例の小さな箱庭模型さながら、整然と小ぎれいになるかに見えた。ところが単機能の夢は、ほどなく自動車混雑という悪夢に変わる。無菌化された居住区は、中身がからっぽで、かつてそのなかにあったあらゆるモノやサービスや娯楽を得るために、人びとは自家用車という手段をとらざるを得なくなったのだ。

都市の主要なセンターは、それぞれ単機能しか果たさないので、駐車場が急激に増えはじめた。カルチャーセンターの駐車場は、顧客専用なので大部分の時間は利用されない。モールの駐車場は、夜九時以降はほとんど空いている。競技場の駐車場、学校の駐車場、病院の駐車場などは、共同利用されていないが、そこになくてはならない。アメリカ人は、典型的な市街地に四人家族が一世帯増えるごとに、家族みんなの車を自宅あるいは駐車が必要なあちこちのセンターに収容するために、約九三〇〇平方メートルの駐車スペースを追加しなければならない段階に達している。そして今や、交通渋滞から離れて家と駐車場を確保するために、広大な土地を使い尽くさなければならない。

単機能の都市計画によって最もひどい打撃を受けたのは、アメリカ社会の典型的なサードプレイスだった。細分化された都市は、諸施設とその利用者とのあいだに欠かせない近接性を認めないので、サードプレイスに適さないのだ。居酒屋や軽食堂や街角の店は、郊外へと移り住む中流家庭のあとを追わなかった。そして都心部のスラム地区では、都市再開発によって低所得家庭が無菌化された公営住宅に押し込められ、彼らの生活からも居酒屋や軽食堂や街角の店は排除された。

こうした古い施設の新バージョンが、今は商業中心地や「ストリップ〔両側にホテル、商店、レストランなどが立ち並ぶ街路〕」沿いに出現しているけれども、それらのサードプレイスとしての特徴は、遠く離れた環境に移転したせいであらかた失われた。いま目にとまるのはせいぜい、ほんのひと握りのサードプレイスで、そこにしぶとく通い続けるのは、ある決まった時間に顔を合わせ、個人主義やプライヴァシーという言い古されたアメリカ人の徳よりもなごやかな交流を熱望する、ごく少数の通勤者である。

医者が住宅地から去って六―七キロメートルほど離れた病院に移っても、住民は必要なサービスを受けられるかもしれない。家族経営の食料雑貨店が廃業しても、基本的な食料は、大通りを二キロ半ほど行った先のスーパーマーケットで買える。しかし、居酒屋が街角から排除されて「ストリップ」に追いやられたら、その本質的な特徴は失われる。集いの場が自宅からあまりにも遠いところにあると、客どうしがもはや顔見知りではなくなる。活気にみちた会合であるべきものは、いとも簡単に、生ける屍の巣窟と化す。遠くの酒場の瓶入り蒸留酒《スピリッツ》は、活発な会話の潤滑油というよりむしろ死体の防腐保存液だ。

空間を単機能としてとらえる考え方は、つねに〈時間〉にたいする同様の考え方を伴う。働く時間と働く場所があり、家族の時間と家族の場所があり、買い物をする時間と買い物をする場所がある、など。都市計画家はわたしたちの生活をそんなふうに説明する。国民がアメリカ人よりはるかに自分たちの都市を楽しんでいる国々には、社交の時間とコミュニティの時間もある。一日の真ん中にまとまった大きな時間帯が置かれ、その間は店も事務所も休みになって、人びとが仕事よりもいいことの涵養に没頭するのだ。ある地域では、それが二時間の中休みであり、別の地域では三時間、さらには何年も前にマドリードで見かけたように四時間のこともある。いずれにせよ個々人は、ファストフードや簡素な弁当とは対照的な、昼食の社交の楽しみを維持する時間をもっている。家に帰る時間もあるが、たいていは一時間かそこら余分に、仲間や仕事関係者や親戚などとの関係を深めるための時間がある。アメリカの都市も、長い昼休みを設定して、その間に人びとがくつろいだり楽しんだりしてみたら、今より感じがよく家庭的に見えるだろうか？　労働倫理の推進派には、必要とあらば、美しくてのんびりしたバルセロナの億万長者比率が、重圧だらけのアメリカのいかなる都市のそれにも劣らないことを再認識させるべきだ。

時間と場所は密接に関係している。アメリカ文化は「ぼうっとすること」に時間を使うのを――そうする場所が制度的に排除されつつあるときでさえ――軽蔑する。人びとが、砂浜に寝そべることを「肌を焼く」という言葉で正当化し、公園でぶらぶら過ごすことを「人間観察」と称して正当化せずにはいられない世界では不思議でも何でもないのだが、わたしたちアメリカ人は、社交上の欲望を満足させるために各種のクラブや友愛会をでっち上げ、それらに何らかの高邁な目的を染み込ませることが必要だと思っている。

しかしコミュニティに不可欠な、社交や「目的のない」触れ合いを広く追求することが、現実にはますます脅かされている。都市計画家の製図板や経営者の計画に、それ専用の空間が見あたらないものは、絶滅の危機に瀕している。現在の都市計画が思い描くような、人間生活と人間の欲求にたいする狭い見かたでは、都市そのものがなくなってしまいそうだ。おそらく、これを誰よりもはっきりと見てきたのは、ワルシャワ再建の主任建築家をつとめたアドルフ・チボロフスキだろう。彼は現代の都会性と市民意識にとっての重大な脅威をずばり指摘する。

今日、人は一つのパラドックスに陥っている。自然、交戦中の人間、そしてそこに今や第三の都市破壊が加わった。都市の建設者は今、同時に都市の破壊者でもある。人間はもはや戦争をするまでもなく同胞の居住地を破壊できる。彼は建設の過程で、都市の発展の方向を事実上破壊する。その過程は、原理上は創造的で進歩的だが、人びとの幸福にとって、また都市の妥当な機能にとって、破壊的なのだ。[23]

ジェーン・アダムズの不満

公的環境の私的搾取がもたらす影響を観察し記録する立場にあって、ジェーン・アダムズ〔アメリカの社会事業の先駆者。ハルハウスの設立で知られる〕に肩を並べる者はまずいないだろう。彼女が知り合った大勢の不運な若い女性は、田舎からシカゴに出てきた人びとであり、アダムズ女史はこの二つの世界の著しい差異をよく知っていた。シカゴのダンスホールは、小説では酒場の意味で使われ、農村社会の健全な公衆のダンスとは似ても似つかなかった。しかも、これらの薄汚い施設以上のものをシカゴはほとんど提供していなかった。そんな都市に移り住み、何がしかの楽しみと気晴らしを求めて夜な夜な通りを歩く多数の若い女性について、アダムズ女史は書いている。「どうやら」と彼女は結論づけた。「現代の都市は、この娘たちに二つの可能性しか見ていないらしく、その二つはともに商売がらみである。まず、昼間は彼女たちの若い労働力を工場や店で利用する機会、そしてもう一つ、夜には彼女たちの遊び好きにつけこんで、そのわずかな給料から金をしぼりとる機会」[24]。

人が生活に充足感を得ようとするなら、労働とともに健全な遊びや娯楽がなくてはならないが、それらにたいする責任をこの都市はいっさい否定し、拒んだ。レジャーや娯楽に関するシカゴの若者や労働者階級の要望に応えるために、公的支援による施設やプログラムを提供したらどうか、と誰かが提言するたびに、財政保守派が勝利を収めた。住民を遊ばせるために税金を使うのは「不適切」だ。民間が提供するレクリエーション活動と競合するのは「不適切」であり、地方自治体は、営利目的の娯楽を提供する商売と競ってはならない。アメリカの個人主義に負担を課すのは「不適切」だ――余暇は個人にゆだねるべきだ、と。そして最後にこう指摘するのだった。貧困者が抱えていそうなニーズには、そういう面倒を見るための宗教団体や慈善団体が、いくつか存在するではないか。

遠い昔、バイエルンというヨーロッパの地方では、歴代君主が、ある共通の政策を固守していた。すなわち、市民は一日の仕事を終えたらコミュニティに出かけ、友人や町の仲間たちと一緒に楽しむべきであり、その際に彼らが負担する費用は、家で過ごす場合の経費より多くなってはならない、というものだ。この政策から生まれたのは、幸せな村々と満ち足りた人びとであり、それは指導者の手に委ねられた市民責任の極端な例だった。一方にはそんな事例があった。そしてアメリカの工業都市はその対極にあった。

アダムズ女史の不満には二つの面があった。市当局は、市民が必要とする娯楽のための空間と施設を提供しなかっただけでなく、健全な公共施設の欠如から利益を得る者にたいする適切な管理も怠ったのである。彼女はここに、十七世紀イギリスにさかのぼる古いアングロサクソンの伝統の残影を見た。「クロムウェルの兵士たちが民衆の芝居小屋を閉鎖し、民衆の娯楽場を破壊して以来、アングロ・サクソン人の都市は、公衆の娯楽のための設備を、そのコミュニティの最も腹黒く最も無節操な成員に引き渡してしまった[25]」。

その伝統は今も続いている。利益を得るためのあらゆる実験が、アメリカ諸都市でおこなわれている。最近わたしが目をとめたのは、現代的なショッピングモールに隣接した二階建てのバー兼キャバレーだ。夕方の早い時間は、女性だけが二階のバールームに入ることを許され、そこでは二時間飲み物が無料で供される。そのあと「門が開かれ」て、男性たちが階段を駆け上がって合流することを許されるのだった。無料の飲み物は、店の厚意としてかつては一般に、忠実で行儀のいい客にまで提供されていたが、今どきはこんなかたちでなければめったにお目にかかれない。たいていは、客を引きつける手段として、女性客を呼び込むのに使われている。この作戦は二つの目的を達成し、いずれも利益をもたらす。女性に飲酒とカクテルラウンジ通いの習慣をつけさせるとともに、男性客を競合他店から引き離す——これは、男は女のいるところに行くもの、という妥当な前提にもとづいている。「客を呼び込む手段」であることを実際にはっきり打ち出している様子は、店の外にも中にもない。男性客にたいし、店で浮かれ気分になった女性を口説き落とせる見込みがあります、などと明記するまでもない。

長い歴史をつうじて、その同じサンベルト地帯〔アメリカ南部の日照量の多い地帯〕の都市は、一年のうち五カ月が猛烈に暑い気候であるにもかかわらず、子どものための市営水泳施設を提供できていない。その主導権を握っている人びとは、昔も今も、自宅にプライベートプールを作るか、自前の交通手段で海辺に出かけるかするだけの金銭的余裕がある。

一九六七年、ニューヨーク市のブロードウェイ三九丁目で歌劇場〔旧メトロポリタン歌劇場〕の取り壊しがおこなわれた。この地区にこの種の施設を存続させる必要があるのは明らかだったにもかかわらず、建物は破壊されたのだ。メトロポリタン・オペラ協会はしかし、コンペを望まず、販売契約書に強制解体の条項を盛り込んだ。ネイサン・シルヴァー〔ロンドン在住のアメリカの建築家・評論家〕の見立てどおり「いつもは大入りのメトも、コンペを開く「余裕」がなく、ニューヨークは自由企業の歌劇しか受け入れる「余裕」がなかった[26]」。

アメリカ国内のいくつかの都市では、町はずれのショッピングモール全盛のこの時代に倒産した小売店を、悪徳業者が安く買い取り、その後ポルノショップに変えている。餌食にされるのはたいてい、まさに繁華街《ダウンタウン》やその都市の「名所」だ。ポルノショップでどれほどの利益があがるにせよ、それは本当の「獲物」のおまけみたいなものであることが多い。オーナーは、その一帯が都市再開発計画に入り、そのようなビルのある土地が高値で売れるときを心待ちにしているのかもしれない。もちろん、ポルノショップがあれば、都市再開発への要求にかなりの弾みがつく。わたしたちの制度の欠陥を理解し、それを悪用することに良心の呵責を感じない起業家にとって、かなり有利な展開になる。彼らと、彼らがコミュニティを劣化させる権利は――そうすることから利益を得ているにもかかわらず――合衆国憲法によって保障されているが、本当の意味で彼らを保護しているのは、ジェーン・アダムズがそれとなく指摘した、あのアングロ・サクソンの伝統である。繁華街に人目を引くポルノショップが出現するのは、健全な遊びと社交的なくつろぎの場と雰囲気を提供することに、自治体が積極的な責任を負ってこなかった場所なのだ。

　アメリカの市当局が全住民の社交や娯楽のニーズにたいする理解と十分な提供を拒否したことの長期的影響について、あれこれ考えてみると面白い。その失敗は、なぜアメリカがあまり溶け合わない坩堝《るつぼ》なのかの主な理由かもしれない。アメリカの自治体が「普通の人の土地」に惜しみなく遊びの設備を提供していたら、そして人びとがほとんど――あるいはまったく――お金をかけずに自由に楽しく交流できる、健全で懐の深い繁華街の環境を提供していたら、アメリカ人は今ごろもっと健康的でもっと結束の固い国民になっていたかもしれない。

　別の視点を加えると、近年アメリカで進んだ反人種差別には、いかなる効果があったのか？　公共の集団生活に人がほとんど残っていないのに、統合政策に何の価値があるのか？　国民が自宅に閉じこもり、居住地の隔離が根強く残っているような国で、集会の権利に何の意味があるのか？

　裕福なアメリカ人が私的領域で享受している快適さ、心地よさ、娯楽設備にくらべて、公共施設の状況は今、ジェーン・アダムズの時代よりいっそう悪くなっている。アメリカを再訪したトクヴィルに自身をなぞらえて、ポール・グレイ〔アメリカのジャーナリスト〕はアメリカにおける〈公共〉という言葉の衰退ぶりを嘆いた。本物のトクヴィルが当時、「金持ちのいない」国の公共事業の多さに感銘を受けたのにたいして、グレイは「大勢の金持ち」の出現が公共施設の質の低下と一致していることに気づく。アメリカの金持ちは「大衆に提供されているサービスを利用したがらない」。彼らは公立学校に良くないイメージをもっているので、わが子を通わせず、公共の交通機関に良くないイメージをもっているので、乗らない。さらに悪いことには、裕福になりたいと願っている何百万人もの中流階級が、こうした考え方に感化され、いつかは「自分専用の豪華な孤立をお金で買う」ことができればいいと思っている。平均的な都市生活者の快適さと「普通の人びと」の生活状況は、他人との関わりがますます少なくなっている。[27]

ポール・グレイが説明した傾向は、どんどん増幅してゆくようだ。かつてコミュニティでリーダーシップを発揮していた階級の人びとがコミュニティに背を向ければ向けるほど、「公共」のものは悪くなり、人びとは、経済的な余裕がありさえすれば、それらから撤退する口実をますます多く見つけるようになる。施設にたいしてみんなが共に担わなければならない責任を拒絶すること、さらに、「豊かな暮らし」を普通のアメリカ人からの脱却と見なすことは、実験国家アメリカの崩壊を引き起こしかねない制度上の欠陥だろう。分かれて争う家について、リンカーンは何と言ったか？〔「分かれて争う家は立ち行かない」という聖書の言葉を引用したリンカーンの有名な演説を指す〕

「お出かけ」の経費

アメリカの技術と経済の発展が現段階に達するまでには、大衆がほとんど、あるいはまったくお金をかけずに時を過ごすことができ、進んだ都市文化の所産から楽しみと満足の両方が得られるような公共の場所が数多く出現しているだろう――と、過去にはそんな予測がされていたかもしれない。なるほど、これこそ真の文明社会の証ではないか？　しかし、現実はそうなっていない。アメリカの都市環境に目を向けてみれば、そのような場所がないことに驚くだろう。

近年は家庭用娯楽製品の製造と販売の「好況」期であり、専門家によると、その大きな理由は、公共の領域での娯楽に法外な費用がかかることだという。みんなお出かけが好きなのに、高くなる一方の経費のせいで、出かける気になれずにいる。

余暇活動の分野にお金を使う以外の選択肢は、めっきり少なくなった。人びとが生活に求めるもの、必要とするもの、あるいは期待するものの商業化はますます増大し、驚くべき段階に達している。市場の競争ともうけ主義から逃れる手段は、ほとんどすべて市場の支配下に入りつつある。相互に関連しあうシステム全体での成功のカギは、個人を決して本当の意味で満足させず、つねに何かを求め、つねに何かを望んでいる状態にし、充足感を追求するうえで欠けているものは商業施設と商業化された娯楽が与えてくれる、といつまでも確信させておくことにあるようだ。

「市場の見えざる手」は、アダム・スミスの主張によれば、商人の意図に関係なくわれわれをより大きな社会的調和へと導いてくれるというが、実のところそうなっていない。その「隠れた手」は――もはや正体を隠しもしないが――けっして休まない。新たな商機を当て込んで、たえずそわそわしている。そして、人間の心に新たに生じる不満や切望の一つひとつに、すかさず商業的な解決策で応えるのだ。

この広く受け入れられた形の「コミュニティ・ライフにたいする反逆」への個々人の準備は、人生の早いうちから始まっている。スーパーマーケットや雑貨店の出口には、子どもが二五セント玉を一枚投入するとプラスチックの小さな球が出てくる機械があるが、その球の中身は原価わずか二、三セントの代物だ。それに続くのは、若者が映画館で買う、ほとんど氷でいっぱいの紙コップである。そこに安いコーラ溶液が足されて一ドルかそれ以上も取られる。さらに進むと、高すぎるジャンクフードを自動販売機で買える学校制度がある。一方で、警察署と道路部と公園委員会は、お金を使わずに楽しもうとする若者たちの立ち入りを禁じる区域を増やしている。大人の世界は、子どもたちをかき集めて商業的搾取へと追いやる行為に加担しているようだ。わたしたちは確信にちかいものをもっている――子どもは、まずゲームの道具一式を買わなければ遊ぶことができない、と。商業化のための社会化は、たいへん効果的だ。早くも若者たちは二つのことを悟る。(1)娯楽や気晴らしにはお金がかかる、そして(2)一ドルでたくさんのものが買えると思ってはいけない。

映画を見ながらソフトドリンクとポップコーンを飲み食いしている若いカップルは、今そこで得ている楽しみにたいして一分間あたり約十五セント払っている。映画館はかつて、大恐慌時代の多くの貧しい人びとにとって逃避と気晴らしの天国だったって？　およそ信じがたい。

現代の起業家は、日常生活にほとんどない興奮、娯楽、楽しい気晴らしを人びとが求め、それにお金を払うのをいとわないことを正しく感じ取っている。これらの商品に飢えた公衆を「カモにする」ことがあまりにも簡単になった結果、より良い判断ができなくなった。エンターテイナーのノーム・クロスビーは、ラスヴェガスを乗っ取ろうとしている近視眼的で自滅的な拝金主義者にこれを見た。[28]

クロスビーは、ラスヴェガスを作った男たちと、つい最近そこを占領したばかりの企業やそれらのコンピューターや経理部長たちとを比べてみせる。地元の開拓者たちは「ローズ奨学生〔選りすぐりのエリート〕ではなかった……が、聡明だった。彼らは、すべきことを知りつくしていて、逐一実行した。その極意は、客にできるだけ多くのものをできるだけ安く与えることだった。客は手元に残した金を、カジノに落としてくれるからだ。今日、企業はもしステーキサンドイッチが一個七ドルなら、十五ドルの代金を請求しようと考える。昔の町では、もしそれが七ドルなら、五ドルで売ったものだ。新たな集団は、貪欲さにかけては昔の集団と変わらないかもしれないが、昔の人ほど賢くない」。一見太っ腹な往年の商売人たちについて、クロスビーはこう言っている。

> 頭がいかれているのではなかった。慈善家でもなかった。彼らは知っていたのだ――人に一番いいものを与えれば、その人が戻ってくるということを。十万ドル失っても、その人はまた来たくてたまらなかったのだ。今どきここに来て十万ドルを失う人は、コーラ一杯に七五セント払わなければならないと怒り狂う。それこそが客を遠ざけるのである。[29]

新たな商人集団が、昔の人びとより賢くないかどうかはまだ分からない。ともあれ、いっさい値引きをせず、ましてや金を取れるものなら何でもただでは出さない、というのが当世の風潮だ。あと一世代か二世代のうちにギャンブラーはもう、値段の高いコーラやサンドイッチに腹を立てなくなっているかもしれない。

スヌーカーという素晴らしい競技のたどった運命は、公共の気晴らしや娯楽が悩まされてきた病の説明になる。スヌーカーは、それに親しんだことがあるほとんどの人に言わせれば、ビリヤード競技の女王だ。普通のビリヤードにたいするスヌーカーは、チェッカーにたいするチェスのようなものである。この競技に鞍替えしたある典型的なプレイヤーが言うように、「ちぇっ、スヌーカーをやっちゃうと、普通のビリヤードなんて死ぬほど退屈だぜ」[30]。ビリヤードが盛んだったころ、ビリヤード場で一カ所だけ盛り上がっている台があるとしたら、それはスヌーカー台だった。なぜ、すぐれた競技が消えて、劣っているほうが支持されたのか？

理由はいろいろあるが、すべての中心にあるのは、利益とそれを最大化するという主張である。第一に、スヌーカー台のほうが場所をとる。一般的なアメリカのスヌーカー台は五×十フィート〔約一・五×三メートル〕だが、たいていの公共の場は、普通のビリヤードに必要な九フィート〔約二・七メートル〕台の七フィート〔約二・一メートル〕版しか置いていない。台が小さければ小さいほど、一部屋に収まる台数が多くなり、台数が多ければ多いほど、収入が増える。それより重要なのは、おそらく、スヌーカー台に魅力を感じる人が限られていることだろう。ある娯楽用品販売業者が言うように「女性や子どもには受けませんね。球を突いて散らせませんから」。スヌーカーは、素人や見かけ倒しのプレイヤー向けの競技ではない。大きなポケットがついた小型の台でなら、固めた球を激しく突いて、まったくのまぐれ「当たり」にも、計算づくだと言わんばかりの得意顔ができる。スヌーカーではそうは行かない。

スヌーカーは、店員が時間の計測や用具の貸し出しをせずに済む「コイン式」ビリヤード台への転換にも役に立たない。店側は、手間のかかる作業は料金箱からのお金の回収だけにしたい。ところがスヌーカー台は、ほったらかしておけないのだ。注意深い手入れが必要である。昨今のごく普通のビリヤード場や居酒屋で目にするスヌーカー台の状態では、ほとんどゲームができないだろう。

ビリヤードは、台のサイズと状態、そして球を取り戻せないという特徴〔球がいったんポケットに入ったら、次にコインを入れるまで取り出せない〕のすべてが、よりよいゲームの可能性よりも利潤動機の重視を意味するにつれて、衰退しつつある。おおかた、エイトボール版しか残っていないが、それはコイン式ビリヤード台の「球を取り戻せない」特徴によって必然的に決まるからだ。もちろん、これらのテーブルでも突き球は「返ってくる」ので、最近のビリヤード場の問題を聞くと、複雑な心境になる。客が突き球をお土産に持ち帰ろうとするようなのだ。

その娯楽の人気が高くなればなるほど、公衆は「カモにされ」やすくなる。外遊びをする消費者からの「利益」を極大化するテクニックの蓄積と普及は、市場の規模とともに増大する。これにからめて、外食の問題を考えてみよう。外でディナーをとるあいだに飲むワインは、酒屋で買う値段の二・六五倍もする。[31] 利益は莫大であり、店はこの事実に鋭く気づいている。最近出た飲食業界人向けの雑誌には、次のような助言が出ている。

> 多くの最高級レストランは、テーブルに水のグラスを置かない——置くのはワイングラスだけ。水が欲しい客は注文しなければならない。ワインを給仕するのは「数セント」を稼ぐことにもなる。レストランは水とそれを出す経費の両方を支払わなければならない。ワインだけは、その費用を自らまかなう——給仕するための「数セント」を稼ぐ[32]！

客が飲むかもしれない水はかつて、諸経費と同じく、食事に含まれるサービスの一部であり、自炊より高くつく外食の経費で支払われると見なされていた。しかし今では、サービスのあらゆる面に目を配り、それ自体を原価計算する傾向がある。ワインを勧めて水を出さないよう働きかけたその同じ特集記事は、コーヒーの代わりにデザートワインを勧めるのにも賛成だった。その論旨は推して知るべし。

しだいに、レストラン経営者たちは、食事のしめくくりのデザートワインにたいするコーヒーの相対価値を評価するようになっている。一杯のコーヒーを売るには少なくとも九品目の費用がかかる。たとえばコーヒー、砂糖、クリーム、カップ、スプーン、加熱装置、燃料、人件費など。ワインは、ボトルからじかにグラスに注ぐので比較的単純だ――しかも、こちらのほうが利益が多い。[33]

その雑誌のほかの部分では、居酒屋経営者にたいしてコンピューター制御のバー・サービスシステムの設置を勧めている。

飲み物を売るには、バーテンダーはキーボード式操作盤のボタンを一つ押し、飲み物の量と価格水準を指定する。そしてアクティベーター・リング〔瓶の口に取り付ける環状の装置〕がついたボトルを持ち上げて正確な分量の蒸留酒を注ぐと、同時に値段が記録されている。利点？　客は注文した銘柄が注がれるのが見えるし、バー経営者は、注がれた酒すべてについて完全に管理できるし説明責任《アカウンタビリティー》を負える。考えられる欠点？　すべての飲み物が勘定に入るため、一部のバーテンダーが客の愛顧を得るために利用する「店のおごりの酒」が禁じられてしまうことだ。[34]

客の愛顧を得るための時々のおごりが禁じられるという「考えられる欠点」のくだりにご注目。これは「深刻な」どころか「嘆かわしい」欠点ではない。はっきり言って「欠点」でさえなく、その「可能性」にすぎない。判断はとっくに下されている。忠実な客に酒をふるまう習慣など、ただでさえ消滅しかけているのだから、最後に軽くダメ押しをしてやろうというわけだ。

公共の場で楽しみを見出そうとするアメリカ人にたいする態度の変化は、これまで以上に明確になってきている。彼らには、ただでは何も与えず（水を出さずにおく）、利益の少ない品目（コーヒー）を思いとどまらせて、大きな利益を生む品目（食前と食中と食後のワイン）を押しつけろ。それに、夜のお出かけだしお祭り気分だろうから、ワインの値段は三倍だ！　この新たな精神構造は、客の一挙一動を追い、どこで料金を請求できるか、どれだけぼったくれるかと問う。大規模な催し物の場合、駐車はお金がかかるどころか、とんだ散財になるだろう。ついこのあいだ野球観戦に行って駐車のためだけに支払った三ドルで、昔は入場券とホットドッグを買ったものだ。催し物の会場で売っているビールは、居酒屋価格のおよそ二倍である。

お祭り騒ぎの一種独特な雰囲気や、催し物を取り巻くにぎわいがあるとき、貪欲はとどまるところを知らない。数年前、中北部のある小都市で「アメリカ史上最大の同窓会」が開催され、あるとても歴史の古い大きな高校の卒業生全員が招かれた。初日の夜十時には、地元の酒場の店主たちが大勢のウェイターやウェイトレスを路上に（不法に）出し、通常価格の二倍か三倍でビールを売らせていた。こんなやりかたで商人たちは、何年間も家族のために働きどおしの卒業生を「褒めたたえ」たのだった。一部の商人はそれを「需要と供給の問題——OPECと同じようなものさ」と言い、自分の賢さに鼻高々だった。大型同窓会は今やその小都市の流行になった。商売人が、じつはそれらを後押ししている。

内なる活力に駆り立てられ、若さゆえの勢いで街に繰り出す若者たちは、さまざまな搾取の犠牲者にされやすい。一九七〇年代の初めのころ、わたしの知り合いの大学生は、気に入っている女の子を連れて新しいディスコに行った。彼は、入場料と本人いわく「本当にまずい飲み物」に五〇ドル以上費やした。この高価な娯楽の正確な本質についてわたしは尋ね、経営者が提供するのは空間と、録音テープが再生する音楽、そして例の恐ろしくまずくて高すぎる飲み物であることを知った。本当の意味での娯楽を成り立たせていたのは、タイトフィット〔身体にぴったり合った服〕などの人目を引く衣装で踊っている、というよりむしろ見物している若い客なのだ。若者たちが高い金を払って求めた楽しみは、ほとんど彼らによってもたらされていた。

おそらく、アメリカが現代化の達成と輸出の両方で世界の覇者だからだろうが、アメリカ国民は、現代化の重要な結果の一つを見落としている。それは、伝統的に自由《フリー》な形態の一般向け娯楽から、大多数の人びとにとって――少なくとも日常的には――手が出せないほど高価な娯楽への変容である。古代ローマ市民の怒りを鎮めたパンと見世物には、少なくとも無料《フリー》の見世物が含まれていた。アメリカの中流大衆層は、ほぼ同じような方法でなだめられているけれども、競技場に入るのは決して無料ではない。何十万あるいは何百万ドルもの俸給が、バッバという名のネアンデルタール人たち〔スポーツ選手〕に支払われている事実は、社会に集団形式の娯楽のニーズがあることと、社会がほかにそういうニーズを満たせないとき貪欲な利潤獲得が可能になることの両方を証明している。

現代化に付随するこのとりわけ邪悪な側面が、より批判的に昔の流儀と比較されるイランでは、喪失感がアメリカに比べて大きい。著述家のカゼム・モタメド＝ネジャードが言うように、

モダニズムが流行したり高度な伝達手段が到来したりする前のイランには、人びとが娯楽……に出かける場所がいろいろとあり、それらの場所では、現代生活における娯楽――たとえば映画やレストランやカフェテリア――よりもっと純粋な楽しみを提供していた。モスク、テキエ（宗教劇専用の劇場）、公共の広場、市場、それにコーヒーハウスが、公衆を呼び寄せる中心地だった。人びとは、ほぼどの時間帯であれつねに無料でそうした場所に入り、語り部や朗読者、詠唱者、説教者の面白くてためになるパフォーマンスを楽しむことができた。今どきのカフェテリアの代わりに、テヘランのどの街角にも、またどの地方都市にも、大きな喫茶店があった。[35]

集団で楽しんだり戯れたりしたいという公衆の切望が食いものにされる状況、そしてそれらの楽し

みや戯れが容易で自然なものだった昔のコミュニティの雰囲気がない状況は、増えてきているとはいえ、普遍的ではない。いまだに顧客本位の場所は存在するし、それは現代の宣伝屋たちが話題にする、あの誤った意味でではない。主人が自分のことだけでなく客のことも心底思っている店、ウォルター・カー〔アメリカの文筆家・演劇評論家〕のいう「うずうず《イッチ》」が抑えられている店はまだ残っている。その「うずうず」とは、店で提供できる何もかもを利益に変えたくてたまらない気持ちだが、もし顧客の長期におよぶ満足を得ようと努めるつもりなら、それを抑えなければならない。ほとんどのサードプレイスが利益をあげなければならない事業であるかぎり、この問題には多少の説明が必要だ。経済理論にかんする論文はともかく、ここでは各種のよいサードプレイスのなかでも普通の居酒屋に的をしぼって説明してみよう。

　そもそも、飲み物に要求される価格は、店とそのオーナー側の慈善にまつわる問題を排除する役割を果たす。オーナーは慈善事業や社会事業をやっているわけではない。客は客で、自ら消費するものの対価を支払うのであるから、自分の尊厳が保たれており、店主に服従を誓う義務はない。しかもその交換は、快くおこなわれ、両者に余剰価値を生む。お金と生ビールを交換したあと、両者はより幸せになるのだ。客は、自分が払ったお金よりも「あのときあの場所で飲んだあの飲み物」に価値を置き、オーナーは出した飲み物よりもお金に価値を置く。もちろん取引は、オーナーも客も飲み物全般の値段を承知しているなかでおこなわれる。サードプレイスの常連は総じて、オーナーができるかぎり自分たちによくしてくれているのを理解している。

　その基本的な交換をふまえた上で、心から客のため（そして結局は自分のため）を思う店主には、いくつかの選択肢がある。おもに客を喜ばせようとして昔ながらの一ゲームにつき二五セントのビリヤード台を二、三台残すこともできれば、もっと儲けようとして一ゲームにつき五〇セントの台を導入することもできる。ポップコーンやプレッツェルを無料で出すこともできれば、それらの一皿あたりの利益を見込むこともできる。飲み物を「押しつける」こともできれば、もう一杯飲みたいという常連の合図を覚えることもできる。財布の紐がゆるい客を優遇してほかの客を無視することもできれば、どの客も同じように歓迎されていると思わせることもできる。このような決断をするとき、「うずうず」を抑えることができる店主は、長い目でみれば成功し、客の少ない時間帯にも繁盛し、全体として客をより満足させることになるだろう。

サードプレイスは、その特徴として、コーヒーやドーナツ、サンドイッチ、ビール、ワイン、蒸留酒、ソフトドリンク、さまざまな軽食類の販売で利益を得る。これらの商品の原価が上がれば、少なくともある程度は顧客に転嫁しなくてはならない。ある中年のウィスコンシン州民は、若いころ友人たちと会うのに使っていた居酒屋を見かぎって、わたしにこう言った。「飲み物は家で作れるし、街のどこのバーより安く作れますよ」。たしかに。誰だってできる。しかし、飲むためだけで居酒屋に行く人は、まずいないだろう。サードプレイスに何らかの意味があるとしたら、それは、一杯のコーヒーや一杯のビールよりはるかに多くのものを与えてくれるということだ。この点で、よい居酒屋がどのように〈顧客の投資に保証〉をつけられるかを述べなかったら、わたしたちはそれらの本当の価値を認めているとは言えないだろう。

客が居酒屋に入っていく。店がガラガラだったり、さえない雰囲気だったりしたら、彼らは一銭も使わずにくるりと背を向けて立ち去るかもしれないし、お義理で生ビールを一杯買ってから出ていくかもしれない。しかし、楽しければ長居をして二杯、三杯と飲むかもしれない。それらを飲むあいだ、彼らには夏なら涼しい場所、冬なら暖かい場所が提供されている。客には仲間がいて、会話がある。必要ならトイレも。そして全体として、くつろげる、わが家のような居心地のいい場所。その場所が提供できる経験の質と、そこで個人が使うお金の総額には、直接の相関関係がある。そして投資は——いつでも比較的少ないのだが——利益が減るか義務を負わされた瞬間に止まる。良いサードプレイスの居酒屋は、いまも公共の領域で入手できる最高のお買い得品の一つだ……もし見つけることができるなら。

第12章　男女とサードプレイス

本書の第I部に出てくるサードプレイスの特徴といえば、性の中立性だ。男性と女性はともに、インフォーマルな公共生活の中核的環境《コア・セッティング》に参加し、そこから等しく利益を得る立場にある。にもかかわらず、サードプレイスを中性化して論じると、それを取り巻く現実の大部分を無視することになり、ある重要な事実が見えにくくなる。すなわち、最良のサードプレイスは男性だけか女性だけのたまり場であり、男女共有のそれではないということだ。サードプレイスの愉しみは、おもに同性とのつきあいの愉しみであり、その影響を受けて、男女共有の世界が育まれるよりも男女別々の世界が維持されてきた。

性別分離はサードプレイスが生まれた主要因であり、今なおサードプレイスがもたらす魅力と恩恵の多くの根拠になっている。中世ヨーロッパでは、既婚女性がたいてい洗濯場に集まり、その夫たちは酒場に集まった。[1] 一世紀前のニューヨーク市では、労働者が地元の居酒屋に集まったいっぽうで、その妻たちは玄関前の階段に座っておしゃべりをした。床屋が男たちの社交場であるように、美容院は女たちの社交場であるにちがいない。フィリップ・アリエス〔フランスの歴史家〕によれば、今日サードプレイスの習慣とコミュニティ・ライフの結束が最強なのは「頑固な男」の地だという。彼が言っているのは地中海沿岸地域のことで、そこでは成人男性がじつにうまく「家庭の引力」に抵抗し、毎日ほかの男性たちとつきあう時間を確保している。[2]

女性のためのサードプレイス

「第三の場所《サードプレイス》ですって！　ばかな！　わたしには第二の場所さえないのよ！」。この話題を振ると、何人かの主婦はそんな反応を示した。自分がほとんど一つの場所に閉じ込められているとき、夫には三つめの場所が必要かもしれないという考えに女性側が憤りを感じるのは分からなくもない。あるいは、サードプレイスという理念に異を唱え、家とそのなかで営まれる家庭生活さえあれば夫婦双方の社会的、心理的欲求は満たされると主張する妻たちもいるだろう。あるいは、家庭の限界とサードプレイスでのつきあいの利点を認めながらも、男性にそれがあるのに女性にはないという事実に憤りを感じる人もいる。この最後にあげたような心境で、一人の若妻が——残念ながら匿名だったが——次のような詩を作ってわたしに贈ってくれた。

数字の三には何かある

それは神秘で不思議で
とてもユーモラスにもなるし
　ときには悲劇にさえなる。
だって「三振即アウト！」は
　野球選手ならだれでも知っているとおり
それに人の訃報は三分間で届く
（と、　ことわざにある）

泉にはコインが三枚〔映画『Three Coins in the Fountain（邦題「愛の泉」）』〕
　三位一体には三つの人格
宝くじは三本で一ドル
　などと挙げればきりがない
第三軌条〔走行用レールの近くに設けられた給電用レール〕は地下鉄の列車を
　猛スピードで走らせる
だから少しも驚くことではないのだろう
　男が自分の「第三の場所《サードプレイス》」を必要としても。

なにしろ男はなみなみ注がれたビールのグラスを

手にしているのが好き
そして仲間たちに昔の大ぼらを
　一つ二つ吹いてみたくてたまらず、
批判やあざけりとは無縁の親しげな顔を
　見たくてうずうずしている
男が鎧を脱ぎ捨てて
　屋根の垂木を揺らせる場所。
たとえ彼が灰を降らせても
　誰も責めやしない
そして他愛のない喧嘩が始まっても
　彼はそれをたいそう楽しむだろう。

さて、こういうことには何の問題もないし
　実際わたしも大賛成
でも気になることがひとつ
　どうしても見過ごせない。
もし男がサードプレイスをもたずにいられないなら
　これもまた真実ではないか

なるほど「アダムの肋骨から生まれた」身なのだから
女にだってサードプレイスが必要！

そしてたしかに、どこかのサードプレイスにもこんな女性が必要なのだ！　この詩人、この女性版ロバート・サーヴィス〔「ユーコンの詩人」として知られるイギリス生まれのカナダの詩人、作家〕は、サードプレイスの伝統的な男性優位を分かりすぎるほど分かっていた。アメリカ文化における典型的なたまり場は、圧倒的に男性のもの——クラッカー樽を囲んでの雑談から西部の酒場にいたるまで、ホテルのコーヒーカウンターからビリヤード場や秘密結社の集会所にいたるまで、サードプレイスはおもに男性の事象のように思える。

　サードプレイスの伝統が男性優位であることは理解に難くない。その第一の最も明らかな理由は、母親としての役割に由来する。男性のサードプレイスが、女性ばかりか家庭全体からも切り離されているのとちがって、女性どうしの集まりはたいてい子連れだ。C・S・ルイス〔イギリスの神学者、小説家。『ナルニア国物語』で知られる〕は、この点について、女性たちの世界は「男性たちの世界の男らしさほどの徹底した女らしさがなかった」[3]と感じた。子どもから目が離せないので、女性の集いには、男性のように羽目をはずす余裕がない。たえず「仕事中」だから、女性たちは酒を飲んだり、騒いだり、家庭環境とその責務から遠ざかったりすることがずっと少ない。

　多くの文化で男性優位のパターンにつきものなのが、妻どうしのつきあいにたいする男の偏見である。アレクサンダー・リズマン〔アメリカの社会学者〕が気づいたように「家父長制社会は女性の連帯を嫌う」[4]。リズマンがこの結論にいたったのは、英語圏の文化における「ゴシップ」という言葉の含意の変遷を調べてからだった。ゴシップは、名詞として使われる場合、もともとは名づけ親の意味であり、古英語「神の親戚《ゴッド・シップ》」の縮約形として生まれた。その用語がのちに家族の〈女〉友だちに限定されるようになり、以後それと関連して軽蔑の意味合いをおびるようになった。

十九世紀までに「ゴシップ」という言葉は、むだ話そのものに加えて、むだ話をする人間たちをも指すようになる――ただし、そのうちの女性だけだ。「男性の意味での「飲み仲間」は、温かくて好ましい交友という語感があるけれども、女性に当てはめると反感が高まる。女性は「走りまわる」し、女性は「余計なおしゃべりで秘密をもらす」」。ある観察者が気づいたように、女性が家族以外の仲間とつきあうことを禁じる風潮が強いのは、チカノ〔メキシコ系アメリカ人〕のコミュニティである。そこには、女が寄り集まると男にとって「厄介なことを起こし」かねないという感情があり、「男性優位の制度の外で「ゴシップ」が社会的な結びつきを強めることは、大罪になる」[5]。

人の逸脱行為の研究から明らかになったことだが、自分に自信がない夫は総じて、妻が「外の人びと」と話をするだけで激怒する。これは、妻を殴ったり、わが子をめった打ちにしたり、近親相姦を犯したりする夫や父親に共通する特徴だ。しかしながら、アメリカの夫たちのもっと正常ではるかに一般的な態度は、冷淡と無関心、すなわち主婦の不幸な孤独にたいする理解のなさに通じるものである。

女性がサードプレイスにあまり参加しないもう一つの理由は、サードプレイスの交友にかかる費用（いくら小額でも）と関係がある。近年のロンドンのクラブ・ライフの歴史に、ここ数年は女性のクラブがぽつぽつできているが繁盛していない、という記載がある。男性のクラブとくらべて精彩に欠け、華やかさがまるでない。社交界デビューするお嬢さんというよりは婦人参政論者を客に迎えているかのようであったが、ともかくそれらの場所は、けちな一般客の群れに悩まされたのだ。「女性たちは」と著者は所見を述べている。「自分が飲食するものにお金を出ししぶる」[6]。女性は男性に払わせるのに慣れている。女性は男性より所持金が少ない。それに、女性は家庭の生活費と家族に必要なものを承知しており、その必要を満たすために、かぎりある予算をやりくりするように気をつけている。今でさえ、妻たちが連れだって外食することは、夫たちがそうするより「特別な出来事」なのだ。

最後に、男女が世界を棲み分けるには、双方が逃げ場をもつ必要はない。どちらか一方が他方から「逃げる」場所さえあればいいのだ。男性側が離れた場所をもつべきだったのも不思議はない。ほとんどの（すべての、と言ってもいいだろう）社会は男性によって支配されてきた。社会全体の存続は、男たちの協力と友情に――女性のそれよりずっと――かかっていたのである。子育てに縛られていたのは女性であって、男性ではなかった。

注目に値するのは、比較的少ない例外はあるものの、この事態に女性が不満を言ったことがないという事実である。たしかに、イギリスのコーヒーハウスから締め出されたときには女性が異議を唱えたが、それはエールハウスでは起こらなかったことだからだ。[7]また、女性はアメリカの酒場にたいして強い反対運動を始めたが、それはある特別な歴史の節目の出来事にすぎなかった。工場労働が文字どおり男たちを飲酒へと駆り立てるほど大変だったとき、そして家族全体の評判と生存が男の稼ぎ手一人のわずかな収入にかかっていたとき（セーフティネットの役割を果たす社会福祉政策がなかった）、女たちは酒場に反対せざるをえないと感じた。ほとんどの生物種がわが身とわが子を守ろうとするときに見せるのと同じ、断固たる決意で、彼女たちはそのような行動に出たのである。

現在、多くのフェミニストは、ビジネス界の内部にできた男性専用クラブを攻撃の標的にしているが、当然といえば当然だろう。その仲間うちで取引が成立し、重要な契約が結ばれ、昇進が決まるのだから――女性はまったく蚊帳《かや》の外で。男性たちは、男どうしの息抜きの楽しさを求めているだけだと主張するかもしれないが、「馴れ合い」の商取引だから、ろくな息抜きになっていない。しかし大筋において、これまで男性のサードプレイスに女性が示した反応は、熱狂的とは言わないまでも平和的だった。ということは、ふだんは女性どうしのつきあいが奪われていたわけではなかったのだ。あいにく、これまで女性のつきあいがどんな形をとり、どんな場所でおこなわれていたかは、とりたてて注目されたことがない。

そんななか、一つの例外が、フランス人女性ルシエンヌ・ルーバンの研究に見出せる。ルーバンは、フランスのプロヴァンス地方の村々における「女性」と「男性」の空間を子細に論じることができた。[8] そうすることで彼女は、村の内部とその周辺のあらゆる空間を説明した。なにしろ中立領域がまったくなかったのだ。かつて暮らしが二つの世界――男の世界と女の世界――で営まれ、それに基づいてすべての不動産が切り分けられていた、という事実をこれほど明確に実証した研究は、おそらく類例がないだろう。

それらのフランスの田舎の村々では、村の広場が、男性の空間の「まさしく中心」だった。女性は、市《いち》の立つ日に広場を横切ったり、そのまわりを通ったりしたが、あえてそのなかで立ち話をしたり、男性たちやほかの女性たちと一緒に座り込んだりはしなかった。中心部から離れた野辺もまた、そこで働く男性たちの領域だった。コミュニティ全体の機能にとって、また多様な職業集団をまとめるうえでも重要だったのは、村の民家のワイン蔵で開かれる男どうしの夜の集会だった。夜間に男たちが入りこんだこれらの地下の隠れがは、ほかのどこよりも明白な、男だけの場所だった。そこは室温がちょうどよかった――夏は涼しく、冬のあいだは十分暖かかったのだ。

このような、夜間に男たちがワイン蔵に入り込む一件を除けば、家は女の縄張りだった。家庭内では、夫もほかのどんな男性も、自分の特別な部屋や居場所を求めなかった。女の世界は、ルーバンいわく、きっちり範囲が決まっているけれども、注意深く守られ、完全に女の天下なのだった。男性による空間の侵害は、女性の縄張りぎりぎりにまで及んでいたが、その境界線を越えたところでは、女性が自らの貢献のまぎれもない重要性を意識し、それによって力づけられ、君主として振る舞い、自らの役割を果たした。[9]

男性が村の中心から離れた野辺を管轄していたのと同じように、女性も家の庭地を支配していた。そして、村の男たちの習慣と同様、女たちにも夜の集いがあった。男がワイン蔵を使ったのにたいし、女は馬小屋を使った。集まる頻度は男たちと同程度だったが、寄り合いの様式には興味深い違いがあった。女性集団は、男性のそれより分裂しやすかった。女たちは、冬が来るたびにメンバーの再編や再構成の必要を感じた。対照的に、男性集団は非常に継続性があり、「不和」に悩まされることもなかった。仲たがいの多さは、女性の交流の特徴だった。ある年には団結していた家どうしが、翌年には、いとも簡単に冷え切った関係になりかねなかった。しかし、ひとたび女性集団が結成されると、それは男性集団に劣らず活発かつ排他的で、参加者が大勢いて、受け入れ方針が厳格に決まっていた。

ルーバンの並外れた分析は、村祭りの意義をも解き明かす。ほかのどの機会にもまして村祭りでは、男女が一緒にいることを許された。この種の行事がかもし出す雰囲気や、集団としての盛り上がりは、現代の祝祭からは想像もつかないだろう。だがことによると、さらに棲み分けが進んだ形の行事のなかにも、過去の片鱗がかろうじて認められるかもしれない。たとえば女性は今なお、ほかの時より土曜日の夜（一週間のなかでの祝いの時）に男性優位の居酒屋を訪れることが多い。また、祝いの席では、男も女も自分の連れ合いではない異性とハグしたり、キスしたり、踊ったりすることがふだんより多くなる傾向がある。

女性専用の、または女性が多数を占めるサードプレイスは、アメリカでは目立ったためしがない。女性は、空き時間にかけては昔も今も男性より有利な立場にいるが、その時間を使って、別の形の交友関係を育んできたのだ。女性は男性よりはるかに親友をもちやすいとの報告があり、その親友は、ほとんどが女性である。[10] 女性は現在、男性より積極的に社会参加をするようにもなった。公式に組織された任意団体に、男性より多く所属している。[11] ゴルフやテニスの施設を男性よりよく使う。[12] 昼間の時間帯のテニススクールは、コートばかりかラウンジもおおかた女性に占拠されている。

女性は、電話による限られた形の交流にもうまく馴染んでいるようだ。多くの男性は、相変わらず電話でのやりとり、わけても女性のお楽しみである長電話が苦手だ。けれども電話は便利とはいえ、昔の女性が人に囲まれて楽しい思いをしたのと同じほど、今の女性が電話での会話を楽しむかどうかは疑問である。

お茶やテニスや電話は、現代の妻にとって、コミュニティから追放されたことの代償になっているものの、それで事足りているわけではない。男性が仕事、通勤、定期的なビジネスランチ、ビジネスマンの交流を中心にコミュニティ・ライフを構築していた一方で、女性はいつの間にやらコミュニティを奪われ、若いころ楽しんでいたような、気楽でインフォーマルな人間関係を奪われていた。社会学者フィリップ・スレイターが、以前ある雑誌記事でそれを表現したように、結婚は「現代の若い女性をたぶらかす」。彼女たちからコミュニティ・ライフを奪うことでだますのだ、と。典型的なアメリカの郊外に居を定めることによって女性は、学生時代に毎日なんとなく集まっていた仲間やグループや遊び友だちとのつながりを失ってしまう。スレイターによれば、産業化以前の人びとはコミュニティ・ライフを営み、それを奪われることが懲罰であり追放だった。今日、学校を卒業してすぐ結婚することは、働きに出ていない女性にとって追放を意味する。[13]

少し前のことだが、アメリカ西海岸のある精神科医が『*Passive Men, Wild Women*（受け身な男性、野放図な女性）[14]』というテーマで最初は講演をし、のちに本を出して大いに注目を浴びた。社会にはびこる病弊を明確に論じて、彼は庶民の共感を呼んだのだった。夫は自分の時間とエネルギーを仕事に注ぎ込み、関係する人びとやその問題への対処でわが身をすり減らす。家に帰るころには「すっかり疲れ果て」、自分の妻や彼女がかかえる問題も含めて、あらゆる人間から逃れたい。だからテレビ、酒、新聞、雑誌に逃げ込む。彼は職場では積極的なのに、家庭では受け身だ――そして、それこそが女性を「野放図《ワイルド》」にさせる。日中にほかの大人たちとの触れ合いが――ないわけではないにせよ――少なすぎる主婦は、夫の帰宅を待ちかまえている。自分の要求にそぐわない社会環境のせいで、妻は夫に過度の期待をかける。その同じ社会環境が、夫をげんなりさせる。

スザンヌ・ゴードン〔アメリカのジャーナリスト〕は孤独の解剖学について深く探究し、孤独が最も蔓延しているのは郊外の主婦のあいだであるということに気づいた。[15]ゴードンは、「自然発生的な触れ合い」と彼女が呼ぶもの（非公式なつきあい）は可能だし、それが孤独を解消するだろう、と考える。ところが女性は、自分の側にも他人にも、それをほとんど許さない。ゴードン女史は、アメリカの主婦が非公式な触れ合いを拒む理由として二点あげている。第一に、彼女たちは、ほかの人びともみな自分と同じように人づきあいを求めていると思いこみ、その重圧に耐えきれなくなるのを恐れている。第二に、この種のつきあいにどう制限を設けて制御したらいいか、彼女たちには分からない。その不安は切実だ。招きもしないのに突然押しかけてきた隣人たちを、もし自宅に上げてしまったら、彼女たちとつきあう時間や気持ちがないときは、どこに逃げ場があるのだろう？　郊外に住む女性の「中立領域」（第2章を参照のこと）にたいする必要性は、ほぼ例外なく、満たされていないのだ。

　最近のある女性学術誌の記事の著者が、近隣住民による「自助ネットワーク」の誕生とその活動の物理的基盤について、かなり熱心に論じている。[16]町内の遊び場に隣接した家で暮らすある女性は、訪ねて来る人すべてに自宅を開放していた。その家から、母親たちは子どもを見守ることができた。子どもたちはこの家のなかで遊んでもよかったので、ほどなく母親たちは、コーヒーを飲みながらのおしゃべり会を開くようになった。この場所は、まさに乗っ取られたのである。「子どもたちが母親を探してうろちょろ出入りするので、家全体が騒がしく、あわただしく、ときに混乱していたが、何より重要なことに、さりげない支援と、互いに楽しみ合う雰囲気があった」。

　このような状況について特筆すべきは、この婦人と彼女の住宅が提供したような、これほど大事なものが、成り行きまかせにされているということだ。しかもその見通しは明るくない！　こんなふうに自宅を開放でき、なおかつそうしようと思う女性などめったにいない。ほかの女性たちは何の見返りもよこさなかった。しかも自分たちの気楽なつきあいの主導権をがっちり握っていた。彼女たちは、この女性の家に好き勝手に出入りしているくせに、自分の家には、普段着のご近所づきあいを立ち入らせずにいた。

土地の利用規制が過剰に進んだ結果、民家ばかりになり、そこに新婚家庭の大多数が入居し、社会のほかの施設から遠く離れている……そんな環境の犠牲者が、あの主婦なのだ。しかしスザンヌ・ゴードンも指摘しているように、問題は、好ましからざる物理的環境だけではない。恋愛、配偶者選び、結婚生活の行方に、当事者であるカップル以外のほとんどの人がいかに関心を寄せなくなったかをゴードンは認めている。現代のカップルはもはや「宗教上、財政上、コミュニティ、そして家庭の事情に左右され[17]」ない。配偶者を選ぶ際に部外者からのあらゆる圧力をはねのけ、他人の社会生活にほとんど関心をもたないそのカップルは、本来なら親族やコミュニティから受けられるはずの——かつてはプライバシー侵害の代償だった——支援も拒否される。コミュニティは、制御できないものへの関心を失いがちである。多くの人は現代の社会のなかで自分が孤独であり、誰もかまってくれないということを正しく察している。

現代の結婚生活が、ほかの制度や影響力から孤立し免れているからこそ、その夫婦の家の立地や周囲の環境が最優先事項になる。昔は恋愛や結婚がさまざまな結びつきや広範な利害関係のなかで進展したものだが、そういうしがらみから解放された現代の夫婦に必要なのは、自分たちの状況に合わせて制御や規制できるような非公式のつきあいを促す、しかし何はさておき入居可能な住環境だ。現状はその正反対である。

最近の女性たちが見せている動きの発端は、二、三世代前、何百万人もの妻たちが、郊外の似たりよったりの住宅が立ち並ぶ地域に放り込まれ、思いもかけずコミュニティから不当な追放をされたと気づいたときにある。その動きが勢いを増したのは、彼女たちの娘たちが、親の不幸と家庭生活に閉じこめられすぎたストレスとに囲まれて育ち、同じ轍は踏むまいと決意したときである。その動きは決然たるもので、失われた絆と同じほど、新たな野心がその根底にあった。

男性の場所の消滅

サードプレイスというのは、産業社会に適した呼び名だ。産業社会では、職場と住まいが分離していて、この二つの場所が優先されている。サードプレイスは、今でこそ哀れな三番手だが、かつてはナンバーワンだった。

原始社会には、男子集会所《メンズ・ハウス》という施設が広範に見られ、アジア、アフリカ、南北アメリカ大陸、太平洋諸島でその存在が記録されている。フランスでは二〇世紀初頭まで残っていた。[18] オランダ領ニューギニアの先住民のあいだで、それは「ルムスラム」と呼ばれた。トレス海峡の人びとの「クウォド」、原始のボルネオの「パンガー（首長の家という意味）」、ルソン島北部のイゴロット族の「パパフナン」、サモア人の「マラエス」、ベチュアナ国〔ボツワナ〕の「コトラ」、ドイツ領東アフリカのボンデイ族の「ブウェニ」、ブラジルのボボロ族の「バイト」、プエブロインディアンの「キヴァス」など、原始世界のいたるところにあった。総じて、男子集会所は村で最も大きく、最も華美で目だつ建物だった。それは公会堂、会議室、未婚男性の宿泊所、男性訪問客の民宿、戦利品の陳列室、クラブとして機能していた。女性や子どもはめったに訪れなかった。

男子集会所は、その部族の少年たちにとって特別な意味があった。そこに入るのを許されるということは、一人前の男になったことの表明だったのである。通過儀礼（男らしさを試す恐ろしくて痛い試練）のあと、少年は男になると同時にクラブの一員になった。成人への移行は、母親の世界から父親や叔父の世界への移行でもあった。通過儀礼のあと、少年は母親の元から巣立っていった。女の世界を離れ、男の世界に入ったのである。

男どうしの絆は、これらの原始的な男子集会所から進化して、現代社会に見られるメンズクラブになったのかもしれない[19]。最初期の都会のクラブやサークルは、人口の増加と社会の階層化の両方に適合していた。昔の男子集会所と同じく、メンズクラブの会員も「女性の侵入を断固阻止した[20]」。しかしその後、ほとんどの結社や友愛会は、その存続を会員の妻たちの支援に依存するようになった。本書で繰り返し指摘しているように、労働者階級のあいだでは、イン、パブ、居酒屋、酒場が、貧者のクラブまたは労働者のクラブとして機能してきた。これらの場合、妻の支援は重要ではなく、男の居酒屋は、男の結社よりも明白な男の領域でありつづけている。

アメリカ社会では、男の絆も男の領域も衰退しつつある。公私のどちらについても、男らしさを明確に打ち出している場所はほとんど残っていない。家庭にも外の世界にも、男たちがかつて女たちから離れて集まった場所は急速に姿を消しつつある。平均的な家庭には、もはや男の私室はない。今は単一の場所であるのが当然と思われている宅地に、昔は複数の異なる領域が含まれていた。農場やスモールタウンの人口比率が高かったころ、人びとは、のちの都市化が進んだ時代よりかなり多くの居住および労働の空間をもっていた。空間の余裕があったうえ、手作業や自前の道具と機材を使う職業が圧倒的に多かったことから、さまざまな居場所や離れ家が建てられ、男たちは息子や近所の男性たちとともに、家族の本来の居住空間を離れてそれらの場所にこもった。そこでは男たちが汚れた作業着姿で気兼ねせずにいられた。居間に入るには、入浴して着替えなければならなかったのだ。ふつう男たちは、台所や居間で妻と一緒にというよりも、作業場で男の仲間たちに囲まれて、一日の「疲れを癒した」ものだった。

田舎やスモールタウンの生活から都市住まいに移ると、離れ家はもう普通にあるものではなくなった。それで男たちは、自宅の地下に隠れがを探した。電線と配管の下、むき出しの見苦しい天井梁の下に、彼らは工作や機械いじりをするための地下室の一画を確保した。それに地下室は通常、家のなかを通らなくても外から入れるので、ほかの家族を邪魔したり、彼らに「仲間」の前に出ても見苦しくない格好をするよう求めたりしなくても、友人の一人や二人を容易に立ち寄らせることができた。家の本体とは離れた車庫も、前のほうに作業台や二、三脚の椅子を置く空間があれば、同じように利用された。

しかし、それらのささやかな「男の居場所」もまた、排除される運命にあった。科学技術の着実な進歩によって、改良型のセントラルヒーティング用ボイラーが登場した。それは旧型よりずっと小さく、空気を汚さず、さほど見苦しくなかった。こうした新機軸と、日曜大工の床タイル貼りや安価な壁パネルがあいまって、古い地下室に新たな可能性をもたらした。たとえば夫婦で楽しむゆとりの空間や、家族の娯楽の場などだが、後者は、家庭を外の娯楽施設に太刀打ちできるようにしなければ、という圧力の高まりにたいする庶民の典型的な対応である。

地下のその一画の喪失には、ひとつの結末が待っていた。家がもっぱら異性愛化された環境となり、そこでは男性がより上等な服を着て、きちんとした言葉をつかい、新しいマナーを実践しなければならなかったのである――いっときも休めず、逃れる見込みもなく。

男性が家の外に求めた領域は、おもに場所と社会的地位と人口規模に応じて決まっていた。暮らし向きの違いは、男だけの交流の場の普遍性に多様性をもたらしたにすぎない。どんな地位の男性にも、行きつけの居酒屋があった。それらは、みすぼらしい酒場から、オークの鏡板があり垢抜けた制服姿のバーテンダーがいる洗練された店までと、さまざまだった。都会の男性がビリヤード場やゴルフクラブに自分の隠れがを見出したのにたいして、小さな田舎町《スモールタウン》の男性は、かつてアメリカの森林地帯に点在していた狩猟小屋や釣り小屋に逃避することが多かった。

概して、男たちはそれらの小屋で、自分の職業や、妻や、向上心に燃える町民から押しつけられた仮面を脱ぎ捨てることができた。ここで彼らは基本に戻った――朝には男の朝食、日がな一日釣りか狩り、美味い煙草、極上の酒一本、そして男ばかりの仲間との単純明快な楽しみ。

小屋には、捨てられた椅子や、古い車の座席が置いてあった。折りたたみ式ベッドには、むきだしのマットレスが載っていて、壁に釘で打ちつけられたミカン箱には、ひびの入った不揃いな皿がまとめて入れてある。窓にはカーテンなどないか、小麦粉袋に毛がはえたようなみすぼらしい布がかかっているだけ。暖房は、ちゃちなエアータイト型薪ストーブひとつだ。小屋の掃除はめったにせず、するとなったらおそらく床に湯を撒き、土埃を舞い上げないようにして掃いたのだろう。このような環境にたびたび身を置くことで、男たちは、文明化された環境の虚飾なしに過ごせる力、人に面倒を見てもらわなくてもやって行ける力を維持していた。また、そういう場所で彼らは、都市生活や官僚化された職場環境で根絶やしにされがちな、男の協力の習慣も守っていた。

そんな場所が、今はもうほとんどないのである。それらの一部は、芝生など郊外風のお飾りをつけた湖畔の小別荘《コテージ》に取って代わられ、ほかの大多数は、男女ともに家にいるのとほとんど変わらない利便性を享受できるレクリエーション用自動車〔キャンピングカーやジープ型4WD車など〕に取って代わられた。そして陸の事情が変われば、海の事情も変わった。地元のヨットクラブの古参がよく憶えているように、彼らの父親たちのボートにそなわっていたのは、硬いベンチ式座席とトイレ代わりの簡素なバケツだった。一部のボートには簡易テーブルがついていて、その天板を引き下ろすと船室が食堂に早変わりした。対照的に、今のボートの内装は色使いが派手で、居心地がよく、設備がよく整っている。それらを好むのは、新たに出現した女性船乗りたちだけではない。今どきの男性も同様で、彼らは身の回りの何から何まで、そのての新たな繊細さを志向するようになったようだ。

都市部では、大恐慌とその長い余波を受けて、男性のゴルフクラブや飲酒クラブに女性がどんどん入り込むようになった。財政破綻に直面し、これらの施設は女性に門戸を開きはじめたのだ。ゴルフクラブはカントリークラブになり、あげくの果てに今や女性が、かつて男ばかりの領域だったところで男性より長い時間を過ごしている。飲酒クラブは相次いで、改装するというつらい決断を下した。改装というのは実のところ、新たな顧客すなわち女性客の好みに合わせることを意味した。床の痰壺やおが屑がなくなった。ヌード絵画や男性の話の種が姿を消しはじめ、古いマホガニーのバーカウンターと、自然照明も大部分はなくなった。それらは間接照明や、合成樹脂のカウンター天板に詰め物入りのスツール、追加のテーブル席、絨毯に取って代わられ、かつての定番だったバーボンやライウィスキーはほとんどが、もっとまろやかなブレンドに置き換えられた。スラム街の酒場風の見た目は、落ち着いた雰囲気の、クッションがある居間のようなバーに変わり、いささか特徴に欠けるとしても、居心地は格段によくなった。男子専科のバーを支配していた「茶系の色合いのシンフォニー」は、酒場や居酒屋だったものがラウンジになると同時に、鮮やかな金と緑と赤に取って代わられた。

友愛会や実業家のクラブが提供するのは、アメリカの男声合唱という、かつて根強い伝統だったものの残骸である。今に残っているものは、往時の姿にくらべたら可愛いものだ。バーバーショップ・カルテット〔アカペラの男声四重唱のコーラスグループ〕と大学友愛会の合唱がその典型だろう。しかしほかにも男たちは、行楽や居酒屋での集いなど、外出時によく歌を歌った。そういえば、ドイツ系の人びとは、夜にたびたび森や地元の公園に集まって、ツィゴイナー（ジプシーを意味するドイツ語にちなむ）なるものを楽しんでいた。そして、声とビア樽が涸れるまで歌っていたものである。

人は互いに親しみを覚えなければ一緒に歌ったり踊ったりできないはずだから、今日こういう男どうしの連帯を示す楽しい行為がないことは、おそらくほかの何よりも確実に、男たちの結束を強める場所と機会の消滅を示しているのだろう。

ビリヤード場がたどった運命は、とりわけ示唆に富んでいる。多くの場合、それはバーと同じく、家庭に持ち込まれた。二〇世紀初頭の住宅建築にかんする著述のなかで、チャールズ・フーパーが提示した意見によれば、家庭のビリヤード室は、夫を家に引き留めておきたい女性が考え出したものだという。[21] しかし、男たちもその案を気に入ったに違いない。なぜなら非常に多くの人びとが、ビリヤード室を手に入れることを、上昇志向の強い文化での明らかな「到達点」と見なし、生活様式面での努力の成果を示すのに役立つと考えているからだ。また、ビリヤード室の典型的な所有者は、夜に「仲間たちを家に招く」とき、ビリヤード場の男らしい感じや、居酒屋の和気藹々とした雰囲気をいくらかでも自宅に漂わせたいとも思っている。

ところが男たちは、はたと気づいたのである。ビリヤード場の雰囲気は、このゲームの基本設備ほどたやすく買えるものではないと。パーティーでは、あまりにも多くの人がプレーしたがるから、誰も心ゆくまでプレーできない。女性客も順番に入れてあげなくてはならない。プレイヤーの巧拙によって、腕前の差が苛立ちを呼び、あるいは羞恥心をひきおこす。パーティーのとき以外、ビリヤード台は使われない。友人たちは思ったほど来てくれないし（とくに夫人同伴でないなら）、実のところ、所有者の家族は、自宅にたびたび人が入り込むのを許せる状況にない。

家族の一人か二人とビリヤードをしても、じきに退屈になり、ほとほと困ってしまう。ビリヤード台のために住居のかなりの部分を割き、大金を投じてきたのだ。所有者はもう公共のビリヤード場に行ってはならないような気持ちになっている。ビリヤードが家庭に持ち込まれ、夫はそれについてきたけれども、彼の友人たちや、男の場所の文化は置き去りにされたままだった。

トランプのポーカーも家庭に持ち込まれた。昔、男たちはおもに酒場の裏部屋でこのゲームをやっていたものだ。そしてその環境は、今トランプをするために家族から拝借している空間とは明らかに違っていた。消え去ったのは、煙草や葉巻の焼け焦げが縁についているテーブル、緑色のシェードがついた薄暗い照明、女性のヌードが目を引くビール会社のカレンダー、BGMのように聞こえてくるバーの客の会話、サルーンチェア〔西部の酒場にあるような椅子〕、横から口出しをする見物人たち、そして高い天井にのぼってゆく紫煙。消え去ったのは、ようするに、男の雰囲気だ。今やポーカーをする場所は、おもに借り物の異質な空間であり、それは家族のものである。プレイヤーは夜のあいだずっと、不快な煙や不快な言葉で訪問先に嫌な思いをさせないようにと警告される。

葉巻の煙や汚い言葉は、男性の幅広い行動パターンの一部であり、それらは、ひとたび取得した男の領域を守る役目を果たしていた。男社会に代々伝えられた流儀や習性は、男しかいないことを知らせる効果をもっていた。それらの大多数に共通していたのは「男のがさつさ」であり、男女共有の場に適さないものである。これらの習性は、男に潜む獣性や、見せかけの文明にたいする拒否を示唆していた。

現代社会における男だけの場所の数と利用可能性が減るとともに、男性のあいだには新たな繊細さ《デリカシー》が出現した。今や中流階級の男性は、意識するとしないとにかかわらず、がさつな男の領域を避けて生きていける。これがとくに当てはまるのは出世第一主義者で、彼らは職業上の必要に応じて自らの社交生活を整えたり作り上げたりする。その新たな繊細さは、かならずしも女性にたいする一層の配慮を促すわけではないにせよ、伝統的な男性集団の自由闊達な仲間意識を楽しむ意欲と能力を低下させる。

男の集いの伝統であるがさつさや下品さは、女性を寄せつけない役割ばかりか、男どうしの絆を強める役割も果たしていた。男性が互いを尊重し合うようになるにつれて、男の下品さは消失したり捨てられたりするのか？　いや、実際まったく逆だ。互いのことを知れば知るほど、普通はますます下品になる。よそ行きの会話を続ける男たちは、選択肢を与えられたとしても、たぶん互いに胸襟を開かないだろうし、仲良くならないだろう。

明らかに男っぽい話しぶりや振る舞いのしかたをするようになると、男性たちは、過去に積んだ男性的な経験を互いに引き出し合う。すると、ある共通の遺産が浮かび上がる。そしてたちまち親密になる。男性特有の態度を取ることで、世界じゅうの男たちは、自分が「好漢」であることを示し、それによって仲間の信頼を得てきたのだ。「大学教授」も「医者」も同じように労働者の狩猟キャンプに参加して鋭い批評眼にさらされ、射撃訓練用の二本目の「酒の空き缶」が置かれると、しばしばこんな声をかけられた。「よっ、センセイ、大丈夫だ！」「大丈夫」というのは、もちろん、基本の男らしい態度がよみがえってきたという意味であり、一時的に脱ぎ捨てた社会関連や職業関連の制服の下に、男性共通の本質が無傷のまま残っていたという意味である。その根底にある男性的なスタイルは、男たちが階級の違いを越えてすぐ一つになれる共通項なのだ。というわけで、とりわけ地方や国家の非常事態、大がかりな集団行動が必要なときに、それは社会が生き残るかどうかの鍵になっていたのである。

なぜ男のサードプレイスは衰退しつつあるのか？　なぜ社会のなかの男だけの領域は、これほど急速に消えてしまったのか？　昨今の女性の動向には何の罪もない。因果関係を認めることができないからだ。男だけの領域と、男どうしの持続的なつきあいのほとんどは、近年の女性の急激な好戦性の高まり以前に廃れている。失われたものの大半は、意識革命よりずっと前に失われていたのであって、その重大な時期の出来事とは見なされなかった。

家族社会学者のゲイル・フラートンは、何が起こったかを簡潔に分析している。「昔の人びとは」と彼女は書いている。「二つの相補的な世界に生きていた。すなわち男の世界と女の世界である。今のわたしたちも二つの世界で人生を送っている。しかしその世界とは、わたしたちが生活費を稼ぎ、税金を払っている大衆社会と、わたしたちが愛し、憎み、生活している夫婦家族という私的世界なのである」[22]。フラートンはその転換期を一八九〇年から一九二〇年にかけて、「新中流階級」が旧中流階級を凌駕しはじめた時期と見る。古いほうの部類は、オーナー役員――小規模な同族会社を経営する、地域に根を張った男たちだ。彼らについてフラートンはこう述べている。「多方面の友人や親戚と親密で持続的な交友関係をもち、秘密結社や会員制クラブでのまったく男性だけの交わりに最も深い帰属意識をもつ男性たちだった。彼らはたいてい妻を気に入っていたけれども、妻と対等に話をすることはめったになかった」[23]。新中流階級は一八九〇年にはごく少数だったが、一九二〇年までに急増し、以後拡大の一途をたどった。この階級に属したのは、専門職者と雇われ経営者――転職のきく技能の持ち主で、「出世の階段をのぼる」とともに国内を転々とすることが多かった。これらの男たちは「結婚をできるだけ実りのあるものにしようとした。ということはつまり『新』中流階級が台頭するにつれて、ますます多くの男たちが、感情的にも性的にも妻との親密度を増したがるようになったのである」[24]。

男の絆やサードプレイス的環境といった、かつて日々称賛されていたものに男たちは関心を払わなくなった。自分の配偶者にたいする新たな評価と、従来とは違う夫婦関係が培われつつあった。たび重なる転居と、その結果である夫婦以外のゆるぎない絆の喪失に直面し、夫は妻を女性の相棒として頼りにするようになった。夫の人生における妻の存在感が高まり、男どうしの関係の断絶に取って代わった。配偶者は、男の人生で唯一長続きが期待できる関係になった。そしてこの事実を中心に、夫婦の新たな親密さが形成されていった。

この同じ過渡期には、ピューリタンの倫理観にもかなりの緩和が見られた。性の新たな領域が開拓され、夫と妻はともに模索した。男女共学の大学に入る学生数が増えるとともに、男女平等が急速に進んだ。大学出の男性たちは、女性たちと一緒にいることが心地よかったので、この新たな共生をさかんに推し進めた。彼らは女性を連れて狩りや釣りや舟遊びの旅に出かけ、ビリヤード場や居酒屋など、以前は男たちが異性からの逃げ場にしていた環境に入った。当時の啓蒙された若い男性は、自分の連れの女性の存在が、自分ばかりか世のすべての人びとを魅了するにちがいないと思っていた。彼は鼻高々の旅案内人となり、女性を同伴して、衰退の一途をたどる元女人禁制の領域へと入っていった。年配者たちは落胆してかぶりを振ったかもしれない（「自分の女を狩りの旅に連れてゆくような馬鹿者は、大学出だけだ！」）が、時代は若者に味方した。

中流階級の夫が妻に抱いた新たな関心は、彼自身が家庭生活になじむうえで大きな力となった。産業化が職住分離を引き起こし、父親を家庭から連れ出したのに反して、彼は多くのフェミニストや児童発達心理学者が示唆するほどには家庭内の責務から逃れていない。子育ては大部分が母親業である、とはいえ、マーガレット・ミードの次のような観察結果もまた事実だ。「既知のあらゆる文明史のなかで、現代のアメリカほど父親たちが幼いわが子の面倒をよく見ている例はない。また、母親たちが台所や子ども部屋で、選ばれし配偶者からこれほどの協力を得ている例もない」[25]。問題は、夫や父親の責務から逃避している男性ではない。問題は、子育てに力を貸したり、核家族でも決して孤立していなかった過去の世帯を以前はたえず社会的に支援したりしていた、思いやりと頼りがいのある他の大人たちの集団が失われたことに起因するのだ。

おそらく、アメリカ人が同性間の永続的な関係の喪失を肯定的にとらえるようになり、友愛結婚を旧世代の婚姻関係よりすぐれたものとして美化するようになったのは、必然の成り行きだったのだろう。ものごとを前向きに解釈するほうが、実際に改善するより簡単なのは世の常である。

夫婦一体の状態

第二次世界大戦後、帰還した一三五〇万人の退役軍人にアメリカ政府が頭金なしで郊外住宅を提供したことで、友愛結婚という理想は、最適な物理的環境を得た。閑静な郊外の、姻戚や幼なじみから遠く離れた家のなかで、夫婦は一体感のある結婚という夢を実現できた。愛し合う二人の夢を中心に結婚生活を営むことができ、その間ずっと、以前「つらい」結婚生活を送っていたとおぼしき部外者たちに立ち入られずに済むのだった。

それで一体感はどうなったのか？　夫と妻が相手を過剰に束縛し合い、ほかの大人たちとの親密で頻繁で気軽な触れ合いがあまりに少なくなれば、その不足を必死で乗り切ろうとする不安定な状態に陥ってしまいそうだ。膨大な、そして今も増えつづけている一連の証拠は、この理想に根本的な欠陥があることを示唆している。

一九五〇年代以降、過度な隔絶からくるストレスと緊張のため、何百万という人びとが別の道を探すようになった。一九八一年には、二百万組ちかいアメリカ人カップルが婚外同棲をしていた。[26]一九六〇年という早い時期に、アメリカの夫婦の二パーセントから五パーセントくらいは定期的に夫婦交換《スワッピング》をしており、どちらの数字をとるにせよ、何百万という人びとがそれに関わっていたことになる。[27]現在、アメリカにおける単身者世帯の増加率は、全世帯数の増加率の二倍と見積もられている。[28]二十代前半に独身でいる人びとの数は急増している。彼らが結婚を先延ばしにしているのか、それともその気がまったくないのかは、まだはっきり分からない。大学出の女性たちは、結婚にまつわる多くの選択権を行使できる人びとであり、アメリカ人女性のなかでも最も結婚の可能性が低い集団だ。[29]

アメリカは世界の先進諸国のなかで最も離婚率が高く、その値は一九六〇年から倍増している。正式に承認された夫婦関係がこれほどの頻度で破綻していることから、ある人は、いささかおどけながらも正直に、結婚という制度にたいするアメリカの貢献は離婚だ、と報告した。実際、アメリカ社会における結婚の失敗は、日常茶飯と思えるほど頻発するようになった。そんなわけだから、多くの専門家は今、離婚を問題と呼ぶよりも解決策と呼びたがり、離婚を人間関係と夫婦関係の崩壊と見なすよりも家族の再編と見なしたがる。おそらくその新たな見方は、過去の苦痛をいくらか和らげるのだろう。

多くの専門家は、一体感ある結婚の失敗に直面して、もっと一体になれとけしかける。ある意味、それは正しい。調査によって明らかになっていることだが、たとえば、平均的なアメリカ人夫婦は週に二〇分しか直接に対話をしない（どうりで現代のジグスは、ディンティー・ムーアの店で話が弾まないはずだ[30]！）。また、三〇代の夫婦は年に三〇―四〇時間しか性行為に費やさないことも調査で明らかになっている。友愛結婚は、ほかの大人たちとの刺激的な触れ合いを抑制する一方で、多くの夫婦が活用もしくは享受できる以上の一体感を無理強いする。多くの結婚は長続きせず、さらに多くは、一体感から逃避するための、あの大衆向け手段――テレビ――に支えられている。

　結婚という制度にたいする反対論がさかんに書かれ、語られている。しかもそれを唱えるのは、結婚を男性にたいする女性の隷属の形式化と見なす急進的なフェミニストばかりではない。ほかの人びとは、アメリカ社会で発達した一夫一婦制に代わるものを探していて、つい二〇年前には奇抜で不道徳とされたであろう生活様式にたいして、宣教師ばりの熱意を見せることもままある。多くの人が、こうした実験者たちの言葉づかいや論法を稚拙なやりたい放題と見なすのは、人間性や個人の充実感を追い求めるなかで彼らが伝統を軽蔑するからだ。社会のしくみが人びとにとってうまく機能しないときには、個人主義が華々しく喧伝される――たとえ発せられる主張や言葉が華々しさとは程遠くても。実をいうと、わたし自身の言いかたも格調高くない。結婚したからといって、いま強いられている一体感がすべて与えられるわけではない。むしろ、それぞれの配偶者に必要なのは、ほかの大人たち、とりわけ同性の大人たちとの定期的なつながりである。

性的関係におけるサードプレイスの役割

ほとんどのサードプレイスは男女別になっている。異性を立ち入り禁止にしている場所もあれば、男女の分離が「程度の問題」の場所もある。たいていの場合、これらの楽しくて活気に満ちたくつろぎの施設は、男女のあいだに垣根を立て、旧来のやりかたを踏襲し、社交生活を男の世界と女の世界に分けている。しかしその最終的な結果は、不和を生むわけではない。男女別のサードプレイスは、いくつかの重要な点で、配偶者の異性愛関係を支えているのだ。

サードプレイスでの交流をいま楽しんでいる人びとは、それによって現代の結婚生活の危険な孤立状態をある程度は免れているのだが、その孤立状態について、かつて故マーガレット・ミードは次のように述べた。

それぞれの配偶者が相手にとってのすべてになっている。彼らはベッドの中でも外でも好ましくあるべきだと考えられている。女性はよき料理人、よき母、よき妻、よきスキーヤー、よき話し相手、よき会計士であるべきだ、と。そして両者とも、ほかの誰からの支えも求めてはならないとされている。[31]

ざっくばらんな社交の集まりで、楽しい人びとと定期的につきあえば、ミードが述べたような重圧は軽減される。サードプレイスは、個人の人生への満足感に多大な貢献をしている。満ち足りた人びとは、自分の基本的な人間関係を乱すこと、ましてやそれを壊すことなどなさそうだ。充実した人生を送っている人ほど結婚に多くを望まず、結婚生活を楽しんでいる。

サードプレイスでのつきあいは、人生の満足度を高め、結婚や家庭生活からは得られないものをたくさん与えてくれる。同性の仲間うちで大騒ぎをし、あるいは羽を伸ばし、くつろぐことには喜びがある。社交的な気晴らしには、男女の混在につきものの低レベルのストレスがないにこしたことはない。ごく普通の人間は、異性がいるところでは、同性の友人と一緒にいるときほどくつろげないものだ。しかし夫と子どもに自分のすべてを捧げている女性こそが、女友だちと一緒にいて最もくつろぎを感じるのだろう。

こうした理由から、イギリスでは、くつろぎかたを心得ている男女の多くが、女性専用のバーをなくす性差別法〔職業、教育などにおける性差別の排除を目的として一九七五年に制定された法律〕に異を唱えた。ベン・デイヴィス（第7章参照）はこんな意見を述べている。「まったく、なぜパブは、需要があるというのに男女それぞれが異性の仲間から逃れる機会を、そのかすかな隙間を提供しないのだろうか？　そのような、人生のストレスの一つ――少なくとも一つ――からの束の間の休息は、誰にとっても有害ではなくむしろ有益である」[32]

それに、夫も妻もやはり、サードプレイスでのつきあいに伴う社会的支援や絆から恩恵を受ける。友だちの輪にうまく溶け込んでいる女性は、そうでない女性ほど夫に翻弄されることがない。もちろん男性だって同じだ。結婚生活の中にいるだけでなく外にも出る人間であること、夫婦関係からある程度は自立していること、個としてしっかりした存在感があること――このような特質は、夫婦として生涯連れ添ううえで役に立つ。生き生きとした結婚生活と、「女友だちと一緒」または「男ともだちと一緒」の時を過ごすことは、満足のいく充実した生活を送るための重要な決め手だ。それは、ケーキを食べてなおかつ所有する〔相矛盾することを両立させる、という意味の慣用句〕問題ではない。ケーキが堅くなってボロボロと砕けるのを防ぐ問題なのだ。

同性どうしのつきあいは、異性にたいする興味をかきたてる。男性は、女性の集団内で取り沙汰されるときほど性的な対象として見られることはないし、女性は、男性ばかりの会話で話題にされるときほど性的な対象として見られることはない。たとえば（そしてたしかに、とりわけ）女性は、ほとんどの男性にとって性の対象であり、そうありつづけることが重要である。だからと言って、普通の男性はみな女のことしか頭にない、と非難するのは馬鹿げている。男性の集団は成員に、女性を性の対象として見る気にさせるような影響をおよぼすが、一般に生身の人間をそんなふうに扱うことを助長しているわけではない。女性の集団も、かつてはもっとずっと上品だった言葉づかいで、似たようなことをそそのかしていた。同性の集団や集会は、異性への興味を煽る一方で同時に、異性との関わり合いからの逃げ場や束の間の休息を提供し、相違を示す。

この点で、サードプレイスは夫婦の私生活に大きく貢献しているのではなかろうか。多くの性科学者の理解によれば、性交渉が意味するのは、配偶者間の隔たりを埋める強い性愛的興味の火花であり、その隔たりができる原因は、衝突や緊張、反目、そして配偶者候補どうしを引き離しておきがちな障壁である。[33] 原理は単純だ。隔たりがなければ、火花は散らない。緊張こそが、性行為に感情とドラマと意味を吹き込むのであり、それらの特性が存在するときに、性的な好みが形づくられるのだ。

男ばかりの集団には性的興奮がほとんどない。緊張がない。気持ちの通じ合う仲間たちのなかで、のんびり過ごしたり、とりとめもない話をしたりしながら、男たちはすっかり肩の力を抜いている。あまりにも気楽で、意気投合しているので、性的関心を掻き立てるのに必要な緊張感が生まれない。異性にたいする性的関心は、世界のどこであれ、男の絆のパターンと共存している。男たちが一緒にいて互いに気楽で心地よいところには、同性愛の関係がごくわずかしか見られない。男どうしの競争が熾烈で、制度化された男の絆が弱いか皆無のところでは、同性愛がはるかに多く見られるようになる。

若い男女が性的に接触することを許される社会では、隔たりと緊張の必要性の原理が反証されるように思えるかもしれない。男女間の障壁が完全に取り払われたように見える。ところが、まさにそのような事例こそが、この原理の裏づけとなるのだ。

たとえば、アフリカのムブティ族のあいだでは、若者が人生の早いうちに性交渉を楽しむよう奨励される。彼らは自分の好きな相手と性交してもかまわない。大人のコミュニティに邪魔されることがない。しかし、それで何が起こるかというと、女子（主導権を取ることが見込まれる）は、当たり前と思えるような青年を決して選ばない。最初に不確定要素を取り入れて緊張感を吹き込むのだ。まず最初に、自分たちが選んだ男子の身体を殴打する。重篤な傷を負わせ、生涯残る傷跡をつけることも珍しくない。

アメリカ社会では、ふつうは男子が主導権をにぎるが、その結果も似たりよったり。「誰とでも寝る」女子は魅力がない。そんな娘は、たとえ当てにされるとしても「最後の手段」なのである。熱愛ものの文学作品や芝居は、衝突、障壁、誤解、激しい嫌悪とさえいえるほどの初期摩擦に依存している。情熱には、その感情に火をつけて成就のお膳立てをするような障害がなくてはならない。恋人たちが引き離されている時間が、最終場面や最終ページ以外のすべてを占めている。激しい情熱は、恋愛が成就することによって冷めてしまう。

恋愛劇の中心は、結婚までの交際期間であって、長きにわたる結婚生活ではない。実生活では、人はとてつもなく長い結婚後の歳月に耐えなければならず、その間に交際期間ならではの性的興奮が、はるかに（官能的に）味気ない結婚生活の退屈な日常に取って代わられる。ごく最近までは、広く行き渡った各種の男性隔離やその他の親密な関係があったせいで、夫婦が一緒にいる時間と相手にたいする依存度は最小限に抑えられていた。以前の結婚生活は、配偶者に熱中しあうことよりも、コミュニティとつながる――夫婦の結束によって可能になる――手段の上に成り立っていた。家族社会学者のゲイル・フラートンが述べているように「今どきの夫婦は、機会をとらえて結婚生活を築くよりも、恋愛感情の消滅を嘆く傾向が強い。彼らのどちらか一方または両方が、ひそかに新たな恋愛を探しはじめるかもしれない。さもなければあきらめて、喜びのない生活に落ち着くかもしれない……」[34]。

最近の世代が、蜜月期間を引き延ばしたがるのも無理はない。情熱を欲する気持ちは生きつづけるけれども、長らく情熱を煽り立ててきた障壁がなくなっている。何をやっても前のようにはうまく行かないし、もうこれ以上やりようはないのだろうが、それでも夫婦は試みる。そんな情熱の追求から、ある種の産業が丸ごと一つ出現した。売り物はたとえば、ウォーターベッドと鏡、豪華な絨毯とプレイボーイ・チャンネル、ゴシック系官能小説と泡風呂、それにもちろん、果てしなく刊行されつづける手引書。

現代の同性どうしの親交の消滅について意見を述べながら、スチュアート・ミラー〔アメリカの著述家〕は「ほとんどのアメリカ人が、自分の連れ合いを自分の親友と称する」のも驚くにはあたらないと考える。「ただしそう言い切る人は、女性よりも男性のほうがずっと多いだろう」[35]。このかつてない、配偶者による個人の独占は、罪悪感と不安感によって、夫婦以外の人との潜在的関係に悪影響をおよぼす。その結果——とミラーは言う——「たとえば、ある男性が夜に男友だちと外出したいとき、彼はさっさと出かけたりしない。友人たちに向かって、まずは夫婦の予定に支障が出ないかどうか妻にお伺いをたてなければならないんだ、と告げる。彼には、妻と交渉して認められたもの以外、黙認された自由な社交時間がまったくない」[36]。実をいうと、多くの男性は、予定に支障がないときでさえ、お許しをもらえない。最近、ある大切な客は自分の結婚生活を自慢して、わたしにこう言った。

考えてみれば、ぼくは自分の知るかぎりの夫たちのなかで唯一、妻が町にいるときビリヤードをしに出かけられる男なんだよね。ほかのみんなはときどき、ちょいとビールを飲みに行こうや、玉突きでもしようぜ、と電話をよこす。毎回予測がつくよ。彼らが自分のしたいことを自由にできるのは、奥方がいないときだけなのさ。やれやれ、なんたる生き方だ。

旧来の秩序がみごとなまでにひっくり返り、女性は今や、中流階級の結婚生活という世界のなかで男性より多く友情を育む自由をもっている。おまけに、女性の地位向上と経済力によって、女性の自立が高まった。最近では、妻が夫を以前より容易に見捨てることができるし、実際に見捨てると、男性は自分の連れ合いばかりか、往々にして唯一の親友をも失うことになる。

最終的に、夫婦一体の関係は、かつては豊かだったかもしれないが、閉塞感にさいなまれがちになる。夫は精彩を欠き、過度に親密な、面白みに欠ける人間となる。人間関係の排他性が、夫婦の性生活に悪影響をおよぼすようになる。というのも、性欲を刺激する魅力は、性交渉によって埋められることになる両者の差異に左右されるからだ。その差異が薄まると、人は性欲の激しさを失い、夫婦関係は退屈になる。ある著名な性科学者はこんなふうに書いている。

男の絆は、異性愛にかなりの外力を加えてしまう。その同性愛的な要素は通常、官能的なものとはあまりにもかけはなれているので、異性愛にたいする性的競争相手にならない。しかし、息抜きを提供すること――ある意味、ガソリンをタンクに戻すこと――によって、それは男の欲求を十分に満足させ、異性愛的接触に力づよく戻ろうとする男の意欲を回復させる。というわけで男の絆は「燃料補給作業」なのである。多くの女性は直観的にこれを理解し……そして自分の夫が「男友だちと出かけて」いて寂しいかもしれないが、彼女たちはその時間を使って立ち直り、男が気晴らしに出かけることについて自分はその究極の後援者であることを正しく感じ取る。彼女たちの勘は当たっている。緊密な男の絆をもたない男に重苦しい不安を感じる、ほかの女性たちの勘と同じように。[37]

また別の著者が書いているように、男がほかの男と深い関係をもつと、彼らの夫婦間の性生活はより良くなる。[38]

男らしさや女らしさとは、異性の興味を引き、異性の心に訴えかける外見、振る舞い、ものの見方、態度のありかたを指す。これらは同性のつきあいのなかで培われ、鼓舞される。同性の大人との十分なつきあいを否定する結婚は、孤立した家々がどこまでも続く光景を生み出すだろう。そしてそのコミュニティは、これまでもこれからも、夫婦間の交わりの喜びを、退屈で苦しめるのだ。

男女が一緒に

男性は「女友だちの一人」になれないし、女性は「男友だちの一人」になれない。ときおりわたしは、男ばかりの集団に自分が入ってもかまわないと思っているらしい女性を見かけることがある。点滅している注意信号が、彼女には見えていない。その場の雰囲気の変化はわずかだ。会話にそれとなく制限が課せられる。男たちはできるかぎり彼女をくつろいだ気分にさせようとするかもしれないが、「異分子が紛れ込んで」いるので、集団はすぐさま注意を喚起される。人は自分の性的アイデンティティーを絶対に捨てたくないし、他人に自分のそれを捨てさせることも許さない。異性の集団への闖入者は、自身が共有したいものを事実上破壊する。

サードプレイスでの男女の統合には限界がある。明らかに、ある一つの施設に男女両方が入るのを許可することは、いや歓迎することでさえ、およそ性的統合に等しいとはいえない。諸事情によって女性を入れざるをえなくなった男性のたまり場の多くは、依然として男性のたまり場そのものだ。

おおかたのサードプレイスが異性による乗っ取りを防ぐためにもっている免疫を、男性はほとんど正しく理解していない。とくに男の砦が初めて女性に破られるときは。本当に、すべてが失われたように思える！　この悲観の原因のひとつは、頑なな保守の姿勢にあり、ほとんどの男性は自分のサードプレイスにたいしてそんな態度を取る。ある男は頻繁に模様替えをする家に暮らしているかもしれないし、ある男は政策が極端に進歩的だったり女性関係が極端に自由だったりするかもしれないし、またある男は職場の雰囲気を変えるだけのために従業員を入れ替えるかもしれない。ところがこと自分のサードプレイスに関しては、全員が、もとのまま変わらずにいることを求める。ごくわずかな改変も、劣化のしるしと受け取られる。もしネクタイ着用の規則を遵守せずに食事をするのが許されるなら、そのクラブはつぶれてしまうだろう！　新たなバーカウンターは品がないし魅力がない、あのいまいましい合成樹脂塗料《フォーマイカ》と合成皮革は、作りものだらけの世界の一部だ！　ストレートのウィスキーには当然チェイサーとして小グラスのビールがついてくるものと思っている客は、今やそれを注文しなければならんのだ！　古き良き時代はどこへ行ってしまったのか？

というわけで、女性の入場を許可することが、かつて女人禁制だったそれらの侵入された避難所の「終わり」を告げるように思えても不思議はないのである。しかしその侵入は、心配されるほどの大きな被害をもたらすことはまずない。というのも、男女の全面的な統合が、新たな入場許可の方針を生むことはめったにないからだ。

一九六〇年代後半、わたしがよく知っているあるバーは、会員の妻たちの圧力に屈して、彼女たちの入店を許したばかりか、女性がくつろげるように全面改装した。古い居酒屋の外観は、なにやら現代的な空港のカクテルラウンジ風に変わった。トランプ室だけは、相変わらず女性立ち入り禁止だった。ビリヤード室はなくなった。多くの会員が恐れたとおり、女性たちは群れをなして入ってきた——しばらくの間は。しかし、その店はかなり広かったので、男性の集団はつねに女性たちから離れた空間を見つけることができた。そしてその場所で、議論の男っぽさは維持された。かたや女性は、男たちが築き上げたものを手に入れられるほど定期的には顔を出さなかった。男性の会員は、いつでも店に入って自分を待っている友人たちを見つけることができると知っていた（良いサードプレイスであるかどうかを試す確実な方法であり、この特徴ゆえに常連たちは、磁石に吸い寄せられるように自由時間を見つけては通いつめるのだ）。女性にはそれができなかった。

ひとたび目新しさがなくなり、夫のクラブがどんなものかを理解する機会を十分に得ると、女性たちの足は遠のいていった。このクラブは、会員の多くが恐れていたようには男女の統合がなされていない。〈統合《インテグレーション》〉よりむしろ〈応化《アコモデーション》〉〔社会学用語。個人・集団間の対立を避けるためにお互いに適応しようと努める過程、あるいはその結果〕という言葉のほうが、このような事例には適しているように思えるだろう。たいてい、男性のインフォーマルな集いの場には、友愛組合支部の集会場と同じく、交流と活動の全面的な統合による致命的な影響なしに、通常みんなを満足させるような応化が見られる。

おそらく、平均的な中流階級のアメリカ人が経験することのなかで、全面的な統合に最も近いのは、内輪の招待者限定のディナーパーティーでしばしば強いられるたぐいだろう。C・S・ルイスの知り合いのある女性が言ったように「決して殿方二人を並ばせてはいけませんよ、そうしたらつまらないでしょうから」[39]。選べるものならば、男女の少なくとも一方は「統合」されないほうを好むようだ――したがって、彼らは強制されるに違いない。

食卓での強制的な統合は、現代よりヴィクトリア時代のほうがうまく行っていたに違いない。十九世紀なかばにイギリスの叔父のもとを訪ねた一人のアメリカ娘が、ディナーでの統合に同意したイギリス人男性の応化のしかたについて報告している[40]。「わたしの右に座っていたのはランドン氏で、彼は左耳が聞こえなかった。そしてわたしの左にはチャールトン氏。彼は右耳が聞こえないとのことだった」。無礼な態度はまったく見られなかった。みんな感じがよくて親しみやすかった。しかし、食卓でのおしゃべりは、最近行った狩りの冒険談と密猟の問題に終始した。その後、男性たちは席を立ってトランプをしに行き、見物したい女性たちにはそうさせておいた。

現代のアメリカの生活において男性は、共通の関心事をめぐって――たとえテレビ番組をめぐる議論にしか興味がなくても――女性と会話をする可能性がはるかに高い。それにひきかえイギリス人は、男どうしのつきあいの味わい深さを諦めず、依然として応化の達人でいることのほうがずっと多い。つい先ごろ、ある友人が、イギリスの男性たちのたくらみに全力で抵抗した。その女性は昔から、救いがたいほどの「自動車マニア」である。イギリス人と「自動車談義」をしたくてたまらなかった彼女は、彼らとの社交行事にいつも不満を抱いていた。イギリス人男性に車の話題を持ち出そうとするたびに、相手はすかさず彼女を婦人たちの集まっている部屋に案内し、女性だけの交流に追いやったのである。

イギリス人の応化のしかたは、北部の一都市での大がかりなパブ観察のさなかにも明らかになった[41]。

その都市では、ヴォールト（パブリック・バーを意味する北部の言葉）は実質的に女性立ち入り禁止だった――法的にではなく、事実上。パブの応接間は女性に好まれ、そこに行くと女性たちは、ほとんどの場合女性どうしで語り合う。一般に、労働者は土曜日の夜に妻を連れてパブに行き、彼女を応接間に送りとどけてから、自分はヴォールトに行く。定期的に、彼はウェイターに妻の要望をチェックさせ、地元の慣習にしたがって、パブの閉店前の一時間は応接間で妻と一緒に過ごすだろう。彼は土曜日の夜の大半を男の友人たちと過ごし、最後の一時間を女性たちとともに応接間で過ごし、そこで最終的に男女が交じり合う。

ヨーロッパ大陸の男性は、イギリスの男性よりもっと巧みに社交の場で女性を受け入れているかもしれない。たしかに、ビアーガルテン（ビール園）やガストハウス（居酒屋）は、サードプレイスの男女共存の手本にされてきた。世界を股にかけた旅人ハリー・A・フランク〔アメリカの紀行作家〕は、明らかに、バイエルン人の成熟した文明的なやりかたに魅了された。

> アメリカの酒場の批判されてしかるべき特徴が、バイエルンのガストハウザー〔居酒屋〕にはまったく見られない。そもそも、それらの店は男女両方のあらゆる階級に利用され、結果として改善された持ち味がある。日曜日の夕刻、礼拝の説教を終えた村の司祭か牧師は――後者は妻が同伴して――ビールを一杯飲みに立ち寄ったのち、プライベートな休息に入る。乱暴なふるまいや、汚い言葉づかい、わいせつな言動は、家庭内と同じようにほとんどない。社会の迷惑と見なされたことがないバイエルンのビアホールは、ほかのどの商店にも劣らぬほど立派で誇り高いコミュ

ニティの一部だ。それは男女両方のための村のクラブであり、井戸端会議よりはいささか女性っぽさに欠けるにせよ、たいそう女性らしい上品な雰囲気がある。[42]

イギリス人女性ヴァイオレット・ハントも同じように、ヨーロッパ大陸の、女性にたいする障壁や侮辱のなさに感銘を受けた。にもかかわらず、ドイツ文化のサードプレイスにかんする彼女の記述を読むと、障壁はあったように思える。男性は隣り合って座り、日が沈むまで酒を飲み、煙草を吸い、おしゃべりをするのが常だった。女性はすぐ近くだが離れて座った。そして編み物か針仕事をし、子どもたちを見守り、昼食を運び、時間に気をつけていた。[43]

ドイツの小規模な飲食店にもやはり、男女を問わずあらゆる社会階層を歓迎する民主主義の精神があった。しかし、店内の目立つ場所には何があるか？　シュタムティッシュ、すなわち「なじみの客」専用の、通常は円卓の特別席。そして誰がそこに座るのか？　男性だけだ。彼らは平日の夜、定期的にそこにやって来るが、妻や子どもは家にとどまっている。

応化が予想されるのは、男女を物理的に分けることは許されないけれども両者に興味の違いがある場合だ。女性の目の前で、男性は女性のような口ぶりで話しだす。女性の目の前で、男性は自分が演技していることをしだいに意識するようになる。緊張を解くほうが難しい。男女間の興味の違いと、同性どうしのつきあいを抑制する力の低下は、男女共有のサードプレイスにつねに見られる「小さな両極性」の主な原因であり、それを正当化する。

男女の混合は、サードプレイスが拠り所とする同性どうしのつきあいにとって、普遍的な脅威ではない。構造が緩やか――これまたサードプレイスの特徴――なので、男女がごく近い距離で混じり合い、交流することは強制されるはずがないのだ。

夫婦とサードプレイス

サードプレイスでのつきあいがしばしば最も厄介な問題になるのは、夫婦関係においてである。多くの既婚者はサードプレイスをもっていないが、それは、連れ合いから家にとどまるよう求められているからか、彼ら自身が、結婚にともなう諸々の責任を果たすにはサードプレイスのつきあいを差し控えるのが適切だと考えているからだ。中流階級のアメリカ人には、夫が「男友だちとの夜の外出」に罪の意識を感じる傾向があるのに加えて、夫または妻が家の外でどのような、あるいはどの程度の社交生活を「許される」かの明確な基準がない。

夫婦間の責任は、親子関係に採り入れられるようになった心構えを伴わない。アメリカの母親の半数が仕事をもつようになったころ、子どもと過ごす「充実した時間《クオリティ・タイム》」という概念が生まれた。母親が子どもと離れていなければならない長い時間を、親子一緒のときに楽しむ「充実した」時間で埋め合わせようというのだ。質的時間《クオリティ・タイム》で「量的時間《クオンティティ・タイム》」のあらゆる利点の埋め合わせがつくわけではないにせよ、この考えは理にかなっている。

しかし充実した時間という考えは、夫婦関係には採り入れられていない（たとえそれが求愛や恋愛の基本だとしても）。ただでさえ子育ての時間は短すぎるのに、ますます時間が限られる。だが結婚生活には「時間ぎめ」の要素がない。親に依存している年頃の子どもたちは、成人の配偶者にくらべて、自分の思いどおりに歩きまわる自由を多くもっている。大人になり、成熟するとともに自立すると、配偶者にたいする永遠の責任からほとんど自由になれないのだ。夫婦円満の秘訣は、離れ離れの時間や対照的な交友関係にあるのかもしれない、という考えをアメリカではほとんど耳にしない。結婚よりも同棲を選ぶ人びとの多くは、わたしが思うに、アメリカ型の結婚生活では許されないほどの自立に固執したいのだろう。

夫妻ともに外部との連絡が抑制されすぎる、という婚姻関係の問題のほかに、サードプレイスのつきあいに夫婦が、夫婦一対として、適しているかどうかという問題がある。プライバシーの範疇に含まれる夫婦関係の質はさておき、みんなの目にどう映るだろう？　家事やセックスの相性はさておき、外の人間がいる場所に「二人そろって顔を出す」ことに関して、夫婦の相性はどうか？　夫と妻は社交上いいコンビになるだろうか？　ほかの人びとは、彼らを興味深くて、楽しくて、近づきやすいと思うだろうか？　彼らは「愉快な夫婦」だろうか？

敏感な人は、配偶者がいるときといないときとで友人知人の様子が違うのに気づくことが多い。配偶者がいないときの驚くべき変わりように衝撃を受ける。ある夫は自分の妻を、ほかのすべての女性と同じく「頭が悪い」とか「子どもっぽい」と見なしているかもしれない。彼はひどく「怒りっぽい」ので、妻の言うことにいちいち喧嘩腰で返答するかもしれない。彼は自尊心を高めようとして、妻を絶え間なく批判しつづけるかもしれない。女性は、他人と一緒のときの自分の夫の印象を必要以上に気にするきらいがある。彼女たちは夫の誤りを正し、夫の至らなさにたいして言い訳や謝罪をするかもしれない。また、夫が言わなければならないことを何もかも批判がましく監視するかもしれない。中年男性は、この種の抑圧を受けたときに消極的な態度を見せることで知られている。妻がそばにいると、彼は茶目っ気を見せたり、人を面白がらせたり、自ら楽しんだりしようとしない。ひたすら首を縦に振って、時間を稼ぐ。そんな男たちにしてみれば、女性とその常習的な非難から離れていられるサードプレイスは、二重の意味で貴重かもしれない。ジグス（第3章を参照）は、妻のマギーから逃れてふたたびディンティー・ムーアの酒場の男友だちのもとに戻るためなら、どんな手段だって使ったものだ。こういう男たちにとってサードプレイスは、自分の尊厳を取り戻す機会を与えてくれるのかもしれない。

サードプレイスほど、抑圧的な話しぶりが邪魔になる場所はない。本書の主旨を思い返せば、サードプレイスでの主要な活動は会話、それもきわめて良質な会話である。その本質的な魅力を見出す人びとは同時に、個々の人間の、義務や生産的役割を超えた価値をも見出す。その会話がどんなかたちをとるかは、奔放な個性がどう発揮されるかで決まる。このような良質な会話も、夫あるいは妻が自らの特権を行使して、公衆の面前で連れ合いの誤りを正し、批判し、それによって連れ合いの信用を傷つけることによって、あっけなくぶち壊される。昔は、夫婦が公衆の面前で言い争うのは見苦しいとして控えるたしなみがあったが、今どきは、ざっくばらんな社交の場で多くの夫婦が見せつける惚《のろ》気《け》ぶりと同じく、言い争いが起こることも珍しくない。おそらくそういうことをするのは、ふだんほかの成人と頻繁に気軽な触れ合いをもたない夫婦なのだろう。夫婦間の関係やエピソードは、サードプレイスでの会話で触れてはならない話題ではないが、そのての議論には、品のよさと如才なさと細やかな心配りが必要だ。

サードプレイスは、夫婦間に生じたどんな関係にも対応するように思えるだろう。結婚生活に束縛され、たびたびの息抜きが欠かせない人にとって、サードプレイスは、配偶者に理解してもらえないことを理解してくれる人びとと過ごせる安らぎの場だ。サードプレイスは、面白くて楽しい夫婦をも受け入れるかもしれない。ただし「愉快な」夫婦は、そのような場に関与することさえ、定期的というより時たまになりそうだが。

というわけで、この議論の本筋にもどろう。すなわちサードプレイスは、男女を分ける働きをするのであって、男女を対等で区別のない関係へと融合させるのではない。「とびきり居心地いい場所」のこの特徴をさらに検討すると、とうていそうとしか考えられないと分かるはずだ。性的アイデンティティーは決して忘れ去られることがなく、同性の交友関係か男女混合の交友関係のどちらかが、定期的に社交的な集いを開催するどの施設でも幅をきかすだろう。男女が釣り合っていて、まんべんなく入り交じり、異性が一番の関心事であるところでは、エロティックな興味が優位に立つものだ。そのような場所は、それなりに魅惑的かもしれないが、サードプレイスではない。

おそらく、その原理の説明となる最新の好例は、男女が統合されたバーかカクテルラウンジに見られる。一世代前の妻たちがバーに入るのを思いとどまったのは、強い酒がもたらす「害悪」のせいだった。ところが今の世代は別の理由でバーを嫌っている。男のバーは、男女同席のバーに取って代わられ、そこでは男と女が「懇ろ《ねんご》」になる。だから、今日の既婚女性は夫をバーに行かせたがらないのだ。

もしサードプレイスが、主として同性の成員との定期的な交流の場であるならば、夫婦が他の人びとと社交の場を共有する機会はどこにあり、それらの状況はサードプレイスとどう違うのか？　手がかりは、ごく普通の伝統的な、夫婦の外出のしかたにある。たとえば、ナイトクラブ通い、友人との外食、映画、劇場、気の合う夫婦とのパブのはしご、そして家でのもてなしへの招待。なるほど、これらの例を典型として取り上げると、夫婦の社交と、サードプレイスでの社交には、少なくとも二つの違いがあることに気づくだろう。

第一に、夫婦が心惹かれる行動には、より大きな〈構造〉がある。外食、劇場、ナイトクラブでの娯楽、ダンス――これらはすべて高度に構造化されている。行動方針は決して不確かではない。ひとたびその夕べが「始まる」と、夫婦はどこに行くべきか、あるいは何をすべきかの決断を迫られない。夫婦が問題にぶち当たった（店が休みだったり、観たかった映画が上映されていなかったりした）ときは、同性の集団で行動する場合より対処が難しい。行動の代替案が少なく、なかなか合意が見られないように思える。サードプレイスが提供しないような構造化された活動に、夫婦はより依存しているらしい。男性と女性が一緒にかなりうまく「ぶらぶらする」のは青年期だけである。その年頃に、彼らは自由な時間を使って世間に慣れ、異性のやり方に慣れるようだ。

もう一つ気づくかもしれないのは、夫婦が家の外でほかの大人たちの目に触れるときは、おしゃれをすることが多い、ということだ。彼らの外出は、少なくともこの点では、サードプレイスを訪れるのより特別だ。そしておしゃれをすると、わたしたちはふつう、自分の行動を、通常より意識するようになる――男性はより紳士らしく、女性はより淑女らしく。連れ合いに気をつかい、いつもより少しばかりましに振る舞おうと努力するとともに、いつもより少しばかりましに見せようと意気込む。夫婦で外出するときはつねに、自分たちを「格上げ」する傾向がある。

夫婦が他人と一緒にいて、サードプレイスでの同性どうしのつきあいと同程度のくつろぎを得るには、ふつうは自宅というプライバシーや安全を必要とするだろう。親友を自宅に、とりわけ心地よい疲労感につつまれた夜遅い時間帯に招いたとき、その夫婦はサードプレイスのつきあいでは当たり前とされるくつろぎの水準に近づくかもしれない。

しかし、わたしたちがいくら一体感をもつように心がけても、究極の社交上のくつろぎは、ほとんどの人にとってやはり、お目付け役である配偶者の同伴も、異性を気づかって話の内容を加減する必要もない、同性の集団のなかに見出される。

同棲

結婚せずに男女が一緒に暮らすことは、今では広く行われるとともに受け入れられているが、それが意味するのは道徳的退廃や社会啓発というよりむしろ、結婚にまつわる不安である。親友の経験や、親との不幸な家庭生活、そして結婚の先行きの不透明さを根拠にして、若い人びとは教会の祭壇の前に立つことに無理からぬ恐れを抱いている。

結婚に――その諸々の問題点にもかかわらず――価値を置きつづける社会において、同棲はけっして理想的なありかたではない。同棲は、結婚ほど地域生活との結びつきが強くないし、将来にかんする不確実性をはらんでいることが多い。女性にとって不利な点は、よく知られている。家賃は折半なのに、女性が家事を負担しがちだ。そして、月日の経過とともに、女性は男性より急速に魅力を失ってゆく。

男性にとって同棲の代償には、女性の場合より微妙な計算がからんでいる。男性は女性ほど人生観が変わっていない。おおかたの男性は、婚前に恋人と寝ることについて、昔も今も積極的な（あからさまな渇望とは言わないまでも）態度を取ってきた。けれども最近まで、女性はほとんど同意しなかった。男性の独身生活は男性の仲間のなかで営まれ、結果として生まれる青年たちの結束が、そのたまものだった。ひとたび、ある青年のお気に入りの娘が彼と寝ることに同意して定期的にそうすると、集団はメンバーを一人失うことになる。かつてウェディングベルが、そういう成熟途上の男たちの集団を壊したように、今は同棲が、それらの結成を邪魔している。

経験を積んだ軍人たちはおそらく、同棲の普及がおよぼす影響をたいていの人よりよく知っているだろう。彼らが懐かしそうに語る「古きよき昔」は、活気に満ちて信頼のおける兵営生活があり——「時計や財布をフットロッカー〔兵舎用の小型トランク〕の上に置きっぱなしで出かけても大丈夫、帰ってくるとそれはちゃんとそこにある」時代だった。当時、男たちは基地のなかでも外——夜や週末に連れだって町に繰り出すとき——でも、互いに世話を焼き合った。そんな昔の仲間意識が「一人前の男を作り、軍隊を作った」のだと確信し、彼らはそのころの話をする。そして、新たに登場した「シックス・パッカーズ」——と彼らがしばしば称する種族——をけなす。この連中がシックス・パッカーズと呼ばれるのは、常習的に外泊許可を得て、途中でビールの六本入りパックを買い、基地外に住宅を共同所有している女性の家にかけつけるからだ。シックス・パッカーズは、男の絆にほとんど魅力を感じない。

同棲によってベッドで得るものと責任から逃れられるものの代償として、男性は女性への依存度を高め、より幅広い支援グループとのつながりを弱める。柔らかく流動的な砂の上に建つ第一の場所《ファーストプレイス》のために、彼はサードプレイスとかつてそれが提供していたものを捨てる。一方、そんな男性と同居するたぐいの女性は、赤ん坊に縛られることがないまま、この関係が結婚に至らない可能性に警戒を怠らない。妻以上に、同棲中の女性は、自分と似たような境遇の女性たちとのつきあいを求め、はぐくむ傾向がある。男性の結束が弱まっているというのに、女性の結束は強くなる。

男の絆の伝統は、おそらく人間の社会生活と同じくらい古くからあり、広く認められてきた。その数ある結果の一つが、同性どうしの強固な関係を築くうえでの男性の優位性だった。サードプレイスは、もちろん、男たちの強い絆の形成と維持の両方にとって重要だった。アメリカ社会で男性の仲間意識とサードプレイスがともに衰退しつつあるのは、決して偶然ではない。それは中流階級の男性のあいだですでに起こっており、労働階級の男性にも確実に広がりそうだ。

同性どうしの関係を築くうえでの男性の優位性――女性より迅速かつ容易であるとともに、より社会的多様性をそなえている――が完全に失われても、わたしは驚かない。そして「女どうしの連帯」が、いつの日か、よりよい手本になるとしても。

第13章　若者を締め出すということ

わたしたち少人数のグループは、プールサイドの椅子に落ち着いて、アイスボックスの底ちかくから各自で勝手に取ってきた霙《みぞれ》状の強い酒を飲んでいた。この祝祭が始まったころは、そのアイスボックスにフローズンダイキリがいっぱいまで入っていたのだが。毎年恒例のルアウ〔ハワイ式パーティー〕は、たけなわを迎えていた。最後に残った仔豚肉のかけらも消えうせ、男たちは、今回もまた懇親と美味いものをおおいに堪能できたと自画自賛している。楽しいどころではなかった。時に騒々しくも、おおむね心地よいこの野外宴会《アル・フレスコ》は、毎月一度のディナーパーティーを年一度に格上げした最高の行事なのだ。「いや、ひとつだけ難があるね」とわたしは、昔自分の両親が友人たちと開いていたパーティーに思いを馳せつつ横槍を入れた。「何が?」と仲間の一人に問われた。「子どもたちもこれを楽しめたらよかったのに」と返したら、妙なことを口走る奴だと言わんばかりの目で見られた。

まるで昨日のことのように、わたしの瞼には、奉仕クラブや篤志消防隊の秋季ピクニックの光景が浮かぶ。ドラム缶みたいな深鍋が置いてあって、そのなかで鶏肉や牛肉を煮込んだものだ。農夫が家畜に水を飲ませるのに使うような亜鉛メッキの長いタンクいっぱいに、ぶっかき氷と大量の大瓶ビールが入れられ、隙間には、わたしたち子ども用のオレンジソーダやクリームソーダやルートビアもあった。

　みんな親切でおおらかだった。今の人には考えられないかもしれないが、多くの生真面目な町民には遊び心があった。日が暮れるころ、彼らは鼻の頭にビール瓶を乗せてバランスを取ろうとし、あるいは投斧を標的に当てようとし、あるいは宙に立てた梯子を上ろうとしていた。子どもたちは、ママかパパの腕のなかで眠りにおちたあと、車の座席に寝かされ、毛布をかけてもらった。意識がなくなる寸前まで、わたしたちは全員で参加していた。

　このような、大人のなかにうまく溶け込んだ幼年期の一齣は、「大人が楽しい時を過ごすということは、わが子から離れていることだ」とは思わなかった時代のものであり、子守《ベビーシッティング》りの範疇に体重二〇キログラムや二五キログラムの「子どもたち《ベビー》」が入っていなかった時代のものだ。それ以降の世代の大人は、自分自身と若者とのあいだにかなり大きな距離を置いた。しかも比較的短い期間に。「もう昔とは違うんだ」。わたしたちは自分にそう言い聞かせるし、明らかにそのとおりである。わたしたちは、若者と大人のあいだに何本ものくさびを打ち込んできた。すでに近隣住区から学校を追い出し、子どもたちの保護の域を超えて児童労働法を強化し、ほかの社会で役立っている技能修習プログラムを拒絶してしまった。最近では九九・九パーセントの家庭にテレビがあり、以前は親子で一緒に過ごした時間の大半が「ブラウン管」に吸い取られている。[1]会社の雇用条件は、パパから親の役目をたくみに取り上げ、今やママにも、育児義務を果たすための調整は認めないと主張する。広範におよぶ土地利用制限法とお粗末な都市計画のせいで、新興住宅地からは、若者と大人がかつてたびたび、思いがけなく、非公式に出会っていた場所が排除されてしまった。大人の世界から若者を追放する動きは、まるでそれを食い止めるすべがないかのように今もどんどん進んでいる。

もちろん、何らかの手は打たれるだろう、それもおそらくかなり早いうちに。若者を大人から隔離したことで、しだいに手痛いツケを払わされる羽目になり、とうとう意思決定者たちも意識せざるをえなくなったのだから、きっと救済策が取られるだろう。その一方で、多くの人びとは合図を見誤りつづける。たとえば、甘やかしに関連する子育ての失敗は、一般に、より簡単に説明される。戦後の若者の多くがグレたのは、親がわが子に十分な時間を割いたり注意を払ったりしてやらなかったからであり、一喝してくれる他人が周囲にいなかったからだ。それは最新流行の価値体系《イデオロギー》というよりむしろ、昔ながらの育児放棄《ネグレクト》である。親はこれまでどおり子どもを気にかけているようだし、もっともな理由があって、おそらく昔以上に子どものことを心配しているのだろう。だが、心を痛めていても仕事は片付かない。ますます、ママとパパは家を——誰ひとりわが子の行動を見守ったり、わが子と一緒に時を過ごしたりしてくれない地域にある自宅を——留守がちにする。小人は「閑居して」のみならず「活気のない住宅地にいて」も不善を為すものだ。

若者のいないコミュニティ

住宅地が、孤立した家庭生活の場になったので、人びとは出歩く理由が見つからないと、ほかのどこかにコミュニティや交流を求めはじめる。多くの人にとって、職場は最も手近な代替になった。そこには、少なくとも興味や生活様式が似ていて、交流すべき人びとがいる。友だちになれそうな人が大勢いるかもしれないし、彼らには話が通じやすい。近隣住民を相手にするより、はるかに楽だ。社交の衝動は実現の機会を見出し、じきに職場での儀式へと結晶する。誕生日にはかならずお祝いがあり、もれなくケーキとコーヒー、カード、贈り物がついてくる。同僚たちは新たな食事処を試してみたり、職場では安心して語れない噂話をしたりしたいから、たびたび昼食会を開く。お茶の時間《コーヒーブレイク》、社内パーティー、会社主催のボウリング大会などが職場の恒例となり、住宅地でのコミュニティ喪失を補ううえで大きな役割を果たしている。

おおかたの社員は、家より職場のほうが楽しいと思っている。居心地がいいし、自分が汚した場所をほかの人が掃除してくれる。仕事中に出くわす問題は総じて、家庭の問題ほど厄介ではないし、気が滅入りもしない。その日最高の会話は仕事場で交わされる。周囲には人がたくさんいる。会社は面白いことが起こる現場だ。そして、大多数のアメリカ人にとって、仕事場はコミュニティの代わりになっている。しかし、昔の住宅地のコミュニティとちがって、そこには子どもの居場所がない。形はどうあれ仕事から得られる社会的関与で満足してしまい、多くの親たちは事実上、世代間にまた一本くさびを打ち込む。

家庭は、昔からそれにつきものだった機能のひとつを失いかけている——家族の年少者を、かつてその子の世界の一部であり、その子が成長するうえでずいぶんお世話になった、大勢の友人や親戚や隣人たちと結びつける機能を。今の若者に残されたのは、孤立という遺産である。アメリカの子どもは、生身の人間と過ごす時間がうんと少なくなり、テレビを見たり、音楽を聴いたり、電話でおしゃべりをしたりして過ごす時間がはるかに増えた。

それとは別にもう一つ、人びとがますます甘んじて受け入れるようになり、多くの社会科学者があからさまに熱を上げているコミュニティがある。すなわち「個人コミュニティ」「解放されたコミュニティ」あるいは「ネットワーク」など、さまざまな呼び名で知られているコミュニティだ。それは場所という観点から定義されるのではなく、一個人のつながりの蓄積によって定義される。ある人の友人や知人や関係筋は、いかに拡散していようと、その人のネットワークを構成する。

わたしたちはそれぞれ「個人コミュニティ」をもっている。そして、それを擁護する人びとはネットワークに、細分化の所産というよりむしろ社会の進化形であるかの印象を与える。ネットワークをもっている人びとは世界主義者《コスモポリタン》なのだという。彼らの興味と人間関係は、地元の隣近所の人びとを超えている。「ネットワーカー」は地元の噂話や偏見から「解放され」、ただ地理的に近いことよりもっと合理的かつ個人的な根拠で「自由に」友だちを選ぶ。貧しい労働者階級に属する不幸な人びととちがって、ネットワーカーは、運命で定まった隣近所の住人と人間関係を築く必要がない（隣りの職場のマヌケは、隣りの家に住むマヌケより、なぜかはるかに優れているのだ）。

コミュニティとは、いかなる個人の加入にも排除にも左右されない集合的実在のようなものだ。それを個人の事象として定義すると、概念を曲解することになる。しかし現に個人コミュニティという概念はもてはやされていて、その理由は少なくとも二つある。第一に、それによってわたしたちは、アメリカの混沌とした都市スプロール現象にともなう生活細分化のただなかで、発展可能なコミュニティ形態の神話をもちつづけることができる。第二に、ネットワーキングは、出世第一主義の有益な側面である――個々の人間は、自分のコミュニティの大君主として中心に鎮座し、コミュニティを自在に操り、仕事における自分の成功を極大化できる。それは、他者に訴えかける個人的な魅力をそなえている。

ネットワークは、現在理解され推進されているかぎり、反《アンチ》子どもだ。その危険性をその概念の人気とあわせて、相応に検討することが求められている。

真っ先に気づくかもしれないのは、このように理解されたコミュニティが、はなはだしいエリート主義であることだ。ネットワークを最も利用できるのは、若者と中年、学歴の高い人、裕福な人、新型車を所有している人、家庭の義務から最も解放されている人である。ネットワーク愛好者が、自分たちの活動に必要不可欠なものと認めている快適な交通は、子どもや老人、そして上等な車を買う余裕がない人びとのためにあるわけではない。それに、身動きできないほど車でいっぱいの都市のなか、交通はどれほど快適だろうか？

コミュニティの真の姿ではないとはいえ、ネットワークが、典型的なアメリカの都市の悲惨な空間構造に最も適合した形であることは否めない。解放されたコミュニティという概念がそうであるように、都市計画も、人びとの完全な可動性を前提にしている。かりにゼネラルモーターズ社〔アメリカの大手自動車メーカー〕かエクソン社〔アメリカの大手石油会社〕がアメリカの都心の計画を手がけることになり、いかにも企業らしく、自社製品の販売の極大化に配慮してそれを実行するとしても、アメリカの諸都市は、現状とほぼ同じように見えるだろう。

しかし、若者とネットワークはどうなのか？　どうやら親のネットワークは、子どもの出入りがご法度である職場と同じく、子育てのためのコミュニティを提供しないようだ。それこそが根本的な問題だとわたしは思うのだが、ここはひとつネットワーク専門家の意見を聞こう。ネットワークの研究書のなかでも比較的充実した、信頼に足る一冊を見つけたわたしは、そのなかの子どもにかんする箇所だけを読み返してみた。[2] 記事は分散していた。おおかたのネットワーク研究と同じで、この本にも、子どもを中心にすえた議論が含まれていなかったからだ。基本的な研究結果は以下のとおり。子どもは親の——父親よりはるかに母親の——行動を制限する。子どもが二人以上いる女性労働者は、友だちを作ってつきあい続けるのが難しい。子どもの誕生は、それまで親が友だちづきあいに充当できていたエネルギーを枯渇させる。子どもがいない夫婦は、より都会の娯楽施設に近くてより立派な家に住める。自宅での女性の気分は、夫の存在によって高揚するが、子どもの存在によって落ち込む。子どものいない大人のほうが、子持ちの大人より機嫌がよく、意欲的になれる。女性でなおかつ親というのは、本人にたいする他者の要求という観点から考えれば、とりわけ致命的な組み合わせだ。子どもが多ければ多いほど、親は仲間との関係を楽しめなくなるだろう。

言わんとしていることは明らかだ。個人コミュニティあるいは解放されたコミュニティをより充実させようという向きに、子どもはそぐわないのである。そして、その真意は伝わった。自発的または意図的に子どもをもたない方針——ごく最近のアメリカ人の理想像——は、すでに既婚者の優に一〇パーセント以上に取り入れられている。[3] 結婚と家庭生活の教科書は、「子どもがいない《チャイルドレス》」という言い回しをやめて、子どもが望まれていないアメリカ文化の現状により即した「子どもをつくらない《チャイルドフリー》」という言葉を使うようになっている。

フェミニズム運動に意欲的な、ある「解放された女性」が示唆したように、わたしたちは自分の子どもを、外国の貧しい人びとから買うことによって入手できるかもしれない。ひょっとしたら、アメリカの広大な西部諸州のどこかの牧場で子どもたちが飼育され、「若雌牛サイズ」になったら東部に運搬される、なんてこともありうるだろうか。そして年に一度の家畜駆り集めの仕上げに、集団バルミツワー〔ユダヤ教の成人式〕と堅信礼〔キリスト教の信仰告白式〕がおこなわれるかもしれない。

住宅地の無菌化につづいて、二種類のコミュニティが出現した。職場とネットワークである。どちらも子どもを目の敵にし、子どもの居場所がない。複数の世代を一つのコミュニティに統合できない社会は、長い目でみて、どれだけ発展の可能性があるだろうか？

「行き場がなく、することがない」

ウィリアム・レヴィット（第8章参照）の注目すべきプロジェクトは、若者が現代のコミュニティへの参加からいかに締め出されるかの明確な事例だ。ハーバート・J・ガンズ〔アメリカの都市社会学者〕の丹念な観察のおかげで、レヴィットタウンの物語は、非常に明快で分かりやすいものになっている。[4] ガンズは、レヴィットタウン——急成長をとげた一般人のための郊外生活という実験——に居を定めた最初の三千世帯に的をしぼった。一九五〇年代に彼が観察と調査をした期間中、レヴィットタウンの成人市民は、自分たちのコミュニティについて「楽観的」であり、活気あふれる魅力的な生活の場と見なしていた。

小学六年生の三人に二人は、やはりこの地域を気に入っていたが、十代の若者の圧倒的多数はレヴィットタウンを「最低」だと感じていた。アメリカの郊外住宅地の多くがそうであるように、このコミュニティも、幼い子をもつ若い親向けに設計されていた。青年はないがしろにされ、その場の味気なさと重苦しさが、ほどなく大人への敵意や大人の所有財産の破壊となって表れた。多くの親は保身のために、子どもは授業中と仕事中以外の時間は家にいるべき、という見解を盾にした。若者にたいするそんな見方は、道徳面の監視者としての親の役割を強化したが、より広い世界を求める青年の意欲を無視していた。

青年の例にもれず、レヴィットタウンの若者も放課後には仲間と遊びたかった。しかし、群れたがる衝動がとりわけ強く、冒険心が旺盛で、日常生活の退屈から逃れたいという抗しがたい願望をもつ年頃の彼らにしてみれば、子どもは家でおとなしくしていろと命じられたも同然だった。なにしろ選択肢がほとんどない。テレビを見るか、うたた寝をするか、さもなければ自宅学習をするかだ。青年が集える数少ない場所としては、地域内の水泳プール、ショッピングセンター、ボウリング場などがあったが、どれも遠く離れた所にある。レヴィットタウンでは、距離の問題が大問題だった。車をもっている青年がほとんどいないうえ、車以外に移動手段がなかったのだ。湾曲した長い街路を歩けば、直線距離でも三キロメートルあまりある。

レヴィットタウンに肯定的な少数派の高校生でさえ、集会に使える場所については否定的な見解しかもっていなかった。映画館とボウリング場はお金がかかりすぎる。子どもどうしで集まることができる唯一の場所は水泳プール、それも大人が使っていないときだけだった。しかしそこでさえ、騒いだり煙草を吸ったりすることは許されなかった。公共施設がないために、家庭で開かれるパーティーがうんざりするほど増え、十代の若者たちに言わせれば、そんなものはすぐに退屈してしまうのだった。男の子も女の子も、近くに商店がないことに不満をもらし、店が一軒もないにもかかわらず街角で集まると、面倒を起こしがちだった。十代の若者たちが集まればすぐ、警察に通報されてもおかしくないほどの騒音を立てただろう。ある少女が言ったように「何もしてないのに警官に追いかけられるチンピラみたいな気分だわ」。

まるでレヴィットタウンは、わざと十代の住民を欲求不満にさせるために設計されたかのようだった。自宅の寝室は、勉強したり寝たりするには十分な空間があるが、友人を招くには狭すぎる。学校は放課後に利用すべきところではない。校内でダンスパーティーを催すと、床が磨り減っただの備品が壊れただのと管理人から文句を言われる。商店街は大人の消費者向けに設計され、若者たちの家から遠く離れたところにあった。あとからボウリング場もできたが、その開業時には、ショッピングセンターの商店主たちが腹を立てるほど、十代の若者が大挙して押し寄せた。彼らが最後に見出した唯一のたまり場は、造成地のはずれに開業した軽食堂だった——若者を寄せ付けまいとした住宅開発業者と地元の都市計画局の努力もむなしく。

おおかたの親は、最終的に、レヴィットタウンの施設が年長の子どもたちにはもの足りないということ、そして何かを造ってやらなければならないということを悟ったが、実行にうつしたことはひとつもなかった。親たちのあいだで、何が適切あるいは安全かをめぐる合意が見られなかったのだ。ある親は、十代にもなれば責任能力が十分あるから、大人が最低限の力添えと監督をしてやったら自分のことは自分でできる、と見ていた。またある親は、大人が全面的な監督権を行使して、青年を責任感ある大人になるように導くべきだと思っていた。後者は、家庭と職場と学校だけを十代にふさわしい場所と見なす傾向があった。

レヴィットタウンの大人たちが維持していた世界から、若者たちはすっかり締め出され、その実態が誰にも知られていないようだった。ガンズの調査中、大人たちのあいだに、青年とその振る舞いにかんする突拍子もない噂がいくつも流れていた。たとえば、四四人の女子高生が妊娠しているという噂。ガンズは事実確認をした。妊娠しているのは二人、うち一人は結婚間近だった。そんな噂を信じさせてしまったのは世代間の疎外であり、敵意をも引き起こした。レヴィットタウンの若者はしだいに大人全体を嫌うようになり、むやみに公共物を壊したり酒を飲んだりしはじめた。

スケジュール管理者に気をつけろ

一九五〇年代なかば、フロリダのとある海辺の小さな町に、ガールスカウトとボーイスカウトの集会場として、スカウト活動の家が創設された。六〇年代の初めにそこは青少年センターに様変わりし、誰でも利用でき、朝から夕方まで開いている施設となった。九歳から十七歳までの常連が熱中した活動といえば、卓球とビリヤードだ。一九七〇年に、照明つきの屋外バスケットボールコートが加わると、たちまち評判になった。

　一般利用者を受け入れるように変わってから、このセンターは、コミュニティの十代の若者たちの集いの場になった。学校がない日は、地元の子どもたちの一群が、毎朝その開館を待った。バスケットボールコートが加わったあとのセンターは、開館していないときでも子どもたちを引き寄せた。そして、バスケットボールコートができてからは、多くの大人たちもこの場所に関心を寄せはじめた。ほどなく、子どもと大人はいつもバスケットボールのミニ試合で対戦するようになった。

　子どもたちは学校から急いで帰宅すると、ビリヤード台や卓球台に一番乗りするためにセンターに駆けつけた。忠実な観衆であるその他の――通常もっと年下の――子どもたちは、競技者たちに劣らぬ常連となって彼らの試合を見守った。休暇中か、親戚を来訪中のような短期滞在の若者も、この場所に魅力を感じた。地元の住人はとくに、センターを「自分たちの縄張り」扱いするようになっていたが、その思い入れも新顔の子を辟易させるほどではなかった。この場所は、組織化されていない、予約なしで利用できる無料の娯楽を提供したので、開いていればいつも満員だった。若い人びとにとって、このセンターは面白いことが起こる現場であり、実際つねに何かしら面白いことが起こっていた。

　センターの監督者たちが見たところ、この場所は若者の人格形成に好ましい影響をあたえていた。「少年たちのなかには、一人前の男になった者もいる一方で、永遠の青春時代を楽しんでいるような者もいた」と認めながらも監督者たちは、センターでの交流には、心得違いの若者を「正す効果」があると主張した。センターは、あらゆる人間を受け入れ、「若者が仲間たちの目の前で自分の本領を発揮できる場所」だった。

ところが一九八〇年代までに、このセンターは、コミュニティの若者たちのサードプレイスではなくなっていた。今や残ったのはバスケットボールをする人ばかり。というのもバスケットボールのコートだけは相変わらず、来訪者が誰でも楽しめるように利用可能だったからだ。開放的で、誰でも受け入れ、来たければいつでもいらっしゃい、という健全な若者のたまり場は、まったく別の何かに変わってしまったのだ。一九七〇年代をつうじて、この建物の設備はしだいに一般人の流動的な利用を許さなくなっていった。代わりに、お金を払って他人と一緒に運動《エクササイズ》する意欲のある女性向けか、ダンスに秀でることやオリンピックへの出場を母親から期待されている子ども向けの教室が開かれた。その場所は、典型的なコミュニティ・センター——今日の社会では誤称され、時間はあってもそれを使う魅力的な場所のない若者たちが立ち入り禁止にされている場所を指す——に似てきた。コミュニティの若者たちは、その事業内容に、そして自分たちの居場所を奪おうとしている選ばれた少数の、だが有力な人びとに、ひどく腹を立てた。けれども若者たちは、怒りと不満を押し殺すしかなかった。所詮この世は大人たちのものである。

アメリカの中流階級は、音楽や芸術や文学に大した貢献をしないだろう、彼らの唯一の才能は組織化の才能だ、と言われてきた。今、アメリカの子どもの生活に最も深遠かつ抜本的な変化が起こっている原因は、大人がこの怪しげな才能を若者の活動の全領域に持ち込んだことにあると見ていいかもしれない。組織者とスケジュール設定者は、子ども時代を完全に破壊しかねない攻撃性と範囲で、子どもたちの世界を襲う。すでに子どもの遊び《ゲーム》はほぼ完全に、大人の支配下にある「子どものスポーツ」と化している。若者の自由なたまり場が同じように餌食にされても何の不思議もないだろう。「組織のなかの子ども」――「タイム」誌いわく――の時代が、わたしたちを直撃する。[5] ノーマン・M・ロブセンツ〔アメリカのジャーナリスト〕によれば「三歳で幼稚園に入った瞬間から」その子の生活は「以後十五年間、きっちりスケジュールが組まれる。男の子も女の子も、ダンス教室から柔道教室へ、水泳教室から乗馬教室へと律儀に通い、本来は娯楽であるべきものすべてを、職人かたぎの日課の一部としてこなしている[6]」。

近年、精神医療の従事者は、子どもの鬱病の発生率が急上昇していることに気づいた。これまでずっと、子どもは鬱病とは無縁のように思われていたので、この発見には興味をそそられる。[7] しかし、鬱病と無縁だったのは、子どもなのか、それとも子どもも時代なのか？　子どもが自由に家の近所を歩きまわり、興味のおもむくままに、自分なりのやり方で独創性を発揮し、大人が押しつけたスケジュールより自分の気分に合わせて行動していたときには、鬱病を防ぐ手だてが、おそらく子ども時代の構造に組み込まれていたのだろう。ところが今、若者たちは、押しつけられた病的執着からほとんど解放されていない。大人の価値観や動機にもとづくスケジュールに合わせて、若者の生活がたえず歪められ、型にはめられているのだから、鬱病や慢性的な退屈のような、大人と同じ反応が現われてもおかしくないのではないか？

子どもの生活を組織化しすぎると、ほかにも芳しくない結果がもたらされる。子どもたちを「街路に出さず」、より安全な場所に押しこめようと意気込むことによって、わたしたちは公共空間をますます衰退させてしまう。資格をもった安全な大人たちにわが子を預けることで、街路はいけない場所にされ、衰退しつづける。今のところはそうした配慮も多少は必要だが、自治体の長期目標は、聖書の『ゼカリヤ書』に描かれたエルサレムからヒントを得るべきだ。すなわち「都の街路は、そこで遊ぶ男の子と女の子で満たされるだろう〔「都の広場はわらべとおとめに溢れ、彼らは広場で笑いさざめく」〕」。それが実現されたあかつきには、公共領域は大人にとっても安全だろうし、共用地を荒廃させる輩《やから》は一掃されていることだろう。

スケジュール管理者と組織者が若者の活動を抑制する様子から、もう一つ明らかなのは、若者にたいする配慮の範囲が狭まるということだ。かつては親とコミュニティのリーダー格が、そのコミュニティ内の子どもたち全員に活動や行事を提供していた。ところが今は、得体の知れない仲間集団や若者文化とのつながりからわが子を避難させることが、おおかたの関心事のように思える。

組織化とスケジュール管理は、強力な武器だ。管理職階級ともいえる中流階級の人びとは、組織化された活動の優位性を無批判に受け入れる——それには証明も証拠も必要ないようだ。あのフロリダの小さな町の青少年センターが今、かつての十分の一の若者たちに十分の一の時間しかサービスを提供していないことなど、誰も気にかけていないように思える。きちんと整理され配分された時間は、そうでない時間よりも良いし、スケジュール管理された活動は、そうでない活動よりもはるかに優っているのだ——という中流階級の信条のせいで、少数の有力者がその他大勢から施設を奪い取っても許されている。この闇雲な信念のせいで、すでに人並み以上の私有の財産と設備をもっている人びとが、公共施設にまで入り込み、最大の分け前を略奪しても許されるのだ。あのフロリダの小さな町で、スケジュール管理者と組織者がコミュニティ・センターを奪ったことは、誰よりもその場所を必要とする子どもたちが、そこから永遠に締め出されることを意味したのである。

民族の絆が失われて

子どもにとって最良のサードプレイスは、身の回りに大人がいるサードプレイスだ。しかし、あらゆる年齢の人びとが今でも一緒に楽しんでいる場所は、姿を消しつつある。そういう場所を見つけようとしたら、「アメリカの生活様式」と呼ばれるあの強力な溶解剤にも負けずに世代のつながりを維持している、一部の民族居住地を訪れなければならない。アメリカにやって来たさまざまな民族は、その特徴として、新天地で生き延びて地歩を固めるために、相互扶助のコミュニティ内で団結した。こうした人びとが互いに理解し合い、うちとけ合い、共通の問題を見出す必要上、真っ先に造られた建物のひとつが、コミュニティの中心に位置する集会場なのだった。集団が異なれば、息抜きしたり祝福しあったりするやり方も、部外者にたいする抵抗の度合いも、さまざまに異なっていたが、かつて緊密だったコミュニティが生成してから最終的な解体にいたるまでは、ヒスパニック系であれドイツ系、ギリシア系、イタリア系、あるいはほかのどの民族居住地の人びとであれ、似たようなパターンをたどる。アメリカ東海岸のスラヴ系民族居住地の一例に、このパターンが明確に見てとれる。

ポーリャ・クラブ――ある部外者の見たところでは「大型の地域集会所」――は、一九三〇年代なかばにロシア移民の一団によって、質素な小屋の集落の中心をなす建物として構築された。その完成当時、多くの人は、六百人あまりの利用を想定した施設にしては大きすぎると思った。ところが、それから二〇年も経たないうちに翼棟を増設せざるをえなくなる。もとからあったダンスホール、レストラン、バー、ゲーム室に加えて、晩餐会の客用の待合室として、ゆったりとしたラウンジが設置された。

ゲーム室は、テーブルと椅子があるだけだったが、あらゆる年齢の人びとによく利用された。トランプやチェッカーをするためだ。これらのゲームがとりわけ盛んにおこなわれたのは、会話を促すからだった。話し好きで社交的な人びとに「おしゃべりをする」機会を十分に与えたのである。そんな理由から、トランプのほうがチェッカーより好まれ、チェッカーをするのは、テーブルにいる人が少なすぎて、いいトランプゲームができないときだけだった。ポーカーは群を抜いて人気が高かった。そのたった一つの、誰でもできるゲームは、みんなをまとめる素晴らしい手段だった。子どもは、トランプを切ることができる年齢になるとすぐにポーカーを覚えた。

子どもたちは自由に出入りできたが、たいてい父親に連れられてクラブにやって来て、父親にくっついていた。男の子のほうが女の子より頻繁に訪れたが、子どもだけということはめったになかった。パパが息子をポーリャ・クラブに連れて行く——それは、親子ともに心待ちにしているお楽しみであり、どちらにとっても誇るべきことだった。何人かの少年が一緒にトランプやチェッカーをすることもあっただろう。その場を取り仕切っていた男性がとても魅力的で親しみやすかったので、男の子たちはたびたびバールームに集まったからだ。いつも盛装で、かなり華やかに決めているバーテンダーは、あらゆる年齢の人びとを魅了した。彼は誰にでも話しかけ、子どもには特別な接しかたをして、相手を大切にされているような気にさせた。少年たちは、彼の前ではとりわけ行儀よくした。あこがれの人にマナーを注意されたくなかったからだ。どうしてもじっとしていられない子どもたちがいると、彼はカウンターの下からパドルボールを取り出し、外の壁に行かせた。

子どもたちが一番わくわくする時間は、金曜日と土曜日と日曜日の夜だった。夕方の早い時刻から午前一時ごろまで、外の大きな天然池の岸辺ではキャンプファイアーが燃えていた。この小さな湖はたいそう気持ちよく、クラブの立地の決め手になったのだった。焚き火のそばで、何人かの会員が、持参したバラライカ（ロシア式ギター）を弾いているあいだ、誰もが古いロシア民謡を歌った。子どもたちは、寝る時間が来て母親に連れ帰られるまで、親のそばについていた。

外でキャンプファイアーが燃えていたその同じ夜、屋内ではダンスバンドの演奏があり、ポルカが始まると、ダンスフロアは満員になった。会員と数人の客（誰でも歓迎だった）が、定められた場所だけでなく、厚い床板の上を隅々まで使って精力的に踊った。壁の花でいるつもりだった人びとも踊りに引き込まれ、平均的な男性は、毎晩少なくとも六人の相手と踊った。新参者は、到着するなり挨拶される。全員が、女性からのキス、男性からのハグ（と、ときにはキス）を受けた。身体を使い、心を込めて同胞を抱擁する時間であり場所だった。暗い顔をしたアメリカ人がもっと洗練されたダンスホールでするような、カップルがダンスフロアの隅に立ったままひそひそ話をしている光景など、どこにもなかった。誰もが沸き立つような流れに呑みこまれた。その流れを生み出していたのは、跳ねる二百の胴体と、床を踏み鳴らす四百の足。いや、誰もが踏み鳴らしていたわけではない。ときおり、新しいピカピカの靴をはいた若いご婦人が、フロアから遠く離れて踊り回ったものだ。

一九六〇年代まで親と一緒にポーリャ・クラブに行っていた子どもたちは、状況が変わっても、頭の片隅に当時の価値観や記憶をとどめている。しかし、最近の世代にはそれがない。建物はまだ存在するが、子どもはもう入れてもらえないのだ。クラブの会員は、一九六〇年代なかばにピークに達し、約千三百名の会費納入者を擁したが、その後、急激に減った。一九八〇年には約百名にまで落ち込んだ。ロシアの農民や、ロシアの田園風景、祖国の正教会を描いた神秘的な壁画とタペストリーは、アメリカの港湾風景に取り替えられている。ゲーム室には現在、電子ボウリングゲームが一台とビデオゲームが数台、それにジュークボックスが一台ある。飲み物の値段は、かつては会費から補助金が出たおかげで、その界隈でも一番安かったが、今はほかの店並みに高い。もうキャンプファイアーの集いも、ギター演奏も、合唱もない。常連たちにはほとんど生気がない。彼らは、やって来て、座る場所を見つけると、帰るまでそこに座っている。バーテンダーは相変わらず愛想がいいが、彼が今話しかけるのは、見知らぬ人びと、何の関係もない人びとであり、会話は短くてそっけない。

ポーリャ・クラブには、もはや子どもたちの姿が見られない。子どもは歓迎されない。かつて父親が得意げにわが子を連れてきたこの場所が、今ではわが子からの逃げ場になっている。客は、とりわけピーク時には男女ほぼ同数だったのに、今はほとんどが男性である。

「どうなっちゃったんです?」と、悲しみにくれた若い男性が、子ども時代の最も素敵な環境だったところに戻ってくるなり問いかけた。その質問を受けて、クラブの創立メンバーの生き残りはこう答えた。「うむ、若手の男たちは遠い所で就職し、国の外に出てしまう者までいてね、週末に来ることができなくなった。で、彼らがいなくなった一方で、別の人たち——アイルランド人やイギリス人やなにか——が引っ越してきたうえ、ついに古参の会員が次々と死んでいって、誰もここを維持したがらなくなった。もう昔とはちがうんだ。昔はね、ここに来ると誰もがアコーディオンやバラライカに耳をかたむけて、いやもう、素晴らしい時を過ごしたものだよ。今は、男たちはただ酒を飲みにくるだけだ、ジュークボックスのくだらない音楽を聴きながら。あいつらは楽しみかたを知らないのさ」。

ユース・バー

二〇年前、アメリカの政治指導者は「人間発達のどの分野が争点だろうと、成年に達するのは人生のほぼ同じ時点である」という奇妙な見解に屈した。その結果が、飲酒可能年齢の大幅な引き下げだった。一九七〇年から七五年までに、全米五〇州のうち二八州が法定飲酒年齢を、ほとんどのケースで二一歳から十八歳へと丸三年引き下げた。年齢変更の導入は時間をかけて慎重に、その影響を厳しく監視しながら実施すべきだ、と警告した人びとは、のちにその正しさが証明された。最近では、多くの州でふたたび飲酒年齢が引き上げられている。

年齢制限が著しく引き下げられて間もなく、ユース・バー（とくに若い飲酒者に酒食を供する店）が流行するようになった。たとえ法令が取り消されても、こうした場所の一般的な特性は生き残るのだろう。ユース・バーは、それまで若者も中年も高齢者も同じように魅了した店とくらべて、はるかに狭い年齢層を対象にしただけでなく、まったく質の異なる居酒屋体験をも提供した。

若い男性が地元の酒場に入店を許されることは、このユース・バー現象によって、大人への通過儀礼ではなくなった。伝統的に居酒屋は、世代と世代を結びつけるうえで、また若者に青年期のつまらぬ習慣を捨てさせるうえで重要な働きをしてきた。二一歳にして初めて若者は、居酒屋に通いなれた人びとの仲間に入れてもらえたが、そういう常連の大多数は彼よりかなり年上だった。居酒屋デビューは、彼がついこのあいだまで属していた十代の文化から離れる機会となった。著者と同年配の人物による以下の思い出話は、その好例である。

ぼくが若かったころは飲酒可能年齢が二一歳だったから、大学三年生からバーに通いはじめた。ルームメイトは年上で、ぼくを〈シュルティーズ〉に連れて行ってくれた。彼のお気に入りの店さ。たいてい、そこではぼくが最年少だった。店は騒々しくなかったが、静まりかえっているわけでもなかったね。いつも、まっとうな連中がいて、彼らはおしゃべりが得意だった。席を離れてピンボールやビリヤードをしに行くなんてことはなかった。シュルティーズには、そういうものがなかったからね。ぼくらはただカウンター席に座って話をした。しかもそれは、ぼくらが学内のたまり場でするようなくだらない話じゃないんだ。すぐにわかったんだが、シュルティーズに来る女性たちは、男女共学の女子学生が好きそうな皮肉やからかいに我慢がならなかった。バーでみんなと話していると、自分の経験不足を痛感したね。年配の人たちほどたくさん仕事をしていないし、旅をしていないし、人生を重ねてもいない。そんなぼくは、もちろん受け入れてもらいたいから、口を開く前に一所懸命考えたし、たいていは聞く側にまわった。でも実際に話してみて、真剣に聞いてもらえたときは、それが受け入れられたしるしだった。いい気分だった。

大人のバーに行くことは、多くのコミュニティの中心人物が思い込みがちな悪影響をまったく及ぼさなかったどころか、この男性の飲酒習慣を良い方向へと変化させた。彼は言う。

それに、酒の飲みかたもシュルティーズで学んだ。一気飲みのしかたはすでに知っていた。吐くほど酔ったり、意識を失うほど酔ったりする飲みかたは知っていたけれど、ビールを二杯楽しんで、さえた頭で家に帰る飲みかたは知らなかった。シュルティーズで初めて飲んだビール二杯は、あっという間になくなった。ぼくは瓶が空っぽになるまで手を放さなかった。ところが年配のお仲間たちは、一度に数分間ずつビールを脇にどける。おしゃべりが熱をおびると、彼らはビールのことなどすっかり忘れているようだった。小休止のあいだにほんの少し口に含むが、小休止なんてあんまりないのさ。そういう人たちが、ぼくにリラックスのしかたを教えてくれた、というか、少なくとも教えようとしたんだ。

大人の居酒屋で多くの若者は、分離不安をたちまち減らしながら、自分の瓶やグラスから物理的に離れることを学んだ——つまり、より幼稚っぽくなく、より大人らしく飲むことを学んだのだ。また、度を超して酒を飲む人びとは地位が低いということ、たちの悪い酔っ払いは追い出されるということ、カウンターの端っこにいる青ざめた呑兵衛の痛飲はその不幸な人に孤独しかもたらさないということも学んだ。

ある小さな都市でわたしたちが実施したパブリック・バーの調査（訪れたのは飲酒許可年齢が引き下げられていた時代）によると、三六パーセントの店で若い飲酒者が多数派を占め、観察された若い飲酒者の三分の二は、客が若者ばかりのバーにいた。総じて、若者は若者の店に吸い寄せられ、そのなかで若者崇拝が永続化する傾向にあった。一方、ほかの居酒屋の多くは死に体の様相を呈していた。それらの店の「新しい血」になっていたかもしれないものは、より積極的な経営をとるユース・バーに流出しつつあった。

ユース・バーがもたらした結果の一つは、多くの人びとに、バーは概して主に若者と独身のためのもの、と納得させたことだ。男女共存の飲酒店をひいきにする未婚の若い女性は、結婚後も夫がバー通いを続けることに断固反対しがちだ。そして、バーは夫が道をそれて行方不明になりかねない場所だ、という妻の懸念以上に、男性も女性も居酒屋文化を、あらゆる年代の人びとと向けの無害で楽しい隠れがとしてではなく、交友やにぎやかな会話が確実に得られる源としてでもなく、ライフサイクルにおける一時的な局面として経験する傾向が強い。昔は大人の友愛会だったものが、今や若者の色あせゆく最後のベビーサークル〔赤ん坊の遊び場〕の一つ、すなわちフリスビーやサッカー用スパイクシューズとともにうち棄てられるべきものと見なされがちなのだ。

飲酒可能年齢の引き下げは、居酒屋の新たな客層を生み出し、それがアメリカの飲酒店の特性を変えた。この若者客は、まだ家庭の義務にも結婚の絆にもしばられておらず、見たところ、売り上げを伸ばすためのどんな馬鹿げた策略にもひっかかりそうだったので、本格的にターゲットにされた。若い顧客向けのバーは、ほどなく飲酒可能年齢を引き下げた諸州で見られる最も大規模かつ利益のあがる飲酒店になった。この業界は、長い目で見れば墓穴を掘ったのかもしれない。たしかに、サードプレイスとしてのアメリカの飲酒店の可能性には大きなダメージが加わった。

子ども専用

昔も今も、大人は空間を制限することで、若者にたいする支配力の多くを維持してきた。都市化と産業化が社会構造を変えるまでは、家庭と地域社会《コミュニティ》が、若者の育つ空間を提供し、監視し、共有していた。若者に必要とされる監視は、あまりにさりげなく非公式にできていたので、ほとんど問題として意識されなかった。ところが都市化と産業化によって、新たな労働条件は大人にたいし、子どもからの解放を求めた。長い就業時間中の生産性を最大限に高めるためだ。子どもは追い払われざるをえなかった。

義務教育の年限延長が、子どもを閉じ込めて監視するという問題のおもな解決策になった。法律が求めたのは、すべての教育可能な子どもが教育を受けることではなく、よその大人たちによる監視を受けることだけだった。昔の学校に劣らず今の学校でも、変わらぬ関心が寄せられているのは身体の置き場所であって、知性の発達ではない。学力の伸びぐあいが検査されるのは時おりだが、居場所は毎日何度か確認される。

「学校は主として若者のためになるように作られている」という信念だけが、若者の封じ込めに関する誤った通念ではない。ほかにも子ども専用に作られている場所はあるが、その一番の動機は、大人の周囲にいてほしくない場所から子どもを締め出すことである。こうした場所の大半は、とてつもなく高い失敗率にもかかわらず、そして指定された利用者（子ども）がそれらを欲しがっていないという事実にもかかわらず、生み出されつづけている。その実例は、欧米のあらゆる工業都市に、いくらでもある。

一九七〇年代の初め、西ドイツ政府の出資により、同国内の「ニュータウン」における遊び場の有効性の調査が実施された。[8] その結果わかったのは、ほかの古い都市の子どもと比べて、ニュータウンの子どもが「疎外され、厳格に管理され、退屈」だと感じていることだった。ニュータウンの子どもは、あてがわれた遊び場にいるよりも、ごみ箱や水たまりのまわりで遊んだり、商店やにぎやかな通りをうろついたり、建築現場の瓦礫をつつき回したりすることから、より大きな満足感を得ていることが判明した。子どもは、面白いことが起こっている現場にいたいのであって、日常生活の喧騒から切り離されるのは不愉快なのだ。家と学校を結ぶために都市計画家が設計した景色のいい細道を拒絶し、子どもたちは「回り道」してスーパーマーケットや繁華街を通っていた。このニュータウンの失敗に関する報告が発表されたとき、住宅省は「調査結果から読み取れる事どもと格闘して」いたという。彼らはおそらく、調査などやらなければよかったと思っただろう。

イギリスの「田園都市《ガーデンシティ》」ウェリンの都市計画家たちは、次のように報告した。「もう一つの苦情のもとである犬さながら」、コミュニティの子どもたちは「どこだろうと群れのリーダーに連れて行かれたところをうろつく」。[9]「もっと良い」遊び場は、道路沿いの区域ほど利用されていなかった——たとえ都市計画家たちが、子どもを閉じ込めようとした場所に「釣り餌としてブランコやシーソーを設置した」としても。ウェリンの子どもたちは「都市計画の理念など知らないので」、本来遊ぶはずの場所で遊んでいなかったのだ。

オーストラリアの一都市での人間成長にかんする長大な報告書の著者によれば、シドニーの青少年が暇な時間のほとんどを過ごすのは、大人も頻繁に訪れる場所だった。[10]「青少年専用として設置された場所」にことさら注目すると、若者は通常そういう場所に寄りつかないことが判明した。シドニーの十代の若者の大部分は、顔ぶれの決まった友だち集団をつくっていた。それは通常七人から十二人の仲間集団《ピアグループ》で、彼らは青少年クラブやミルクバーなど、若者専用に作られた場所をとくに軽蔑していた。「ファン・パーラー〔屋内遊戯施設〕」やペニー・アーケード〔小銭で遊べるゲームセンター〕は、どの年代の子どもからもほとんど支持されていなかった。

ジェイン・ジェイコブズは、アメリカの似たような調査結果について報告している。[11]ピッツバーグのチャタム・ヴィレッジやロサンゼルスのボールドウィン・ヒルズ・ヴィレッジ、あるいはニューヨークとボルティモアのもっと小規模な中庭式住居《コートヤード》群で目にするような、囲いで外の世界から隔絶した児童公園について、ジェイコブズ女史は「冒険心や気概のある子どもなら、六歳を迎えたあとは、こんな退屈な場所に居たがらないだろう。おおかたは、さっさと出て行きたがる」との所見を述べている。一般に、思春期の子どもたちは、こうした閉鎖型の公園への立ち入りを禁じられている。おちびさん専用。可愛い服を着せられた従順な子どもたち、すでに「完璧」である環境を変えたいと思うような年齢にまだ達していない子どもたちのものなのである。

また別の研究者は、ボルティモアの九五ブロックにおよぶ地域内の住民の活動を組織的に観察し、レクリエーション活動の五四パーセントが街路や路地、庭、歩道、階段、ポーチでなされ、三パーセントしか公園や運動場で行われていないことに気づいた。[12]さらに別の報告者によれば、ニュージャージー州ラドバーンの子どもたちも、シカゴ南部のパーク・フォレストの子どもたちと同じように駐車場で遊んだり、街路から離れた建物裏の子ども用緑地を避けて通ったりしているという。[13] この著者が、多くの特別な遊び場の失敗に関心を抱くようになったのは、それ以前に、こうした施設を利用している子どもたちの写真を撮ることに興味があったからだ。彼はいつも、現われるタイミングが悪いようだった。カメラをたずさえてそこにいるときには、子どもが一人もいなかったのだ。そんな試みを何度かくりかえしたあと、真相が判明した。子どもたちは事実上けっしてそこには見あたらず、そのようなつまらない場所にはほとんど興味がなかったのである。

わたしの子どもたちがブランコやシーソーで遊ぶ年齢だったころ、親戚の家を訪問中にわたしはよく彼らを遊び場に連れて行った。わが家からは何百キロメートルも離れていたが、その小さな公園は、まるでわたしたちが使うために造られたかのようだった。そこに遊びに行っていた数年間、いつもわたしたちだけの貸切状態だった。公園には建物も一棟あり（一度も開いているのを見たことがなかった）、てっぺんに大きな看板が出ていて、そこがコミュニティセンターであることを謳っていた。台風の目における相対的真空が中心《センター》だというのと同じ意味で、どうやらここもそうだったらしい。この公園は子どもたちを必要としていた——それが設置されている地域は子どもたちを必要としていないのに。

子ども専用に造られた場所の利用状況（または利用されない状況）を誰かが労を惜しまず観察するたびに、結果はたいてい、その基本理念が間違いであることを示している。たしかに、若者がレクリエーションと交友のための代替手段をもつべきであり、その代替手段がすぐに手に入れられるべきであるのは明らかだ。実際、アメリカのレクリエーション機会にかんする広範な研究が指摘したのは、まさにその点だった。

一九五〇年代後半、アイゼンハワー大統領は野外レクリエーション資源調査委員会を設立した。同委員会は四年におよぶ努力のすえ調査を終了、二七冊の報告書と一冊の概要を作成した。その最も重要な結論の一つは、レクリエーションは本来、レクリエーション用地と関係がないということだ！[14] いちばん大事なレクリエーションは、日常生活の一部になっているものなのである。疑問が提示され、批判が上がった。子どもたちは必要に迫られて車で学校まで送ってもらい、そのため環境から遮断されているのか、それとも彼らは徒歩か自転車で通学でき、途中で周囲を取り巻くものに出合うことができるのか？　午後に魚釣りをするための小川はあるか、それともそれらはすべてコンクリート暗渠に埋設されてしまったのか？　近くには幼い子たちがピクニックや散策をしたり、想像力に富む冒険的な遊びをするための木立が残されているか、それとも住宅開発業者がすっかり伐採してしまったのか？　だが、悲しいかな、政府と開発業者はその声に耳を貸さなかった。

あるコミュニティセンターの壁に、最近わたしは次のような若者の落書きを見つけた。「BEAM ME UP, SCOTTY. THIS PLACE SUCKS!（スコッティ、転送を頼む。ここはサイテーだぜ！）」。ご存知「スタートレック」のせりふを下敷きにしたこの洒落は、おそらく車のバンパーステッカーか、さもなければ何かの映画のせりふの借りものだろうが、その背景《コンテクスト》としてコミュニティセンターの壁に優るものはなかった。理想的な立地と物理的環境が、楽な維持管理という目的の犠牲にされたように思えたのだ。その施設はめったに開いていなかったし、開いているときも、利用対象は少数の選ばれた一群の人びとだった。若者が施設に落書きなどの損害を与えると、大人たちはつい、彼らに何があったのかと考えがちである。この施設のどこが悪いのか、と胸に手を当てて問うことはほとんどない。

ショッピングモールでの基礎訓練

ショッピングモールが都市景観全体に普及しはじめたとき、それらの開発業者と経営者が驚いたのは、開業とほぼ同時に、十代の若者がそこを侵略しはじめたことだった。若者によるこの侵略を誰もが意外に感じたという事実は、子どもの発達の生態学にアメリカ人が無頓着である証左だ。いくばくかの関心があったら、誰でも気づいていただろう――トラクトハウスが立ち並び、後ろ向きな姿勢で区画規制された住宅区域は、子どもたちに何ひとつ許さないということ、そして子どもたちはほかに行き場がないということに。今や、このパターンはすっかり定着した。青少年は、自宅と学校以外のどの場所にも増して、ショッピングセンターで長い時間を過ごしている。

十代の若者とショッピングセンターとの相性は、かつてショッピングモールの経営者にとって大きな懸案事項だった。幼い子どもとちがって、青少年は昔から環境に影響をおよぼしてきたのだから、彼らがショッピングモールという環境を見出せば、放っておくはずがなかった。人びとを買い物気分に誘う、設備の整った広大で完全に商業的な世界は、冒険好きで行儀の悪い大勢の十代の若者に容易に汚されかねない。そのうえ、十代の若者がショッピングモールの客に含まれることで、盗難が起こる恐れがいっそう大きくなった。経営者がありとあらゆる手段を使って青少年集団の出鼻をくじいたとしても、何の不思議もなかっただろう。

しかし増益の見込みを考えれば、どうしても若者に関心をもたずにいられない。なにしろコミュニティ内には、ここしか彼らの居場所がないのである。十代の若者とショッピングセンターの適合性をさぐる調査が命じられた。ショッピングモールの開発業者と経営者にとって良い知らせが入った。モール経営者への指針が説明しているように、十代の若者たちがモールに来ることは容認されるだけでなく奨励されてしかるべきだ、というのも「彼らの圧倒的多数は、ショッピングモール経営者が支持するのと同じ一連の価値観を支持している」からだった。[15] 十代の若者とショッピングモール経営者を分かちがたく結びつける共通の人生観とは、人間の究極の目的は「お金を稼いで製品を買うことであり、人生におけるその他のほとんどすべてのものは、それらの目的を遂げるために使われる」というものだった。[16] ある若い女性の車のバンパーステッカーが宣言しているように、人は「根っからの買い物好き（Born to Shop）」なのである。彼らは幼いころから継続して買い物を学ぶ。消費主義の幼稚園ともいえる、あのテレビの子ども向けコマーシャルに始まって、やがて「郊外型物質主義の大学」すなわちショッピングモールへと進学する。

実をいうと、この大学は複数専攻《ダブルメジャー》になっている。取得できる二つの学位は、消費活動と受動性。ショッピングモールは、トム・ソーヤーやハックルベリー・フィンみたいな人間たちを「卒業させ」ない。半世紀前、今で言うショッピングモール適齢期の若者は、自分たちが遊びで使うための掘っ立て小屋やクラブハウスを建て、必要な設備を整えていた。冒険のために貨物列車にただ乗りしていた。森のなかで一日じゅうすごし、狩りをしたり魚を釣ったり、その獲物に野菜を加えてカウボーイシチューを作ったりした。「追いかけてもらう」ために大人の男めがけてキャベツを投げつけていた。自分たちのスポーツチームを組織し、いざこざはボクシングで解決していた。現代のショッピングモールに入りびたっている若者の基本的な活動、すなわち集まること、眺めること、歩きまわることは、半世紀前の若者だったらたまらなく退屈しただろう。今どきの若者は、問題のある環境のなかで自己を主張し確立するのではなく、あらかじめお膳立てされた環境におとなしく自分を合わせるように仕向けられつつあるのではないか?

そのうえ、ショッピングモールは、現代のアメリカの多くの家庭に欠けている温もりと建造物を提供するといわれている。[17] その借り物の思いやり(「すべてあなたのためにするんですよ!」)は、昔風の母性の埋め合わせになる。ショッピングモール客の態度にたいする管理は、きっぱりしていながらも寛大だ。ショッピングモール経営者は、ちょっとした不品行なら大目に見るだろう。しかも、こんなに快適な場所を提供してくれる。寒い雨の日の陰鬱も、酷暑と湿気の倦怠も、ショッピングモールのなかまでは入ってこない。制御された空気は、見た目を気にする若者たちの誇示行動には一番の助けになる。格好よく散髪してドライヤーでブローした髪型を乱す突風が起こらない。若者の洗練された見せかけを台無しにする隙間風が入ってこない。それに、世間の苦労からの何とも心地よい逃げ場がそこにある。なぜなら、不愉快なことを思い出させる物事でショッピングセンターの安らかな雰囲気を汚すことは、断じて許されないからだ。ショッピングモールが提供してくれるものを利用したいなら、青少年はお行儀よくして「大規模な人工的環境の流儀に順応」しさえすればいい。[18] ママとパパは、喜んで賛同してくれる。実のところ、責任ある大人にわが子が見守ってもらえる場所に、異を唱える親などいないだろう。そこにいるあいだ、子どもは面倒を起こせないことが保証されているも同然なのだから。

ショッピングモールは、消費主義と高度に管理された環境を、与えられるがままに受け入れるための基礎訓練の場なのだ。そしてそれは、アメリカは子どもも中心の文化だという神話の存続に力を貸している。著述家も親も口をそろえて、アメリカの子どもには行くべき場所があると主張する――ショッピングモール。興奮、興味、あるいは人間発達の点から見たら、ショッピングモールなんて大した場所ではないのに、そこが見過ごされやすい。若者たちはショッピングセンターで大人たちと交流しない。むしろ、両者はかろうじて平和共存している。下層階級の若者たちは事実上ふるいにかけられて落とされ、ショッピングモールに入りびたっている若者たちは、年齢と社会階級の両方の基準で隔離される。ショッピングモールの魅力は、その代替物の前では色あせてしまう。たとえばビーチカルチャーがあるところでは、ショッピングモールをぶらぶらするのは、十六歳以上の誰からも退屈で子どもっぽい娯楽と見なされる。おおかたの青少年はさっさとショッピングモールから卒業し、十代後半になれば衣料品店とレコード店にしか通わなくなる。

若者の集まる場所として、ショッピングモールは青少年の家には遠く及ばない。開いているべき時間より遅く開き、早く閉まってしまう。成長をうながす活動や機会の提供が少なすぎる。決して立派とはいえないたぐいの価値観を押しつける。そして、都市景観からほかのたまり場が消される度合いに比例して、ショッピングモールは若者を引き寄せる。若者の暇つぶしの場所として、ないよりはましだが、ろくなものではない。

つい数年前までは、多くのローカルテレビ局が、毎晩の公共サービスをおこなっていた。番組と番組の合間に、興味津々の声がこんなふうに言ったものだ。「ただいまの時刻は十一時です。あなたのお子さんが今どこにいるか、ご存知ですか?」若者の集まる場所がなく、若者と大人の接触が家庭という孤立した場所にしかない近隣住区に流すメッセージとして、これより適切なものがあるだろうか。夜の十一時には、もちろんショッピングモールはもう閉まっているから、若者の身を案ずるにはそれなりの理由があるのだ。古い世代の親は、子どもがまるで無職の怠け者のようにたむろする街角の店を、好ましく思わなかったかもしれない。けれども、当時の大人は子どもの居場所を知っていたし、子どもには行き場があった。

第14章　めざすは、よりよい時代……と場所

第二次世界大戦が歴史の節目となり、それ以降、アメリカのインフォーマルな公共生活は衰退しはじめた。戦争のあと、勝者の地でも敗者の地でも、人びとはかつてない規模で家に引きこもった。ドイツ人はひどく小さな家族単位で避難した。なぜなら、彼らの社会秩序全体が戦争によって壊され、それ以外に何も残らなかったからだ。アメリカ人は、コミュニティ・ライフの要件を満たす都市住環境を、維持したり創出したりする意欲あるいは能力に欠けていることが判明した。そして彼らもまた、家と、周囲を柵で囲った庭に逃げ込んだ。身の回りのもっと大きな世界が、家庭的な性質を失ったからだ。

多くの注意深い学者たちが実証してきたように、孤立に向かう傾向は、前々からアメリカ人のあいだに見受けられる。だが、アメリカ人には昔から社交好きな面もあった。スモールタウンを見れば一目瞭然だ。個人が大勢の人を知って楽しめる住環境を存分に活用する人びともいれば、その機会を受

け入れようとしない人びともいた。けれども戦後は、どんなに社交好きなアメリカ人でも不満を抱えている。まるで社会のインフォーマルな公共生活を断ち切るために一丸となって努力しているかのようだ。

手に入る限りの情報から察するに、アメリカ人はおそらく、二十世紀なかばにあった気楽な集いの場の半数を失ってしまったのだろう――コミュニティ・ライフの土台となる、気軽で形式ばらないが社会的拘束力のある人づきあいができる場所を。昔ながらの近隣区域とそこにあるカフェや居酒屋や街角の店は、都市再開発と高速道路拡幅、そして一つにまとまった心地よい住宅地の重要性を無視した都市計画の手に落ちた。と同時に、地元民の気軽な会合の場になるような施設を全面的に禁じる、後ろ向きな土地利用規制のもとで、最新の近隣住区が開発されてきた。

インフォーマルな公共生活の中核的環境が減ってゆくのと軌を一にして、より一般的な公共施設への関心も失われてゆく。今の世代のアメリカ人と憲法起草時のアメリカ人とのいちばん大きな違いは、中心にこの問題があると指摘されている。わたしたちの植民地時代の祖先は、公益のことで頭がいっぱいだったのに、わたしたちは気にかけなくなった。公共あるいはコミュニティの事柄にたいする一般市民の関心は「希薄」で「表面的」だという。[1] そのとおり。現代の集団と個人の関係は、公平である反面、空虚でもある。コミュニティは彼らに何もしないし、彼らはコミュニティに何もしない。そしてわたしたちは、まるでその危険な関係を維持するかのように、環境を形成しつづける。隔離、孤立、区画化、無菌化が、都市成長と都市再開発の基本理念のようだ。

不適切な環境は、そこから逃げたい気持ちをあおる。人の懐ぐあいに応じて「素晴らしき孤立」を提供する私有地は、公共領域が劣化している現状をにらみ合わせれば、なおさら良いものに思える。しかし、人間の居住に適さない環境は、いずれ、それを変えたい気持ちもあおるのだろうか？　わたしたちは、アメリカにおける場所の問題をいつか解決することになるのだろうか？　わたしが出合ったなかで一、二を争う暗澹たる現代の都市生活の光景を描き、そうすることで圧倒的な証拠を指摘したパトリック・ゴールドリングは、にもかかわらずコミュニティが最後に勝つと確信した。彼はこう書いている。

わたしは信じる。本物のコミュニティと尊厳を求める人間の本能は、いかなる処理手続きをも生き延び、危機に際しておのずと現われるであろうことを。蟻のような非人情、組織のための組織へと向かう一見止めようがない動きにも、遅かれ早かれ歯止めがかかるだろう。[2]

「混沌の人工国家アメリカ」が、歴史家の時間尺度で測れば最近の産物であることに気づくと元気づけられる。ごく平均的な個人は、まだ場所の問題を理解しておらず、悪しき都市計画に強いられる辛苦を、相変わらずほかの要因のせいにしがちだ。おもな例を一つあげると、現代生活の空間構成は結婚と家庭生活に大変な苦難を強いているが、親と配偶者は、人間にとって好ましくない住環境に内在する問題をいまだに人間性や人間関係のせいにしたがる。加えて、最近までわたしたちは、都市計画家の乏しい洞察力を補うことができていた。わたしたちが過去に営んでいたインフォーマルな公共生活のほとんどは、空間設計者にたいする空間利用者の勝利を象徴していた——わたしたちはただ、別の目的で造られた施設と空間を乗っ取っただけだった。アメリカの新たな環境の画期的な点は、迷路じみた高速道路でもなければ、スモークガラスで覆われた巨大な長方形の高層ビルでもなく、利用者による改変へのこれまでにない耐性である。

しかし、都市計画家が強圧的になるにつれ、その不正使用にたいする許容度は低くなる。空間利用を命じる支配者集団は、人びとの望まないものをコミュニティに押しつける戦略を使い果たしてもなお、公衆とのさらなる対決を誘発する。アメリカのきたるべき世代は、人間の有機体を住環境にどう適応させるか、有機体の要求に環境をどう適応させるかについて、わたしたちより多くのことを学ぶだろう。それは否応なしに受けさせられる教育だ。

学ぶべき教訓は、論文や本の書き手からではなく、劣悪に設計された環境のなかで生活を楽しもうとする経験から授けられる。すでにそれは起こっている。アメリカ国内に見られる最良の都市住環境のいくつかは、都市再開発計画の残忍さと陳腐さに反対する草の根の努力によって保存され修復されたものだ。都市の行政はアメリカ合衆国の唯一の目立った失敗である、というジェイムズ・ブライス〔イギリスの法学者、歴史学者、政治家〕に賛同するとはいえ、わたしもゴールドリングと同じく、「コミュニティへと向かう人間の本能が最後に勝つ」と信じている。

現在と未来に授けられる数多くの教訓はいずれ、公共生活を台無しにした勢力との対決へと、見識ある大衆の意思を向かわせるだろう。これまで論じてきた主題の締めくくりとして、また広範におよぶ調査で得た見晴らしのきく視座から、わたしはアメリカ人の人生観と態度に、最終的な変化が、少なくとも三つの領域で起こると予測している。三つの変化のそれぞれが、インフォーマルな公共生活の――コミュニティそのものの――発展と再発見を助けることだろう。

便利さへの回帰

「第三の場所があったって、わたしにはそれを楽しむ時間がないんだよ」というのは、サードプレイスに関わりをもつことの利点は認めるが、これらの心地よい社交的な気晴らしの小施設を、今よりものごとが単純だった過去やゆっくりした生活ペースに属すもの、と見なす人びとに共通する言い訳だ。サードプレイス、あるいはもっと広い意味でコミュニティ・ライフを確立するために、余分な時間と労力を費やすことを思うと、腰が引けてもおかしくはない。こと時間とエネルギーにかんして、わたしたちの大多数は余裕がなさすぎる。

いつかはアメリカ人も、目のまわるような都市生活のペースが、近代化のせいではなく、まずい都市計画のせいであることを思い知るだろう。わたしたちの時代は、生活があまりにもひどい有様なので、人びとはその結果生じた複雑さに立ち向かうために、最も基本的なたぐいの関与をあきらめなければ、という気になっている。自分の存在の断片が広範囲に拡散しているような状況にあって、それらを一つに結びつけようとすることは、一人で身軽に動き回れる人びとにさえ難しい。

現代のアメリカ社会の特徴として、失笑を誘うほど間違っている評価の一つに「便利な文化」がある。アメリカ人の生活と広告媒体において便利さが永遠のテーマになっているのは、それにたいする差し迫った必要があるからにすぎない。しかし、取るに足りない便利さを、最も重要な便利さと混同しないかぎり、こんな勘違いは起こるまい。本当に便利な文化なら、生活に必要なものが住まいのすぐ近くにある。それらは楽に歩いて行ける距離にある。便利な文化なら、ヨーロッパの客人は、アメリカに来た彼らが言うように「おやまあ、あなたがたは何をするにも車に乗らなければならないんだね！」などと言わないだろう。

劣悪な都市計画のせいで、本当の便利さを何から何まで犠牲にしてしまったわたしたちは、ちょっとした便利なもので取り繕おうとし、そうすることで「便利」だという偽の評価を受けている。あいにく、プラスチックのクレジットカードや自動販売機のコーヒー、電動缶切り、できあいの冷凍ディナーなどのような便利品は、不便な社会の基本的な諸問題をなんら解決していない。それらが節約した時間の代償は、味わったり識別したり自制したりする能力の低下、あるいは重要な社会的儀式の喪失というかたちで支払われている。

ほとんどの人にとって、仕事はもはや苦役ではない。仕事は首尾一貫していて単純だし、仕事中つねに必要なものは手近にある。もしそれらと同質のものが近所で手に入ったら、もし生活が生産と同じほど重要だったら、生活は誰にとってもはるかにシンプルで充実したものになるだろう。アメリカでは、生産活動の分野はかなりすっきり整っているが、コミュニティと家庭生活の分野がおそろしく混乱している。勤務外の時間を悩ます拡張、スプロール現象、分散化のただなかで、仕事の世界は変わらない。それと同じ理由で、多くの人は、働くのは楽だが暮らすのは厄介だと感じている。

楽に歩いて行ける範囲に必要なものがそろっていることは、活気あふれる近隣地域の決定的特徴であり、共通点だ。[3] 地元の住民が、食べて寝てテレビを観る——すべて自分の家のなかでする——こと以外ほとんど近所を利用しないところに、便利さは出てこない。しかし、少し歩けば切手やドライクリーニング、食料雑貨類、雑誌、あるいは菓子パンとコーヒー一杯が確実に手に入る地域には、個人住宅の枠を越えた生活があるだろう。

買い忘れたパンや牛乳を買いに行くのに、車を運転し、駐車し、歩き、レジ前に並び、歩き、それからまた少し運転する必要がないのは便利だ。気分転換をしたい衝動にかられるたびに車に乗り込まなくてもいいのは便利だ。車の運転ができない家族を、食料雑貨類の買い物や小包の発送や借り物の返却に使い走りに出せるのも便利だ。現代の近隣住区は、必要不可欠な施設とのつながりがあまりにも乏しいので、もう子どもをお使いに出せない。子どもは子どもで、やることが少なすぎて手伝いができない。日中あわただしく走りまわっていた両親は、さらに走らなければならない。子どもが役に立つ機会や、役に立っていると実感する機会があまりにも少ない。子どもはもはや、お使いに行く先で触れ合う人びととの関係から学ぶことができなくなっている。多くの中流家庭の子どもは、車を運転する年齢に達して家庭生活の維持に必要な足の一部になれたときに初めて、役に立つようになる。しかしその年頃には、車を運転する若者たちは、アメリカ諸都市を窒息させている交通渋滞をさらに悪化させることで、ほかのみんなをますます不便にしはじめるのだ。

すぐ近くの施設を利用し、そこに徒歩で定期的に通うことによって、地域住民は事実上、気軽な社交の環境を作り出し、その恩恵を受ける。徒歩という移動手段は、車を使った移動では不可能な、人との触れ合いをもたらす。住民たちは、店の人びとや近所の人びとを知るようになる。そういった大勢のなかから、気の合う少数の人を見つけることができる。近隣住区は、スモールタウンと同様、けっして「幸せな大家族」ではない。むしろ、それらの快適さの秘訣は、互いにとって特別な存在になるべく運命づけられた人びととの発見をうながし、そういう人びととの交流を容易にすることにある。寡婦と独身女性は、一緒に買い物や昼食やブリッジをする仲間を見つける。素人機械屋と素人大工は、趣味仲間を見つけ、互いの計画に関わって、互いに楽しむばかりか役立つようにもなる。地元の情報網をつうじて、ポーカーが好きな人びとや、蹄鉄投げが好きな人びと、ゴルフが好きな人びとは、互いの存在を知り、そこから自由に交流を発展させる。大勢のなかから、ちょっとした友人のまとまりができてくる。なかには、素晴らしい贈り物を手に入れる人もいるだろう——すぐ近くに住んでいていつでも会える人というかたちの、ずっと変わらない深い友情を。そして全員に、調節弁のようなものがそなわっている。それぞれが自分の好きなだけ、近隣住民のことに没頭したり関わったりできる。関わりたくない人は、関わらなければいい。

そんな環境にふさわしい形容は「気軽な《カジュアル》」。なぜなら、偶然《アクシデント》と非公式《インフォーマリティ》の要素が、そこに色濃くあるからだ。気軽な環境をそぞろ歩けば、人生に必要な楽しいものの大半が、たやすく偶然にやって来る。計画を立てたりスケジュールを組んだり準備をしたりしなくても、気軽な環境のなかを動きまわっているうちに、有益な社交上の経験ができるのだ。友だちにばったり会う。毎日のように目新しさ、気晴らし、社会的支援を受け取る。近所のそこそこ良い居酒屋に恵まれた人びとは、職場の同僚たちが計画に一カ月かけて開催にこぎつけるのよりずっといい「パーティー」を、特別でも何でもない日に楽しむかもしれない。

そして、気軽な触れ合いを通じて互いの事情がわかっている近隣住区では、みんなが協力的だ。べビーベッドや自転車や子ども服などは、もう要らなくなった人から回してもらえる。高価な芝刈り機を買おうとしている人は、それを自分に売りつけようとしているよそ者より、それをもっている近所の人から、その機械についてのより信頼できる評価が得られる。ある家族を知っている近隣住民は、その一家の年少者たちに思いやりのある目を向けるだろう。こうして見守ることが、その子たちの保護と、しばしば、彼らを育てるちょっとした手助けになる。

　気軽な環境は、努力を必要とせずに、そしてたいていは、合理的計画という無駄なものを生むことなしに、多くのニーズを満たす。おまけに、個人では把握しきれない要求も満たしてくれる。ほとんどの個人は、とりわけコミュニティ・ライフから疎外された人は、一部の心理学者が認知バイアスと呼ぶものに陥っている。その基本的な考え方によれば、人は無知であるがゆえに、自分に必要なものとその必要を満たす方法をすべて知っていると思っているのだという。そうではない。気軽な住環境で、いろいろな人びとに囲まれて暮らしていれば、人間に必要なものの大部分が、知らずしらずのうちに与えられるのだ。

　先に「ひとまとまり」の友人たちを論ずるなかで、わたしは具体的な説明をした（第3章を参照）。サードプレイスでの定期的なかかわりのなかから、個々の人間は事実上、そこに集まる仲間全体と友だちになる。人はこうした人間関係の幅広さに元気づけられ、心豊かになる。断片化した世界が一体感をもつようになり、こうして得た幅広い人生と接することによって、人は知恵を増すとともに自信をつける。他の場所では、人はもっと狭い範囲で戦略的に友だちを選び、ふつうは限られた職業と社会階級の枠から出ないようにする。幅広いつきあいの恩恵が失われている。一方、ざっくばらんな近隣地域では、個人の選択と選んだ理由を超えて、友人知人を得ることができる。個々の人間は、思いもよらぬ恩恵を受ける。

気軽な環境は、結局、サードプレイスの自生地だ。サードプレイスという場は、じつのところ、ひとたび地域の人びとと知り合いになったらつきあってみたい、という人間の願望が形をとって現われたものにすぎない。その土地で要求を満たし、そうすることで人と人とが触れ合うようになるのと同じ多様性の尺度は、サードプレイスをも喜んで受け入れる。アメリカの郊外の基本的な欠陥は多様性がないことであり、その欠陥は郊外の命取りになるかもしれない。少なくとも、一部の都市計画家は、それが何を意味するかを見てとった。ロングアイランドのある都市計画家は、こう結論づけている。郊外が生き残るには、古い都市やスモールタウンの特徴である多様性をもっと反映させなければならないだろう。この「多様性を生み出し、受け入れる意欲は、郊外が活力をもちつづけるか否かの尺度になるだろう」[4]。

ロサンゼルスで最近おこなわれた調査によると、アメリカ人は、自分の住宅地に今の土地利用規制《ゾーニング》で許されている以上の多様性を受け入れてもいいと思っているようだ[5]。高所得層、中間所得層、低所得層の家庭を含む居住者の抽出標本から明らかになったのは、ドラッグストア、市場、図書館、郵便局が誰からも強く望まれていることである。さらに意外なことに、近所のバーという考えに大多数が反対しているのは、低所得層の黒人たちだけだった。この調査でもう一つ明らかになったのは、近隣住区での生活に最も重要なものは、そこで得られる人と人との触れ合いだということである。社交が第一位だった。友情が第二位。人と財産の安全は第八位だった。静寂は最下位の第十位。利便性は安全より上位だった。

住宅以外に何もない無菌化あるいは純化された近隣住区は、アメリカが自動車に依存しすぎるようになるとともに大量に現われた。「何もない近隣住区」が生まれたのは、家では満たせない要求と欲望をすべて満たしてくれるものとして、車が当てにされたからにほかならない。やがて、わたしたちの過剰な自動車依存は、とうてい無視できない「生活の質の低下」を引き起こした。一九七〇年代初頭かなかば以降、アメリカ人は、車にたいして相反するような態度を見せはじめた。無菌化された近隣住区の生命線である高速道路は、それより細い幹線道路と同じように、流れが滞りつつある。大気は、車が吐き出す年間四万五千トンの一酸化炭素で汚れてきている。自動車事故による死は誰にとっても他人事ではない。車にかかる経費はべらぼうに高い。

消費者団体が車の安全性の向上を強く求めても、昔の近隣地域が幹線道路の拡張のために破壊されても、市民団体が飲酒運転の取り締まり強化を要求しても、車にかかる経費が家の経費に肩を並べはじめても、アメリカ国民は、みずから進んでだろうとそうでなかろうと、自動車という移動手段のために犠牲を払いつづける。しかし、そんな彼らもやがて、増加の一途をたどる犠牲者と悪化の一途をたどる生活の質が、根本的に不健全な体制のために払わされたツケだということに気づくだろう。わたしたちにとって最高に便利なものが、それに依存しすぎることによって、ひどく分裂した不便な生活をもたらしたことが理解されれば、状況は変わりはじめるだろう。

利便性とそれにともなう、気軽な環境としての近隣住区を復活させる必要性をめぐって、最後にひとこと。「ある住宅地の住民が生活の共有を望まないのは、社会と個人にかかわるほとんどの問題に合意が見られないからだ」ということを調査にもとづき証明する、とうそぶく研究がときおりあるのは認めざるをえない。そしてわたしはこう結論づけるしかない。社会科学者は、ほかの誰にも劣らず主客転倒におちいりやすいのだ、と。合意——もしそれをそう呼ぶのなら——は、交流や関わり合いに先立つのではなく、そのあとに来る。一人ひとりの人間は、近隣住区と同じように進化し発達する。人びとは寄り合ったときに、自分たちの好きなものや愛着を感じるもの、自分たちの生活を豊かにするもの、自分たちの考えを変えさせられるものをたくさん発見する。彼らが離れ離れにさせられているとき（それこそ、無菌化された土地開発が彼らにしていることだ）、彼らの合意のレベルに何の意味があろうか？

自己啓発《セルフ・ヘルプ》の限界

アメリカでは自己啓発本が人気を呼んでいる。書店ばかりか多くのドラッグストアにまで、それらの専門コーナーが設けられている。自己啓発本は、コミュニティをもたない人びとの心を鼓舞する。それらが助言と確証を与える相手は、社会的に孤立するあまり、そういう助言や確証に抵抗できない人びとだ。

分裂した社会に住む人びとは、統合された社会とちがって、日常的に多くの信頼できる筋から支援や指針を受けられない。そんな人びとには自己啓発本も役に立つことがある。一方で、このての本は、その市場を生み出す状況を称揚しがちだ。豊かな暮らし、あるいは幸福、あるいは満足感は、けっして集団の業績ではなく、個人の業績だとそれは説く。「あなたは大丈夫」的な助言に代金を支払うのは個人だが、それと同じくらい確実に、あらゆる物事の中心となって自分の幸福の「責任を負う」のも個人である。このての本は、個人の生活の楽しみ、その人の経験の質、その人の経験の幅が、その人を取り巻く集団生活の質からどれほど大きな影響を受けているかを見えにくくする。コミュニティへの所属は、満足感や充実感を得る手段としてではなく、「自己実現」を妨げるものとして提示されることが多い。

自己啓発本は、個人主義と個人の自由という——アメリカで大いに称賛されているが、ほとんど理解されていない——概念の誤用の一因となっている。わたしたちが最近手に入れた自由の大半は、ゲイル・フラートン（第12章を参照）が言うように「切断の自由」なのだ。[6] 彼女は詳しく述べている。

祖先を育むとともに彼らにアイデンティティ意識を授けた第一次集団から切り離されて、大多数のアメリカ人は、自分が何者か、何者であるべきかを教えてくれる誰かを探し求めている。財力と教養の水準しだいで、彼らは「人格《パーソナリティ》」の形成を約束する講座に登録するかもしれないし、何らかのかたちの心理療法に参加するかもしれない。しかし、ほとんどの人は、自分自身を知ろうと努めるよりは、意にかなうレッテルか、他者にたいする支配力を得る秘訣を求めている。

絶え間なく、過剰なまでに個人をもてはやし、豊かな生活は個人の業績だという考えを奨励することは、集団の努力に水を差し、集団の努力をないがしろにし、多くの良いことや必要なことは集団の努力でしかなしえないという事実を見えにくくする。集団の努力の失敗はすべて個人の自由にとって願ってもない大勝利だ、と読者はたやすく信じさせられる。

わたしは最近、自己啓発系のかなり高名な著者による一冊の本を精読した。そのなかに「幸福の十カ条」があげられていた。どれも一人称単数の表現をとっていた。どれも、幸福になるか幸福になりそこなうかは、おおむね個人しだいだとほのめかしていた。それらの条項は宣言文のかたちで提示され（たとえば「わたしは自分の成長と発達に満足しています」「わたしの人生には意味と方向性があります」「わたしには友だちがたくさんいます」など）、「はい」と答えるたびに、読者は一歩ずつ幸福に近づいてゆく。わたしは満点をとり、ほかにも何人か、その同じ判断基準で満点をとった人がいた。わたしたちは幸福の典型例のようだ（なのになぜ、こんなに不機嫌な集団なのだろう）。W・C・フィールズ〔アメリカのコメディアン、映画俳優〕ならおそらく、その問題をこんなふうに腐《くさ》しただろう。「うまくいってるかって？　うまくいってるわけないだろ？　俺はフィラデルフィアに住んでるんだ！」典型的なアメリカの都市環境のなかで、いったい何人の人が幸福を体現していると言えるだろうか？

自分の人生に責任をもつことを個人に勧め、それに基づいて助言をするのは結構。けれども、幸せや充足感や豊かな生活が完全に個人の心理的・社会的操作の手中にあるかのような口ぶりで語られるのは迷惑だ。自分の人生の幸福や充実は、隣人や職場の同僚のそれと無関係、などと信じるのは無邪気にすぎる。人間は本質的に社会的生物であり、その状況が集団生活の質に大きく左右されるのだから、個人の幸福には明確な限界がある。今のような規模と方向で個人の幸福が奨励されているのは、集団の幸福がないことの現われだろうが、その埋め合わせにはならないだろう。

第二次世界大戦後、アメリカ人は豊かになった。そして、前にも増してコミュニティ・ライフから切り離されている。一方の状態が、もう一方の状態を推し進めた。というのも、お金が、人間なんて必要ないという幻想を生み出すからだ。若くて高学歴で、ものの考え方が全般にリベラルで、親から離れて暮らし、かつてマーケティング専門家から「上昇志向が強い人びと」と評された、あの選り抜きの消費者集団が、おなじみのヤッピーへと発展した。ヤッピーはみんなの注目の的だ。わたしたちのなかには、進取的な夫婦が六桁〔数十万ドル〕の年収でどれだけの幸福を買えるかに興味津々な人もいる。ほとんどのヤッピーが子ども時代を送ったのは、親が住む、純化され無菌化された郊外だった。当然のことながら、彼らはそこに浸透している価値観を代表する者として育ち、物質主義と自己陶酔を前提とする生活様式を追求した。[7] どれだけお金が必要かを考えると、ほとんどのヤッピーたちの生き方はそれほど羨ましいとも思えない。

自己啓発の勧めと、幸福は個人しだいだという考えの奨励は、不適切な都市住環境がもつ政治的潜在力を弱めもする。もし人びとが、自分たちの問題の多くは自ら招いたものでも、自己啓発のせいでもなく、「混沌の人工国家アメリカ」に起因するということをもっときちんと理解していたら、個人の問題はすぐ政治の問題になるだろうに。不適切な住環境を生み出す人びとに、環境を改善しはじめるよう圧力がかかるだろうに。

自己啓発と各種心理療法のイデオロギーは、適応のイデオロギーであり、個別の生き延びかたを優先して基本的な問題を重視しないイデオロギーである。その最も強い魅力は即効性にあるが、この改善法は個人向けなので、根本的原因をたたくよりも覆い隠してしまいがちだ。しかし、アメリカ人が長年はぐくんできた個人的な問題解決への愛着は、やがて限界にぶちあたるにちがいない。アメリカの都市の状況が悪化の一途をたどるにつれて、それに悩まされる人びとは、しだいに自己啓発の限界を悟ることだろう。そして、ひとたび彼らが悟ったら、公共空間や公共生活について、まったく新しい期待が再浮上するだろう。「私的市民《プライヴェート・シチズン》」——いかにもアメリカらしい名辞矛盾——の時代は、公共に関心がある個人、または公共心に富む個人に取って代わられるだろう。わたしたちの希望はその人とともにある。

場所の力

物理的環境の横暴な力が、アメリカ人の前にゆっくりとその正体を現しつつある。わたしたちは長らく、場所と空間の決定論〔いっさいの事象はあらかじめ外的な原因によって決められているとする説〕から首尾よく免れてきた。空間には事欠かず、それらを利用し、乱用し、捨て去ってきた。国民全体の地理的移動率の高さから推察できるのは、わたしたちの大半が、たびたびの転居によって、不十分な住環境の長期的な影響を受けずに済んでいることだ。頻繁な引越しは、わたしたちが特定の場所に深く関われなかったことや、その欠陥を気にしなかったことの言い訳にもなっている。アメリカの社会学者でさえ、本来なら注意深く研究するはずの人間関係を、まるで宙のどこかに浮遊しているもののように扱いがちである。それらの関係は、実際は地上に固定され、抑制され、利用可能な物理的設定に押し込められており、その設定が関係の質に影響を及ぼす。

後者の点では、環境心理学が、同じ分野の他の専門に対して地位を高めているのは心強い。著名な環境心理学者のロジャー・バーカーは、かつてその立場をすばらしく簡潔に述べた。人間の行動をどのように説明するかと問われて、バーカーはこう示唆した。知る必要があるのは、当該の個人がどこにいるかだけだ――もし教会にいるなら、その人は「教会を演じる」。郵便局にいるなら「郵便局を演じる」[8]。

言外の意味は、もちろん、とてつもなく深い。諸々の経験は、それらに導く力のある場所で起こるか、さもなければまったく起こらないかだ。ある種の場所が消えるとき、ある種の経験も消える。経験の幅も、不適切な住環境によってひどく狭くなるかもしれない。わたしがこのことを考えたのは数年前、追加式の、あるいは手作りのネックレスが評判になったときだった。ある女性はチェーンを買い、お金にゆとりがあったので、かなり高価なビーズのなかから選んで付け加えた。当時わたしが目にした多くのネックレスには、ビーズがほとんどついていなかった。そのころ読んでいた本のどこかに、日常生活の内容にかんする著者のたとえが出ていた。それによると、個人の生活は、人が日々帰る状況と環境を数珠つなぎにすることで作り上げられる。多くの人の首のまわりのあきれるほど少ないビーズが、わたしには、現代の都市生活者が日々訪れる場所や環境の乏しさを象徴しているように思えた。そして、自動車依存型の郊外で暮らす人びとに比べて、スモールタウンに住んでいた人びとのネックレスには、日常経験という「ビーズ」がいくつついていただろうか、とも思った。平均的なアメリカ人が退屈で悩むことはますます多くなっている。日常経験のチェーンに、ビーズの数が少なすぎる。

建築関係者のあいだで最もよく語られる逸話といえば、第二次世界大戦中、ナチスにイギリスの国会議事堂を爆撃されたあとウィンストン・チャーチルがとった指揮に関する話に違いない。チャーチルは、議員たちのもとに行き、再建する建物にどんな特徴や飾りをつけたいかではなく、議事の進め方に変更したいところはあるかどうかを訊ねた。彼らに手続きを変える心づもりがないと知ると、チャーチルは、建物を以前とまったく同じに再建すると発表した。人間がまず自分たちの環境を形づくり、そのあと環境が人間を形づくり制御するのだ、とチャーチルは説いた。環境は、先にわたしが書いたように横暴な力だが、しだいに人間が真の暴君になりつつある。というのも、環境がしだいに人間によって形作られるようになってきたからだ。

先日わたしは五〇──六〇人の聴衆に、インフォーマルな公共生活というテーマで話をした。集まった人びとに向かって、わたしはこう訊ねた。郊外で暮らしているアメリカ人には、夕方の早い時刻にセーターを着て、近所の居酒屋で友人たちと会う自由があるでしょうか。聴衆はきっぱり「はい」と答えた。次にこう訊ねた。幼い子どもたちは、小銭を握って街角の店に行き、ガムや飴をいくつか、あるいは漫画本を一冊選ぶことができるでしょうか。またしても、きっぱりとした「はい」が返ってきた。最後にこう訊ねた。年長の子どもたちは、放課後にモルトショップに立ち寄ることができるでしょうか。「はい」が聴衆の返答であり、彼らはアメリカの環境よりもアメリカの自由について、はるかによく知っているようだった。誰かに気づいてほしかったのだが──これらの人びとの誰ひとりとして、ありもしない場所に行くことや、もはや不可能な経験をすることはできないということに。

わたしたちが人生を全うする環境は、数かぎりない場と経験が受動的に並べられたカフェテリアではない。その環境の形づくられかたにしたがって、経験を付け加えたり差し引いたりするのは、能動的で独裁的な力なのだ。アメリカ人がその教訓を理解しはじめるとき、都市計画家の事務所に向かう道は、精神分析医のカウチに向かう道よりも歩む人の数が増えるだろう。そして、その教訓が得られたら、サードプレイスが新たに続々と生まれるなか、コミュニティは息を吹きかえし、日々称賛されることになるかもしれない。郊外の活気がない街路や、「歓楽街《ストリップ》」の沿道の人工的な場所、あるいは「繁華街《ダウンタウン》」の密集と接客の悪さに絶望している人びとへ、わたしが残したいメッセージが一つあるとすれば、それは――今のままである必要はないんだよ！

解説

マイク・モラスキー

米国内のスターバックスでは、ソファを置いている支店は少なくない。思えば、チェーンの飲食店にしてはかなり異様な発想である。まず、ソファには二、三人しか座れないのに、店内の面積をかなり占有するので効率が悪いはずだ。また、すでに知らない客がひとり座っていると、いくら共有されるフリースペースであれ、なかなか並びに腰をかける気が起きないだろう。距離だけの問題ではない。仮に隣り合わせのテーブルで同じくらい離れて座っていたら気にならないのに、ソファだから遠慮したくなる。そもそもソファというのは家でくつろぐための家具であり、営利目的の公共空間ではどうしても場違いの感がする。

言うまでもなく、そのように公的／私的、そして営利的／非営利的空間の差異を曖昧にすることこそ、スターバックスのしたたかな営業作戦だと理解できる。店なのに、いわゆる「アットホーム」な雰囲気を醸し出す、ソファのような効率主義に反する家具を置くことで逆説的に効果を上げるわけである。

あるいは、アメリカでのスターバックスの成功を理解するのに、エドワード・ホッパーの代表作

《ナイトホークス》を思い起こせばよい。ホッパーはアメリカの荒涼とした社会風景、そして孤独な人々の姿を描くことで知られているが、《ナイトホークス》では、深夜の"diner"が描かれている。そして一九四〇年代当時のアメリカでは、"diner"は"coffeeshop"とほぼ類義語として使われていたことに留意したい。つまり、このような殺風景な飲食空間がアメリカの喫茶店「文化」を代表するからこそ、スターバックスがアメリカ社会で革新的な存在と見なされたわけである。

＊

レイ・オルデンバーグの『サードプレイス』では、アメリカのこういった荒涼とした都市空間および乏しい飲食文化に焦点を当てながら、学ぶべき反例としてヨーロッパや第二次大戦以前のアメリカで見られる地元に根付いた、小ぢんまりした人間中心の社交の場を挙げている。そのような場を総じて"The Third Place"と呼んでいるのである。

"third place"は都市社会学に由来する概念で、日本語では〈第三空間〉とよく訳される。だが、私は直訳の〈第三の場〉または〈第三の場所〉のほうが的確だと思う。なぜなら、「空間」という表現はやや抽象的なニュアンスがあるのに、少なくともオルデンバーグが注目しているのは特定の具体的な場所だからである——とりたてて行く必要はないが、常連客にとって非常に居心地がよく、それゆえに行きたくなるような場所。会員制にはなっておらず、予約するような場所でもない。いつでもひとりでふらっと立ち寄って、店主やほかの常連客に歓迎される。そして帰りたいと思ったら、いつでも帰ればよい。その意味では、家庭とも職場とも著しく違う。ただし、家庭とは異なるものの、「アットホーム」な気持ちでいられることがサードプレイスの大きな魅力である。スターバックスもそれに気づいていたわけだ。

本書が「スターバックス」に言及していないのがやや不思議だが、第一版が刊行された一九八九年には、「スタバ現象」が後年ほど注目を集めていなかったことに起因するのだろう。いずれにせよ、オルデンバーグはいわば「演出されたアットホームな雰囲気」には関心がなく、あくまでも地元社会に深く根付いている有機的な場所のみをサードプレイスと見なしているのである。そして、近年のアメリカではそのような場所が稀になってきたからこそ、オルデンバーグが危機感に駆られながら本書を著したことが、ひしひしと伝わってくる。行間から染み出ている著者の情熱こそ、『サードプレイス』の魅力のひとつだと言える。

オルデンバーグの近年のアメリカ社会に対する批判は厳しいが、おおむね的を射ているように思う。私はオルデンバーグよりちょうど二回り下の世代に当たるが、著者が記述しているアメリカ社会はまさに私が育った環境そのものである、と痛感しながら読んだ。とくに最初の数章では、著者の批評眼が光っている――「アメリカ人は理想都市の代わりに「夢の住宅」という幻想を抱いたのだ。（中略）自分の住宅が十分に広く、十分に楽しく、十分に居心地よく、十分に立派でありさえすれば、それがコミュニティの代わりになると思っているふしがある」（本書四六頁）との批判もずばりとあたっている。第二次大戦後のアメリカにおけるマイカーの普及と郊外の拡大、それに伴う都心部の空洞化、そして一九八〇年代のバブル経済時代以降、いっそうきわだつ個人住宅の「豪邸化」が進めば進むほど、サードプレイスと呼べるような人びとの公共の居場所が自然に消えていく。

中産階級のアメリカの日常生活は物質的には異常なほど豊かに見えるが、けっきょく乏しいものである。いや、豊かになればなるほど乏しくなる、という矛盾を見事に体現しているのがアメリカ社会だと言えるだろう——豪邸を建てて、自らの囚人になっていく。自縄自縛の生活を選び続けてきた社会である、と。このような批判は、だいぶ前から多様な論者のみならず、アメリカの小説家や映画監督など、芸術家たちによって提示され続けてきたものの、オルデンバーグの貢献はアメリカ社会のそういった乏しさを、日常生活におけるサードプレイスの衰弱および喪失というレンズを通して克明に見据えていることにある。いつでもふらっと立ち寄れるような、一見、何気なさそうな場所が、どれほど「人間らしい社会」にとって必要不可欠なものであるかが、圧倒的な説得力をもって論じられているのが本書の最大の貢献だと言えよう。

オルデンバーグはほかの論者を引用しながら、「わたしたちの社会では、余暇が消費へと歪曲されている」（五二頁）と簡潔に集約する。言い換えれば、アメリカ社会はもはや〈消費の束縛〉から逃れられない破目になってしまった、と。それに対してサードプレイスというのは、営利目的を持ちながらも、人間を単なる〈顧客〉として扱わず、〈個人〉として大事にする場所であると指摘する。確かに消費者ではあるかもしれないが、サードプレイスではそれだけに留まらないからこそ通い続けたくなるのだろう。

オルデンバーグがサードプレイスを「インフォーマルな公共生活の中核的環境」（五九頁）と位置付けていることに留意すべきだ。というのは、現在のアメリカでは「インフォーマル」と「パブリック」とは相反する言葉のように感じられるからである。しかも、サードプレイスはそのような希少になった中核的な環境（“core settings”）である、と位置づけている。つまり、サードプレイスは単なる娯楽やストレス解消のための場所のみならず、家庭と職場という〈第一の場所〉と〈第二の場所〉に対して、確固たる貢献を果たしているということである。個人にとっても、家庭にとっても、社会全体にとっても、サードプレイスは重要な存在である、とオルデンバーグは力説する。

本書に散在する刺激的な論点のなかには、「人を平等にする（leveling）」（六九—七三頁）というサードプレイスの一面が注目に値する。

> レヴェラーである場所は、その性質からして、誰でも受け入れる場所だ。一般大衆にも敷居が低く、正式な会員資格や入場拒否の基準がない。人間は、自分の社会階級に最も近い人びとのなかから仲間や友人や親友を選びがちだ。しかし堅苦しいつきあいが可能性を狭め、制約を加えがちなのにたいして、サードプレイスは可能性を広げる働きをする。（七〇頁）

換言すれば、サードプレイスは日常生活において個人的な関係をもたないような相手と友好的な交流をもつ機会を提供してくれる場所である。居心地のよい場所のなかで、様々な〈他者〉と好意的な関係を築くことによって、常連客一人ひとりの視野が広がり、より寛容な社会へと結ばれていく、と。もちろん、これは理想論ではあるが、サードプレイスはそのような可能性も秘めているということを著者は主張している。だが、“leveling”という面に対して見逃しやすいのは、次の一節だろう——「平等化は、日常の世界での地位が高い人にとっても低い人にとっても、喜びであり安らぎである」（七一頁)。職場で常にヘコヘコしなければならないような「下っ端」にとって、サードプレイスの魅力は一目瞭然だが、オルデンバーグが開眼させてくれるのは、さらに医者や会社の上役など、つまり職場や一般社会で常にもてはやされている立場の人間にとっても、サードプレイスは肩書とは関係なく一個人としてふるまえる場所であり、そのように受け入れてくれるところに、同様の解放感が味わえるという点である。「お偉い様」も、社会に付与されている地位から解放されたいときがあるというわけだ。

*

以上、ほんの数例を挙げたが、本書は日常生活の見逃しやすい側面に光を当てることによって、社会そのもの、そして読者自身の身近な社会との関係について大いに考えさせてくれる刺激的な書である。しかし、本書には問題点も少なくないように思うので、以下、最も気になる問題に触れておきたい。

まず、著者が感情を表すこと自体に問題があるとは思わないが、本書ではオルデンバーグがあまりにもノスタルジーに浸かっているために違和感を覚える読者がかなりいると予想される。たとえば、第六章で著者は第二次大戦前の中西部の人口七百数十人の町を称揚しているが、そのような「古き良きアメリカ」に戻りたいと思う読者はあまりいないだろう。オルデンバーグにとって理想的な共同体かもしれないが、当時「二流市民」扱いをされていた女性やアフリカ系アメリカ人などが、はたして著者のノスタルジーを共有できるか。

サードプレイスを最も必要としているのは、孤立と疎外感がより深刻になっている都会および郊外だろう。とくにアメリカの都会には、多様な人種やエスニシティや信教の人々が住んでいるが、それぞれの集団が分かれて暮らしていることが多い。お互いに友好的な交流をもっていないのみならず、敵愾心まで抱いている場合もめずらしくない。もし、都会にサードプレイスを取り戻すことができるとしたら、それは具体的にどのような場所になるのか、非常に興味深い。たとえば、アフリカンアメリカンやヒスパニック系の居住地区では、その人々だけが集まるサードプレイスになるのか。言い換えれば、オルデンバーグはサードプレイスの特徴として多様な人々を受け入れることを挙げているが、同時に、基本的には男女がそれぞれに集まりやすく、またローカルであることも特徴として論じている。そうだとしたら、けっきょく性別や人種やエスニシティ、そして社会階層においても同じような者同士しか集まらないサードプレイスになりかねない。そういった場所がどれほどサードプレイスの可能性を満たしているかという問題が生じるだろう。いずれにせよ、この問題を考える上で、白人のキリスト教徒しか住んでいないようなごく小さな町を事例に挙げても、あまり参考になると思えない。

そして、著者の女性に対する認識が「古い」としか言いようがないと思う。たとえば、第二版が刊行された一九九〇年代半ばなのに、オルデンバーグがいまだに専業主婦を念頭に入れて論を進めているという印象を受ける。男性と同様に毎日通勤している女性のサードプレイスを考える際、暇そうにお茶会をやったり、テニスクラブに通ったりしている主婦ばかりを事例に挙げるのでは、さほど参考にならないだろう。

オルデンバーグのチェーン店に対する批判は大いに共感できるが、チェーン店がどうしてサードプレイスになり得ないのか、理論的な説明が欲しかった。というのは、サードプレイスとは、主観性が必然的に内在している概念だからである。たとえば、ある店が常連客にとってまぎれもないサードプレイスとして機能していても、別の客にとって同じ店が単に飲み食いする――言い換えれば、消費する――便宜上の場所にすぎないという事態がよくあるだろう。強いて言えば、サードプレイスは客の使い方によって決まるものである。オルデンバーグも、それを認めている――

スモールタウンの薬剤師は、地元の青年に主要なたまり場を与えることを自分の義務とは思っていなかった。結果的にそうなっただけのことだ。床屋が提供せざるをえなかった待合席は、客以外の人が使うためのものではなかったが、しばしばそれが主要用途になった。地元の郵便局が二四時間営業をしていたのは、地元民におしゃべりや情報交換をさせるためではなかったが、ほかのどこにも引けをとらないほど、その目的にかなっていた。ホテルのコーヒーショップは宿泊客のためにあったが、そこを――最も好んで使ったとは言えないまでも――最もよく利用し、当てにしていたのは地元民だった。（三二六頁）

以上、従来の目的とは関係なく、客が勝手にサードプレイスに「仕立ててしまう」という例が並んでいるが、ではなぜマクドナルドやコンビニはサードプレイスになり得ないのか。私が日本の大学生に本書を読ませると、必ずこの疑問が返ってくる。かと言って、私自身もオルデンバーグと同様に、気持ちの上でファストフーズをはじめとする多くのチェーン店をサードプレイスと認めたくないが、本当に使い方によって決まるものならば、大企業が築き上げているプラスティック帝国のような規範化を極めたチェーン店でも、サードプレイスになり得るという結論に至るはずである。サードプレイスの提唱者として、オルデンバーグはこの問題を避けて通れないと思う。

数々の事例を挙げながらも、オルデンバーグが欧米以外の社会にほとんど言及していないことも残念に思う。サードプレイスという概念の有用性を探る意味では、アジアやアフリカ、あるいはラテンアメリカの社会をせめてひとつ、詳しく検証する価値があるだろう。たとえば、現在の日本の日常生活を考える上で、サードプレイスという概念を通して何が見えてくるだろうか。言い換えれば、バブル経済以降日本が直面している諸問題はどれほど、そして具体的にどのようにアメリカ社会と共通しており、また日本には独自のサードプレイスがいまも存在しているだろうか。あるとしたら、どのような場所になるのだろうか。以下、サードプレイスという概念の可能性と限界を探る意味で、東京の喫茶店および居酒屋に焦点を当てながらこの一連の問題を考察したい。

＊

オルデンバーグが提唱するサードプレイスの特徴のひとつは、軽妙な会話が活発に交わされることである。ところが、日本の喫茶店――少なくとも東京の多くの喫茶店では――ほかの客と歓談したいがために入る人はごく少数だろう。むしろ、誰にも邪魔されずにひとりでいたい、または友だちとふたりで静かな時間を過ごしたく、喫茶店に入る場合が多いのではないだろうか。もちろん、日本でも喫茶店はサードプレイスになり得るし、下町や地方都市にあるようないわば「街角の喫茶店」では、店主と客たちが一体になって会話を楽しんでいるような場面もよく見受けられる。だが、日本では誰にも邪魔されずに、ひとりでほったらかしてもらえることこそ、喫茶店の魅力だと感じている人が多いようである。

日本の喫茶店文化を研究するアメリカの人類学者メリー・ホワイトの著書 *Coffee Life in Japan*（University of California Press, 2011）では、喫茶店のこの役割に重点をおきながら、生活環境に要因を見出す。すなわち、普通の個人住宅が狭く、通勤電車でも職場でも、常に人に囲まれている。喫茶店に入っても他者はいるものの、ホワイトが注目しているような店はもっぱら静謐な渋い喫茶店だから、混雑した忙しない外界とは対照的な場所であり、確かに気分転換になるだろう。少なくとも東京の喫茶店では、渋い個人経営の喫茶店であろうとチェーン店であろうと、ひとりで入り、「休憩」を求めている客が多く、他者と会話を楽しむような環境はほとんど見かけられないだろう。それでも家庭とも職場とも違う、居心地のよい行きつけの場所として、ホワイトはそのような喫茶店でも「サードプレイス」と見なしている。

オルデンバーグが日本の喫茶店を見たら、どのように考えるだろうか。一方では、常連客による活発な交流が見られないため、サードプレイスとは違うように考えそうだが、他方では英語版 *The Great Good Place* の表紙写真の一枚には、アットホームな雰囲気を醸し出している喫茶店のような店が写っている――野球帽をかぶった若い女性が、コーヒーカップをおいたテーブルの前にひとりで、穏やかで幸福そうな表情を浮かべている。明らかに、その場所にいるだけで癒されている。オルデンバーグが表紙写真を選んだかどうかわからないが、異論があれば使わせなかっただろう。そう考えると、オルデンバーグは日本の静謐な喫茶店でもサードプレイスと見なすかもしれない。本書を読み終えても、確信が持てないのだが……。

いずれにせよ、日本の日常空間で他者との楽しい会話を求めるなら、赤提灯や大衆酒場のような庶民的な居酒屋に行けばよいと思う。それこそ、現在の日本社会での代表的なサードプレイスだと言えよう。アルコールが介在しているおかげもあり、居酒屋のカウンターの常連客となると、店主や周囲の客たちと会話を交わすことがめずらしくないだろう。少なくとも東京では、飲食店にひとりで入って周囲の客たちと会話を交わすようなことはほとんど見られないようである。その状況において、オルデンバーグが例に挙げている欧米の諸社会とは著しく異なるだろう。とくに用事がない限り、ほかの客に話しかけないのが常識ではないだろうか。その点、居酒屋というのは注目すべき例外である。

周囲の客とのやり取りが行われやすいのは、カウンターに加えてカウンター中心の小ぢんまりした赤提灯や、合席になりがちな大衆酒場だといえる。アルコールに加えてカウンターが果たす役割がとりわけ大きい――同じ距離であっても、別々のテーブルに座っている客とは会話を交わすことがほとんどないのに、カウンターが一種の共有空間であるため、隣の客の会話も共有される向きがあり、とくに常連同士なら自然に他者の会話に参入することが見られる（その意味では、大衆酒場の合席制のテーブルがカウンターと似た機能をもつと見なせよう）。

対極にあるのは大型チェーン店の居酒屋だと思う。まず、通常はカウンター席がごく限られており、テーブル席や座敷席のほうがはるかに広いから、大衆酒場や常連客中心の赤提灯と違い、ひとりで入る人が少ない（チェーン店居酒屋でのひとり酒ほど寂しいものはないだろう）。また、チェーン店の場合、ほかの客と会話を交わすことはほとんど考えられず、しかも近年のチェーン店では「個室」がウリになっていることが象徴的である。個室こそ、サードプレイスの対極にある構造と言わなければならない――他者との会話を拒むのみならず、他の客が目にも入らないように締め出しているからである。従来、料亭や割烹など高級な飲食店にしか見られなかった個室を、手ごろな値段で提供する現在のチェーン店居酒屋は、ソファをおいているスターバックスに負けないほどしたたかな集客作戦を見せるようになった。その意味では脱帽せざるを得ない。しかし、それはサードプレイスの魅力からほど遠いだろう。やはり、日本においてサードプレイスを見渡すと、オルデンバーグが描き出すような年季の入った、小ぢんまりした個人経営の場所が多いように思える。

赤提灯がもっとも代表的だとは言え、前述の通り、街角の喫茶店でもオルデンバーグが規定するようなサードプレイスになる場合が少なくないし、さらに大衆食堂もあげられるかもしれない。また、事例に上った欧米社会と同様に、サードプレイスには飲食店――とりわけアルコールまたはカフェインを提供する店――がなりやすいようだが、それに限ったものではない。

早朝のゲートボールのグラウンドや、囲碁や将棋クラブなどはサードプレイスとして使われることもめずらしくないだろう。銭湯もサードプレイスになり得ると思う。自宅に風呂がない人はさておくとして、風呂があるのに週に何度か銭湯に出かける人は、単に足を伸ばしたいがために行っているだけではないはずである。その場の雰囲気、そして銭湯特有の社交を求めているためでもあろう。また、銭湯も居酒屋と同様に、いつも同じ時間帯に行くと、だいたい同じ顔ぶれがそろっているから、そのうちに軽い会話を交わすことになる――

「きょうは遅いですね」
「いやー、家のヤツにこき使われて、なかなか抜けられなかったんですよ」
「よく分かりますよ。ワシもな……」

など、と。

要するに、オルデンバーグが美容院や理髪店、それに郵便局までをサードプレイスの事例に挙げているわけだから、日本にも独自のサードプレイスがあって当然である。ただし、定義をどこまで広げたらよいか、広げすぎたら概念としての有用性を失うのではないかという問題も考えなければならない。言い換えれば、サードプレイスをどのように規定すべきか。

なかなかむずかしい問題だが、「とりたてて行く必要がない」、そして「いつでも立ち寄って、帰りたいと思ったらいつでも帰れる」という基準に加え、「その場所が提供している品物やサービスとは別の目的のために行く」という点が重要だと私は考える。そう加えることによって、客の主体性に重点がしっかりおかれ、従来の目的とは関係なく理髪店や美容院、それにゲートボールのグラウンドや銭湯なども、同様にサードプレイスとなるだろう。と同時に、別の客にとってそこは単なる〈消費の場〉にすぎないという可能性も残る。

概して言えば、オルデンバーグが第二章で挙げているサードプレイスの特徴は、多かれ少なかれ日本のサードプレイスにも共有されているように思う。チェーン店やコンビニもなりうるかもしれないが、普通はサードプレイスの機能をあまり発揮していなく、むしろ固有な雰囲気の個人商店、とくに年季の入った場所を居心地よく感じる人が多いのではないだろうか。

それぞれの社会特有の状況に合わせてサードプレイスの概念を調整する必要もあるだろう。たとえば、日本の都会では多くの勤め人がマイカーではなく電車で通勤しており、しかも東京の場合は片道一時間以上かかることが普通だから、勤務時間も通勤時間も長いサラリーマンなどがサードプレイスを選ぶ際、オルデンバーグが前提とするように自宅の徒歩圏内よりも、職場の周辺の店を選ぶ場合が多い。または、仕事の帰りにひとりで途中下車し、職場からも家庭からも離れたサードプレイスを獲得する人も少なくないようである。そうしたら、職場の同僚にも遭遇せず、自宅の近所の人にも出会わないで済む。一個人として受け入れてくれる、他の常連客と淡い連帯感を味わいながら、〈第一の場所〉からも〈第二の場所〉からも解放されるひとときを楽しむ。どんな場所を選ぶかは個人の自由だが、真の意味での「豊かな生活」を求めるならば、確かにそのような場所が不可欠のように思える。

（日本文化研究・音楽社会学）

索 引

ア行

カ行

索　引

サ行

タ行

ナ行

ハ行

マ行

ヤ行

ラ行

ワ行

参考文献

Adams, Bert N. *The Family.* New York: Harcourt, Brace, Jovanovich, 1971.

Addams, Jane. *The Spirit of Youth and the City Streets.* New York: The Macmillan Company, 1923.

Addison, Joseph. *The Spectator,* no. 9. In *The Spectator,* edited by Donald F. Bond. London: The Clarendon Press, 1965.

Allen, Robert J. *The Clubs of Augustan London.* Hamden, Connecticut: Archon Books, 1967.

Anderson, Elijah. *A Place on the Corner.* Chicago: The University of Chicago Press, 1976.

Anderson, Robert T., and Barbara Gallatin Anderson. *Bus Stop for Paris: The Transformation of a French Village.* New York: Doubleday and Company, 1965.

Argyris, Chris. *Argyris on Organizations: Prescriptions/Predictions.* New York: Amacum, 1976. Cassette series.

Ariès, Philippe. "The Family and the City," *Daedalus* (Spring 1977).

Atkin, John R. "A Designed Locale for Laughter to Reinforce Community Bonds." In *It's a Funny Thing, Humour,* edited by Anthony J. Chapman and Hugh C. Foot. New York: Pergamon Press, 1977.

Bacon, Selden D. "Alcohol and Complex Society." In *Society, Culture and Drinking Patterns,* edited by David Pitman and Charles Snyder. New York: John Wiley and Sons, 1962.

Banerjee, Tridib, and William C. Baer. *Beyond the Neighborhood Unit.* New York: Plenum Press, 1984.

Barker, Ernest. *The Character of England.* Oxford: The Clarendon Press, 1963.

Barker, Roger, *et al. Midwest and Its Children.* Hamden, Connecticut: Archon Books, 1971.

Bazelon, David T. "The New Factor in American Society." In *Environment and Change: The Next Fifty Years,* edited by W. E. Ewald, Jr. Bloomington, Indiana: Indiana University Press, 1968.〔『人間環境の未来像』磯村英一・星野郁美訳，鹿島研究所出版会，1968年〕

Bechtel, Robert. *Enclosing Behavior.* Dowden: Hutchinson and Ross, 1977.

Benson, Denzel E. "The Intentionally Childless Couple." *USA Today* (January 1979).

Blake, Peter. *God's Own Junkyard: The Planned Deterioration of America's Landscape.* New York: Holt, Rinehart, and Winston, 1964.

Blumberg, Arthur, *et al.* "The Teacher Bar." *The Educational Forum* (Fall 1982).

Bode, Carl. *The Young Mencken.* New York: The Dial Press, 1973.

Bradbury, Ray. "Beyond 1984: The People Machines." In *Cities: The Forces that Shape Them,* edited by Lisa Taylor. New York: Rizzoli, 1982.〔「一九八四年を越えて」，『ブ

ラッドベリはどこへゆく』小川高義訳，晶文社，1996年所収〕
Brassai, Gyula Halasz. *Le Paris Secret Des Annees 30.* Garden City, New York: Doubleday and Company, 1966.〔『未知のパリ，深夜のパリ——1930年代』飯島耕一訳，みすず書房，1977 年〕
Brett, Lionel. *Architecture in a Crowded World: Vision and Reality in Planning.* New York: Schocken Books, 1971.
Bridenbaugh, Carl and Jesse Bridenbaugh. *Rebels and Gentlemen.* New York: Oxford University Press, 1962.
Bronfenbrenner, Urie. *Two Worlds of Childhood.* New York: Russell Sage Foundation, 1970.〔『二つの世界の子どもたち——アメリカとソ連のしつけと教育』長島貞夫訳，金子書房，1971年〕
__________. "The American Family: An Ecological Perspective. In *The American Family: Current Perspectives.* Cambridge, Mass.: The Harvard University Press, Audiovisual Division. 1979. Cassette series.
Brower, Sidney. "Streetfront and Sidewalk." *Landscape Architecture* (July 1973).
Browne, Junis Henri. *The Great Metropolis: A Mirror of New York.* Hartford, Connecticut: American Publishing Company, 1970.
Burgheim, Richard. "McSorley's Old Ale House," *Holiday Magazine* (February 1963).
Burns, James MacGregor. "Is the Primary System a Mistake?" *Family Weekly* (26 February 1984).
Calkins, Raymond. *Substitutes for the Saloon.* Boston: Houghton Mifflin Company, 1919.
Carmichael, Harry. *Most Deadly Hate.* New York: E.P. Dutton and Company, 1974.
Carson, Gerald. "The Saloon." *American Heritage: The Magazine of History* (April 1963).
__________. *The Old Country Store.* New York: E. P. Dutton and Son, 1965.
Chombart de Lauwe, Paul-Henry. *Des Hommes et des Villes.* Paris: Payot, 1965.〔『人間と都市——住宅社会学序説』林育男・中村忠夫訳，鹿島研究所出版会，1973年〕
Ciborowski, Adolf. Introduction to Carson, Robert B. *What Ever Happened to the Trolley?* Washington, D.C.: University of America Press, 1978.
Clay, Grady. "The Street as Teacher." In *Public Streets for Public Use,* edited by Anne Vernez Moudon. New York: Van Nostrand Reinhold Company, 1987.
Clinard, Marshall B. "The Public Drinking House and Society." In *Society, Culture and. Drinking Patterns,* edited by David Pittman and Charles Snyder. New York: John Wiley and Sons, 1962.
Cohen-Portheim, Paul. *The Spirit of London.* Philadelphia: J. B. Lippincott Company, 1935.
Colmey, John. "The Coffeehouse: Grounds for a New Renaissance." *The Minnesota Daily* (16 May 1980).
Connell, W. F. and E. E. Skilbeck. *Growing Up in an Australian City: A Study of Adolescents in Sidney.* Melbourne, Australia: ACER, 1957.
Conzen, Kathleen N. *Immigrant Milwaukee, 1836–1860.* Cambridge, Mass.: Harvard University Press, 1976.
Cramer, Mark. *Funkytowns USA: The Best Alternative, Eclectic, Irreverent and Visionary*

Places. Annapolis, Md.: TBS Pub., 1995.
Daly, Michael. “Break Point.” *New York* (5 October 1981).
Davids, Kenneth. *Coffee.* San Francisco: 101 Productions, 1976.〔『コーヒー——その賢い買い方、選び方、焙煎、粉砕、抽出、そしてコーヒー全ての楽しみ方』圓尾修三ほか訳，いなほ書房，2010年〕
Davis, Ben. *The Traditional English Pub.* London: The Architectural Press, 1981.
Diaz-Plaja, Fernando. *The Frenchman and the Seven Deadly Sins.* New York: Charles Scribner’s Sons, 1972.
Dobie, Frank. *A Texan in England.* Boston: Little, Brown and Company, 1944.
Duis, Perry R. *The Saloon: Public Drinking in Chicago and Boston, 1880–1920.* Chicago: The University of Illinois Press, 1983.
Dumont, Matthew. “Tavern Culture: The Sustenance of Homeless Men.” *American Journal of Orthopsychiatry* 37, 1967.
Ellis, Aytoun. *The Penny Universities.* London: Secker and Warburg, *1956.*
Emerson, Ralph Waldo. *Uncollected Lectures.* New York: William Edwin Rudge, 1932.
__________. *Essays and Journals.* New York: Doubleday and Company, 1968.
Entrepeneur Magazine. “From Corner Tavern to Disco: Selling the Good Life.” (July 1980).
Erhard, Thomas A. “Coffee House.” In *The World Book Encyclopedia.* 1980 ed.
Evans, Sara M., and Harry Chatten Boyte. *Free Spaces: The Sources of Democratic Change in America.* New York: Harper & Row, 1986.
Feinsilber, Mike, and William B. Mead. *American Averages.* Garden City, New York: Dolphin Books, 1980.
Feiss, Carl. “Taking Stock: A Resume of Planning Accomplishments in the United States.” In *Environment and Change: The Next Fifty Years,* edited by William R. Ewald. Bloomington, Indiana: Indiana University Press, 1968.
Fellows, Lawrence. “Psychologists’ Report Finds New Towns in West Germany Boring to Children.” *New York Times* (9 May 1971).
Fenner, Phyllis, “Grandfather’s Country Stove.” *The Atlantic Monthly* (December 1945).
Ferguson, Frank. *Efficient Drug Store Management.* New York: Fairchild Publications, 1969.
Fischer, Claude. *To Dwell Among Friends.* Chicago: The University of Chicago Press, 1982.〔『友人のあいだで暮らす——北カリフォルニアのパーソナル・ネットワーク』松本康・前田尚子訳，未來社，2002年〕
Fourastie, Jean. *The Causes of Wealth.* Glencoe: The Free Press, 1960.
Francaviglia, Richard V. “Main Street U.S.A.: The Creation of a Popular Image.” *Landscape* (Spring/Summer 1977).
Franck, Harry A. *Vagabonding Through Changing Germany.* New York: Harper and Brothers, 1920.
Fullerton, Gail. *Survival in Marriage.* Hinsdale, Illinois: Dryden, 1977.
Gans, Herbert J. *The Levittowners.* New York: Pantheon Books, 1967.
Genovese, Rosalie G. “A Women’s Self-Help Network as a Response to Service Needs in

the Suburbs." *Signs* 5, no. 3 (Spring 1980).
"Germans in America" Collection. Wisconsin State Historical Society, Madison.
Gilbert, Bil, and Lisa Twyman. "Violence: Out of Hand in the Stands." In *Sport in Contemporary Society,* edited by D. Stanley Eitzen. New York: St. Martin's Press, 2d ed., 1984.
Gilliam, Florence. *France: A Tribute by an American Woman.* New York: E.P. Dutton & Co., 1945.
Glick, Paul C. "How American Families Are Changing." *American Demographics* (January 1984).
Gold, Seymour M. *Recreation Planning and Design.* New York: McGraw-Hill, 1980.
Goldring, Patrick. *The Broilerhouse Society.* New York: Weybright & Talley, 1969.
Goldston, Robert. London: *The Civic Spirit.* New York: Macmillan, 1969.
__________. *Suburbia: Civic Denial.* New York: Macmillan, 1970.
Goodwin, Richard N. "The American Condition." *The New Yorker* (January 21, January 28, and 4 February 1974).
Gordon, Suzanne. *Lonely in America.* New York: Simon & Schuster, 1976.
Gorham, Maurice. *Back to the Local.* London: Percival Marshall, 1979.
__________, and H. Dunnett. *Inside the Pub.* London: The Architectural Press, 1950.
Gramont, Sanche de. *The French: Portrait of a People.* New York: G.P. Putnam's Sons, 1969.
Gratz, Roberta. *The Living City.* New York: Simon and Schuster, 1989.〔『都市再生』富田靭彦ほか訳，晶文社，1993年〕
Gray, Paul. "Another Look at Democracy in America" *Time* Essay (16 June 1986).
Griesinger, Karl Theodor. "A Historian's Forebodings." In *This Was America,* edited by Oscar Handlin. New York: Harper and Row, 1949.
Gruen, Victor. *The Heart of Our Cities.* New York: Simon & Schuster, 1967.〔『都市の生と死——商業機能の復活』神谷隆夫訳，商業界，1970年〕
__________. "New Forms of Community." In *Who Designs America?,* edited by Laurence B. Holland. New York: Anchor Books, 1965.
__________. *Centers for the Urban Environment.* New York Van Nostrand Reinhold Co., 1973.〔『都市のセンター計画』中津原努ほか訳，鹿島出版会，1977年〕
Gubbins, Nathaniel. "The Pubs." *Holiday Magazine* (July 1947).
Gunther, John. *Twelve Cities.* New York: Harper & Row, 1967.〔『都市の内幕』内山敏訳，タイムライフインターナショナル，1969年〕
Halberstam, David. "One Man's America." *Parade Magazine* (31 October 1982).
Hall, Edward T. *The Hidden Dimension.* Garden City, New York: Doubleday and Company, 1969.〔『かくれた次元』日高敏隆・佐藤信行訳，みすず書房，1970年〕
Hamill, Pete. "A Hangout Is a Place..." *Mademoiselle Magazine* (November 1969).
Harlow, Alvin F. *The Serene Cincinnatians.* New York E. P. Dutton & Co., 1959.
Harris, Kenneth. *Travelling Tongues.* London: John Murray, 1949.
Harrison, J. F. C. *The Early Victorians.* New York: Praeger, 1971.
Hausknecht, Murray. *The Joiners.* New York: The Bedminster Press, 1962.

Hayden, Dolores. *Redesigning the American Dream.* New York: W. W. Norton & Company, 1984.〔『アメリカン・ドリームの再構築――住宅、仕事、家庭生活の未来』野口美智子ほか訳，勁草書房，1991年〕

Hester, Randolph T., Jr. *Neighborhood Space.* Stroudsburg, Pennsylvania: Dowden, Hutchinson and Ross, 1975

Hines, Al. "What the Teetotal Traveler Drinks at the Sidewalk Café." *Holiday Magazine* (January 1969).

Hoelterhoff, Manuela. "Life Amid the Ruins of East Germany's Porcelain City." *The Wall Street Journal* (22 September 1983).

Holmes, Fred, L. *Side Roads.* Madison: The Wisconsin State Historical Society, 1949.

Hooper, Charles E. *The Country House.* New York: Doubleday, Page and Company, 1905.

Huizinga, Johan. *Homo Ludens: A Study of the Play Elements in Culture.* London: Routledge and Kegan Paul, 1949.〔『ホモ・ルーデンス――人類文化と遊戯』高橋英夫訳，中央公論社，1963年〕

Hunt, Violet. *The Desirable Alien.* London: Chatoo and Windus, 1913.

The Idler. no. 58, 1759.

Ignatieff, Michael. *The Needs of Strangers.* London: Chatto & Windus, 1984.〔『ニーズ・オブ・ストレンジャーズ』添谷育志・金田耕一訳，風行社，1999年〕

Jackson, Brian. *Working Class Community.* London: Routledge & Kegan Paul, 1968.〔『コミュニティ――イングランドのある町の生活』大石俊一訳，晶文社，1984年〕

Jacobs, Jane. *The Death and Life of Great American Cities.* New York: Random House, 1961.〔『アメリカ大都市の死と生』山形浩生訳，鹿島出版会，2010年〕

Kando, Thomas M. *Leisure and Popular Culture in Transition.* St. Louis: The C. V. Mosby Company, 1980.〔『転換期のレジャーと文化を求めて――新しいレジャーとポピュラー・カルチャー』早川浩一ほか訳，時潮社，1977年〕

Kanigel, Robert. "Stay-Put Americans." *Human Behavior* (May 1979).

Katz, Peter. *The New Urbanism: Toward an Architecture of Community.* New York: McGraw-Hill, 1994.

Kessler, Marc and Christopher Gomberg. "Observations of Barroom Drinking: Methodology and Preliminary Results." *Quarterly Journal of Studies on Alcohol* 35 (1974).

Keyes, Ralph. "I like Colonel Sanders." *Newsweek* (27 August 1973).

Kirby, Winston. "The Impact on Television: The Communication of Social Disorganization." In *Cities in Transition,* edited by Frank Coppa and Philip Dolee. Chicago: Nelson Hall, 1947.

Klapp, Orrin E. *Heroes, Villains, and Fools.* Englewood Cliffs, New Jersey: Prentice-Hall, 1962.〔『英雄・悪漢・馬鹿――アメリカ的性格の変貌』仲村祥一・飯田義清訳，新泉社，1977年〕

———. *Overload and Boredom: Essays on the Quality of Life in the Information Society.* Westport, Conn: Greenwood Press, 1986.〔『過剰と退屈――情報社会の生活の質』小池和子訳，勁草書房，1988年〕

Kluge, Paul Frederick. "Cloing Time." *Wall Street Journal* (27 May 1982).

Kohr, Leopold. *The Overdeveloped Nations.* New York: Shocken, 1977.〔『居酒屋社会の

経済学――スモール・イズ・ビューティフルの実現をめざして』藤原新一郎訳，ダイヤモンド社，1980 年〕
Koppelman, Lee. In "Suburbia: End of the Golden Age," edited by William S. Kowinski. *The New York Times Magazine* (16 March 1980).
Kowinski, William S. "Suburbia: End of the Golden Age." *The New York Times Magazine.* (16 March 1980).
———. *The Malling of America.* New York: William Morrow and Company, 1985.
Langdon, Philip. *A Better Place to Live: Reshaping the American Suburb.* Amherst: University of Massachusetts Press, 1994.
Langner, Thomas S. and Stanley T. Michael. *Life Stress and Mental Health.* New York: The Free Press of Glencoe, 1963.
Lasch, Christopher. *The Revolt of the Elites: And the Betrayal of Democracy.* New York: W.W. Norton, 1995.〔『エリートの反逆――現代民主主義の病い』森下伸也訳，新曜社，1997年〕
LeJeune, Anthony. *The Gentlemen's Clubs of London.* New York: Mayflower Books, 1979.
Levine, Jacob. "Humour as a Form of Therapy: Introduction to Symposium." In *It's a Funny Thing, Humour,* edited by Anthony J. Chapman and Hugh C. Foot. New York: Pergamon Press, 1977.
Lewis, C. S. *The Four Loves.* New York: Harcourt Brace Jovanovich, 1960.〔『四つの愛』蛭沼寿雄訳，新教出版社，1961 年〕
Little, Charles E. *Challenge of the Land.* New York: Pergamon Press, 1968.
Lobsenz, Norman M. *Is Anybody Happy?* New York: Doubleday and Company, 1962.
Lofland, Lyn G. *A World of Strangers.* Prospect Heights, Illinois: Waveland Press, 1973.
Long, Huey B. "Taverns and Coffee Houses: Adult Educational Institutions in Colonial America." *Lifelong Learning: The Adult Years* (January 1981).
MacCallum, T. W *The Vienna That's Not in the Baedeker.* New York: Robert M. McBride and Company, 1931.
Macy, Robert. "Entertainer bemoans high prices in Vegas." *The Pensacola News-Journal* (15 July 1982).
Malko, George. The Biltmore for Men Only." *Holiday Magazine* (January 1969).
Mass Observation. *The Pub and the People: A Worktown Study.* London: Victor Gollancz Ltd., 1943.
Mathews, David. "Civic Intelligence." *Social Education* (November/December 1985).
McKeever, J. Ross, ed. *Community Builders Handbook.* Washington, D.C.: Urban Land Institute Press, 1968.
Mead, Margaret. "The American Family." In *The Search for America,* edited by Huston Smith. Englewood Cliffs, New Jersey: Prentice-Hall, 1959.
Melville, Lewis and Aubrey Hammond. *The London Scene.* London: Baber & Bwyer, 1926.
Michner, James A. "Australia." *Holiday Magazine* (November 1950).
Miller, Henry. *Remember to Remember.* London: The Grey Walls Press, 1952.〔『追憶への追憶』飛田茂雄訳，新潮社，1968年〕

Miller, Stuart. *Men and Friendship.* Boston: Houghton-Mifflin, 1983.
Monckton, H.A. *A History of the English Public House.* London: The Bodley Head, Ltd., 1969.
Mooney, Sean and George Green. *Practical Guide to Running a Pub.* Chicago: Nelson-Hall, 1979.
Mornell, Pierre. *Passive Men, Wild Women.* New York: Simon & Schuster, 1976.
Mortimer, John. "Rumpole and the Man of God." In *The Trials of Rumpole.* New York: Penguin Books, 1981.
Motamed-Nejad, Kazem. "The Story-Teller and Mass Media in Iran." In *Entertainment: A Cross-Cultural Examination,* edited by Fischer Heinz-Dietrich and Stefan Melnik, New York: Hastings House, 1979.
Nevins, Allan. *Grover Cleveland: A Study in Courage.* New York: Dodd, Mead and Company, 1966.
Newman, Barry. "Good Times or Bad, There'll Always be an English Pub." *Wall Street Journal* (16 November 1981).
Newman, Oscar. *Defensible Space.* New York: The Macmillan Company, 1972.〔『まもりやすい住空間――都市設計による犯罪防止』湯川利和・湯川聰子訳，鹿島出版会，1976 年〕
Nourissier, François. *Cartier-Bresson's France.* New York: The Viking Press, 1971.
O'Connor, Richard. *The German-Americans: An Informal History.* Boston: Little, Brown and Company, 1968.
Pajak, Edward. "Cathartic and Socialization Functions of 'Teacher Bars.'" Presented at the annual meeting of the American Educational Research Association, Boston, April 1980.
Palmer, Parker J. *The Company of Strangers: Christians and the Renewal of America's Public Life.* New York: Crossroad, 1990.
Pettigrew, Jim, Jr. "The Vanishing Game of Snooker." *Atlanta Weekly* (12 October 1980).
Pindell Terry. *A Good Place to Live: America's Last Migration.* New York: H.Holt and Co., 1995.
Playground Daily News. "The English Department" (25 November 1982).
Postgate, Raymond. "English Drinking Habits." *Holiday Magazine* (February 1963).
Rexroth, Kenneth. "The Decline of Humor in America." *The Nation* 84, 1975.
Richards, Cara E. "City Taverns." *Human Organization* 22 (Winter, 1963–64).
Riesman, David. "The Suburban Dislocation." *The Annals of the American Academy of Political and Social Science* (November 1957).
Roberts, Kenneth L. *Why Europeans Leave Home.* New York: Bobbs-Merrill, 1922.
Rogow, Arnold. *The Dying of Light.* New York: G.P. Putnam's Sons, 1975.
Ronay, Egon. *Pub Guide.* London: British Tourist Authority Publication, 1976.
Rooney, Andrew A. *A Few Minutes with Andy Rooney.* New York: Atheneum, 1981.〔『日常学のすすめ』井上一馬訳，晶文社，1984 年〕
Roubin, Lucienne. "Male Space and Female Space within the Provencial Community." In *Rural Society in France,* edited by Robert Foster. Baltimore: *Selections from the Annales*

Economies, Societies, Civilization. 1977.
Royko, Mike. “Neighborhood on the Way Back.” *Chicago Daily News* (26 November 1973).
Rubin, Lillian. *Intimate Strangers.* New York: Harper & Row, 1983.〔『夫／妻　この親密なる他人』賀谷恵美子ほか訳，垣内出版，1992 年〕
Rudofsky, Bernard. *Streets for People: A Primer for Americans.* Garden City, New York: Doubleday and Company, 1969.〔『人間のための街路』平良敬一・岡野一宇訳，鹿島研究所出版会，1973 年〕
Rysman, Alexander. “How the ‘Gossip’ Became a *Woman.*” *Journal of Communication* 27, no. 1 (1977).
Sale, Kirkpatrick. *Human Scale.* New York: Coward, McCann and Geoghegan, 1980.〔『ヒューマンスケール――巨大国家の崩壊と再生の道』里深文彦訳，講談社，1987 年〕
Sampson, Anthony. *Anatomy of Britain.* New York: Harper & Row, 1962.
Scitovsky, Tibor. *The Joyless Economy.* New York: Oxford University Press, 1976.〔『人間の喜びと経済的価値――経済学と心理学の接点を求めて』斎藤精一郎訳，日本経済新聞社，1979 年〕
Seamon, David. *A Geography of the Lifeworld.* New York: St. Martin’s Press, 1979.
Sedgwick, Henry. *The Art of Happiness.* New York: Bobbs-Merrill, 1930.
Sennett, Richard. “The Brutality of Modern Families.” In *Marriages and Families,* edited by Helena Z. Lopata. New York: W. E. Norton and Company, 1973.
———. *The Fall of Public Man.* New York: Alfred A. Knopf, 1977.〔『公共性の喪失』北山克彦・高階悟訳，晶文社，1991 年〕
Sexton, Richard. *Parallel Utopias: The Quest for Community: The Sea Ranch, California, Seaside, Florida.* San Francisco: Chronicle Books, 1995.
Silver, Nathan. *Lost New York:* New York: Houghton Mifflin Company, 1967.
Simmel, Georg. *On Individuality and Social Form,* edited by Donald N. Levine. Chicago: The University of Chicago Press, 1971.
Sims, Newell, ed. *The Rural Community.* New York: Charles Scribner’s Sons. 1920.
Slater, Philip E. “Must Marriage Cheat Today’s Young Women?” *Redbook Magazine* (February 1971).
Small Business Reporter. “Bars and Cocktail Lounges.” San Francisco: Bank of America, vol. 11, no. 9 (1977).
Smithsonian Institution, *The Fitness of Man’s Environment.* Washington, D.C.: Smithsonian Institute Press, 1968.
Stevenson, John. *British Society: 1914–45.* London: Penguin Books, 1984.
Sucher, David. *City Comforts: How to Build an Urban Village.* Seattle: City Comforts Press, 1995.〔『小さなことから始める街のリフォーム――快適な都市のエッセンス』矢嶋宏光ほか訳，集文社，1998年〕
Swift, Jonathan. “Hints Towards an Essay on Conversation.” In *English Essays: Volume 27,* edited by Charles W. Eliot. New York: P. F. Collier & Son Corporation, 1937.
Theobald, Robert. “Planning with People.” In *Environment and Change: The Next Fifty*

Years, edited by W. W. Ewald, Jr. Bloomington, Indiana: Indiana University Press, 1968.

Thomas, Anthony E. "Class and Sociability Among Urban Workers: A Study of the Bar as a Social Club." *Medical Anthropology* 2, no. 4 (Fall 1978).

Thomas, Gwyn. "Tranquility and Warm Beer." *Holiday Magazine* (May 1964).

Timbs, John. *Clubs and Club Life in London.* Detroit: Gale Research Company. Reprint (1967).

Time Magazine. "Mobile Society Puts Down Roots" (12 June 1978).

Tocqueville, Alexis de. *Democracy in America.* New York: Alfred A. Knopf, 1963.〔『アメリカのデモクラシー』松本礼二訳，岩波書店，2005–08 年〕

Traver, Robert. *Troubleshooter.* New York: The Viking Press, 1943.

Tripp, C. A. *The Homosexual Matrix.* New York: McGraw-Hill, 1975.

van Cleef, Eugene. *Cities in Action.* New York: Pergamon Press, 1970.

Varga, Laszlo. *Human Rights in Hungary.* Gainesville, Florida: Danubian Research and Information Center, 1967.

Von Eckardt, Wolf. *Back to the Drawing Board.* Washington, D.C.: New Republic Books, 1978.

Wallace, Irving, *et al.* "When Coffee was Banned in Sweden." *Parade Magazine* (12 September 1982).

Wallis, Claudia. "Stress: Can We Cope?" *Time Magazine* (6 June 1983).

Warner, Sam Bass, Jr. *The Private City.* Philadelphia: University of Pennsylvania Press, 1968.

Webster, Hutton. *Primitive Secret Societies.* New York: Octagon, reprint, 1968.〔『原始的民族の秘密講』田崎仁義訳，實業之世界社，1915 年〕

Wechsberg, Joseph. "The Viennese Coffee House: A Romantic Institution." *Gourmet Magazine* 12, no. 16 (1966).

__________. "The long, sweet day of the Sidewalk Cafe." *Holiday Magazine* (August 1967).

__________. *The Vienna I Knew.* New York: Doubleday and Company, 1979.

Weir, Lebert H. *Europe at Play.* New York: A.S. Barnes & Company, 1937.

West, Richard. "The Power of 21." *New York* (5 October 1981).

Whyte, William H. *The Last Landscape.* New York: Doubleday and Company, 1968.〔『都市とオープンスペース』華山謙訳，鹿島研究所出版会，1971 年〕

__________. *City: Rediscovering the Center.* New York: Doubleday, 1988.〔『都市という劇場——アメリカン・シティ・ライフの再発見』柿本照夫訳，日本経済新聞社，1994 年〕

__________. *The Social Life of Small Urban Spaces.* Washington, D.C.: Conservation Foundation, 1980.

Willems, Edwin P. "Behavioral Ecology." In *Perspectives on Environment and Behavior,* edited by Daniel Stokols. New York: Plenum Press, 1977.

Winick, Charles. *The New People.* New York: Pegasus, 1968.

Winn, Marie. *Children without Childhood.* New York: Penguin Books, 1984.〔『子ども時

代を失った子どもたち——何が起こっているか』平賀悦子訳，サイマル出版会，1984年〕
Wittke, Carl. *We Who Build America: The Saga of the Immigrant.* Cleveland: The Press of Case Western Reserve University, 1964.
Women's Petition, The. In *Old English Coffee Houses.* London: Rodale Press, 1954.
Wordsworth, William. "The Art of Conversation." In *Wordsworthian and Other Studies,* edited by Ernest de Selincourt. New York: Russell & Russell, 1964.
Wright, David E. and Robert E. Snow. "Consumption as Ritual in High Technology Society" In *Rituals and Ceremonies in Popular Culture,* edited by Ray B. Browne. Bowling Green: Bowling Green University Popular Press, 1980.
Wylie, Laurence William. *Village in the Vaucluse.* New York: Harper & Row, 1957.
Young, T. R. *New Sources of the Self.* New York: Pergamon Press, 1972.

註

第1章　アメリカにおける場所の問題

1. Richard N. Goodwin, “The American Condition,” *The New Yorker* (28 January 1974), 38.
2. Kenneth Harris, *Travelling Tongues* (London: John Murrary, 1949), 80.
3. Victor Gruen, *Centers for Urban Environment* (New York: Van Nostrand Reinhold Co., 1973), 217.〔ビクター・グルーエン『都市のセンター計画』中津原努ほか訳，鹿島出版会，1977年〕
4. Philip F. Slater, “Must Marriage Cheat Today's Young Women?” *Redbook Magazine* (February 1971).
5. Suzanne Gordon, *Lonely in America* (New York: Simon & Schuster, 1976).
6. *Ibid.*,105.
7. Richard Sennett, “The Brutality of Modern Families,” in *Marriages and Families,* ed. Helena Z. Lopata. (New York: D. Van Nostrand Company, 1973), 81.
8. David Riesman, “The Suburban Dislocation,” *The Annals of the American Academy of Political and Social Science* (November 1957), 142.
9. Dolores Hayden, *Redesigning the American Dream* (New York: W. W. Norton & Company, 1984), Chapter 2.〔ドロレス・ハイデン『アメリカン・ドリームの再構築――住宅，仕事，家庭生活の未来』野口美智子ほか訳，勁草書房，1991年〕
10. Sennett (*op. cit.*) および Aries, Philippe. “The Family and the City.” *Daedalus,* Spring, 1977. Pp. 227–237 を見よ．二人の見解が簡潔に記してある．
11. Sennett, *op. cit.,* 84.
12. Philippe Aries, “The Family and the City,” *Daedalus* (Spring 1977), 227.
13. Goodwin, *op. cit.,* 38.
14. P. F. Kluge, “Closing Time,” *Wall Street Journal* (27 May 1982).
15. Frank L. Ferguson, *Efficient Drug Store Management* (New York: Fairchild Publications, 1969), 202.
16. Urie Bronfenbrenner, “The American Family: An Ecological Perspective,” in *The American Family: Current Perspectives* (Cambridge, Mass.: Harvard University Press, Audiovisual Division, 1979), (audio cassette).
17. Claudia Wallis, “Stress: Can We Cope?” *Time* (6 June 1983).
18. *Ibid.*
19. *Ibid.*
20. *Ibid.*
21. Richard Goodwin, “The American Condition,” *New Yorker* (4 February 1970), 75.
22. Thomas M. Kando, *Leisure and Popular Culture in Transition,* 2d ed. (St. Louis: The C.V. Mosby Company, 1980).〔T・M・カンドー『転換期のレジャーと文化を求

めて——新しいレジャーとポピュラー・カルチャー』早川浩一ほか訳，時潮社，1977年〕
23. *Ibid.,* 101.
24. 通例，地中海文化.
25. Lyn H. Lofland, *A World of Strangers* (Prospect Heights, Ill.: Waveland Press, Inc., 1973), 117.
26. ときに「混沌の人工国家アメリカ」とも言う. 都市計画家は，ほかの誰にも劣らずこの言い回をよく使う.

第2章　サードプレイスの特徴

1. Joseph Addison, *The Spectator,* no. 9 (Saturday, 10 March 1711).
2. Joseph Wechsberg, "The Viennese Coffee House: A Romantic Institution," *Gourmet* 12:16, 1966.
3. Carl Bode, *The Young Mencken* (New York: The Dial Press, 1973), 197.
4. Richard Sennett, *The Fall of Public Man* (New York: Alfred A. Knopf, 1977), 311.〔リチャード・セネット『公共性の喪失』北山克彦・高階悟訳，晶文社，1991年〕
5. Jane Jacobs, *The Death and Life of Great American Cities* (New York: Random House, 1961), 55.〔ジェイン・ジェイコブズ『アメリカ大都市の死と生』山形浩生訳，鹿島出版会，2010年〕
6. *Ibid.*
7. オックスフォード英語辞典，名詞の二番目の定義.
8. Robert J. Allen, *The Clubs of Augustan London* (Hamden, Conn.: Archon Books, 1967), 14.
9. Georg Simmel, in *On Individuality and Social Forms,* ed. Donald N. Levine (Chicago: The University of Chicago Press, 1971), Chapter 9.
10. Richard West, "The Power of 21," *New York* (5 October 1981), 33.
11. Michael Daly, "Break Point," *New York* (5 October 1981), 45.
12. Tibor Scitovsky, *The Joyless Economy* (New York: Oxford University Press, 1976), Chapter 11.〔ティボール・シトフスキー『人間の喜びと経済的価値——経済学と心理学の接点を求めて』斎藤精一郎訳，日本経済新聞社，1979年〕
13. Ralph Waldo Emerson, *Essays and Journals* (New York: Doubleday, 1968), 158.
14. Richard Goodwin, "The American Condition," *The New Yorker* (28 January 1974), 36.
15. William Wordsworth, "The Art of Conversation," in *Wordsworthian and Other Studies,* ed. Ernest de Selincourt. (New York: Russell & Russell, 1964), 181–206.
16. *Ibid.*
17. Henry Sedgwick, *The Art of Happiness* (New York: Bobbs-Merrill, 1930), Chapter 17.
18. BrianJackson, *Working Class Community* (London: Routledge & Kegan Paul, 1968), Chapter 4.〔ブライアン・ジャクスン『コミュニティ——イングランドのある町の生活』大石俊一訳，晶文社，1984年〕
19. "The Eng1ish Department," *Playground Daily News* (25 November 1982).
20. John Timbs, *Clubs and Club Life in London* (Detroit: Gale Research Company, 1967 Reprint), 214–215.

21. Ralph Waldo Emerson, *Uncollected Lectures* (New York: William Edwin Rudge, 1932), 36.
22. *Op. cit.*
23. Laurence Wylie, *Village in the Vaucluse* (New York: Harper & Row, 1957), Chapter 11.
24. *Op. cit.*
25. *Op. cit.*
26. Henry Miller, *Remember to Remember* (London: The Grey Walls Press, 1952), 12.〔ヘンリー・ミラー『追憶への追憶』飛田茂雄訳，新潮社，1968年〕
27. Elijah Anderson, *A Place on the Corner* (Chicago: The University of Chicago Press, 1976).
28. Maurice Gorham, *Back to the Local* (London: Percival Marshall, 1949), 41.
29. Johan Huizinga, *Homo Ludens: A Study of the Play Elements in Culture* (London: Routledge and Kegan Paul, Ltd., 1949), Chapter 1.〔ホイジンガ『ホモ・ルーデンス――人類文化と遊戯』高橋英夫訳，中央公論社，1963年〕
30. *Ibid.,* 12.
31. David Seamon, *A Geography of the Lifeworld* (New York: St. Martin's Press, 1979), Chapter 10.
32. 私信.
33. Matthew Dumont, "Tavern Culture: The Sustenance of Homeless Men," *American Journal of Orthopsychiatry,* 1967, vol. 37, 938–945.

第 3 章　個人が受ける恩恵

1. Tibor Scitovsky, *op. cit.*
2. *Ibid.*
3. Pete Hamill, "A Hangout Is a Place..." *Mademoiselle* (November 1969).
4. Mass Observation, *The Pub and the People: A Worktown Study* (London: Victor Gollanca Ltd., 1943).
5. Marshall B. Clinard. "The public drinking house and society" in *Society, Culture, and Drinking Patterns,* David Pittman and Charles Snyder (eds.) (New York: John Wiley and Sons, Inc., 1967.)
6. *Op. cit.,* 238–239.
7. Selden D. Bacon, "Alcohol and Complex Society," in *Society, Culture, and Drinking Patterns,* eds. David Pittman and Charles Snyder (New York: John Wiley and Sons, Inc., 1962).
8. John Mortimer, "Rumpole and the Man of God," in *The Trials of Rumpole.*
9. Kenneth Rexroth, "The Decline of Humor in America," *The Nation,* 1975, vol. 84, 374–376.
10. Ralph Waldo Emerson, essay on "Experience."
11. Mike Feinsilber and William B. Mead, *American Averages* (Garden City, New York: Dolphin Books, 1980), 60.
12. Ray Oldenburg, unpublished observations of seventy-eight Midwestern taverns, 1981.

13. Jacob Levine, "Humour as a Form of Therapy: Introduction to Symposium," in *It's a Funny Thing, Humour,* eds. Anthony J. Chapman and Hugh C. Foot (New York: Pergamon Press, 1977).
14. John R. Atkin, "A Designed Locale for Laughter to Reinforce Community Bonds," in Chapman and Foot, *Ibid.*
15. Georg Simmel, in *On Individuality and Social Form,* ed. Donald N. Levine (Chicago: The University of Chicago Press, 1971).
16. George Malko, "The Biltmore for Men Only," *Holiday Magazine* (January 1969), 16.
17. Ralph Waldo Emerson, "Friendship," in *Ralph Waldo Emerson: Essays and Journals* (Garden City, New York: Doubleday and Company, 1968), 161.
18. 第2章の「中立の領域」にかんする論を見よ.
19. Harry Carmichael, *Most Deadly Hate* (New York: E. P. Dutton & Company, 1974).
20. Thomas S. Langner and Stanley T. Michael, *Life Stress and Mental Health* (New York: The Free Press of Clencoe, 1963), 284–287.
21. *Ibid.*
22. Claude Fischer, *To Dwell Among Friends* (Chicago: The University of Chicago Press, 1982).〔クロード・S・フィッシャー『友人のあいだで暮らす——北カリフォルニアのパーソナル・ネットワーク』松本康・前田尚子訳, 未來社, 2002年〕

第4章　もっと良いこと

1. Manuela Hoelterhoff, "Life Amid the Ruins of East Germany's Porcelain City." *Wall Street Journal* (22 September 1983).
2. Laszlo Varga, *Human Rights in Hungary* (Gainesville: Danubian Research and Information Center, 1967).
3. Irving Wallace *et al.* "When Coffee was Banned in Sweden," *Parade Magazine* (12 September 1982), 24.
4. Carl Bridenbaugh and Jesse Bridenbaugh, *Rebels and Gentlemen* (New York: Oxford University Press), 1962, 21.
5. Sam Bass Warner, Jr., *The Private City* (Philadelphia: University of Pennsylvania Press, 1968), 19–20.
6. *Ibid.*
7. Fred Holmes, *Side Roads* (Madison, Wisconsin: The State Historical Society, 1949), 75.
8. Allan Nevins, *Grover Cleveland: A Study in Courage* (New York: Dodd, Mead & Company, 1966), 73.
9. Warner, *op. cit.,* 21.
10. Victor Gruen, *The Heart of Our Cities* (New York: Simon & Schuster, 1964), 106.〔ビクター・グルーエン『都市の生と死——商業機能の復活』神谷隆夫訳, 商業界, 1970年〕
11. Kirby Winston, "The Impact of Television: The Communication of Social Disintegration," in *Cities in Transition,* eds. Frank Coppa and Philip Dolee (Chicago: Nelson Hall, 1947), 177.

12. James MacGregor Burns, “Is the Primary System a Mistake?” *Family Weekly* (26 February 1984).
13. *Op. cit.*
14. *Ibid.*
15. Robert Goldston, *Suburbia: Civic Denial* (New York: The Macmillan Company, 1970), 140.
16. David Mathews, “Civic Intelligence,” *Social Education* (November/December *1985*), 678–681.
17. Alexis de Tocqueville, *Democracy in America* (New York: Alfred A. Knopf, 1963), vol. 1, 196.〔トクヴィル『アメリカのデモクラシー』松本礼二訳，岩波書店，2005–2008年〕
18. Newell Sims, ed. *The Rural Community* (New York: Charles Scribner's Sons, 1920), 626.
19. *Ibid.,* 628.
20. *Ibid.,* 628–9.
21. *Ibid.,* 631.
22. *Ibid.,* 533–48:
23. *Ibid.,* 512.
24. *Ibid.,* 513.
25. *Ibid.,* 632.
26. Bridenbaugh, *op. cit.,* 21.
27. *Ibid.,* 22.
28. Mass Observation, *op. cit.* Chapter 6.
29. *Ibid.*
30. Anderson, Elijah. *op. cit.*
31. *Ibid.,* 55.
32. *Ibid.,* 1.
33. Bill Gilbert and Lisa Twyman, “Violence: Out of Hand in the Stands,” in *Sports in Contemporary Society,* ed. D. Stanley Eitzen (New York: St. Martin's Press, 2d ed., 1984).
34. Grady Clay, “The Street as Teacher,” in *Public Streets for Public Use,* ed. Anne Vernex Mouden (New York: Van Nostrand Reinhold Company, 1987), 109.
35. Oscar Newman, *Defensible Space* (New York: The Macmillan Company, 1972), Chapter 4.〔オスカー・ニューマン『まもりやすい住空間——都市設計による犯罪防止』湯川利和・湯川聰子訳，鹿島出版会，1976年〕
36. *Ibid.*
37. Scitovsky, *op. cit.,* Chapter 11.

第5章　ドイツ系アメリカ人のラガービール園

1. Fred L. Holmes, *Side Roads: Excursions into Wisconsin' Past* (Madison, Wisconsin: The State Historical Society, 1949).
2. Samuel Johnson, *The Idler,* no. 58, 1759 より引用.

3. Wisconsin State Historical Society, Madison, "Germans in America" Collection. Milwaukee, December 1946, letter 325, 179.
4. Junius Henri Browne, *The Great Metropolis: A Mirror of New York* (Hartford, Connecticut: American Publishing Company, 1970), 161.
5. Alvin F. Harlow,. *The Serene Cincinnatians* (New York: E.P. Dutton & Co., Inc.), 201.
6. *Ibid.,* 191–2.
7. Violet Hunt, *The Desirable Alien: At Home in Germany* (London: Chatton and Windus, 1908), 76–7.
8. *Ibid.,* 79.
9. *Ibid.,* 78.
10. Browne, *op. cit.,* 162.
11. *Ibid.,* 166.
12. Holmes, *op. cit.,* 67.
13. *Ibid.*
14. Kathleen Neils Conzen, *Immigrant Milwaukee, 1836–1860: Accommodation and Community in a Frontier City* (Cambridge, Mass.: Harvard University Press, 1976), 157–158.
15. Richard O'Connor, *The German-Americans: An Informal History.* (Boston: Little, Brown and Company, 1968), 290.
16. *Ibid.,* 288.
17. Browne, *op. cit.,* 165–6.
18. Harlow, *op. cit.,* 184.
19. *Ibid.,* 188.
20. *Ibid.,* 192.
21. O'Connor, *op. cit.,* 297.
22. Holmes, *op. cit.,* 56–66.
23. *Ibid., 69.*
24. *Ibid.*
25: Browne, *op. cit.,* 160.
26. *Ibid.*
27. *Ibid.,* 159.
28. 趣向を凝らしたビール園や椰子園については Conzen や Holmes, O'Connor, Browne, Harlow の著作にその描写があり，いずれも上記に引用されている.
29. Carl Wittke, *We Who Build America: The Saga of the Immigrant* (Cleveland: The Press of Western Reserve University, 1939), 204–205.
30. Perry R. Duis, *The Saloon: Public Drinking in Chicago and Boston, 1880–1920* (Chicago: The University of Illinois Press, 1983), 153–154.
31. Karl Theodor Griesinger, "A Historian's Forebodings," in *This Was America,* ed. Oscar Handlin (New York: Harper and Row, Publishers, 1949), 252–69.
32. *Ibid.,* 262.
33. O'Connor, *op. cit.,* 293.

第6章　メインストリート

1. Robert Traver, *Troubleshooter* (New York: The Viking Press, 1943), 207.
2. Kirkpatrick Sale, *Human Scale* (New York: Coward, McCann and Geoghegan, 1980), Part III, Chapter 4.〔カークパトリック・セール『ヒューマンスケール――巨大国家の崩壊と再生の道』里深文彦訳, 講談社, 1987年〕
3. Leopold Kohr, *The Overdeveloped Nations* (New York: Schocken, 1977), 14–19.〔レオポルド・コール『居酒屋社会の経済学――スモール・イズ・ビューティフルの実現をめざして』藤原新一郎訳, ダイヤモンド社, 1980年〕
4. Roger Barker *et al., Midwest and its Children* (Hamden, Connecticut: Archon Books, 1971).
5. Robert Bechtel, *Enclosing Behavior* (Dowden: Hutchinson and Ross, 1977), Chapter 9.
6. T. R. Young, *New Sources of the Self* (New York: Pergamon Press, 1972), 37.
7. 私信, 1980年.
8. "How Shopping Malls Are Changing Life in U.S." *U.S. News and World Report* (18 June 1973), 43–6.
9. Richard V. Francaviglia, "Main Street, U.S.A.: The Creation of a Popular Image." *Landscape* (Spring/Summer 1977), 18–22.
10. Ralph Keyes, "I Like Colonel Sanders," *Newsweek* (27 August 1973), 8–9.
11. Eugene van Cleef, *Cities in Action* (New York: Pergamon Press, 1970), Chapter 17.
12. Arnold Rogow, *The Dying of Light* (New York: G. P. Putnam & Sons, 1975), 226.
13. *Ibid.*
14. David Halberstam, "One Man's America." *Parade Magazine* (31 October 1982), 4.
15. Orrin E. Klapp, *Overload and Boredom: Essays on the Quality of Life in the Information Society* (Westport, Conn.: Greenwood Press, 1986), 31.〔O・E・クラップ『過剰と退屈――情報社会の生活の質』小池和子訳, 勁草書房, 1988年〕

第7章　イギリスのパブ

1. Robert Goldston, *London: The Civic Spirit* (New York: Macmillan, 1969).
2. John Timbs, *Clubs and Club Life in London* (Detroit: Gale Research Company, 1967), 2–3.
3. Mass Observation, *The Pub and the People: A Worktown Study* (London: Victor Gollancz Ltd. 1943), 17.
4. Frank J. Dobie, *A Texan in England* (Boston: Little, Brown, and Company, 1944), 251–2.
5. Ben Davis, *The Traditional English Pub: A Way of Drinking* (London: Architectural Press, 1981), 3.
6. Maurice Gorham, *Back to the Local* (London: Percival Marschall, 1949), 9.
7. Maurice Gorham and H.M. Dunnett, *Inside the Pub* (London: The Architectural Press, 1950), 71.
8. Ben Davis, *op. cit.*, 73.
9. *Ibid.*, 74.

10. Nathaniel Gubbins, "The Pubs," *Holiday Magazine* (July 1947), 71.
11. Mass Observation, *op. cit.,* 105.
12. Ernest Barker, ed. *The Character of England* (Oxford: The Clarendon Press, 1963), 459.
13. Gubbins, *op. cit.,* 71.
14. Richard Burgheim, "McSorley's Old Ale House," *Holiday Magazine* (May 1970), 84 ff.
15. Raymond Postgate, "English Drinking Habits," *Holiday Magazine* (February 1963), 87 ff.
16. Kenneth L. Roberts, *Why Europe Leaves Home* (New York: Bobbs-Merrill, 1922), 274.
17. Postgate, *op. cit.,* 34.
18. Gorham, 1949. *op. cit.,* 34.
19. Roberts, *op. cit.,* 273.
20. Davis, *op. cit.,* 79.
21. Gorham, 1949. *op. cit.,* 94–6.
22. Mass Observation, *op. cit.,* 94–6.
23. Barry Newman, "Good Times or Bad, There'll Always be an English Pub," *The Wall Street Journal.*
24. *Mass Observation, op. cit.,* 33.
25. Davis, *op. cit.,* 63–4.
26. Lewis Melville and Aubrey Hammond, *The London Scene* (London: Baber & Gwyer, 1926), 33.
27. Gorham, *op. cit.,* 85.
28. Davis, *op. cit.,* 62.
29. Gorham, *op. cit.,* 909.
30. Gwyn Thomas, "Tranquility and Warm Beer," *Holiday Magazine* (May 1964), 168.

第８章　フランスのカフェ

1. Paul Cohen-Portheim, *The Spirit of London* (Philadelphia: J. B. Lippincott Company, 1935), 89.
2. Joseph Wechsberg, "The long, sweet day of the sidewalk cafe," *Holiday Magazine,* (August 1967), 50.
3. Sanche de Gramont, *The French: Portrait of a People* (New York: G. P. Putnam's Sons, 1969), 462.
4. John Gunther, *Twelve Cities* (New York: Harper & Row, 1967), 70. 〔ジョン・ガンサー『都市の内幕』内山敏訳，タイムライフインターナショナル，1969年〕
5. Lebert H. Weir, *Europe at Play* (New York: A.S. Barnes & Co., 1937), 437–8.
6. Paul-Henry Chombart de Lauwe, *Des Hommes et des Villes* (Paris: Payot, 1965), 28–9. 〔P-H・アンリ・ションバール・ド・ローヴェ『人間と都市——住宅社会学序説』林育男・中村忠夫訳，鹿島研究所出版会，1973年〕
7. Fernando Diaz-Plaja, *The Frenchman and the Seven Deadly Sins* (New York: Charles Scribner's Sons), 147.
8. Wechsberg, *op. cit.,* 50.

9. Gramont, *op. cjt.*, 462.
10. Florence Gilliam, *France: A Tribute by an American Woman* (New York: E.P. Dutton & Co., 1945), 42.
11. Wechsberg, *op. cit.*, 50.
12. Bernard Rudofsky, *Streets for People: A Primer for Americans* (Garden City, New York: Doubleday & Company, 1959), 313.〔バーナード・ルドフスキー『人間のための街路』平良敬一・岡野一宇訳，鹿島研究所出版会，1973 年〕
13. Wechsberg, *op. cit.*, 87.
14. Edward T. Hall, *The Hidden Dimension* (Garden City, New York: Doubleday & Company, l969), 145.〔エドワード・ホール『かくれた次元』日高敏隆・佐藤信行訳，みすず書房，1970 年〕
15. Jean Fourastie, *The Causes of Wealth.* Translated and edited by Theodore Caplow (Glencoe, Illinois: The Free Press, 1960), 182–3.
16. *Ibid.*, 193.
17. *Ibid.*, 194.
18. *Ibid.*, 195.
19. Gramont, *op. cit.*, 452.
20. David E. Wright and Robert E. Snow, "Consumption as Ritual in the High Technology Society," ed. Ray B. Browne in *Rituals and Ceremonies in Popular Culture* (Bowling Green: Bowling Green University Popular Press, 1980), 326–7.
21. Laurence William Wylie, *Village in the Vaucluse* (New York: Harper & Row, 1957), Chapter 11.
22. *Ibid.*
23. Diaz-Plaja, *op. cit.*
24. Robert T. Anderson and Barbara Gallatin Anderson, *Bus Stop for Paris: The Transformation of a French Village* (New York: Doubleday & Company, 1965), 237 ff.
25. François Nourissier, *Cartier-Bresson's France* (New York: The Viking Press, 1971), 199–200.
26. *Ibid.*, 200.
27. Gyula Halasz Brassai, *Le Paris Secret des Annes 30* (Garden City, New York: Doubleday and Company, 1966).〔ブラッサイ『未知のパリ，深夜のパリ――1930年代』飯島耕一訳，みすず書房，1977 年〕
28. これらのノンアルコール飲料についてさらに情報を得るには，Al Hines, "What the Teetotal Traveler Drinks at the Sidewalk Cafe," *Holiday Magazine* (January 1969), 82. を見よ．
29. Fourastie, *op. cit.*
30. *Ibid.*, 17–8.
31. *Ibid.*, 18.
32. *Ibid.*, 170.
33. *Ibid.*
34. *Ibid.*, 210.
35. *Ibid.*, 164.

36. Wechsberg, *op. cit.,* 87.
37. Gramont, *op. cit.,* 380.

第９章　アメリカの居酒屋

1. "Bars and Cocktail Lounges," *Small Business Reporter* (San Francisco: Bank of America, 1977), vol. 11, no. 9.
2. Gerald Carson, "The Saloon," *American Heritage: The Magazine of Histoiy* (April 1963), 25.
3. Paul Frederick Kluge, "Closing Time," *Wall Street Journal* (27 May 1982), 1 and 31.
4. Mike Feinsilber and William B. Mead, *American Averages* (Garden City, New York, 1980), 313.
5. Tibor Scitovsky, *The Joyless Economy* (New York: Oxford University Press, 1976), 241.〔シトフスキー『人間の喜びと経済的価値』(前掲書)〕
6. Marc Kessler and Christopher Gomberg, "Observations of Barroom Drinking: Methodology and Preliminary Results," *Quarterly Journal of Studies on Alcohol,* vol.35, 1974, 1392–1396.
7. Cara E. Richards, "City Taverns," *Human Organization,* (Winter 1963–64), vol. 22, 260–8.
8. Anthony E. Thomas, "Class and Sociability Among Urban Workers: A Study of the Bar as a Social Club," *Medical Anthropology,* 1978.
9. Feinsilber and Mead, *op. cit.,* 319.
10. Richards, *op. cit.*
11. Arthur Blumberg *et al.,* "The Teacher Bar." *The Educational Forum* (Fall 1982), 111–25. また，Edward Pajak, "Cathartic and Socialization Functions of Teachers Bars'." the American Educational Research Association のボストンにおける年次例会 (April 1980) で発表された.
12. "From Corner Tavern to Disco: Selling the Good Life," *Entrepreneur Magazine,* (July 1980), 7.
13. Kluge, *op. cit.*
14. *Ibid.*
15. *Ibid.*
16. *Ibid.*
17. *Ibid.*
18. *Ibid.*
19. "From Corner Tavern to Disco" *op. cit.,* 17.

第10章　古典的なコーヒーハウス

1. Gerald Carson, *The Old Country Store* (New York: E.P. Dutton and Son, 1965). また，Phyllis Fenner, "Grandfather's Country Store," *The Atlantic Monthly* (December 1945).
2. 第６章「メインストリート」で論じている.
3. Kenneth Davids, *Coffee* (San Francisco: 1010 Productions, 1976), 169.〔Kenneth

Davids『コーヒー――その賢い買い方，選び方，焙煎，粉砕，抽出，そしてコーヒー全ての楽しみ方』圓尾修三ほか訳，いなほ書房，2010 年〕

4. Raymond Calkins, *Substitutes for the Saloon* (Boston: Houghton Mifflin Company, 1919).
5. Davids, *op. cit.,* 170.
6. Thomas A. Erhard, "Coffee House," in *The World Book Encyclopedia,* 1980 ed.
7. Aytoun Ellis, *The Penny Universities* (London: Secker and Warburg, *1956*), see the title page.
8. *Ibid.,* 45.
9. *Ibid.,* 44.
10. *Ibid.*
11. *Ibid.,* 88.
12. 「女性たちの請願書」は *Old English Coffee Houses* (London: Rodale Press, 1954) に転載されている.
13. *Ibid.,* 11.
14. Ellis, *op. cit.,* 117 ff.
15. *Ibid.,* Chapter 12.
16. *Ibid.,* 168.
17. T. W MacCallum, *The Vienna that's not in the Baedeker* (New York: Robert M. McBride and Company, 1931), 27.
18. *Ibid.,* 30.
19. Joseph Wechsberg, "The Viennese Coffeehouse: A Romantic Institution," *Gourmet* (December 1966).
20. MacCallum, *op. cit.,* 42.
21. *Ibid.,41.*
22. Joseph Wechsberg, *The Vienna I Knew* (New York: Doubleday and Company, 1979). 著者の母親は，地元〔ドイツ〕のオストラウにあるコーヒーハウスの一軒を嫌っていたという．なぜならそこが「自立した夫たちの楽園に見えた」から.

第11章　厳しい環境

1. Philippe Ariès, "The Family and the City," *Daedalus* (Spring 1977), 227–35.
2. David T. Bazelon, "The New Factor in American Society," in *Environment and Change: The Next Fifty Years,* ed. William R. Ewald, Jr. (Bloomington, Illinois: Indiana University Press, 1968), 264–286.〔W・R・イーウォルド編『人間環境の未来像』磯村英一・星野郁美訳，鹿島研究所出版会，1968 年〕
3. Wolf Von Eckardt, *Back to the Drawing Board* (Washington, D.C.: New Republic Books, 1978), 15.
4. Robert Theobald, "Planning *with* People," in Ewald, *op. cit.,* 182–185.
5. Lionel Brett, *Architecture in a Crowded World: Vision and Reality in Planning* (New York: Schocken Books, 1971).
6. J. Ross McKeever, ed. *Community Builders Handbook* (Washington, D.C.: Urban Land Institute, 1968).

7. Ray Bradbury, "Beyond 1984: The People Machines," in ed. Taylor, *Cities: The Forces that Shape Them* (New York: Rizzoli, 1982), 167.〔レイ・ブラッドベリ「一九八四年を越えて」,『ブラッドベリはどこへゆく』小川高義訳,晶文社,1996年所収〕
8. *Ibid.*
9. Patrick Goldring, *The Broilerhouse Society* (New York: Weybright & Talley, 1969).
10. *Ibid.*
11. *Ibid*, 14–5.
12. *Ibid.*, 64–5.
13. Victor Gruen, "New Forms of Community," in ed. Laurence B. Holland *Who Designs America?* (New York: Anchor Books, 1965).
14. *Ibid.*, 172–3.
15. Dolores Hayden, *Redesigning the American Dream* (New York: W.W. Norton & Company, 1984), 38.〔ハイデン『アメリカン・ドリームの再構築』(前掲書)〕
16. *Ibid.*
17. Mike Feinsilber and William B. Mead, *American Averages* (Garden City, New York: Dolphin Books, 1980), 192.
18. Peter Blake, *God's Own Junkyard: The Planned Deterioration of America's Landscape* (New York: Holt, Rinehart, and Winston, 1954).
19. Ian McHarg,"Values, Process and Form," in Smithsonian Institution, *The Fitness of Man's Environment* (Washington, D.C.: Smithsonian Institute Press, 1968), 211.〔ロバート・マコーミック・アダムズ・Jr編『人間環境への適合』都市環境研究会訳,鹿島出版会,1981年〕
20. Seymour M. Gold, *Recreation Planning and Design* (New York: McGraw-Hill, 1980).
21. Victor Gruen, *Centers for the Urban Environment* (New York: Van Nostrand Reinhold Company, 1973), 85 ff.〔グルーエン『都市のセンター計画』(前掲書)〕
22. Mike Royko, "Neighborhood on the Way Back," *Chicago Daily News* (26 November 1973).
23. Adolf Ciborowski, in his introduction to Robert B. Carson, *What Ever Happened to the Trolley?* (Washington, D.C.: University of American Press, 1978).
24. Jane Addams, *The Spirit of Youth and the City Streets* (New York: The Macmillan Company, 1923), 8.
25. *Ibid.*, 7.
26. Nathan Silver, *Lost New York* (New York: Houghton Mifflin Company, 1967), 227.
27. Paul Gray, "Another Look at Democracy in America," *Time* Essay (16 June 1986).
28. Robert Macy, "Entertainer bemoans high prices in Vegas," *The Pensacola News- Journal* (15 July 1982), 5D.
29. *Ibid.*
30. Jim Pettigrew, Jr. "The Vanishing Game of Snooker," *Atlanta Weekly* (12 October 1980), 15 ff.
31. わたしがこの試算の根拠にしたのは,Andrew A. Rooney, *A Few Minutes with Andy Rooney* (New York: Atheneum, 1981), 58–59〔アンディ・ルーニー『日常

学のすすめ』井上一馬訳，晶文社，1984 年〕に報告されている数値である．
32. *Southern Beverage Journal,* Feb. 1982, p.39.
33. *Ibid,* p. 39.
34. *Ibid,* 23.
35. Kazem Motamed-Nejad, “The Story-Teller and Mass Media in Iran,” in eds. Heinz-Dietrich Fischer and Stafen Melnik, *Entertainment: A Cross-Cultural Examination* (New York: Hastings House, 1979), 43–62.

第12章　男女とサードプレイス

1. Philippe Ariès, “The Family and the City,” *Daedalus* (Spring 1977), 277–35.
2. *Ibid.*
3. C. S. Lewis, *The Four Loves* (New York: Harcourt Brace Jovanovich, 1960), 95.〔C・S・ルイス『四つの愛』蛭沼寿雄訳，新教出版社，1961 年〕
4. Alexander Rysman, “How the ‘Gossip’ became a Woman,” *Journal of Communication,* 1977, vol. 27:1, 176–80.
5. *Ibid.*
6. Anthony LeJeune, *The Gentlemens Clubs of London* (New York: Mayflower Books, 1979), 14.
7. 第 10 章を見よ．
8. Lucienne Roubin, “Male Space and Female Space within the Provencial Community,” in *Rural Society in France, Selections from the Annales Economies, Societies, Civilization* (Baltimore: The Johns Hopkins University Press, Robert Foster〔ed.〕1977), 152–80.
9. *Ibid.*
10. Lillian Rubin, *Intimate Strangers* (New York: Harper & Row, 1983).〔リリアン・B・ルービン『夫／妻　この親密なる他人』賀谷恵美子ほか訳，垣内出版，1992 年〕
11. Murray Hausknecht, *The Joiners* (New York: The Bedminster Press, 1962), 31.
12. Charles Winick, *The New People* (New York: Pegasus, 1968), 136.
13. Philip E. Slater, “Must Marriage Cheat Today’s Young Women?” *Redbook* (February 1971), 57.
14. Pierre Mornell, *Passive Men, Wild Women* (New York: Simon & Schuster, 1976).
15. Suzanne Gordon, *Lonely in America* (New York: Simon & Schuster, 1976).
16. Rosalie G. Genovese, “A Women’s Self-Help Network as a Response to Service Needs in the Suburbs,” *Signs* (Spring, 1980), vol. 5, no. 3, 248–256.
17. Gordon, *op. cit.*
18. Hutton Webster, *Primitive Secret Societies* (New York: Octagon, 1968), Reprint of 1932 ed. Chapter 1.〔ハットン・ウェブスター『原始的民族の秘密講』田崎仁義訳，實業之世界社，1915 年〕
19. Roubin, *op. cit.*
20. *Ibid.*
21. Charles E. Hooper, *The Country House* (New York: Doubleday, Page & Co., 1905).
22. Gail Fullerton, *Survival in Marriage* (Hinsdale, Illinois: Dryden, 1977), 215.

23. *Ibid.*
24. *Ibid.*
25. Margaret Mead, "The American Family" in ed. Huston Smith, *The Search for America* (Englewood-Cliffs, New Jersey: Prentice-Hall, 1959), 119.
26. Bert N. Adams, *The Family* (New York: Harcourt, Brace, Jovanovich, 1971), 4th ed., 354.
27. *Ibid.,* 360.
28. Paul C. Glick, "How American Families are Changing," *American Demographics* (January 1984), 21–25.
29. *Ibid.*
30. 新聞連載漫画「親爺教育」にからめて.
31. Mead, *op. cit.*
32. Ben Davis, *The Traditional English Pub* (London: The Architectural Press, 1981), 99.
33. C. A. Tripp, *The Homosexual Matrix* (New York: McGraw-Hill, 1975), Chapter 4.
34. Fullerton, *op. cit.,* 60.
35. Stuart Miller, *Men and Friendship* (Boston: Houghton-Mifflin Co., 1983), 26–7.
36. *Ibid.*
37. Tripp, *op. cit.*
38. Miller, *op. cit.*
39. Lewis, *op. cit.,* 109.
40. J. F. C. Harrison, *The Early Victorians* (New York: Praeger, 1971), 94.
41. Mass Observation, *The Pub and the People* (London: Victor Gollancz, Ltd., 1984).
42. Harry A. Franck, *Vagabonding through Changing Germany* (New York: Harper & Bros., 1920), 281.
43. Violet Hunt, *The Desirable Alien* (London: Chatto & Windus, 1913).

第13章　若者を締め出すということ

1. Urie Bronfenbrenner, *Two Worlds of Childhood* (New York: Russell Sage Founda tion, 1970). Chapter 4, "The Unmaking of the American Child."〔U・ブロンフェンブレンナー『二つの世界の子どもたち——アメリカとソ連のしつけと教育』長島貞夫訳，金子書房，1971 年〕
2. Claude S. Fischer, *To Dwell Among Friends: Personal Networks in Town and City* (Chicago: The University of Chicago Press, 1982).〔フィッシャー『友人のあいだで暮らす』(前掲書)〕
3. Denzel E. Benson, "The Intentionally Childless Couple," *USA Today* (January 1979), vol. 107; 45 and 56.
4. Herbert J. Gans, *The Levittowners* (New York: Pantheon Books, 1967).
5. Norman M. Lobsenz, *Is Anybody Happy?* (New York: Doubleday and Company, 1962), 78.
6. *Ibid.*
7. Marie Winn, *Children without Childhood* (New York: Penguin Books, 1984). Chapter 4, "The End of Play."〔マリー・ウィン『子ども時代を失った子どもたち——何

が起こっているか』平賀悦子訳，サイマル出版会，1984年〕
8. Lawrence Fellows, "Psychologists' Report Finds New Towns in West Germany Boring to Children," *New York Times* (9 May 1971).
9. William H. Whyte, *The Last Landscape* (New York: Doubleday and Company, 1968), 262.〔ウィリアム・H・ホワイト『都市とオープンスペース』華山謙訳，鹿島研究所出版会，1971 年〕
10. W. F. Connell and E.E. Skilbeck, *Growing Up in an Australian City: A Study of Adolescents in Sidney* (Melbourne, Australia: ACER, 1957), Chapter 11.
11. Jane Jacobs, *The Death and Life of Great American Cities* (New York: Vintage Books, 1961), 79 ff.〔ジェイコブズ『アメリカ大都市の死と生』(前掲書)〕
12. Sidney Brower, "Streetfront and Sidewalk;" *Landscape Architecture* (July, 1973), 364–9.
13. Whyte, *op. cit.,* Chapter 15.
14. Charles E. Little, *Challenge of the Land* (New York: Pergamon Press, 1968), 10–12.
15. William S. Kowinski, *The Malling of America* (New York: William Morrow and Company, 1985), 350.
16. *Ibid.*
17. *Ibid.,* 352.
18. *Ibid.,* Chapter 36.

第14章　めざすは，よりよい時代……と場所

1. これらの形容詞は近年，Newsweek 誌の記者がベビーブーム世代の「エリート層」の価値観を説明するのに使われている．"A Return to the Suburbs," *Newsweek,* (21 July 1986) を見よ．
2. Patrick Goldring, *The Broilerhouse Society* (New York: Heybright and Talley, 1969), 216.
3. 近隣住区としての基本要件については，Wolf Von Eckardt, *Back to the Drawing Board!* (Washington, D.C.: New Republic Books, 1978), Chapter 27. が参考になるかもしれない．
4. Lee Koppelman, cited in William S. Kowinski, "Suburbia: End of the Golden Age," *New York Times Magazine* (16 March 1980).
5. Tridib Banerjee and William C. Baer, *Beyond the Neighborhood Unit* (New York: Plenum Press, 1984).
6. Gail Fullerton, *Survival in Marriage* (Hinsdale, Illinois: The Dryden Press, 1977), 44–5.
7. "A Return to the Suburbs," *op. cit.*
8. Edwin P. Willems, "Behavioral Ecology," in ed. Daniel Stokols, *Perspectives on Environment and Behavior* (New York: Plenum Press, 1977), 50.

著者略歴

(Ray Oldenburg 1932-2022)

1932年生まれ．アメリカの都市社会学者．ウェストフロリダ大学社会学部名誉教授．州立マンカト大学（現・ミネソタ州立大学マンカト校）で英語と社会科の学士号，ミネソタ大学で社会学の修士号および博士号を取得．ネヴァダ大学，州立スタウト大学（現・ウィスコンシン州立大学スタウト校），ミネソタ大学を経て1971年から2001年までウェストフロリダ大学で教鞭をとる．過去には小学校・中学・高校の教諭や米国陸軍医療部隊の歯科技工士として働いた経験もある．本書 *The Great Good Place* の刊行以来，〈サードプレイス〉づくりに取り組む国内外の行政や企業，市民のコンサルタントとしても活躍．共著書に，*Celebrating the Third Place: Inspiring Stories about the "Great Good Places" at the Heart of Our Communities* (Marlowe & Company, 2000)．あまり知られていないことだが，1975年に Carl Oldenburg の名前で，日本の俳句を題材にした諧謔の書，*Frog Croaks: Haiku Tongue in Cheek* を出版（冒頭に「すべての日本国民に陳謝して」との謝辞がある）．2022年逝去．

訳者略歴

忠平美幸〈ただひら・みゆき〉1962年生まれ．早稲田大学第一文学部卒業．早稲田大学図書館司書を経て現在は翻訳者．おもな訳書に，ペトロスキー『フォークの歯はなぜ四本になったか』（平凡社，1995）ハーツガード『世界の環境危機地帯を往く』（草思社，2001）ドーソン＆グローブマン『101歳，人生っていいもんだ．』（飛鳥新社，2001）ペトロスキー『ゼムクリップから技術の世界が見える』（朝日新聞社，2003）レヴィーン『あなたもこうしてダマされる』（草思社，2006）ベア『戦場から生きのびて』（河出書房新社，2008）バロン『スタインウェイができるまで』（青土社，2009）メア＆ホー『お茶の歴史』（河出書房新社，2010），共訳でターケル『大恐慌！』（作品社，2010）ファディマン『精霊に捕まって倒れる』（みすず書房，2021）などがある．

解説者略歴

マイク・モラスキー〈Michael Molasky〉1956年アメリカ・セントルイス生まれ．シカゴ大学大学院東アジア言語文明研究科博士課程修了（日本文学）．学術博士．専攻は戦後日本文化史．ミネソタ大学アジア言語文学部教授，一橋大学社会学研究科教授を経て，2013年9月より早稲田大学国際学術院教授．日本の戦後文化，ジャズやブルースを中心とする音楽文化論，東京論，そして喫茶店や居酒屋のような都市空間をテーマに研究活動を行う．著書に，『戦後日本のジャズ文化』（青土社，2005／サントリー学芸賞受賞）『占領の記憶／記憶の占領』（鈴木直子訳，青土社，2006）『その言葉，異議あり！』（中公新書ラクレ，2007）『ジャズ喫茶論』（筑摩書房，2010）『呑めば，都』（筑摩書房，2012）『ひとり歩き』（幻戯書房，2013）『日本の居酒屋文化』（光文社新書，2014）がある．

レイ・オルデンバーグ
サードプレイス
コミュニティの核になる「とびきり居心地よい場所」

忠平美幸訳
マイク・モラスキー解説

2013年10月25日　第1刷発行
2024年10月28日　第16刷発行

発行所　株式会社 みすず書房
〒113-0033 東京都文京区本郷2丁目20-7
電話 03-3814-0131(営業) 03-3815-9181(編集)
www.msz.co.jp

本文・口絵組版　キャップス
本文・口絵印刷所　中央精版印刷
扉・表紙・カバー印刷所　リヒトプランニング
製本所　中央精版印刷

Printed in Japan
ISBN 978-4-622-07780-0
[サードプレイス]